Philipp Hamann

Gemeindegebietsreform in Bayern

Entwicklungsgeschichte, Bilanz und Perspektiven

2., unveränderte Auflage

utzverlag

Münchner Juristische Beiträge

Herausgegeben von

Prof. Dr. Thomas Küffner
küffner maunz langer zugmaier, München

Band 55

Zugl.: Diss., 2005

Bibliografische Information der Deutschen Nationalbibliothek:
Die Deutsche Nationalbibliothek verzeichnet diese Publikation in der Deutschen Nationalbibliografie; detaillierte bibliografische Daten sind im Internet über http://dnb.d-nb.de abrufbar.

2., unveränderte Auflage (Erstauflage 2005)
frühere Ausgabe: ISBN 978-3-8316-0528-6 (2005)

ISBN 978-3-8316-8526-4

Printed in EU
utzverlag GmbH, München
www.utzverlag.de

Vorwort

Die vorliegende Arbeit wurde im Sommersemester 2005 von der Juristischen Fakultät der Universität Augsburg als Dissertation angenommen. Bis dahin veröffentlichte Rechtsprechung und Literatur wurden berücksichtigt.

Mein außerordentlicher Dank gilt meinem Doktorvater, Herrn Professor Dr. Ulrich M. Gassner, für die Möglichkeit der Realisierung des Vorhabens, die hervorragende Betreuung sowie die überaus schnelle Korrektur. Herrn Professor Dr. Appel danke ich für die zügige Erstellung des Zweitgutachtens.

Besonders erwähnen möchte ich die Mithilfe der zahlreichen Gemeinden und Verwaltungsgemeinschaften bei der Bearbeitung der umfangreichen Fragebögen und das weit darüber hinausgehende Engagement und Interesse vieler (Alt-)Bürgermeister und Verwaltungsangestellter. Deren sachkundiges und praxisnahes Mitwirken trug entscheidend zum Gelingen der Arbeit bei.

Der Deutschen Hochschule für Verwaltungswissenschaften in Speyer, der Hanns-Seidel-Stiftung, dem Bayerischen Landtag und der Stadt München bin ich für die Nutzung ihrer Bibliotheken sehr verbunden.

Ebenfalls danken möchte ich meiner Freundin, Frau Katja Funken, LL.M., für ihr großes Verständnis während der Erstellung der Arbeit und Herrn Timur Seyrek für dessen computertechnische Betreuung.

Die Arbeit ist meinen Eltern gewidmet, die mich in allen Phasen meiner juristischen Ausbildung und der Dissertation stets in jeglicher Hinsicht unterstützt und gefördert haben.

München, im Juli 2005 Philipp Hamann

Inhaltsverzeichnis

Abkürzungsverzeichnis

a.A.	andere Ansicht
Abb.	Abbildung
Abs.	Absatz
a.D.	außer Dienst
a.F.	alte Fassung
AfK	Archiv für Kommunalwissenschaften
AGGVG	(Bayerisches) Gesetz zur Ausführung des Gerichtsverfassungsgesetzes und von Verfahrensgesetzen des Bundes
AGVwGO	(Bayerisches) Gesetz zur Ausführung der Verwaltungsgerichtsordnung
Alt.	Alternative
Anm.	Anmerkung
AÖR	Archiv des öffentlichen Rechts
ArbG	Arbeitsgericht
Art.	Artikel
AuA	Arbeit und Arbeitsrecht (Z)
Az.	Aktenzeichen
BauGB	Bundesbaugesetz
BaWüGO	Gemeindeordnung von Baden-Württemberg
BaWüVBl.	Verwaltungsblätter von Baden-Württemberg (Z)
BayBgm.	Der Bayerische Bürgermeister (Z)
BayBO	Bayerische Bauordnung
BayGT	Bayerischer Gemeindetag (Z)
BayHSta Minn	Bayerisches Hauptstaatsarchiv (Innenministerium)
BayVBl.	Bayerische Verwaltungsblätter (Z)
BayVerfGH	Bayerischer Verfassungsgerichtshof
BayVGH	Bayerischer Verwaltungsgerichtshof
BayVwVfG	Bayerisches Verwaltungsverfahrensgesetz
BayWG	Bayerisches Wassergesetz
Bd.	Band
BGB	Bürgerliches Gesetzbuch
BGBl.	Bundesgesetzblatt
BV	Bayerische Verfassung

BVerfG	Bundesverfassungsgericht
BVerfGE	Entscheidungen des Bundesverfassungsgerichts
BVerfGG	Bundesverfassungsgerichtsgesetz
BVerwG	Bundesverwaltungsgericht
BVerwGE	Entscheidungen des Bundesverwaltungsgerichts
ca.	circa
DGO	Deutsche Gemeindeordnung
d.h.	das heißt
Diss.	Dissertation
DNV	Die Neue Verwaltung (Z)
DÖV	Die Öffentliche Verwaltung (Z)
Drs.	Drucksache
DVBl.	Deutsches Verwaltungsblatt (Z)
ehem.	ehemalig
Einf.	Einführung
Einl.	Einleitung
Erl.	Erläuterung
EStärkG	Erstes Gesetz zur Stärkung der kommunalen Selbstverwaltung
etc.	et cetera
FAG	Finanzausgleichsgesetz
ff.	fort folgende Seite(n)
Fn.	Fußnote
FSt.	Die Fundstelle (Z)
GBl.	Königlich-Baierisches Gesetzblatt bzw. Gesetzblatt für das Königreich Bayern
gem.	gemäß
GG	Grundgesetz
ggf.	gegebenenfalls
GLKrWG	(Bayerisches) Gemeinde- und Landkreiswahlgesetz
GmbHG	Gesetz betreffend die Gesellschaften mit beschränkter Haftung
GO	(Bayerische) Gemeindeordnung
GrKrV	(Bayerische) Verordnung über Aufgaben der Großen Kreisstädte
GS f. Pr.	Preußische Gesetzessammlung
GVBl.	(Bayerisches) Gesetz- und Verordnungsblatt

HessVGH	Hessischer Verwaltungsgerichtshof
HGB	Handelsgesetzbuch
h.M.	herrschende Meinung
Hrsg.	Herausgeber
Hs.	Halbsatz
http.	Hyper Text Transfer Protocol
i.d.F.	in der Fassung
insb.	insbesondere
i.S.v.	im Sinne von
i.V.m.	in Verbindung mit
JA	Juristische Arbeitsblätter (Z)
JuS	Juristische Schulung (Z)
KAG	(Bayerisches) Kommunalabgabengesetz
Kap.	Kapitel
KommPolBl.	Kommunalpolitische Blätter (Z)
Kommunalpraxis SW	Kommunalpraxis Süd-West (Z)
KommZG	(Bayerisches) Gesetz über die kommunale Zusammenarbeit
LAG	Landesarbeitsgericht
LKrO	(Bayerische) Landkreisordnung
LKV	Landes- und Kommunalverwaltung (Z)
LT-Drs.	Landtagsdrucksache
LWG	(Bayerisches) Landeswahlgesetz
MABl.	Ministerialblatt der bayerischen inneren Verwaltung
m.w.N.	mit weiteren Nachweisen
n.F.	neue Fassung
Nr.	Nummer
NVwZ	Neue Zeitschrift für Verwaltungsrecht (Z)
o.Ä.	oder Ähnliches
OVG	Oberverwaltungsgericht
ParteiG	Gesetz über die politischen Parteien
pdf.	Portable Document Format
PrOVG	Preußisches Oberverwaltungsgericht
RBl.	Königlich-Baierisches Regierungsblatt bzw. Regierungsblatt für das Königreich Bayern
Rdnr.	Randnummer
RGBl.	Reichsgesetzblatt

RGZ	Entscheidungen des Reichsgerichts in Zivilsachen
RhPfGO	Gemeindeordnung von Rheinland-Pfalz
Rh.-Pf.VerfGH	Verfassungsgerichtshof Rheinland-Pfalz
S.	Seite
Sp.	Spalte
StPO	Strafprozeßordnung
Tab.	Tabelle
UmwG	Umwandlungsgesetz
URL	Uniform Resource Locater
usw.	und so weiter
u.U.	unter Umständen
VerfGH(E)	Entscheidungen des Bayerischen Verfassungsgerichtshofs
VerwArch.	Verwaltungsarchiv (Z)
VfGHG	Gesetz über den Bayerischen Vefassungsgerichtshof
VGemO	(Bayerische) Verwaltungsgemeinschaftsordnung
VGH(E)	Entscheidungen des Bayerischen Verwaltungsgerichtshofs
vgl.	vergleiche
VwGO	Verwaltungsgerichtsordnung
www.	World Wide Web
Z	Zeitschrift
ZA-Information	Zentralarchiv für Empirische Sozialforschung (Z)
z.B.	zum Beispiel
ZBLG	Zeitschrift für Bayerische Landesgeschichte (Z)
ZPO	Zivilprozeßordnung
ZSR	Zeitschrift für Schweizerisches Recht (Z)

Tabellenverzeichnis

Abbildungsverzeichnis

„Verbunden werden auch die
Schwachen mächtig"
(Friedrich Schiller, Wilhelm Tell,
1. Aufzug, 3. Szene)

A: Einführung

„Schematismus, Zahlendenken, Größenwahn, Reißbrettstrategie, Bürgerbevormundung, Tod der Selbstverwaltung"[1] – diese Schlagworte mußten sich die Verantwortlichen der bayerischen Gemeindegebietsreform von 1971 bis 1978 seinerzeit vorhalten lassen.

Kein Ereignis auf kommunaler Ebene der letzten Jahrzehnte, wenn nicht sogar des letzten Jahrhunderts, hat so viele Vorbehalte und Ängste, Widerstände und Diskussionen in Bayern ausgelöst wie die Neugliederung der Kommunen und Landkreise. Nach ihrem Abschluß blieben von ehemals über 7.000 Gemeinden nur etwa 2.000 übrig. Die Auseinandersetzungen und das Ringen für und gegen die Reform waren damals enorm[2], da die Auswirkungen beinahe jede Kommune direkt oder indirekt berührten. Mancherorts dauern der Streit[3] und die Diskussionen über den Sinn der Gemeindegebietsreform bis in die neuere Zeit an.[4]

Am 01. Mai 2003 jährte sich der Abschluß der bayerischen Gemeindegebietsreform zum fünfundzwanzigsten Mal – Grund genug, eine Bilanz über die durchgeführten Maßnahmen zu ziehen und kritisch die Hintergründe und die gesteckten Ziele zu untersuchen.

Erst jetzt, eine Generation später, liegt ein beurteilungsfähiger Zeitraum vor – weitgehend frei von Emotionen, bloßen Prognosen und den Vorurteilen

---

[1] Vgl. *Seidl*, Der Abschluß der kommunalen Gebietsreform in Bayern, BayBgm. 4/1978, S. 14

[2] Vgl. *Merk*, Sinn und Ziel der Gebietsreform in Bayern, BayVBl. 1992, S. 386

[3] Vgl. z.B. die Popularklage von 259 Bürgern des im Rahmen der Gebietsreform der Gemeinde Vilshofen zugeschlagenen Markts Pleinting vor dem BayVerfGH, Entscheidung vom 27.06.1997, BayVBl. 1997, S. 751 ff.

[4] Vgl. zu den Diskussionen über die „Bereinigung der Einheitsgemeinden" zur Zeit der Gebietsreform im Rahmen der Neufassung des Art. 11 Abs. III GO im Jahre 1992 und den aus diesem Grund befürchteten Auseinandersetzungen in den Gemeinden: Pressemitteilung des *Bayerischen Gemeindetags* vom 15.12.1991, abgedruckt in: BayBgm. 1992, S. 40

der Anfangsjahre –, die Folgen der Reform zu bilanzieren.[5] Frühere, kurz nach ihrem Abschluß durchgeführte Untersuchungen zum Thema Gemeindegebietsreform krankten überwiegend daran, daß sich aufgrund des bis dahin kurzen zeitlichen Abstands meist noch keine verläßlichen Aussagen bezüglich einer Dauerwirkung treffen ließen.

Somit konnte diese „Wirkungsliteratur der ersten Generation"[6] vielfach nicht mehr als Vermutungen über die zukünftigen Auswirkungen der Reformmaßnahmen anstellen und allenfalls kritische Thesen zu Einzelaspekten entwickeln.[7] Eine tiefer greifende und alle Aspekte umfassende Betrachtung, insbesondere auch der juristischen Probleme der bayerischen Gemeindegebietsreform, steht aber noch aus.[8] Eine intensive Auseinandersetzung mit diesem Thema ist schon deshalb geboten, weil die Neuordnung der kommunalen Ebene in Bayern, wenn nicht bereits die „Jahrhundertreform"[9], zumindest die „größte kommunalpolitische Anstrengung seit 1945"[10] im Freistaat gewesen ist.

Bei der bis Ende der siebziger Jahre durchgeführten Gemeindegebietsreform handelte es sich aber nicht um die erste ihresgleichen in Bayern. Bereits unter dem ersten bayerischen König *Max I. Joseph* nahm dessen Minister *Montgelas* Anfang des 19. Jahrhunderts eine umfassende Neugliederung der kommunalen Ebene vor, die tiefgreifende Veränderungen mit sich brachte, und deren Bestand nahezu zwei Jahrhunderte unverändert bleiben sollte.

Aus diesem Grund beginnt diese Arbeit auch mit einem historischen Abriß der wichtigsten Ereignisse dieser ersten Gebietsreform im Jahre 1808. Dabei wird auch der gegensätzliche Ansatz des Freiherrn vom *Stein* in Preußen zu dieser Zeit aufgezeigt, dessen *Städteordnung* der „Ausgangspunkt aller modernen Selbstverwaltung in Deutschland" geworden ist.[11]

Anschließend wird die geschichtliche Entwicklung der „neuesten" Gemeindereform untersucht. Es werden die damalige Notwendigkeit von Reformmaßnah-

---

5 Vgl. die Rede des Bayerischen Innenministers a.D. *Dr. Bruno Merk* anläßlich der 25-Jahrfeier des Landesverbands der Freien Wähler Bayern e.V. zum Thema „Kommunale Selbstverwaltung - Segen oder Fluch?" am 30.08.2003 im Kolpinghaus München, online im Internet, Url: http://www.barbara-schoene.de/content/referat-25_jf_300803.pdf, übernommen am 01.07.2005

6 *Schimanke*, Folgen und Folgeprobleme der kommunalen Gebietsreform, AfK 1982, S. 318

7 Demgegenüber birgt aber der nunmehr größere zeitliche Abstand hinsichtlich einer Erfolgskontrolle andere methodische Probleme, insbesondere, was die Vorhersage des fiktiven Verlaufs auf kommunaler Ebene ohne die Reform und die zwischenzeitliche Bevölkerungsfluktuation anbelangt (siehe hierzu Kap. D I).

8 Vgl. *Ruppert/Paesler*, Raumorganisation in Bayern, S. 57

9 *Huber*, Kurskorrektur in der Gebietsreform, KommPolBl. 1979, S. 142

10 *Merk*, Die größte kommunalpolitische Anstrengung seit 1945, KommPolBl. 1976, S. 494

11 *Kleinheyer/Schröder*, Deutsche und Europäische Juristen aus neun Jahrhunderten, S. 395

men, ihre ehemaligen Zielsetzungen, ihre Durchführung und ihre Resultate erörtert. Besonderes Augenmerk soll dabei auch auf die zahlreichen juristischen Aspekte gerichtet werden, welche die Reform begleiteten und zum Teil noch immer begleiten. Als Stichpunkte seien an dieser Stelle die Problemkreise im Rahmen der Normenkontrollverfahren und Popularklagen, der Rechtsnachfolge bezüglich öffentlich-rechtlicher und privatrechtlicher Rechtsverhältnisse der aufgelösten Gemeinden und die – gerade in der neueren Zeit wieder vermehrt[12] auftretende – Frage nach der Bindungswirkung und Durchsetzbarkeit von Eingemeindungsverträgen genannt.

Einen äußerst wichtigen Bestandteil der Gesamtkonzeption der bayerischen Gemeindegebietsreform bildete das hierbei neuentwickelte Rechtsinstitut der Verwaltungsgemeinschaft, das kleineren Kommunen die Möglichkeit bot, ihre Existenz weiterhin zu sichern, sie aber gleichzeitig zwang, bestimmte kommunale Aufgaben abzutreten. Aufgrund der Tatsache, daß heute immer noch knapp die Hälfte aller bayerischen Gemeinden Mitglied einer Verwaltungsgemeinschaft ist, wird neben der Skizzierung ihrer Aufgaben und Organe ein Hauptaugenmerk auf den Stärken und Schwächen dieser Organisationsform liegen. Ähnliches gilt für den Bereich der kommunalen Zusammenarbeit nach dem KommZG. Denn auch wenn leistungsfähigere Gemeinden durch die Gebietsreform geschaffen wurden, spielen die Kooperationsformen der Arbeitsgemeinschaft, der Zweckvereinbarung und insbesondere des Zweckverbands weiterhin eine tragende Rolle im kommunalen Bereich. Neben dem Problem der demokratischen Kontrolle wird hierbei speziell der Frage nachzugehen sein, ob kommunale Zusammenarbeit zu einer Aushöhlung der kommunalen Selbstverwaltung führt.

Der zentrale Punkt dieser Untersuchung liegt in dem Versuch, die unmittelbaren Folgen der Gemeindegebietsreform auf die beteiligten Gebietskörperschaften aufzuzeigen und herauszuarbeiten, inwiefern die Auswirkungen heute noch aktuell sind. Um dabei die gebotene Praxisnähe gewährleisten zu können, wurde bewußt von einer bloßen Dokumentenanalyse Abstand genommen. Vielmehr wurden zahlreiche betroffene Gemeinden und Verwaltungsgemeinschaften mittels einer Fragebogenaktion zur aktiven Mitarbeit aufgefordert. Auf diese Weise sollte geklärt werden, ob die damaligen von der Staatsregierung und Kritikern mit dem Reformvorhaben verbundenen Annahmen, Ziele und Befürchtungen auf kommunaler Ebene eingetreten sind. Nur wenn die Vorteile der Gebietsneugliederung deutlich überwiegen und eventuell aufgetretene negative Folgen mittlerweile weitgehend überwunden sind, läßt sich das Projekt „Gemeindegebietsreform" in Bayern als voller Erfolg bezeichnen.

---

[12] Siehe z.B. FSt. 2000, Rdnr. 49

Abschließend soll noch ein Blick auf Rheinland-Pfalz geworfen werden, das bezüglich Topographie und seiner größtenteils geringen Siedlungsdichte Bayern sehr ähnlich ist. Ein Vergleich mit dem dort beschrittenen Weg – insbesondere der Bildung von Verbandsgemeinden – soll zeigen, ob das rheinland-pfälzische Modell ein Vorbild für die Reformmaßnahmen in Bayern hätte gewesen sein können oder aber der bayerische Entwurf sich als der zukunftssicherere und bessere erwiesen hat.

B: Geschichtliche Entwicklung der Gemeindegebietsreform

I: Gebietsreform von 1808 unter Montgelas

Bereits 1808 wurde unter dem Minister Graf Maximilian Joseph *Montgelas* (1799 – 1817) die erste Gemeindegebietsreform im damaligen Königreich Bayern durchgeführt, deren räumliche Verwaltungsstrukturen bis in die siebziger Jahre des 20. Jahrhunderts nahezu unberührt blieben. Nach dem *„Edikt über die Bildung der Gemeinden" vom 28. Juli 1808*[13] und dem *„Edikt über das Gemeindewesen" vom 24. September 1808*[14] entstanden aus über 40.000 Gemeinden, Ortschaften und Weilern rund 7.000 neue Gemeinden.[15]

1.) Geschichtliches und politisches Umfeld

Um die Motive für die Kommunalreform des Grafen *Montgelas* besser nachvollziehen zu können, sollen an dieser Stelle kurz einige historische Determinanten aufgezeigt werden.

Zu Zeiten des alten Deutschen Reichs bestand das Gebiet des heutigen Bayerns aus einem Konglomerat vieler selbständiger Territorien – vom verhältnismäßig großen und in sich geschlossenen Gebiet des Herzog-, später Kurfürstentums Bayern über Herzogtümer, Grafschaften, Hochstifte bis hin zu zahlreichen Reichsritterschaften, Reichsstädten und - dörfern.[16] Diese Territorien hatten aufgrund einer langen Geschichte meist ein großes Selbstbewußtsein und führten ein stark ausgeprägtes kulturelles Eigenleben.[17]

Im Rahmen der Napoleonischen Kriege und den ihnen folgenden Friedensverträgen wurde der gesamte mitteleuropäische Raum neu geordnet. Der Reichsdeputationshauptschluß vom 25. Februar 1803, der die Entschädigung der deutschen Fürsten regelte, deren linksrheinischen Gebiete beim Frieden von Lunéville an Frankreich fielen, führte zu einer umfassenden territorialen Neugliederung Deutschlands. Hiervon profitierte als treuer Anhänger *Napoleons* in besonderer Weise Bayern[18], dem ab 1803 zahlreiche Territorien, Reichsstädte und reichsfreie Städte zugeschlagen wurden. Am 01. Januar des Jahres 1806 folgte

---

[13] RBl. 1808, Sp. 2789 ff.
[14] RBl. 1808, Sp. 2405 ff.
[15] *Wachsmuth/Oehler/Reif*, Kommunale Zusammenarbeit in Bayern, Einführung, Erl. 1
[16] *Ruppert/Paesler*, Raumorganisation in Bayern, S. 2
[17] *Ruppert/Paesler*, Raumorganisation in Bayern, S. 2
[18] *Eisenhardt*, Deutsche Rechtsgeschichte, § 51, Rdnr. 397

die Rangerhöhung Bayerns zum Königreich, aus Kurfürst *Max IV. Joseph* wurde König *Max I. Joseph.*
Im Vertrag von Brünn vom 10. Dezember 1805 fiel Bayern Vorarlberg, Argen am Bodensee, Tettnang, die Grafschaften Hohenems und Königsegg-Rothenfels, Lindau und die Reichsstadt Augsburg zu. Weiterhin zwang Frankreich Österreich im Frieden von Preßburg (26. Dezember 1805), Tirol und die Bistümer Brixen und Trient an Bayern abzutreten.
Weitere Gebietszuwächse brachte die Ratifizierung der Rheinbundakte (25. Juli 1806). Am 06. August 1806 verzichtete *Franz II.* auf die Kaiserkrone des Heiligen Römischen Reichs Deutscher Nation.[19] Von diesem Zeitpunkt an war Bayern ein souveräner Staat.
Aber nicht nur *Montgelas* und das bayerische Herrscherhaus waren zu dieser Zeit sehr frankophil. Auch weite Teile der Bevölkerung waren davon überzeugt, daß Frankreich die eigentliche Schutzmacht Bayerns sei.[20] Dies wurde besonders deutlich, als *Napoleon* am 24. Oktober 1805 bei seinem Einritt in die Landeshauptstadt München von der Bevölkerung frenetisch bejubelt wurde. Dabei gelobte er: „Ich will für mich keine Eroberung in Deutschland machen; alles, was ich erobere, soll dem Fürsten von Bayern gehören".[21] *Napoleon* hielt dieses Versprechen, denn das Territorium Bayerns vergrößerte sich fortwährend.
Bayern kämpfte von diesem Zeitpunkt an mit der „Großen Armee" *Napoleons* 1806 gegen Preußen, und auch nach Rußland entsandte der bayerische König zwei Kampfdivisionen mit über 33.000 Soldaten.[22]

König *Max I. Joseph* sah es nach dem Zusammenbruch des alten Reichs und der Erlangung der Souveränität für Bayern als seine entscheidende Aufgabe an, die unterschiedlichen Teile und Territorien des neuen Staats zu einer geschlossenen Einheit zusammenzufügen.[23] Denn die bisherige Behördenorganisation war hiermit heillos überfordert. Die zahlreichen kleinen Herrschaftsgebiete hatten damals jeweils verschiedene Stadt- und Marktverfassungen. Es hatten sich vom Staat nahezu unkontrollierte unterschiedliche Selbstverwaltungen entwickelt. König *Max I. Joseph* beauftragte deshalb seinen Minister *Montgelas*, diesen „Fleckerlteppich" aus Territorien und diese Gemengelage aus Rechten und Traditionen in ein gemeinsames Staatsgebilde zu integrieren und dieses regierbar zu machen.[24] Weiter sollten die Reformansätze, die bereits unter seinem Vorgänger

---

[19] *Weber*, Ein Denkmal für Graf Montgelas, BayVBl. 1984, S. 524
[20] *Kimminich*, Deutsche Verfassungsgeschichte, S. 308
[21] Vgl. *Kimminich*, Deutsche Verfassungsgeschichte, S. 309
[22] Von denen aber nur knapp 1.000 Soldaten zurückkehrten.
[23] *Wolter*, Freiherr vom Stein und Graf Montgelas, BayVBl. 1993, S. 644
[24] *Treml*, Geschichte des modernen Bayern, S. 30

Kurfürst *Karl Theodor* begonnen hatten[25], fortgesetzt und intensiviert werden. Neben einer einheitlichen Verfassung sah König *Max I. Joseph* in einer vereinheitlichten Verwaltung die wichtigste Maßnahme zur Kräftigung des Staats. Zu diesem Zweck gab er dem Grafen *Montgelas*[26] umfangreiche Vollmachten.

Montgelas erkannte schnell, daß der Erhalt und die Integration des durch ungeheure Schulden – angehäuft durch eine Überzahl von Magistraten und vielfache Mißwirtschaft in der Verwaltung[27] – nahezu bankrotten bayerischen Staats nur durch radikale Reformen zu bewerkstelligen sein würde. Mit deren Ausführung begann er auch sofort in fast diktatorischer Art. Er sah die einmalige historische Chance, in dem gesamten neuen Staatsgebiet eine Flurbereinigung vorzunehmen und Provinzialismus, Unbeweglichkeit und ererbte Unfähigkeit durch eine moderne und leistungsfähige Selbstverwaltung zu ersetzen.[28] Der Umbau erfolgte von oben nach unten und begann an der Staatsspitze, insbesondere in den Ministerien. Diese trafen ab sofort alle wichtigen Entscheidungen. Der Einfluß der mittleren und regionalen Ebenen sank dagegen stark. Die Provinzen wurden aufgelöst und statt dessen das Staatsgebiet in 15 Kreise – nach französischem Vorbild nach Flüssen benannt – gegliedert. In jedem dieser Kreise wurden Generalkreiskommissariate als Mittelbehörden gebildet.[29]

---

[25] *Karl Theodor* wollte 1777 die zu Bayern neu hinzugekommenen Fürstentümer Neuburg, Sulzbach, die Kurpfalz, Jülich-Kleve und Berg mit ihren völlig unterschiedlichen Rechtssystemen und Traditionen einen und in die Kernländer Bayerns integrieren. Er blieb aber in Halbheiten stecken, da die Maßnahmen von den Oberbehörden nicht befolgt wurden (vgl. *Knemeyer*, Regierungs- und Verwaltungsreformen in Deutschland zu Beginn des 19. Jahrhunderts, S. 112).

[26] *Montgelas*, am 10. September 1759 in München als Sproß eines savoyischen Geschlechts geboren, studierte Jura in Straßburg und wurde im September 1796 vom damals landlosen und ins preußische Ansbach geflohenen Herzog *Max Joseph* von Pfalz-Zweibrücken zu dessen maßgeblichen politischen Berater ernannt. In dieser Zeit des Exils und Jahre vor Amtsantritt des Kurfürsten entwarf *Montgelas* die wesentlichen Grundzüge seines Verwaltungssystems als so genanntes *„Ansbacher Mémoire"* (vgl. *Kastner*, Gebiets- und Verwaltungsreformen in Bayern - eine Zusammenfassung, Kommunalpraxis 2002, S. 364). Als am 16. Februar 1799 Kurfürst *Karl Theodor* in München starb, übernahm *Max Joseph* dessen Regierungsgeschäfte. Der neue Kurfürst ernannte *Montgelas* zum Außen- (1806 – 1817) und Finanzminister (1803 – 1806 und 1809 – 1817), kurze Zeit später wurde er auch Innenminister (1806 – 1817) und damit „zum einflußreichsten bayerischen Staatsmann dieser Epoche" (*Kleinheyer/Schröder*, Deutsche und Europäische Juristen aus neun Jahrhunderten, S. 297). Im Jahre 1809 wurde er in den erblichen Grafenstand erhoben und am 02. Februar 1817 auf Betreiben seiner Gegenspieler aus dem Staatsdienst entlassen. Graf *Montgelas* starb am 14. Juni 1838 in München.

[27] *Doeberl*, Maximilian von Montgelas und das Prinzip der Staatssouveränität, S. 66

[28] *Weber*, Ein Denkmal für Graf Montgelas, BayVBl. 1984, S. 524

[29] Nach *Montgelas* Sturz 1817 erfolgte eine Neueinteilung in acht Kreise und die Generalkreiskommissariate wurden in Kreisregionen umbenannt. Unter König *Ludwig I.* erfolgte eine Umbenennung dieser Kreise nach Stämmen.

Die Reformen des mit enormer Macht ausgestatteten Ministers *Montgelas* sind nahezu unüberschaubar und betrafen fast alle Bereiche des öffentlichen Lebens. Als wichtigste Neuerungen[30] seien beispielhaft nur die Trennung der Polizei von der Justiz, die radikale Säkularisierung kirchlichen Vermögens, die Neuerungen auf dem Gebiet der Rechtspflege, die Schaffung eines Beamtentums neuen Typs[31], die Glaubensfreiheit, die Abschaffung der Leibeigenschaft und der gleiche Zugang aller zu öffentlichen Ämtern genannt.[32] Bei allen diesen Vorhaben standen dem Minister sowohl bei der Planung als auch bei der Durchführung neben Hochschullehrern auch Praktiker zur Seite.[33]
Somit läßt sich der Ansicht von *Bosl*[34] voll und ganz zustimmen: "Der Gründer des modernen bayerischen Staates ist Maximilian Graf von *Montgelas*".
Genauer sollen im Rahmen dieser Abhandlung aber lediglich die tiefgreifenden Veränderungen, die *Montgelas* im Bereich der kommunalen Ebene, insbesondere des bisherigen dritten Stands – der Märkte und Städte – vorgenommen hat, untersucht werden.

2.) Reform der bayerischen Städte und Gemeinden

Von alters her waren die Städte aufgrund des Privilegienrechts selbständige Rechtspersönlichkeiten. Die Ruralgemeinden hatten dagegen keinen derartigen Status. Sie wurden in der Regel allein durch gemeinsame wirtschaftliche Interessen zusammengehalten.[35]
Das städtische Verwaltungssystem war vielfach in den Händen weniger Ratsbürgerfamilien und Zünfte, die nicht immer das Beste für die Allgemeinheit im Auge hatten. Die Oligarchie in den Städten trug maßgeblich zu ihrer oft enormen Verschuldung bei. Gegen solche Privatherrschaft sträubte sich das Staatsverständnis von Graf *Montgelas*. Seine Staatsauffassung, getragen vom Gedanken der unbedingten Staatssouveränität, duldete neben dem Staat keine selbständigen Obrigkeiten mehr, die aufgrund von Privilegien in Besitz von öffentlicher Gewalt gekommen waren und einen „Staat im Staat" bildeten.[36] Sein Verwal-

---

30 Die größtenteils in der bayerischen *„Konstitution vom 25. Mai 1808"* (RGBl. 1808, Sp. 985 ff.) zusammengefaßt wurden.

31 Welcher ab sofort qualifiziert sein mußte, dafür aber auch von jetzt an angemessen besoldet und auch in seiner Unabhängigkeit gegenüber dem Dienstherrn gesichert wurde (vgl. *Weis*, Der Umbruch von 1799, ZBLG 1999, S. 475).

32 Vgl. *Weis* in: *Spindler* (Hrsg.), Handbuch der bayerischen Geschichte, Bd. IV/1, § 3

33 *Doeberl*, Maximilian von Montgelas und das Prinzip der Staatssouveränität, S. 20

34 *Bosl*, Bayerische Geschichte, S. 191

35 *Volkert*, Handbuch der bayerischen Ämter, Gemeinden und Gerichte, S. 87/88

36 *Doeberl*, Maximilian von Montgelas und das Prinzip der Staatssouveränität, S. 64

tungssystem verlangte vielmehr nach einem klar gegliederten und einheitlichen Aufbau.

Die Macht der Patrizier zu brechen und die kommunalen Finanzen zu sanieren war daher das vorrangige Anliegen der Regierung *Montgelas*.[37] Weiterhin war ihr Ziel, eine Vereinheitlichung der durch die Gebietszuwächse hervorgerufenen unterschiedlichen Strukturen in Bayern voranzutreiben. Für den Staatsbildungsprozeß war für sie aber die Verstaatlichung einzelner Rechte unumgänglich.[38] Nur durch eine stramme Zentralisierung des gesamten Staatswesens einschließlich der kommunalen Ebene und durch einen klar gegliederten Staatsaufbau konnte nach Ansicht der Regierung das Überleben Bayerns gesichert werden. Zu diesem Zweck sollte bis in den kleinsten Winkel des Landes der Staat mit seinen von oben gesteuerten Behörden gegenwärtig sein. In diesem neuen Verwaltungssystem gab es weder Platz für eine Selbstverwaltung der Gemeinden, noch für jegliche selbständige politische Betätigung der Bürger. Letztere konnte – und sei es nur im kleinen Raum der Gemeinde – nach der Meinung *Montgelas* den Prozeß der Staatswerdung gefährden, zumindest aber verlangsamen.[39]

Aus diesem Grund ordnete er ab 1802 die kommunale Verwaltung neu, indem er den Städten nach und nach ihre Privilegien und die Selbstverwaltung nahm. Die Höhe- und Schlußpunkte[40] der Bestrebungen des Ministers, die Gemeinden zentral im Rahmen eines Einheitsstaats zu lenken, bildeten die *„Konstitution von 1808“*[41], das *„Edikt über die Bildung von Gemeinden“ vom 28. Juli 1808*[42] und das *„Edikt über das Gemeindewesen“ vom 24. September 1808*[43].
Diese Erlasse nahmen als erstes den städtischen Magistraten die Polizei und die Gerichtsbarkeit und entzogen ihnen in fast allen Fällen die Verwaltung des Gemeinde- und Stiftungsvermögens.[44]
Die Gemeinden wurden – in Analogie zum Privatrecht – in der Ausübung ihrer Rechte wie Minderjährige beschränkt und unter Staatskuratel gestellt (vgl. § 54 und § 56 des *Gemeindeedikts vom 24. September 1808*).

---

[37] *Demel/Puschner*, Deutsche Geschichte in Quellen und Darstellung, Bd. VI, S. 165
[38] *Möller*, Fürstenstaat oder Bürgernation, S. 606
[39] *Knemeyer*, Regierungs- und Verwaltungsreformen in Deutschland zu Beginn des 19. Jahrhunderts, S. 261
[40] *Weiss*, Die Integration der Gemeinden in den modernen bayerischen Staat, S. 86
[41] RBl. 1808, Sp. 985 ff.
[42] RBl. 1808, Sp. 2789 ff.
[43] RBl. 1808, Sp. 2405 ff.
[44] *Doeberl*, Denkwürdigkeiten des Grafen Maximilian Joseph von Montgelas über die innere Selbstverwaltung Bayerns, S. 22

Sie durften nur unter der Aufsicht der örtlichen Polizeistelle zusammentreten und ohne deren Genehmigung nichts eigenständiges beschließen (vgl. § 63). Die staatliche Aufsicht artete somit in eine starke Bevormundung aus, die jegliches selbstverantwortliches Tun der Städte unterband. Auch durfte in den großen Städten ab 5.000 Einwohnern die Stadtverordnetenversammlung nicht mehr von den Bürgern selbst gewählt werden, sondern vom Staat eingesetzte Wahlmänner bestimmten sog. „Municipalräte", die den Bürgermeister festlegten.
Weiterhin mißfiel *Montgelas* die Unkontrollierbarkeit und Vielfältigkeit der gemeindlichen Einnahmen, zumal es immer wieder aus Mangel an exakten Instruktionen und genauer Kontrolle zu ungerechten Belastungen und Vergeudungen gekommen war.[45] Deswegen konnte eine Gemeinde gem. § 57 des *„Edikts über das Gemeindewesen" vom 24. September 1808* ohne Genehmigung weder Vermögen erwerben oder veräußern, noch neue Verbindlichkeiten aufnehmen.
Durch alle diese Maßnahmen wurde die kommunale Selbstverwaltung nahezu völlig aufgehoben. Die Gemeinden waren nach der Gesetzgebung des Jahres 1808 praktisch nur mehr der unterste Verwaltungssprengel des Staats.[46]

Montgelas begnügte sich aber nicht damit, den Kommunen das Recht auf eigenständige Verwaltung ihrer Angelegenheiten zu beschneiden, sondern sah nur in einer örtliche Neuorganisation des Staatsgebiets die Entfaltung und Vereinfachung der Staatsverwaltung gewährleistet. Deshalb enthielt das *„Edikt" vom 28. Juli 1808*[47] *„über die Bildung von Gemeinden"* genaue Anweisungen für ihre Zusammensetzung. Ganz besonders wurde darin der Charakter der Gemeinden als staatliche Verwaltungseinheit betont.
Denn bis zu diesem Zeitpunkt hatte in Bayern noch keine Gebietsreform im Sinne einer territorialen Neugliederung der Gemeinden durch eine Veränderung des Gebietszuschnitts stattgefunden. Die räumliche Abgrenzung der herkömmlichen bäuerlichen Wirtschaftsgemeinden war, obwohl sich in ihrem inneren Zusammenhalt schon Auflösungserscheinungen bemerkbar gemacht hatten[48], bislang noch unangetastet.
1808 aber wurde Bayern – wie bereits erwähnt – nun in 15 etwa gleich große Kreise und 15 hierarchisch aufgebaute Generalkreiskommissariate eingeteilt. Diese bildeten das Grundgerüst des modernen bayerischen Staats. An ihrer Spitze standen die im sog. „Geheimen Rat" zusammengefaßten Ministerien.
Da der Staat aber mit Hilfe der Gemeinden als unterste Verwaltungssprengel allerorten zentralistisch allein regieren wollte, wurde faktisch ein Gemeinde-

[45] *Weiss*, Die Integration der Gemeinden in den modernen bayerischen Staat, S. 122
[46] *Unruh*, in: *Jeserich* (Hrsg.), Deutsche Verwaltungsgeschichte, Bd. II, S. 543
[47] RBl. 1808, Sp. 2789 ff.
[48] *Weiss*, Die Integration der Gemeinden in den modernen bayerischen Staat, S. 142

zwang eingeführt und eine Bereinigung der kommunalen Größenverhältnisse angestrebt. Man versuchte eine Vereinheitlichung der Gemeindegrößen zu erreichen und mußte deshalb – speziell bei Kleinstgemeinden – Zusammenlegungen vornehmen, um verwaltbare Einheiten zu schaffen.[49] Das *„Edikt über das Gemeindewesen"* legte fest: „Jede Stadt, Markt, jedes große Dorf mit den nahe daran gelegenen Meierhöfen oder mehrere nahe gelegene Dörfer und einzelne Höfe bilden eine Gemeinde".[50] Dabei sollten die Gemeinden nach dem Willen der Regierung in erster Linie mit den Steuerdistrikten übereinstimmen. Erst zweitrangig sollte auf die natürlichen Verhältnisse und historischen Gegebenheiten Rücksicht genommen werden.
Schließlich wurde noch eine Bevölkerungsrichtzahl für die Bildung von Gemeinden bestimmt. Eine Kommune sollte nicht mehr „als 200 Familien, oder 1.000 Seelen, und nicht weniger, als 50 Familien, oder 250 Seelen"[51] haben. Für die Gemeindebildung waren die Generalkreiskommissariate zuständig. Die Grenzziehung lag jedoch allein in den Händen der Landgerichte.[52]

Die Maßnahmen *Montgelas* auf dem Gebiet der Neuorganisation Bayerns hatten unumstritten die Reformen Frankreichs zum Vorbild. Sie kopierten sie jedoch nicht[53], sondern waren eigenständige Ideen des Ministers. Auch Einflüsse der Verwaltungsreformer in Preußen – *Stein* und *Hardenberg* – können mit an Sicherheit grenzender Wahrscheinlichkeit ausgeschlossen werden.[54]

Die zum Teil äußerst harten Einschnitte der Regierung in die kommunale Selbstverwaltung der Städte und Gemeinden können nur hinsichtlich der besonderen Situation in den Kommunen verstanden werden.
Denn in den ehemaligen Reichsstädten, den bayerischen Residenzstädten, den kleinen Märkten Bayerns und den neu erworbenen Provinzen herrschte eine nahezu völlig unkontrollierte Selbstverwaltung. Vielerorts waren Familien- und Zunftherrschaft, Eigennutz, Korruption und Inkompetenz an der Tagesordnung.[55] Das Gemeindevermögen wurde oft von kaum ausgebildeten kommunalen Bediensteten verwaltet, die teilweise nicht lesen und schreiben konnten. Rechtspflege und Polizei wurden immer wieder von der herrschenden Schicht

---

49 *Knemeyer*, Regierungs- und Verwaltungsreformen in Deutschland zu Beginn des 19. Jahrhunderts, S. 132
50 RBl. 1808, Sp. 2406
51 RBl. 1808, Sp. 2793
52 RBl. 1808, Sp. 2794
53 *Weiss*, Die Integration der Gemeinden in den modernen bayerischen Staat, S. 92
54 *Becker*, Zusammenhänge zwischen den Ideen zu den Verwaltungsreformen von Montgelas, Stein und Hardenberg, BayVBl. 1986, S. 750
55 *Weis* in: *Spindler* (Hrsg.), Handbuch der bayerischen Geschichte, Bd IV/1, § 3d

für ihre eigenen Angelegenheiten mißbraucht. Durch Vetternwirtschaft kam es oftmals zu einer Überzahl von Magistraten, was schließlich zu einer völligen Zerrüttung der öffentlichen Finanzen führte. Die Gemeinden in dieser Zeit waren zumeist „durch und durch verkommen".[56]

Die Städte- und Gemeindereform des Grafen *Montgelas* erwies sich aber als ein Mißerfolg. Die Umsetzung der Edikte stieß auf unüberwindliche Schwierigkeiten und verlief äußerst schleppend, denn die Gemeinden zeigten naturgemäß wenig Anteilnahme an der Beschneidung ihrer Selbstverwaltung. Die Gemeindemitglieder selbst verloren das Interesse am Gemeindeleben, da die Gemeindeorgane zu völlig abhängigen Werkzeugen der Regierung verkamen. Der gemeindliche Wirkungskreis wurde auf „Null" eingeengt. Das Ansehen der kommunalen Würdenträger schwand rapide. Sie galten von nun an als überflüssig. Denn von der Teilnahme am gemeinschaftlichen Wirken ausgeschlossen, konnten sie kaum den Bedürfnissen der Bevölkerung Geltung verschaffen. Statt Würde und Ansehen zu ernten, wurde das Ehrenamt vielmals nur noch verspottet.[57] Durch die zentralistische Verwaltungsführung kam es zwangsläufig zu einer Schwerfälligkeit jeglichen Verwaltungshandelns und die beabsichtigte Effektivitätssteigerung der Verwaltung trat nicht ein. Die „Vielregiererei" führte zu einer völligen Lähmung des Staats und rief auch schon zur Zeit *Montgelas* heftige Kritik hervor: „Das beständige Überwachen jeglicher Bewegung und Richtung, das unablässige Dirigieren jeder Bestrebung und Regung verschlingt ungeheure Summen, begräbt des Landes beste Kräfte unter Bergen unnützer Akten und ersäuft seinen frischesten Mut in einem Meer von Tinte".[58] Speziell die neu organisierten Mittelbehörden, die Generalkreiskommissariate mit ihrer ermüdeten Beamtenschaft, konnten dem Übermaß der an sie gestellten Anforderungen nicht mehr entsprechen.[59] Oftmals herrschte bei den Beamten auch Unmut über ihre häufigen Versetzungen. Aber nicht nur die Behörden überforderte die straffe Zentralisierung. Auch *Montgelas* selbst verlor bei über 26.000 Schreiben im Jahr[60] den Überblick und verzettelte sich in Kleinigkeiten. Durch die enorme Anzahl der Anfragen bei der Kommunalsektion geriet dort alles hoffnungslos ins Stocken. Die Beantwortung der Fragen dauerte oftmals Monate. Alles war so umständlich, „daß die Ausbesserung einer Kirche, die Unter-

[56] *Amira*, Montgelas über seine innere Politik, Süddeutsche Monatshefte 7/1910, S. 117

[57] Vgl. *Brief des Innenministeriums* vom 09. Mai 1811 an das Kommissariat der Stadt Nürnberg, BayHSta MInn 58231

[58] So spottete der Kirchenrechtler *Frhr. v. Moy*, abgedruckt in: *Zorn*, Gesellschaft und Staat im Bayern des Vormärz, in: *Conze* (Hrsg.), Staat und Gesellschaft im deutschen Vormärz 1815 – 1848, S. 131/132.

[59] *Doeberl*, Maximilian von Montgelas und das Prinzip der Staatssouveränität, S. 98

[60] Vgl. *Weiss*, Die Integration der Gemeinden in den modernen bayerischen Staat, S. 160

stützung eines Armen, die Aufnahme eines Kranken, die Herstellung des Wasser-Damms einer Gemeinde erst dann genehmigt durch alle diese Stellen zurück kommt, wenn die Kirche eingefallen, der Arme verhungert, der Kranke gestorben ist, und das eingebrochene Wasser Häuser und Grundstücke mit fortgerissen hat".[61] Besonders die städtische Bevölkerung war über die Einschränkung ihrer althergekommenen Rechte erbost und leistete passiven Widerstand, was zu einer weiteren Behinderung des Vollzugs der *Gemeindeedikte* führte.

Aber auch die Gebietsreform selbst lief nicht in der gewünschten Weise ab. Ursprünglich war man bestrebt, Kleinstgemeinden zusammenzulegen, um dadurch verwaltbare Einheiten zu schaffen und die Größenverhältnisse in Bayern anzugleichen. Das *„Gemeindeedikt über die Bildung von Gemeinden"* setzte für die Ausführung seiner Bestimmungen eine Jahresfrist. Allerdings wurden im Frühjahr 1809 die Termine zur Bildung der Gemeindegrenzen auf unbestimmte Zeit verschoben. Denn die *Gemeindeedikte der Jahre 1808* erwiesen sich als undurchführbar. Die Gebietsreform kam erst 1816 in Gang. Dies lag besonders daran, daß nach den Vorstellungen der *Edikte* die Schulden einer jeden Gemeinde bei Zusammenlegung geteilt werden sollten, was bei den schuldenfreien Kommunen naturgemäß auf heftige Ablehnung stieß.[62]
Bis zum Jahre 1818 aber verringerte sich die Zahl der bayerischen Städte, Gemeinden und Weiler dann doch noch von über 40.000 auf ungefähr 7.000.

Auch *Montgelas* selbst erkannte die Undurchführbarkeit der *Gemeindeedikte* in ihrer ursprünglichen Form, war aber weiterhin von der Alleingültigkeit seines rationalistischen Systems überzeugt. Er sah den Grund für ihr Mißlingen allein in der Unzulänglichkeit der vollziehenden staatlichen Organe.[63]

Die radikalen Neuerungen, die *Montgelas* dagegen aber in anderen Bereichen durchzusetzen vermocht hatte, machten ihm in den Kreisen der Kirche und des Adels viele Feinde, welchen letztendlich am 02. Februar 1817 die Entlassung des höchsten Beamten Bayerns durch König *Max Joseph* gelang.

Das *Gemeindeedikt vom 17. Mai 1818*[64] erweiterte die Selbstverwaltung der Gemeinden wieder etwas. Grund hierfür waren politische Zwänge.[65] Bayern fürchtete nach der Niederlage *Napoleons* – seines großen Protektors – um seine

---

[61] *Carl Graf v. Reisach*, Baiern unter der Regierung des Ministers Montgelas, S. 74 ff.
[62] Vgl. BayHSta MInn 54219, Bericht des Oberdonaukreises
[63] *Doeberl*, Maximilian von Montgelas und das Prinzip der Staatssouveränität, S. 99
[64] GBl. 1818, Sp. 49 ff.
[65] *Clément*, Das bayerische Gemeindeedikt vom 17. Mai 1818, S. 77

Souveränität und wollte daher eine Staatsgesinnung innerhalb seines aus vielen Teilen zusammengewürfelten Territoriums wecken, indem es die Bürger an der Verwaltung teilhaben ließ.[66]

Es blieb zwar grundsätzlich beim Gemeindezwang. Die Gemeindebildung durfte aber fortan nur mit Einverständnis der beteiligten Gemeinden erfolgen, ansonsten fand eine Vereinigung nur hinsichtlich der polizeilichen Verwaltung statt.[67] Auch wurden die Vorstädte nun zum Stadtgebiet gerechnet. Dies hatte wesentlichen Einfluß auf ihre zukünftige Entwicklung, die sich nun durch Eingemeindung deutlich schneller vollziehen konnte.[68] Hinsichtlich des rechtlichen Status der Gemeinden wurden die meisten Vorschriften des *Gemeindeedikts von 1808* wortgetreu übernommen. Allerdings sprach § 21 des *Gemeindeedikts vom 17. Mai 1818* nur noch davon, daß die Gemeinden die Vorrechte der Minderjährigen genießen und nicht mehr von einer Beschränkung in der Ausübung ihrer Rechte. Die Städte wurden in drei Klassen eingeteilt (§ 9): in Städte *1. Klasse* (mit einer Einwohnerzahl von 2000 Familien und darüber), in Städte *2. Klasse* (von 500 bis 2000 Familien) und solche *3. Klasse* (unter 500 Familien). Auch die Gemeindeverwaltung wurde völlig neu geregelt. Man besann sich auf den aktiven Bürger und dessen Partizipation am Gemeinwesen zurück. Um den Bürgern wieder mehr Mitsprache zu geben, wurden in den Magistrat je nach Größe der Städte ein oder zwei Bürgermeister, bis zu vier rechtskundige Räte und bis zu zwölf Bürger aufgenommen (§ 47). Die Aufgaben des Magistrats wurden in *„eigentliche“*[69] – ähnlich dem eigenen Wirkungskreis der heutigen bayerischen Gemeindeordnung – und *„polizeiliche“*[70] – in dem der Magistrat als Regierungsbeamter tätig wurde – unterteilt. Der Magistrat wurde durch die Gemeindebevollmächtigten, die durch Wahlmänner bestellt wurden, gewählt. Die Gemeindebevollmächtigten mußten vom Magistrat in allen wichtigen Gemeindeangelegenheiten um Rat gefragt werden (§ 82). Neu hinzu kam im *Gemeindeedikt von 1818* auch das Amt des Distriktvorstehers, das Kontroll- und Unterstützungsfunktion hatte (§ 89).

Im Gegensatz zu den Städten erfuhren die Ruralgemeinden im Jahre 1818 keine so umfassenden Neuerungen. Sie wurden nur durch ein einziges Organ, den Gemeindeausschuß, vertreten. Dieser setzte sich aus dem Gemeindevorsteher, dem Gemeindepfleger, dem Stiftungspfleger, drei bis fünf Gemeindebevollmächtigten und dem Dorflehrer als Schreiber zusammen (§ 94).

---

[66] *Probst*, Die Entwicklung der gemeindlichen Selbstverwaltung in Bayern, S. 69; *Clément*, Das bayerische Gemeindeedikt vom 17. Mai 1818, S. 65 ff.

[67] Vgl. §§ 3 und 6 des *Gemeindeedikts vom 17. Mai 1818*, GBl. 1818, Sp. 51/52

[68] Vgl. § 1 des *Gemeindeedikts vom 17. Mai 1818*, GBl. 1818, Sp. 50/51

[69] Z.B. die Aufsicht über die gemeindlichen Einrichtungen.

[70] Z.B. die Lokalpolizei.

Auch beim Gemeindeausschuß trennte das *Gemeindeedikt von 1818* zwischen *„eigentlichen"* Gemeindeangelegenheiten[71] (§ 100) und *„lokalpolizeilichen"* Angelegenheiten (§ 107 ff.). Den Gemeindeausschuß leitete der Gemeindevorsteher (§§ 93 ff.), der auch die alleinige Sorge für den übertragenen Wirkungskreis trug (vgl. § 107).
Die Aufsicht über die Städte übten die Kreisregierungen (§ 122), die über die Ruralgemeinden die Landgerichte (§ 129) aus.

3.) Resümee der Stadt- und Gemeindegesetzgebung

Es ist zwar richtig, daß viele Landgemeinden zur Selbstverwaltung noch nicht reif waren. Selbst die Befähigung der Stadtgemeinden zur Eigenständigkeit kann zu Recht angezweifelt werden. Jedoch hat die bayerische Regierung unter *Montgelas* in ihrem Bestreben zu Zentralisation und Bevormundung das Wesen und den Wert wahrer Selbstverwaltung verkannt.[72] *Montgelas* schien allein ein starker Zentralismus Gewähr für das Überleben eines aus vielen verschiedenen Territorien bestehenden Staats zu bieten.[73] Sein Staatsziel war die vollständige innere und äußere Selbständigkeit Bayerns. Allein diesem Ziel ordnete er all sein Handeln unter.

Freilich ist *Montgelas* mit seiner Zentralisierungs- und Regelungswut weit über das Ziel hinausgeschossen, was schließlich zur Undurchführbarkeit der *Gemeindeedikte von 1808* führte. Die Entrechtung der Gemeinden kann daher neben der Säkularisation mit Recht als der „dunkelste Punkt" der Regierungszeit des Grafen *Montgelas* bezeichnet werden.[74]
Diese Fehlleistung versuchte die Regierung durch das *Gemeindeedikt von 1818*[75] in teilweiser Anlehnung an die Reformen in Preußen zu korrigieren. Sie stellte die kommunale Selbstverwaltung teilweise wieder her, übertrug die Vermögensverwaltung den Gemeinden zurück, schuf für die Kommunen einen eigenen, umfangreicheren Wirkungskreis und versuchte dadurch, den Gemeinsinn der Bürger wiederzubeleben. Positiv ist aber festzuhalten, daß nach der gescheiterten Kommunalreform von 1808 die gemeindliche Verwaltungsstruktur durch die Neuformulierung der Kommunalorganisation im Jahre 1818 auf eine bessere

---

[71] Z.B. die Lastenverteilung innerhalb der Gemeinde.
[72] *Doeberl*, Denkwürdigkeiten des Grafen Maximilian Joseph von Montgelas über die innere Staatsverwaltung Bayerns, S. 23
[73] „So war es nur konsequent, Uniformität an die Stelle (...) unübersehbarer Vielfalt zu setzen" (*Knemeyer*, Regierungs- und Verwaltungsreformen in Deutschland zu Beginn des 19. Jahrhunderts, S. 132/133).
[74] *Weidinger*, Rechtsstaat und Zentralstaat, BayVBl. 1986, S. 66
[75] GBl. 1818, Sp. 49 ff.

und leistungsfähigere Basis gestellt wurde. Die Macht und der Einfluß der herrschenden lokalen Schichten wurden gebrochen. Aber immer noch war beispielsweise weder das staatliche Aufsichtsrecht noch die Abgrenzung zwischen kommunaler und staatlicher Polizei präzise geregelt. Dies führte in der Folgezeit zu dauernden Reibereien.[76] Eine vollwertige Selbstverwaltung konnte sich somit auch nach dem Ausscheiden von *Montgelas* aus dem Staatsdienst nicht entwickeln.

Eine Wende trat erst in der zweiten Hälfte des 19. Jahrhunderts durch die *Gemeindeordnung von 1869*[77] ein. Sie war gekennzeichnet von der Abkehr vom bisherigen System der Staatskuratel über die Kommunen hin zu einer grundsätzlichen gemeindlichen Freiheit und Selbständigkeit, die nur in gesetzlich bestimmten Ausnahmefällen durch die Aufsicht des Staats eingeschränkt werden durfte.[78]

Die mißlungene Kommunalgesetzgebung von *Montgelas* kann aber die sonstigen Verdienste, die der Minister dem Land Bayern erwiesen hat, nicht schmälern. Besonders hervorzuheben ist die Erreichung des Gesamtziels, die völlig verschiedenen bayerischen Landesteile zu einem einheitlichen Staat mit einem einheitlichen Staatsbewußtsein zu vereinigen, und die Schaffung eines völlig neuen Staatssystems.[79] Den *Gemeindeedikten von 1808* ist trotz ihrer Unzulänglichkeiten zugute zu halten, daß sie erstmals durch Aufhebung der verschiedenen Vorrechte der Gemeinden ein einheitliches Recht für das gesamte rechtsrheinische Bayern schufen. Weiterhin lieferten sie im deutschen Kommunalrecht die ersten Ansätze für die bei der Selbstverwaltung der Gemeinden noch heute so grundlegende Unterscheidung zwischen *eigenem* und *übertragenem* Wirkungskreis.[80]

4.) Vergleich mit dem Ansatz des Freiherrn vom Stein in Preußen

Etwa zur gleichen Zeit machte sich ein anderer großer Staatsmann daran, die Kommunalverfassung seines Landes nachhaltig zu verändern. Reichsfreiherr vom *Stein*, von Ende September 1807 bis Oktober 1808 Innenminister unter König *Friedrich Wilhelm III.*, verfolgte dabei allerdings einen diametral entgegengesetzten Ansatz als *Montgelas* in Bayern. Für Freiherr vom *Stein* war die Betei-

---

[76] *Weiss*, Die Integration der Gemeinden in den modernen bayerischen Staat, S. 259

[77] GBl. 1869, Sp. 865 ff.

[78] *Engeli/Haus*, Quellen zum modernen Gemeindeverfasssungsrecht in Deutschland, S. 137

[79] *Knemeyer*, Regierungs- und Verwaltungsreformen in Deutschland zu Beginn des 19. Jahrhunderts, S. 135

[80] *Probst*, Die Entwicklung der gemeindlichen Selbstverwaltung in Bayern, S. 64/65 m.w.N.

ligung der Bürger an öffentlichen Angelegenheiten für das Wohl des Staats unerläßlich.

Allerdings waren die politischen und ökonomischen Voraussetzungen in Preußen ganz andere als in Bayern.
Nachdem *Friedrich II.* der Große zuvor Preußen durch zahllose territoriale Erweiterungen und eine beispiellose militärische Ordnung der Verwaltung zur zweiten Großmacht in Deutschland aufgebaut hatte[81], lag das Land nach den Koalitionskriegen, die es zusammen mit seinen europäischen Verbündeten Österreich, Rußland und England gegen das französische Heer unter *Napoleon* geführt hatte, Anfang des 19. Jahrhunderts militärisch, politisch und finanziell am Boden. Nach der verlorenen Doppelschlacht bei Jena und Auerstedt mußte es im Friedensvertrag von Tilsit (09. Juli 1807) auf die Hälfte seines ehemaligen Staatsgebiets[82] und die Hälfte seiner Einwohner verzichten. Neben Kriegskosten von 560 Millionen Franken kamen noch einmal 120 Millionen Franken Reparationszahlungen an Frankreich hinzu.[83] Eine so hohe Summe konnte durch das vorherrschende Staats- und Gesellschaftssystem nicht aufgebracht werden, denn Preußen war durch die Kriegs- und Besatzungskosten bereits hoch verschuldet.[84] Die Wirtschaft lag aufgrund der von Frankreich verordneten Beteiligung an der Kontinentalsperre gegen England darnieder und der Unterhalt der in Preußen weiterhin stationierten französischen Truppen kostete das Land Unsummen.[85] Das teure Heer, der unflexible Beamtenapparat und eine Vielzahl von lähmenden Vorschriften bezüglich Wirtschaft und kulturellem Leben hinderten außerdem das Land Preußen daran, der wirtschaftlichen Entwicklung in anderen Staaten folgen zu können.[86]

Nur mit Hilfe tiefgreifender Reformen auf allen Ebenen der Gesellschaft konnte die preußische Agrargesellschaft gerettet werden. Da *Napoleon* keinen wesentlichen Einfluß auf die inneren Angelegenheiten Preußens nahm, oblag die Durchführung der Reformmaßnahmen der preußischen Regierung. Diese wiederum

[81] *Conrad*, Freiherr vom Stein als Staatsmann im Übergang vom Absolutismus zum Verfassungsstaat, S. 7

[82] Preußen hatte die meisten seiner polnischen Besitzungen und sämtliche Landesteile westlich der Elbe abtreten müssen (vgl. *Conrad*, Freiherr vom Stein als Staatsmann im Übergang vom Absolutismus zum Verfassungsstaat, S. 8).

[83] *Unruh*, in: *Jeserich* (Hrsg.), Deutsche Verwaltungsgeschichte, Bd. II, S. 400

[84] *Knemeyer*, Regierungs- und Verwaltungsreformen in Deutschland zu Beginn des 19. Jahrhunderts, S. 214

[85] *Conrad*, Freiherr vom Stein als Staatsmann im Übergang vom Absolutismus zum Verfassungsstaat, S. 8

[86] *Thiel*, Die preußische Städteordnung von 1808, S. 2

übertrug die Leitung aller Zivilangelegenheiten ihrerseits an *Stein*.[87] Von den zahlreichen Veränderungen, die in dieser Zeit von *Stein* mit durchgeführt wurden, soll an dieser Stelle nur die Reform der preußischen Kommunalverfassung genauer analysiert werden. Sie spielt auch insofern eine wichtigere Rolle als die gleichzeitig duchgeführte Reform der staatlichen Verwaltung, zielte sie doch über eine Verbesserung der Verwaltungseinrichtungen hinaus darauf ab, die Kluft zwischen Bevölkerung und Obrigkeit zu überwinden.[88] Wichtig für das damalige Staatsverständnis ist die Klarstellung, daß die Reformer um *Stein* keine Verfechter „einer Volksherrschaft im Sinne heutiger demokratischer Verfassungsstrukturen“[89] waren, sondern ihr Ziel sich in erster Linie auf die Implementierung einer konstitutionellen Monarchie in Preußen richtete.

Im Absolutismus gab es keinen Platz für einen eigenen Hoheitsanspruch der Gemeinden. Für jedes Anliegen und jede Kleinigkeit wurde Vorsorge von oben her getroffen, was schließlich mit zum katastrophalen Zusammenbruch im Jahre 1807 führte.[90] In den Städten waren Selbstverwaltung und jegliche Eigeninitiative infolge des Desinteresses der Bürger und der zahlreichen Kompetenzen des Militärs weitgehend abgestorben.[91] Auf dem Lande wurden die hoheitliche Gewalt, die Polizeigewalt und die Verwaltungskompetenzen nicht vom Staat, sondern von reichen Grundherren und Rittergutsbesitzern ausgeübt.[92]
Die Wiedereinführung der Selbstverwaltung sollte nach den Vorstellungen von *Steins* die Lähmung und Schwerfälligkeit des bürokratischen Systems beseitigen.[93] Den Gedanken der stärkeren Bürgerbeteiligung und die Überbrückung der Kluft zwischen der Bevölkerung und dem Gemeinwesen beinhaltete bereits Steins berühmte *„Nassauer Denkschrift“* vom Sommer 1807, weshalb er vielen als idealer Reformer des Kommunalwesens erschien. Seine Anliegen ließen sich

87 *Thiel*, Die preußische Städteordnung von 1808, S. 3/4

88 *Walchshöfer*, Gebietsreform und bürgerschaftliche Partizipation, S. 131/132

89 *Thiel*, Die preußische Städteordnung von 1808, S. 3

90 „Sobald in dieser staatlichen Situation Befehle von oben wegblieben, versagte für den Augenblick das gesamte staatliche (...) Leben“ (*Voigt*, Die Selbstverwaltung als Rechtsbegriff und juristische Erscheinung, S. 20).

91 *Burg*, in: *Duchardt/Teppe* (Hrsg.), Karl vom und zum Stein: der Akteur, der Autor, seine Wirkungs- und Rezeptionsgeschichte, S. 129

92 *Knemeyer*, Regierungs- und Verwaltungsreformen in Deutschland zu Beginn des 19. Jahrhunderts, S. 101

93 „Man muß die Nation daran gewöhnen, ihre eigenen Geschäfte zu verwalten und aus jenem Zustand der Kindheit hinauszutreten, in dem eine immer unruhige, immer dienstfertige Regierung die Menschen vertraut“ (vgl. Brief *Steins* an *Hardenberg* vom 08. Dezember 1807 (abgedruckt in: *Isenburg*, Das Staatsdenken des Freiherrn vom Stein, S. 110, Fn. 9)).

in den Städten am ehesten verwirklichen, deren Wiederbelebung einfacher zu bewerkstelligen erschien als ein Neuanfang.[94]

In Bezug auf die Städte erfolgten die Neuerungen durch die *Städteordnung von 1808.*[95] Sie sollte das Fundament des neuen Staats sein und die Grundlage für eine Teilnahme der Bürger an der Verwaltung bilden.[96]
Die Städteordnung wurde zwar von *Stein* nicht selbst erarbeitet, jedoch hatten seine Vorarbeiten großen Einfluß auf ihre Entstehung.[97] Am 27. Juni 1808 beauftragte *Stein* seinen Provinzialminister *Schroetter* mit der Neuplanung städtischer und ländlicher Gemeindeverwaltungen. Da die damalige preußische Hauptstadt und Residenz Königsberg ihren Verwaltungsaufgaben nicht mehr gewachsen war, erstellte auch ihr juristischer Beirat, der Kriminalrat *Brand*, einen Reformentwurf für die Stadtverwaltung von Königsberg. Diesen Entwurf benutzte *Stein*, um König *Friedrich Wilhelm III.* von der Dringlichkeit einer Reform aller Städte zu überzeugen, obwohl das Modell *Brands* später auf den Inhalt der *Städteordnung* selbst keinerlei Einfluß hatte. *Steins* Plan ging auf. Denn bereits am 25. Juli 1808 kündigte der Monarch eine *Städteordnung* für ganz Preußen an. Bereits vor der Unterredung mit ihm hatte *Stein* zudem durch den Verwaltungsspezialisten und Polizeidirektor von Königsberg, *Gottfried Frey*, weitgehende Details einer Stadtreform ausarbeiten lassen, die nun nur noch überarbeitet und in Gesetzesform gegossen werden mußte. Am 19. November 1808 wurde der dem König übersandte Entwurf als *„Ordnung für sämtliche Städte der preußischen Monarchie“*[98] in Kraft gesetzt.[99]
Eine *Landgemeindeordnung* sollte folgen, kam aber infolge der veränderten politischen Verhältnisse und aufgrund von Widerständen der bislang privilegierten Stände nicht mehr zustande. Eine Reform der Landgemeinden wäre ebenso wie die Neuordnung der städtischen Verwaltung notwendig gewesen, denn dort übertrug das Allgemeine Preußische Landrecht den Grundbesitzern immer noch

---

94 *Knemeyer*, Regierungs- und Verwaltungsreformen in Deutschland zu Beginn des 19. Jahrhunderts, S. 106

95 Abgedruckt z.B. in *Engeli/Haus*, Quellen zum modernen Gemeindeverfassungsrecht in Deutschland, S. 104 ff.

96 *Gönnenwein*, Gemeinderecht, S. 12

97 *Thiel*, Die preußische Städteordnung von 1808, S. 23

98 Vgl. zur Entstehung der Städteordnung von 1808: *Ritter*, Stein - Eine politische Biographie, S. 251/252; *Knemeyer*, Regierungs- und Verwaltungsreformen in Deutschland zu Beginn des 19. Jahrhunderts, S. 217/218

99 Allein die Art der Publikation der Städteordnung veranschaulicht die ganze Ärmlichkeit, in der sich Preußen in dieser Zeit befand: „Um Druckkosten zu sparen, ließ man dieses bedeutenste aller Reformgesetze als Zeitungsbeilage erscheinen: in vier Bruchstücken über den Monat Dezember verteilt, in elender Ausstattung, für die Behörden nachträglich zusammengeheftet“ (*Ritter*, Stein - Eine politische Biographie, S. 266).

alle wichtigen obrigkeitlichen Funktionen.[100] Jegliche Veränderungsbemühungen in diesem Bereich scheiterten aber an deren Protesten.

Die *Städteordnung von 1808* gab aber jedenfalls den Städten wieder die Autonomie über ihr Vermögen (§ 108) und die Steuern. Anstelle der staatlichen Leitung trat nun die bloße Aufsicht des Staats, die sich auf eine Rechtsaufsicht beschränkte (§ 1, 2). Zwar lag die Polizeigewalt formal beim Staat. Dieser übertrug sie aber in der Regel dem Magistrat als Exekutivorgan zur Ausübung (§ 166). Der Magistrat bestand aus für sechs Jahre gewählten unbesoldeten und aus für zwölf Jahre gewählten besoldeten Mitgliedern.
Im einzelnen sah die *Städteordnung von 1808* vor: Städtisches Beschlußorgan war die Stadtverordnetenversammlung (§§ 108 ff.). Die Stadtverordneten, denen das Budgetrecht zustand, wurden von nun an unmittelbar von den Bürgern gewählt (§ 87). Diese wählten wiederum den Magistrat als ausführendes Organ der Stadtverwaltung (§§ 144 ff.). Zwar lag die Ortsobrigkeit in den Händen des Magistrats, doch verlor er durch die *Städteordnung* fast gänzlich seine umfassende Entscheidungskompetenz. Die wesentlichen Angelegenheiten der Verwaltung unterstanden von nun an der Kontrolle der Stadtverordnetenversammlung. Der Magistrat fungierte nur noch als deren Ausführungsorgan.[101]
Zur Wahl der Stadtverordnetenversammlung berechtigt waren nur die Bürger einer Stadt, nicht die Einwohner und Schutzverwandten. Jedoch stellte die *Städteordnung* an den Erwerb des Bürgerrechts keine hohen Ansprüche. Die Bewohner mußten lediglich über ein – sehr geringes – Mindesteinkommen verfügen. Auch unverheiratete Frauen konnten das Bürgerrecht erwerben (§ 18). Es verlieh neben dem Wahlrecht insbesondere die Befugnis zur Ausübung eines Gewerbes und zum Besitz von Grundstücken in der Stadt.

Die große Zahl der Stadtverordneten[102] – gemessen an der jeweiligen Bevölkerung einer Stadt – war manchmal hinderlich bei der Arbeit, aber politisch von *Stein* gewollt. Seines Erachtens waren nicht Einsparungen oder die leichtere Bewältigung von Verwaltungsaufgaben primäres Ziel dieser Neuerung, sondern die außerhalb des Staats stehende Schicht sollte das Beamtentum mit ihrer Erfahrung unterstützen.[103] Dabei wollte *Stein* unter allen Umständen verhindern, daß „bürokratisches Schreibwerk, bürokratischer Pfründnergeist und juristischer 'Formelkram` der freien Entfaltung gemeinnütziger Tätigkeit des schlichten,

[100] *Walchshöfer*, Gebietsreform und bürgerschaftliche Partizipation, S. 132
[101] *Thiel*, Die preußische Städteordnung von 1808, S. 19/23
[102] Sie betrug in kleinen Städten 24 – 36, in mittleren 36 – 60 und in großen Städten 60 – 120 Mitglieder.
[103] *Voigt*, Die Selbstverwaltung als Rechtsbegriff und juristische Erscheinung, S. 25

gewerbetreibenden Bürgers im Wege stehen".[104] Zweck der Heranziehung der Bürger sollte nicht die Kontrolle der Verwaltung sein, sondern die Gewöhnung der Bürger an die Durchführung ihrer eigenen Geschäfte, die mit Hilfe ihrer Mitwirkung seiner Ansicht nach sehr viel besser und schneller erledigt werden könnten.[105]

Gerade diese Bürgernähe und die Anhaltung zur effektiven Mitarbeit war das Einzigartige der *Städteordnung* des Freiherrn vom *Stein.*

Dabei ging es *Stein* und seinen Mitarbeitern nicht etwa um die Einführung von demokratischen Gedanken im heutigen Sinn, sondern in erster Linie darum, durch die Zusammenarbeit von Bevölkerung und Staat ein Höchstmaß an Leistungsfähigkeit der Verwaltung zu erreichen. Die Selbstverwaltungsorgane sollten Träger der öffentlichen Meinung sein und den Regenten über die allgemeine Stimmung im Lande unterrichten.[106] Allein wegen des finanziellen Drucks war die Obrigkeit auf einen Teilverzicht ihrer Einflußmöglichkeiten zugunsten der städtischen Verwaltung bereit. Die Städte waren nämlich von jetzt an selbst für die Finanzierung ihrer Selbstverwaltungsaufgaben zuständig.[107]
Stein sah die Beteiligung der Bürger auf kommunaler Ebene als Vorstufe und Übung für die Mitbestimmung an der Staatsspitze an, weshalb die Selbstverwaltung nur behutsam von oben nach unten eingeführt werden sollte.[108] Das Reformwerk[109] zielte somit darauf ab, dem Staat dadurch innere Festigkeit zu ge-

---

104 *Ritter*, Stein - Eine Biographie, S. 257/258

105 „Die Nähe des tätigen Bürgers zum praktischen Leben macht ihn also auch geschickter zur Verwaltung der öffentlichen Angelegenheiten; da er die Wirkungen der Verwaltungstätigkeit aus unmittelbarer Nähe kennt, erfährt er die Mißbräuche eher" (*Schwab*, Die „Selbstverwaltungsidee" des Freiherrn vom Stein und ihre geistigen Grundlagen, S. 113/114).

106 *Schwab*, Die „Selbstverwaltungsidee" des Freiherrn vom Stein und ihre geistigen Grundlagen, S. 115

107 *Thiel*, Die preußische Städteordnung von 1808, S. 10

108 „Erst nachdem die Nation durch diese ´Schule` hinreichend Erfahrungen in öffentlichen Angelegenheiten gesammelt hatte, mochte man sie zu großen Versammlungen berufen und ihr große Interessen zur Diskussion anvertrauen" (*Unruh*, in: *Jeserich/Neuhaus* (Hrsg.), Persönlichkeiten der Verwaltung, S. 68).

109 Umstritten ist bei den Historikern, wo die Wurzeln bzw. die Einflüsse für die Selbstverwaltungsidee *Steins* liegen. Während *Schwab* (*Schwab*, Die „Selbstverwaltungsidee" des Freiherrn vom Stein und ihre geistigen Grundlagen, S. 28 ff., 35 ff., 57 ff., 155 ff.) glaubt, *Stein* sei von der *„Moral-Sense-Lehre"* von *Shaftesbury* beeinflußt worden, meint *Unruh* (*Unruh*, in: Jeserich, Deutsche Verwaltungsgeschichte, Bd. II, S. 428 ff.), besonders französische Vorbilder zu erkennen, während andere Wissenschaftler (z.B. *Isenburg*, Das Staatsdenken des Freiherrn vom Stein, S. 126) Ansätze altdeutscher Stadtverfassungen in der Städteordnung bemerken wollen. Jedoch wird man – wie bei der Gemeindereform von *Montgelas* – auch die *Städteordnung Steins* von 1808 letztlich als dessen eigene

ben, daß man eine Gesellschaft schaffen wollte, die in den Staat eingebunden war.[110]

Allerdings zeigte die *Stein'sche* Kommunalreform ebenfalls einige Defizite. Nachdem die staatliche Aufsicht stark zurückgeschraubt worden war, lebten viele Städte über ihre Verhältnisse und finanzierten dies mit Schulden. Außerdem mußten sie für die Personalzahlungen an die nicht wiedergewählten Magistratsbeamten[111], sowie die erhöhten Schul- und Armenlasten aufkommen.
In kleineren Orten fehlte es oftmals an geeignetem Personal für die neuen Ämter, so daß sich die Aufsichtsbehörden nicht selten mit analphabetischen Bürgermeistern, mit Kämmerern ohne deutsche Sprachkenntnisse und mit Stadträten zweifelhaften Rufs herumschlagen mußten.[112] Das städtische Proletariat erhielt durch das neue Wahlrecht ein beachtliches Übergewicht.[113] Die gebildeten Schichten hielten sich deshalb von kommunalen Ämtern häufig fern. Außerdem scheuten sie sich wegen der damit verbundenen zusätzlichen Verpflichtungen[114], das Bürgerrecht zu erwerben. *Stein* wagte es auch jetzt nicht, ihnen gemeinbürgerliche Lasten und Pflichten aufzuerlegen.[115] Weil es zu keiner Landgemeindeordnung kam, stellte sich in kleinen Gemeinden nur mühsam ein staatsbürgerliches Gefühl für die Erfüllung gemeinschaftlicher Angelegenheiten ein.
Stein versäumte es weiterhin, die Bürger über Bedeutung und Sinn ihrer Beteiligung am Kommunalwesen aufzuklären. Genauso wenig vermochte er es auch, die Beamten für die neue Verwaltungsform zu begeistern.

Schöpfung unter Verwendung mehrer Ansätze bezeichnen müssen. Zwar sind ebenso wie bei *Montgelas* französische Einflüsse unverkennbar, allerdings sind die Kongruenzen nur äußerlich. Denn im Keim unterscheidet sich die *Städteordnung* deutlich von der französischen Regelung. Auch das englische Städtewesen, das damals schon als zerrüttet und korrupt galt, hatte keinen größeren Einfluß auf die Reform des Ministers gehabt (vgl. *Isenburg*, Das Staatsdenken des Freiherrn vom Stein, S. 126), ebenso nicht die altdeutschen Ratsverfassungen. Denn die *Städteordnung von 1808* trennt „scharf zwischen der Stadtverordnetenversammlung als der Repräsentation der Bürgerschaft und dem in seinen Aufgaben und Rechten stark beschnittenen Magistrat“ (*Isenburg*, Das Staatsdenken des Freiherrn vom Stein, S. 126). Die Erlebnisse seiner Studienreisen und die aufmerksamen Beobachtungen der französischen Revolution hat Freiherr vom *Stein* vielmehr selbständig verarbeitet und seine eigenen Anschauungen gebildet (vgl. *Peters*, Freiherr vom Stein und unsere Zeit, DÖV 1957, S. 745).

110 *Walchshöfer*, Gebietsreform und bürgerschaftliche Partizipation, S. 141

111 *Ritter*, Stein - Eine Biographie, S. 267

112 *Ritter*, Stein - Eine Biographie, S. 267

113 *Knemeyer*, Regierungs- und Verwaltungsreformen in Deutschland zu Beginn des 19. Jahrhunderts, S. 109

114 Neben der Entrichtung eines Bürgerrechtsentgelts und der Leistung eines Bürgereids mußten alle Bürger einer Stadt Ehrenämter übernehmen und die städtischen Lasten anteilsmäßig tragen.

115 *Ritter*, Stein - Eine Biographie, S. 258

Diese vielen Kritikpunkte führten schließlich dazu, daß es bei der Erweiterung des preußischen Staatsgebiets um die Provinzen Sachsen, Westfalen und Rheinland im Jahre 1815 nicht zu einer Anwendung der *Städteordnung von 1808* kam und die kommunale Selbstverwaltung dann auch im übrigen Land wieder mehr eingeschränkt wurde.
Man entschloß sich daher, eine Verbesserung des Stadtverfassungsrechts in ganz Preußen vorzunehmen. Dadurch sollte eine Vereinheitlichung des Rechts im gesamten Land erreicht werden, zumal die Gültigkeit einzelner Bestimmungen der alten *Städteordnung* durch zahlreiche Zusätze und Änderungen mittlerweile zweifelhaft war.
Am 17. März 1831 erging deshalb eine *revidierte Städteordnung*[116], die zwar die Grundzüge der *Städteordnung von 1808*, nämlich die Selbstverwaltung der Städte, beibehielt, aber einige deutliche Neuerungen brachte.
Die wichtigsten Veränderungen waren neben der Stärkung der Staatsaufsicht über die städtische Vermögensverwaltung der Übergang der Bürger- zur Einwohnergemeinde und die Beseitigung des Vorrangs der Stadtverordnetenversammlung vor dem Magistrat.

Trotz mancher Schwachstellen bleibt aber festzuhalten, daß *Steins* Städteordnung „Ausgangspunkt aller modernen Selbstverwaltung geworden ist“[117] und zu Recht als dessen bedeutendstes Werk gilt. Die Einräumung weitreichender Partizipation an der Staatsverwaltung auf Stadtgemeindenebene und die damit verbundene Schaffung einer begrenzten demokratischen Legitimationsbasis war die Antwort der Reformer auf die Krise des preußischen absolutistischen Staats.[118] Sie war auch ein wichtiger Baustein zu dem Preußen, das später die Führung im Deutschen Reich übernehmen sollte.[119] Ohne die Neuerungen im kommunalen Bereich wäre das Bürgertum nie politisch führend im 19. Jahrhundert geworden. Denn durch das Reformwerk *Steins* bekam es die Möglichkeit, sich in der Kommunalpolitik zu engagieren. Ausgangspunkt der *Stein'schen* Reform war die Bekämpfung des Zentralismus, „der vom Dogma ausgeht, die fähigen Köpfe säßen in der Zentrale, weil sich dort eine größere Übersicht und oft auch mehr Macht verkörpere, während weiter nach unten Einsicht und Klugheit abnähmen und Lebensnähe am Einzelgegenstand sogar dem objektiven Urteil unzuträglich sei“.[120]

---

[116] GS f. Pr. 1831, S. 10 ff.
[117] *Kleinheyer/Schröder*, Deutsche und Europäische Juristen aus neun Jahrhunderten, S. 395
[118] *Schefold*, Bewahrung der Demokratie und wirtschaftlich-technische Entwicklung, ZSR 1974, S. 13 ff.
[119] *Voigt*, Die Selbstverwaltung als Rechtsbegriff und juristische Erscheinung, S. 29
[120] *Peters*, Freiherr vom Stein und unsere Zeit, DÖV 1957, S. 746

Steins Städteordnung hat trotz vieler Wandelungen im Detail bis auf den heutigen Tag Einfluß behalten.[121]

5.) Zusammenfassende geschichtliche Würdigung

Von den gegensätzlichen Ansätzen *Montgelas* und *Steins* für das Kommunalwesen ihrer Länder – Zentralisation und Dezentralisation – hat sich nur das Partizipationsmodell Preußens in Deutschland durchsetzen können.[122] Art. 28 Abs. II S. 1 GG gewährleistet heute allen Gemeinden das Recht auf Selbstverwaltung, d.h. alle Angelegenheiten der örtlichen Gemeinschaft im Rahmen der Gesetze in eigener Verantwortung zu regeln. Das BVerfG[123] bezeichnet das gemeindliche Selbstverwaltungsrecht als institutionelle Garantie. Der Wesensgehalt der gemeindlichen Selbstverwaltung darf nicht von gesetzgeberischen Maßnahmen ausgehöhlt werden.[124] Weiter schützt Art. 28 Abs. I S. 2 GG die Beteiligung und Mitbestimmung der Gemeindebürger. Sie müssen in ihrer Kommune eine Vertretung haben, die aus allgemeinen, unmittelbaren, freien, gleichen und geheimen Wahlen hervorgegangen ist.

Allerdings darf bei einer Bewertung der beiden Modelle nicht die unterschiedliche politische und territoriale Lage in Bayern und Preußen außer Acht gelassen werden. Die Zentralisierungsversuche *Montgelas* auf Gemeindeebene waren notwendige Durchgangsstufe von der unkontrollierbaren Selbstregierung früherer Tage hin zu einer modernen dezentralisierten Selbstverwaltung.[125] „Während die preußischen Gemeinden bereits lange Zeit unter Aufsicht gestanden hatten und im Zuge der Reform ein Selbstverwaltungsrecht zurückerhielten, beseitigte *Montgelas* (...) die unkontrollierte Selbstverwaltung, um dadurch die Gemeinden überhaupt erst in den Staatsverband einzubeziehen“.[126]
Montgelas rigorose Bevormundung und Degradierung der Städte zu unteren Verwaltungsbehörden lähmten den Staat damals vollends, während die preußischen Städte unter der neuen Stadtfreiheit „einer Zeit neuer Blüte und Macht“[127] entgegengingen.

---

121 *Engeli/Haus*, Quellen zum modernen Gemeindeverfassungsrecht in Deutschland, S. 101
122 Vgl. auch *Wolter*, Freiherr vom Stein und Graf Montgelas, BayVBl. 1993, S. 645
123 Z.B. BVerfGE 79, 127 (143 ff.)
124 Ständige Rspr. des BVerfG, vgl. z.B. Beschluß vom 26.10.1994, DVBl. 1995, S. 290 ff.
125 *Probst*, Die Entwicklung der gemeindlichen Selbstverwaltung in Bayern, S. 64
126 *Knemeyer*, Regierungs- und Verwaltungsreformen in Deutschland zu Beginn des 19. Jahrhunderts, S. 262
127 *Huber*, Deutsche Verfassungsgeschichte, Bd. I, § 13 I 2

Besserung für Bayern brachten erst das *Gemeindeedikt von 1818*[128], mit dessen Hilfe die negativen Auswüchse der Gemeindereform *Montgelas* abgefangen wurden, und die *Gemeindeordnung von 1869*[129], die den Gemeinden Selbstverwaltung im *Stein'schen* Sinne verlieh.

Montgelas Gebietsreform mit ihrem Gemeindezwang hatte aber in Bayern die Grundvoraussetzung einer späteren Selbstverwaltung der Gemeinden geschaffen, – die Bildung von wenigstens annähernd ähnlich strukturierten Gebietskörperschaften ohne Privilegien für einzelne Gruppen.

128 GBl. 1818, Sp. 49 ff.
129 GBl. 1869, Sp. 865 ff.

II: Gebietsreform der Jahre 1971 – 1978

1.) Notwendigkeit einer Gebietsreform

Seit den Reformen von und in der Zeit *Montgelas* hatte sich an der Struktur und dem Zuschnitt der Gemeinden in Bayern kaum etwas geändert.
Nach dem Zweiten Weltkrieg und dem sich anschließenden wirtschaftlichen Aufschwung in Deutschland, verbunden mit einer hohen Technisierung, einer starken Bevölkerungsvermehrung[130] und einer großen Mobilität des Einzelnen, zeigte sich, daß die vorherrschende Gliederung der Gemeinden mit den gesellschaftlichen Veränderungen nicht mehr in Einklang zu bringen war. Mehr als zwei Drittel der bayerischen Gemeinden hatte Anfang der siebziger Jahre weniger als 1.000 Einwohner[131], über ein Viertel zählte höchstens 300 Einwohner.[132] Auch die durchschnittliche Einwohnerzahl der Landkreise war mit knapp 49.000 Bewohnern nur halb so hoch wie im Bundesdurchschnitt.[133]

Den neuen Ansprüchen an kommunale Dienstleistungen im „Wirtschaftswunderland“ konnten viele kleinere Gemeinden mit ihrer teilweise aus vorindustriellen Tagen stammenden Infrastruktur nicht genügen.[134] Viele in der heutigen Zeit als Gemeindepflichten angesehenen Aufgaben der Kommune wurden früher von den Kirchen, durch Hand- und Spanndienste der Bewohner oder durch die großfamiliären Strukturen erfüllt. Glich die Gemeinde früher einem Verband mit „genossenschaftlichen Zügen“[135], wandelte sie sich im Laufe der Jahre immer mehr zu einem umfassenden Versorgungsträger, zu einer sog. „Versorgungsgemeinde“[136]. Daher war es Kleinstgemeinden einerseits mangels hauptamtlichen und erfahrenen Personals, andererseits aufgrund von fehlenden finanziellen Mitteln trotz teilweise sehr engagierter Bemühungen ihrer Bürgermeister und Gemeinderäte kaum möglich, den Einwohnern zumindest die unentbehrlichen Lei-

---

[130] Von 1816 bis 1970 nahm die Bevölkerung auf dem Gebiet der alten Bundesrepublik von 13,72 Mio. auf 61,65 Mio. zu (vgl. *Statistisches Jahrbuch für die Bundesrepublik Deutschland von 1973*, S. 34).

[131] In der Oberpfalz waren es sogar 80% der Kommunen.

[132] *Thieme/Prillwitz*, Durchführung und Ergebnisse der kommunalen Gebietsreform, S. 155

[133] *Knemeyer*, Kreisgebietsreform und Beginn der Gemeindereform in Bayern, AfK 1972, S. 45/46

[134] „Konnten die Gemeinden früher bei geringen äußeren Einflüssen und bescheidenen Ansprüchen ihrer Bürger ein weitgehendes Eigenleben mit leicht überschaubaren öffentlichen Aufgaben führen, so stellen heute die Mobilität der Bevölkerung und die fortschreitende Angleichung der Lebensansprüche höchste Forderungen“ (*Deutscher Gemeindetag*, Stärkung der Verwaltungskraft der Gemeinden, Der Landkreis 1967, S. 66).

[135] *Birkl*, Ein Jahrhundertwerk, KommPolBl. 1976, S. 425

[136] *Seidl*, Der Abschluß der kommunalen Gebietsreform in Bayern, BayBgm. 4/1978, S. 11

stungen der Daseinsvorsorge (wie eine ausreichende Wasser- und Abwasserversorgung), geschweige denn zusätzliche freiwillige Leistungen (z.B. Sportplätze und kulturelle Einrichtungen) zur Verfügung zu stellen.[137] Die Versorgungsmängel, aber auch die besseren Verdienstmöglichkeiten und das umfangreichere Konsumangebot in den Städten, bewirkten einen zunehmenden Bevölkerungssog auf die wirtschaftlichen Zentren hin.[138] In den ländlichen Räumen machte sich dagegen eine starke Abwanderung bemerkbar. Aus diesem Grund mußten immer öfters die Landkreise Aufgaben ihrer Gemeinden mitübernehmen, die aber wegen der hohen Kosten und auch ihrer vielfach geringen Größe selbst damit oft überfordert waren. Bereits Ende der fünfziger Jahre bestand zwischen den kleinen ländlichen Gemeinden und den Landratsämtern ein mit den Grundsätzen der Selbstverwaltung nicht mehr zu vereinbarendes Abhängigkeitsverhältnis.[139] Nach Ansicht von Beobachtern[140] war es neben dem Einsatz der Landratsämter wohl auch der damaligen Hochkonjunkturphase zu verdanken, daß es nicht schon eher zu größeren Schwierigkeiten kam.

Im Laufe der Jahre entstand eine immer größer werdende Diskrepanz in der Infrastruktur zwischen den im allgemeinen gut ausgestatteten Städten und großen Gemeinden auf der einen Seite und den unterversorgten Klein- bzw. Kleinstgemeinden auf der anderen. Weil sich letztere fast ausschließlich auf dem Lande befanden, gab es zu Beginn der sechziger Jahre in Bayern, aber auch sonst in Deutschland, ein großes Leistungsgefälle zwischen Stadt und Provinz. Ein einheitlicher Lebens- und Verwaltungsraum war insoweit nicht mehr vorhanden. Das Sozialstaatsprinzip verpflichtete aber den Staat, allen Einwohnern nach Möglichkeit dieselben Chancen zur Entfaltung ihrer Persönlichkeit zu gewährleisten.[141]

Die Selbstverwaltung der kleinen Kommunen existierte nur noch auf dem Papier. Denn in der Realität entwarf das jeweilige Landratsamt für diese Anträge

---

137 Vgl. auch *Scheuner*, Voraussetzungen der kommunalen Gebietsreform, in: *Unruh/Thieme/Scheuner* (Hrsg.), Die Grundlagen der kommunalen Gebietsreform, S. 82

138 *H.-G. und R. Wehling*, Nach der Gemeindereform, Der Bürger im Staat 1980, S. 17

139 *Dr. Bruno Weinberger*, ein Vertreter des Landkreisverbands Bayern, beklagte schon damals: „Die in Bayern angestellten Untersuchungen haben ergeben, daß praktisch für eine große Zahl von kleinen Gemeinden die Funktionsfähigkeit nur mit Hilfe des Landratsamtes aufrecht erhalten wird. Es ist keine Seltenheit (...), daß vielfach sogar Bescheide vom Landratsamt gefertigt werden, wobei letzteres in die fatale Situation kommt, im Beschwerdeverfahren über seine eigene Sache befinden zu müssen“ (abgedruckt in: *Reigl/Schober/Skoruppa*, Kommunale Gliederung in Bayern nach der Gebietsreform, S. 13).

140 *Reigl/Schober/Skoruppa*, Kommunale Gliederung in Bayern nach der Gebietsreform, S. 14

141 *Bocklet*, Kommunale Selbstverwaltung und Gebietsreform - Verstärkung oder Minderung der politischen Anteilnahme?, in: *Roth* (Hrsg.), Freistaat Bayern - Die politische Wirklichkeit eines Landes der Bundesrepublik Deutschland, S. 192

und Gesuche, stellte den Haushalt auf und ließ den Gemeinderat nur noch seine Entscheidungen absegnen. Kaum jemand aus der jüngeren Generation war deshalb noch bereit, ein Mandat in einer Kleinstgemeinde wahrzunehmen. Man sah bald ein, daß kommunale Selbstverwaltung für den Bürger nutzlos war und zu verkümmern drohte, wenn die Kommunen zu klein für eine starke Verwaltung waren und den Einwohnern nicht mehr die Leistungen gewähren konnten, die in Stadtnähe zur Verfügung standen.
Eine funktionierende Selbstverwaltung macht schließlich nur Sinn, wenn ein Gemeinwesen finanzkräftig genug ist, die nötigen Einrichtungen der Daseinsvorsorge bereitstellen zu können, genügend Fläche vorhanden ist, um diese Einrichtungen vernünftig zu plazieren und seine Verwaltung hinreichend qualifiziert ist, die Organe sowohl sachkundig zu beraten als auch deren Entscheidungen effektiv vorzubereiten und auszuführen.[142] Voraussetzung für eine Angebotsverbesserung auf dem Lande waren neben einer effektiven Verwaltung und Planung auch ein Neuzuschnitt der Verwaltungseinheiten, um eine wirtschaftliche Nutzung kommunaler Einrichtungen zu ermöglichen.

Zwar herrschte im *Bayerischen Landtag* und in der Öffentlichkeit weitestgehend Einigkeit darüber, daß dringender Handlungsbedarf zur Überwindung der untauglich gewordenen Verwaltungsstrukturen bestand. Aber man stritt sich heftig über die Art der Maßnahmen. So wurde es ein langer Weg von der Einsicht bezüglich der Notwendigkeit einer Reform bis zu ihrer Verwirklichung.[143] Von den ersten zaghaften Ansätzen einer Gemeindegebietsreform bis zu deren Abschluß vergingen fast zwei Jahrzehnte.
Die kommunale Gebietsreform stellte „für den Verwaltungsaufbau in Deutschland ein säkulares Ereignis dar, das durchaus vergleichbar ist mit den Verwaltungsreformen im frühen 19. Jahrhundert".[144]

2.) Durchführung der Reform

Das Reformwerk des Grafen *Montgelas* hatte vor allem Privilegien beseitigt. Nun war man besonders darum bemüht, durch eine gemeindliche Gebietsreform leistungsfähigere Gemeinden und eine hohe Verwaltungseffizienz zu errei-

---

[142] *Merk*, Gebiets- und Verwaltungsreform in Bayern, BayVBl. 1971, S. 165

[143] *Merk*, Sinn und Ziel der Gebietsreform in Bayern, BayVBl. 1992, S. 385; *Görg*, Nochmals: Der Rechtsschutz im Eingemeindungsverfahren, DVBl. 1969, S. 772

[144] *Schimanke*, Prozeß und Auswirkungen der kommunalen Gebietsreform und Funktionalreform für die Kommunen im ländlichen Raum, in: *Henkel* (Hrsg.), Kommunale Gebietsreform und Autonomie im ländlichen Raum, S. 42

chen.[145] Dadurch sollten die unterste kommunale Ebene gestärkt und gleichmäßige Lebensbedingungen im ganzen Land ermöglicht werden.[146]

a) Erste Reformansätze

Bereits kurz nach Ende des Zweiten Weltkriegs wollte der damalige Innenminister *Ankermüller* die Anzahl der bayerischen Landkreise von 143 auf 100 mit durchschnittlich 60.000 – 70.000 Bewohnern senken. Dieser *„Ankermüller-Plan"* wurde damals aber nicht weiter verfolgt.

Keinen Erfolg hatten ebenfalls die Verfasser des sog. *„Kollmann-Gutachtens"*.[147] Diese vom SPD-Abgeordneten *Waldemar von Knoeringen* angeregte *„Arbeitsgemeinschaft für staatliche Vereinfachung"* unter Vorsitz des ehemaligen Vorsitzenden des BayVGH, *Dr. Ottmar Kollmann*, forderte die Rückführung von kleinen kreisfreien Gemeinden in die Landkreise. Auch bei letzteren sollte wiederum die Überlebensfähigkeit überprüft werden, falls deren Einwohnerzahl nicht die Marke von 30.000 erreichte. Außerdem war eine Zusammenlegung sog. „Zwerggemeinden" unter 200 Einwohnern sowie sonstiger verwaltungsunfähiger kleiner Gemeinden mit anderen Kommunen geplant. Dadurch sollten eine erhebliche Vereinfachung und Verbilligung der Verwaltung erreicht und auch die Landratsämter, die viele Aufgaben von kleinen Gemeindeverwaltungen übernommen hatten, entlastet werden.[148] Allerdings hätte dabei nach Ansicht der Gutachter mit äußerster Behutsamkeit vorgegangen werden müssen, weswegen auch eine rigorose Gemeindegebietsreform ausdrücklich abgelehnt wurde. In den öffentlichen Medien wurden die Vorschläge zwar wohlwollend aufgenommen, jedoch blieben die Staatsregierung und das Parlament untätig: „Die Zeit für eine umfassende Gebietsreform war offenbar noch nicht reif".[149] Allerdings stellten die Empfehlungen des Gremiums das zentrale theoretische Werk in der Geschichte der bayerischen Staatsreform dar.[150]

---

145 Vgl. *Scholler*, Die bayerische Gemeindegebietsreform als Konflikt zwischen grundrechtlich verstandener Selbstverwaltung und staatlicher Reformpolitik, S. 13/14

146 *Hölz/Hien/Huber*, Gemeindeordnung für den Freistaat Bayern, Art. 11 GO, Anm. II 8

147 *Arbeitsgemeinschaft für Staatsvereinfachung* (Hrsg.), Staatsvereinfachung in Bayern, Erster und Zweiter Teil

148 *Arbeitsgemeinschaft für Staatsvereinfachung* (Hrsg.), Staatsvereinfachung in Bayern, Zweiter Teil, S. 17

149 *Bocklet*, Kommunale Selbstverwaltung und Gebietsreform - Verstärkung oder Minderung der politischen Anteilnahme?, in: *Roth* (Hrsg.), Freistaat Bayern - Die politische Wirklichkeit eines Landes der Bundesrepublik Deutschland, S. 190

150 *Bocklet*, Kommunale Selbstverwaltung und Gebietsreform - Verstärkung oder Minderung der politischen Anteilnahme?, in: *Roth* (Hrsg.), Freistaat Bayern - Die politische Wirklichkeit eines Landes der Bundesrepublik Deutschland, S. 190

Anfang der sechziger Jahre wollte das Innenministerium unter dem damaligen Innenminister und späteren Ministerpräsidenten *Alfons Goppel* zur Stärkung der Selbstverwaltung von Amts wegen den Zusammenschluß von Gemeinden bis 100 Einwohnern mit anderen angrenzenden Kommunen vorbereiten. Einem Sturm der Entrüstung und dem Vorwurf ausgesetzt, er betreibe eine „Vergewaltigung des kommunalen Selbstverwaltungsrechts“[151], mußte *Goppel* aber diesen Plan alsbald wieder aufgeben.

1967 unternahm *Goppel* – nun Ministerpräsident – einen erneuten Versuch zur kommunalen Neuordnung. In seiner Regierungserklärung vom 25. Januar 1967 legte er dar, daß beabsichtigt sei, im Rahmen einer Verwaltungsreform Maßstäbe für eine territoriale Neugliederung Bayerns festzusetzen, und man beginnen werde, entsprechende Entscheidungen sorgfältig vorzubereiten. Zu diesem Zweck setzte er am 08. Mai 1967 eine Kommission unter der Leitung des Staatssekretärs *Hugo Fink* ein, die Lösungsansätze zur Verwaltungsvereinfachung erarbeiten sollte. Als erste Maßnahme wurde am 24. März 1969 das FAG geändert[152], um mit Hilfe von finanziellen Förderungen freiwillige Gemeindezusammenschlüsse auf den Weg zu bringen.[153]
Desweiteren brachte die Staatsregierung im April 1970 einen Entwurf eines *„Gesetzes zur Stärkung der kommunalen Selbstverwaltung“* im *Landtag* ein.[154] Damit sollte erstmalig eine gesetzliche Grundlage für eine Verbesserung der kommunalen Selbstverwaltung und die Voraussetzung dafür geschaffen werden, daß sie effektiv und wirtschaftlich ihre Aufgaben im Interesse der Bürger erfüllen kann.[155] Der Gesetzentwurf erwähnte erstmalig das Institut der Verwaltungsgemeinschaft. Er enthielt aber auch die rechtlichen Voraussetzungen für eine kommunale Neugliederung und eine nähere Festlegung der Aufgaben der kommunalen Selbstverwaltungsträger. Eine Verbesserung der kommunalen Struktur wollte dieser Entwurf durch eine genaue Abgrenzung der Aufgaben von Gemeinden und Landkreisen erreichen. Insbesondere sollten die Pflichtaufgaben der Gemeinden im eigenen Wirkungskreis (Wasserversorgung und Müllbeseitigung) in der Gemeindeordnung kodifiziert werden.
Da es vor Ablauf der sechsten Legislaturperiode im November 1970 nicht mehr zu ihrer Verabschiedung kam, verfiel die Gesetzesvorlage.

---

[151] *Merk*, Sinn und Ziel der Gebietsreform in Bayern, BayVBl. 1992, S. 385
[152] Vgl. *„Gesetz zur Änderung des FAG“* (GVBl. 1969, S. 65 ff.)
[153] Dadurch nahm bis zum 01. April 1971 die Zahl der Gemeinden um 583 von 7.073 auf 6.490 ab.
[154] LT-Drs. 6/3207
[155] *Tschira*, Stand der Gebiets- und Verwaltungsreform in den Bundesländern - Bayern, Der Landkreis 1971, S. 44

b) Beginn der eigentlichen Gebietsreform

Nach seiner Wiederwahl gab Ministerpräsident *Goppel* in seiner dritten Regierungserklärung[156] vom 27. Januar 1971 nunmehr den Startschuß für eine Reform der öffentlichen Verwaltung und insbesondere für eine Gebietsreform.
Letztere war in Bayern überfällig. Alle anderen Bundesländer hatten nämlich zu dieser Zeit bereits Gebietsneugliederungen durchgeführt oder standen kurz vor ihrem Abschluß. Daß Handlungsbedarf bestand, zeigt allein die Tatsache, daß die durchschnittliche Einwohnerzahl der kreisangehörigen Gemeinden in Bayern vor der Reform ca. 1.400 und die der Landkreise ca. 49.000 betrug. Die kreisangehörigen Gemeinden aller anderen Bundesländer waren nach der kommunalen Neugliederung mit durchschnittlich über 7.000 viermal und die Landkreise mit ca. 170.000 Einwohnern gut dreimal so groß wie ihre bayerischen Gegenstücke.[157] Das Argument der Reformgegner, Bayern sei aufgrund seines großen ländlichen Raums und seiner niedrigen Siedlungsdichte ein Sonderfall, konnte bei diesem offensichtlichen Mißverhältnis nun nicht mehr verfangen, zumal die Gemeinden und die Landkreise immer weniger mit den steigenden Verwaltungsanforderungen zurecht kamen. Richtig war vielmehr, daß Bayern aufgrund seiner großen, dünnbesiedelten Flächen in der Reform der Verwaltung Aufholbedarf hatte, was politisch und administrativ nicht einfach war.[158] Die positiven äußeren Umstände – in Bayern herrschten Reformeifer und Aufbruchstimmung, sowie eine Phase wirtschaftlicher Prosperität[159] – erleichterten aber spürbar die Reformvorhaben.

In der Regierungserklärung machte Ministerpräsident *Goppel* auch deutlich, daß innerhalb der Verwaltungsreform der kommunalen Gebietsreform Vorrang eingeräumt werde. Der Zusammenschluß von Gemeinden und Landkreisen werde die Bildung leistungsfähiger und bürgernaher kommunaler Körperschaften fördern. Diese sollten dabei helfen, die kommunale Selbstverwaltung auf allen Ebenen zu stärken, die Lebensverhältnisse zwischen Stadt und Land anzugleichen und das bestehende Leistungsgefälle abzubauen. Eine gleichzeitig durchzuführende Funktionalreform sollte die Verwaltungsaufgaben neu verteilen und vor allem diejenigen mit viel Publikumsverkehr auf die Gemeinden übertragen. Daß sich beispielsweise die Zielvorgabe „Bürgernähe" und die Forderung nach mehr Leistungsstärke durch vergrößerte Verwaltungseinheiten nur schwer mit-

---

156 Auszüge hiervon bei *Reigl/Schober/Skoruppa*, Kommunale Gliederung in Bayern nach der Gebietsreform, S. 17 ff.

157 *Emmerig*, 25 Jahre Gebietsreform in der Oberpfalz, BayVBl. 1998, S. 674

158 *Laux*, Die kommunale Gebietsreform, AfK 1975, S. 233

159 Vgl. *Henneke*, Verwaltungseffizienz und Betroffenenakzeptanz, Leitbildgerechtigkeit und politische Durchsetzbarkeit, NVwZ 1994, S. 555

einander verbinden ließen, wurde dabei aber zu diesem Zeitpunkt nicht hinreichend berücksichtigt, später aber um so mehr kritisiert.

Es oblag dem Innenminister *Dr. Bruno Merk*, die Gebiets- und Verwaltungsreform in Bayern vorzubereiten und gegen die zu erwartenden Widerstände durchzusetzen. Er sah die Reform als politische Aufgabe an, um Bayern zu modernisieren und nicht hinter die anderen Länder der Bundesrepublik und Europa zurückfallen zu lassen. Dafür war es seiner Ansicht nach erstens notwendig, die Lebensverhältnisse in der Provinz zu verbessern, damit auch die Bewohner auf dem Lande in zumutbarer Entfernung die in der heutigen Zeit üblichen kommunalen Einrichtungen vorfinden.[160] Zweitens mußten die Effektivität, Bürgernähe und Wirtschaftlichkeit der gesamten Verwaltung gesteigert werden. Da die Aufgabenfülle der Gemeinden einerseits immer mehr zunahm, andererseits der Vollzug schwieriger wurde, war seiner Meinung nach die Einstellung von mehr hauptamtlichen Dienstkräften unabdingbar, damit sich das ehrenamtliche Personal wieder seinen eigentlichen Aufgaben, nämlich der Leitung der Gemeinde, widmen konnte. Auf Kreisebene bedurfte es für eine schnellere und bessere Entscheidungsfindung des Einsatzes qualifizierter Spezialisten. Drittens mußte einer faktischen Aushöhlung der Selbstverwaltung entgegengetreten werden, d.h., daß sowohl Kreise als auch Gemeinden finanziell und personell gestärkt werden sollten.

c) Erstes und Zweites Gesetz zur Stärkung der kommunalen Selbstverwaltung

Um die mit der Gebietsreform erhofften Ziele verwirklichen zu können, erließ das Parlament zunächst das *„Erste Gesetz zur Stärkung der kommunalen Selbstverwaltung“*[161], das am 27. Juli 1971 in Kraft trat. Darin wurde das Rechtsinstitut der Verwaltungsgemeinschaft neu in das bayerische Gemeinderecht eingeführt, um dadurch die Leistungskraft insbesondere kleinerer kreisangehöriger Gemeinden zu stärken.
Weiterhin änderte das Gesetz wesentliche Bestimmungen der Gemeindeordnung. Anstelle der bisher für eine Gebietsänderung notwendigen Gründe des öffentlichen Wohls wurde nun eine (nicht abschließende) Aufzählung von Gründen in Art. 11 Abs. II GO (a.F.) eingefügt, um Änderungen im Bestand oder Gebiet von Gemeinden auf Antrag oder von Amts wegen verfügen zu können. In Art. 12 GO (a.F.) wurde geregelt, daß ausschließlich die Regierung Änderungen im Bestand von Gemeinden verfügen konnte. Das Landratsamt durfte

---

[160] *Merk*, Gebiets- und Verwaltungsreform in Bayern, BayVBl. 1971, S. 165
[161] GVBl. 1971, S. 247 ff.

dies nur noch, wenn unbewohntes Gemeindegebiet eingegliedert wurde. Künftig galten in Art. 57 GO auch verschärfte Bestimmungen zur Bereitstellung von Trinkwasser bzw. Beseitigung von Abwasser und Entsorgung von Hausmüll. Ehemals selbständigen Gemeinden, die in einer Einheitsgemeinde[162] nicht durch ein Gemeinderatsmitglied vertreten waren, billigte man nach Art. 66 GO (a.F.)[163] die Entsendung eines Ortssprechers in die Gemeinderatssitzung zu, der den Gemeindeteilen beratend zur Seite stehen sollte und Anträge stellen durfte. Ferner sah das *„Erste Stärkungsgesetz"* vor, daß in Gemeinden mit mehr als 10.000 Einwohnern der Erste Bürgermeister berufsmäßig tätig sein mußte. In kreisangehörigen Gemeinden zwischen 5.000 und 10.000 Bewohner war er es ebenfalls, wenn nicht spätestens zwei Monate vor Beginn der Bürgermeisterwahl eine Satzung die Ehrenamtlichkeit bestimmte. In Kommunen mit so großen Einwohnerzahlen – so die Begründung – sei nämlich die von Jahr zu Jahr zunehmende Belastung des Ersten Bürgermeisters meist so hoch, daß er das Amt nicht mehr, wie es einem Ehrenamt entspreche, neben seinem Hauptberuf ausüben könne.[164] Bei kleineren Gemeinden als den genannten blieb das Amt des Ersten Bürgermeisters ein Ehrenamt, allerdings konnte der Gemeinderat durch Satzung auch hier die Hauptamtlichkeit festlegen.

Diesem Gesetz folgte am 15. Dezember 1971 das *„Zweite Gesetz zur Stärkung der kommunalen Selbstverwaltung"*[165], das sich besonders mit der anstehenden Kreisreform befaßte. Es legte fest, daß zukünftig nur noch Kommunen mit einer Einwohnerzahl von mindestens 50.000 (bisher 25.000) den Status einer kreisfreien Stadt erlangen konnten. Eine Sonderstellung nahm das dem baden-württenbergischen Kommunalrecht nachgebildete und neu in das bayerische Kommunalrecht eingeführte Institut der „Großen Kreisstadt" ein.
Diese ist zwar kreisangehörig, übernimmt aber im übertragenen Wirkungskreis zahlreiche Aufgaben des Landratsamts als unterster staatlicher Verwaltungsbehörde (vgl. Art. 9 Abs. II GO). Die Einführung der „Großen Kreisstadt" war sowohl im *Bayerischen Landtag* als auch im *Bayerischen Senat* sehr umstritten. Durch die Übertragung von insbesondere staatlichen Verwaltungsaufgaben auf

---

[162] Die Bezeichnung „Einheitsgemeinde" hat ihren Ursprung nicht in der kommunalen Gebietsreform, sondern betrifft die Überwindung der kommunalverfassungsrechtlichen Trennung von Stadt- und Landgemeinden, eine historische Entwicklung, die durch die *„Deutsche Gemeindeordnung" vom 30. Januar 1935* abgeschlossen wurde (vgl. *Gönnenwein*, Kommunalrecht, S. 225 ff.). Im Rahmen der Gemeindegebietsreform steht dieser Begriff für den Zusammenschluß mehrerer Gemeinden zu einer neuen oder die Eingemeindung einer oder mehrerer in eine andere Kommune.

[163] Heute in Art. 60 a GO geregelt.

[164] *Gröbner*, Erstes Gesetz zur Stärkung der kommunalen Selbstverwaltung verabschiedet, BayBgm. 1971, S. 203

[165] GVBl. 1971, S. 450 ff.

die „Große Kreisstadt" befürchtete man einen teilweisen Verlust des erhofften Rationalisierungseffekts, der in der Schaffung großer Landkreise und gut ausgestatteter Landratsämter begründet lag.[166] Außerdem widerspräche es der Verwaltungsvereinfachung, Rechtsaufsicht (Landratsamt) und Fachaufsicht (Regierung) bei diesem Rechtsinstitut zu trennen.
Kreisangehörige Gemeinden mit mehr als 30.000 Einwohnern konnten auf Antrag und nach Anhörung des Kreistags bei entsprechender Leistungsfähigkeit zur „Großen Kreisstadt" erklärt werden. Weiterhin erhielten alle ehemals kreisfreien Städte, die durch die Reform eingegliedert wurden, als eine Art „Trostpflaster"[167], automatisch den Status einer „Großen Kreisstadt".

Die beiden *„Gesetze zur Stärkung der kommunalen Selbstverwaltung"* waren Mittelpunkt der Gemeindegebietsreform und bildeten ihren Rahmen.[168]

d) Ausfüllung der Stärkungsgesetze und Konkretisierung der Grundgedanken der Reform durch die Richtlinien des Innenministeriums

Der durch die zwei *„Stärkungsgesetze"* vorgegebene Rahmen wurde ausgefüllt durch die *„Richtlinien für die Zusammenfassung zu größeren Verwaltungseinheiten"*[169], die vom Staatsministerium des Inneren am 10. August 1971 erlassen wurden. Diese erhielten genaueste Ausführungen zum Ablauf der kommunalen Neugliederung und waren das eigentliche Herzstück der Gemeindegebietsreform.
Die Erfahrungen in anderen Bundesländern hatten zudem gezeigt, daß die Ausarbeitung von abstrakten *Richtlinien* durch eine Zentralbehörde unumgänglich war, um einerseits einheitliche Entscheidungen sicherzustellen, andererseits nicht den Gleichheitssatz zu verletzen und deswegen bei den zu erwartenden gerichtlichen Überprüfungen an dieser Rüge zu scheitern.[170]
Es galt bei Ausarbeitung der *Richtlinien*, die richtigen Maßstäbe mit adäquaten Richtgrößen für eine auf Dauer angelegte Neuordnung der Gemeinden zu finden. Denn hiervon hing wesentlich der Erfolg der Gebietsreform ab. Dabei kam bei allen Reformen in sämtlichen Bundesländern dem Faktor der Mindestgröße bzw. der Mindesteinwohnerzahl der zu bildenden Körperschaften besondere Be-

---

166 *Gröbner*, Der Entwurf eines Zweiten Gesetzes zur Stärkung der kommunalen Selbstverwaltung, BayBgm. 1971, S. 206
167 *Knemeyer*, Gebietsreform in Bayern, DÖV 1972, S. 348
168 *Schnall*, Die Gebietsreform in Bayern, in: *Stammen/Mühleisen* (Hrsg.), Gemeinde- und Gebietsreform in Bayern, S. 139
169 MABl. 1971, S. 845 ff.
170 *Wiebel*, Die kommunale Gebietsreform im Rückblick, BayVBl. 1987, S. 677

deutung zu.[171] Anders als viele andere Bundesländer (z.B. Nordrhein-Westfalen) verzichtete man in Bayern völlig auf Sachverständigengutachten für die geplanten Vorhaben. Man verließ sich vielmehr auf den Sachverstand der Beamten des Staatsministeriums des Inneren, weshalb auch von einer „hausinternen Reform“[172] gesprochen wird.

Zweck der Reform waren vorrangig die Stärkung der kommunalen Selbstverwaltung und durch eine Verbesserung der Lebensverhältnisse auf dem Lande die Schaffung möglichst einheitlicher Lebensbedingungen in Stadt und Provinz.
Um diese Ziele und eine territoriale Neueinteilung zu erreichen, sah das *Bayerische Innenministerium* in den *Richtlinien* zwei Möglichkeiten für die Kommunen vor. Sie sollten sich entweder zu großen, leistungsfähigen Gemeinden, also zu sog. „Einheitsgemeinden“ zusammenschließen oder, wo ein Zusammenschluß wegen der Siedlungsstruktur nicht möglich oder sinnvoll war, Verwaltungsgemeinschaften bilden.

Die Maxime der Freiwilligkeit stand dabei im Vordergrund. Deshalb wurde entschieden, in zwei Schritten zu verfahren:
In der sog. *„Freiwilligkeitsphase“*, die schon 1969 begonnen hatte und bis zum 01. Januar 1976 andauerte, wurden freiwillige Zusammenschlüsse von Gemeinden finanziell gefördert, um ihnen einen Anreiz zu geben, sich aus eigenem Antrieb und ohne Gesichtsverlust mit anderen Kommunen zu verbinden.[173] Der größte Anteil der finanziellen Förderungen in dieser Phase – scherzhaft oft auch „Abschlachtprämien“ genannt – beruhte für Einheitsgemeinden auf der Einführung des Art. 3 a in das FAG[174] im Jahre 1969 und des Art. 3 b FAG für die gesetzlichen Leistungen an Verwaltungsgemeinschaften.[175] Die Fördersumme, die kooperierende Gemeinden durch zusätzliche Schlüsselzuweisungen[176] und För-

---

171 Hierbei sind speziell die Forschungen von *Frido Wagener* hervorzuheben, der mittels tatsächlicher Erhebungen und umfangreichen Materialarbeiten bereits Mitte der sechziger Jahre versucht hatte, Maßstäbe für die optimale Größe von Verwaltungseinheiten zu gewinnen. Seiner Ansicht nach sollten Gemeinden mindestens 7.000 Bewohner haben, Mittelstädte mindestens 40.000 und Großstädte mindestens 200.000, während Landkreise zwischen 170.000 und 380.000 Einwohner aufweisen sollten (vgl. *Wagener*, Neubau der Verwaltung, S. 482 ff.).

172 *Knemeyer*, Kreisgebietsreform und Beginn der Gemeindereform in Bayern, AfK 1972, S. 52

173 Siehe Kap. B II 2.) a)

174 Vgl. *„Gesetz zur Änderung des FAG“* (GVBl. 1969, S. 65 ff.)

175 Vgl. zu der finanziellen Förderung in der Freiwilligkeitsphase insgesamt: *Memminger*, Übersicht über die Gemeindegebietsreform, BayBgm. 1973, S. 113

176 Diese betrugen das 1,95-fache des Durchschnitts der Schlüsselzuweisungen der letzten drei Jahre.

derbeträge[177] nach einem komplizierten Verteilungsschlüssel erhielten[178], betrug über 560 Mio. Euro.[179] Voraussetzung, um in den Genuß dieser Förderzulagen zu kommen, war aber, daß bis spätestens 01. Januar 1976 die nötigen Gemeinderatsbeschlüsse zur Wahl eines bestimmten Gestaltungsmittels – Einheitsgemeinde oder Verwaltungsgemeinschaft – vorlagen. Mit der Politik der „goldenen Zügel"[180] und der Befürchtung, nach dem Stichtag keinerlei monetären Ausgleich zu erhalten, sollten etwaige Zweifel ausgeräumt und die betroffenen Gemeinden in ihrer Entscheidungsfindung beeinflußt, ja sogar bedrängt werden.

Als zweiten Schritt für die Zeit ab dem 01. Januar 1976 plante man die sog. *„Amtsphase"*, in der noch eventuell erforderliche Gebietsänderungen von Amts wegen mittels Verordnung durchgeführt werden sollten.

Allerdings sollte nach den *Richtlinien*[181] auch in der *Freiwilligkeitsphase* Anträgen auf Gemeindezusammenschlüsse oder auf Bildung von Verwaltungsgemeinschaften nur dann entsprochen werden, wenn bestimmte, einheitliche Kriterien erfüllt wurden.
Diese Kriterien waren in den *Richtlinien* ausführlich beschrieben.[182] Wichtig war dem *Innenministerium* besonders, daß die künftigen Gemeinden oder Verwaltungsgemeinschaften nach der Neugliederung stark genug waren, um das Selbstverwaltungsrecht auch nutzen und die nötigen Leistungen der Daseinsvorsorge ihren Bürgern zur Verfügung stellen zu können. Neben Aufgaben der Bauleitplanung, der Unterhaltung von Gemeindestraßen, der Wasserver- bzw. entsorgung und des Feuerschutzes sollten hierzu auch die Unterhaltung von kulturellen und sozialen Einrichtungen, die Anlage und der Betrieb von Bestattungseinrichtungen und die allgemeine Verwaltung gehören. Untersuchungen und praktische Erfahrungen hätten gezeigt, daß Einheitsgemeinden und Verwaltungsgemeinschaften eine Mindesteinwohnerzahl von 5.000 und Mitgliedsge-

---

177 Neben den Schlüsselzuweisungen erhielten die Einheitsgemeinden für jeden Einwohner der eingegliederten neuen Gemeinden einen Betrag von einmalig knapp 41 Euro.

178 Vgl. zu den Schlüsselzuweisungen, Investitionszuschüssen und Bedarfszuweisungen im einzelnen: *Tschira*, Stand der Gebiets- und Verwaltungsreform in den Bundesländern, Der Landkreis 1970, S. 41

179 *Bayerisches Staatsministerium des Inneren* (Hrsg.), Leistungen des Freistaats Bayern zur Förderung der Gemeindegebietsreform, S. 3

180 *Tschira*, Stand der Gebietsreform in den Bundesländern, Der Landkreis 1971, S. 45

181 Vgl. *„Richtlinien für die Zusammenfassung zu größeren Verwaltungseinheiten"*, MABl. 1971, S. 846

182 Vgl. *„Richtlinien für die Zusammenfassung zu größeren Verwaltungseinheiten"*, MABl. 1971, S. 846

meinden von Verwaltungsgemeinschaften mindestens 1.000 Einwohner haben müßten, um dies wirtschaftlich bewerkstelligen zu können.[183]
Diese Einwohnerrichtwerte wurden aber im Verlaufe der Gemeindegebietsreform immer flexibler gehandhabt, denn dabei durfte „nicht schematisch, gleichsam mit Zirkel und Lineal“ vorgegangen werden.[184]

Besondere Bedeutung bei der kommunalen Neugliederung kamen nach den *Richtlinien* den bereits vorhandenen oder den erst noch zu entwickelnden wirtschaftlichen und sozioökonomischen Verflechtungsbeziehungen zu. Einige Gemeinden, die sog. „zentralen Orte“, erfüllten mit ihrer Infrastruktur, ihren öffentlichen Einrichtungen und ihrem Angebot an Arbeitsplätzen die Versorgung von anderen Kommunen mit und hätten daher überörtliche Bedeutung. Es galt nun, in ganz Bayern in zumutbarer Entfernung voneinander, solche „zentralen“ Gemeinden zu fördern oder neue zu entwickeln, wobei besonders sog. „Klein- bzw. Unterzentren“ für die Neuordnung geeignet waren. Diese sollten nach den Vorstellungen des *Ministeriums*[185] möglichst mit den Gemeinden ihres Versorgungsnahbereichs zu einem Verwaltungsraum zusammengeschlossen werden.
In sog. „Mittel- bzw. Oberzentren“, insbesondere in großstädtischen Verdichtungsräumen sollten jedoch andere Maßstäbe gelten:

> „Die unterschiedslose Eingliederung der im engeren Einzugsbereich dieser Orte liegenden Gemeinden würde hier möglicherweise leistungsfähige kommunale Einheiten vernichten, ohne daß für die Kerngemeinde in absehbarer Zeit wesentliche Vorteile entstehen. Die notwendige kommunale Zusammenarbeit mit der Kernstadt kann vielfach durch andere Organisationsformen gesichert werden; die Bildung von Verwaltungsgemeinschaften unter Einbeziehung der Kernstadt scheidet allerdings aus. Andererseits stellt die Erweiterung des Stadtgebietes durch die Eingliederung solcher Gemeinden oft die einzige Möglichkeit dar, die wünschenswerte Weiterentwicklung des Zentralen Orts zu sichern“.[186]

Eine Eingliederung von Randgemeinden oder Teilen davon in eine Stadt sollte deshalb nur vorgenommen werden, „wenn

---

[183] Vgl. *„Richtlinien für die Zusammenfassung zu größeren Verwaltungseinheiten“*, MABl. 1971, S. 847

[184] *Bocklet*, Gemeindeverfassung und Gemeindereform in Bayern, in: *Rausch/Stammen* (Hrsg.), Aspekte und Probleme der Kommunalpolitik, S. 84

[185] Vgl. *„Richtlinien für die Zusammenfassung zu größeren Verwaltungseinheiten“*, MABl. 1971, S. 847

[186] *„Richtlinien für die Zusammenfassung zu größeren Verwaltungseinheiten“*, MABl. 1971, S. 847

- eine enge bauliche Verflechtung besteht oder in absehbarer Zeit zu erwarten ist und durch eine Eingliederung die Erfüllung der Aufgaben erleichtert oder verbessert wird, oder
- die anzustrebende Entwicklung einer Stadt die Erweiterung ihres Gebietes erfordert, oder
- die gemeinsame Erledigung einer Mehrzahl wichtiger Verwaltungsaufgaben erforderlich ist oder wird, oder
- der selbständige Bestand einer Umlandgemeinde nicht gesichert ist und ihre Zusammenfassung mit anderen Umlandgemeinden nicht sinnvoll erscheint."[187]

Falls diese Bedingungen nicht vorlägen, sollten nach den *Richtlinien* Umlandgemeinden erhalten oder gebildet werden, wobei Ringbildungen vermieden werden sollten.[188]
Bei der Neugliederung von Gemeinden sollte den *Richtlinien* gemäß außerdem darauf geachtet werden, daß der Verwaltungssitz unter Berücksichtigung der Verkehrsmöglichkeiten ohne zu großen Zeitaufwand und ohne Schwierigkeit erreicht werden konnte, wobei sieben bis acht Kilometern als zumutbar angesehen wurden.
Weiterhin war den Reformern wichtig, daß – soweit irgend möglich – landschaftliche, kulturelle, soziale und wirtschaftliche Verflechtungen bei der Gemeindeplanung berücksichtigt wurden.

Die *Richtlinien* stellten ferner klar[189], daß Einheitsgemeinde und Verwaltungsgemeinschaft gleichwertige, auf Dauer angelegte Organisationsformen seien. Dabei bestimmten die örtlichen Verhältnisse, welche der beiden Körperschaften

---

187 *„Richtlinien für die Zusammenfassung zu größeren Verwaltungseinheiten"*, MABl. 1971, S. 847/848

188 Ein Beispiel für die Eingliederung von Umland- bzw. Randkommunen in eine Stadt zur Lösung des Stadt-Umland-Problems waren die Städte und Gemeinden Göggingen, Haunstetten, Bergheim und Inningen in Schwaben. Diese wurden am 01. Juli 1972 zwangsweise neue Stadtteile Augsburgs (vgl. *„Verordnung zur Neugliederung Bayerns in Landkreise und kreisfreie Städte"*, GVBl. 1971, S. 495 ff.). Die Eingemeindungen erfolgten bereits im Rahmen der Kreisreform, denn mit der Neuordnung der Landkreise und kreisfreien Städten waren bereits zwangsläufig Eingemeindungen in diese Städte verbunden (vgl. *Schnall*, Kurzbericht zu den Lösungsmodellen im Raum Augsburg, in: *Stammen/Mühleisen* (Hrsg.), Gemeinde- und Gebietsreform in Bayern, S. 214). Problematisch an diesen Fällen war somit, daß für eingegliederte Kommunen die Phase der Freiwilligkeit (s.o.) nicht galt und es so zu einer bedenklichen Ungleichbehandlung dieser Gemeinden kam. „Im Umkreis der kreisfreien Städte wurde vielfach gewissermaßen die Gemeindegebietsreform vorweggenommen, die allgemeine Freiwilligkeitsphase galt insoweit nicht" (*Münzenrieder*, Zwanzig Jahre Landkreisreform, BayVBl. 1993, S. 481).

189 *„Richtlinien für die Zusammenfassung zu größeren Verwaltungseinheiten"*, MABl. 1971, S. 848

im Einzelfall der Vorzug zu geben war, wobei folgende Gesichtspunkte zu beachten waren:

„Die Einheitsgemeinde
- garantiert ein Höchstmaß an Wirksamkeit und Sparsamkeit und bringt den größten Rationalisierungseffekt;
- bewirkt ein Höchstmaß an finanzieller Leistungskraft;
- ist die geeignetste Grundlage für den strukturellen Ausgleich im engeren Verwaltungsraum;
- bietet die beste Gewähr für die Lösung der Selbstverwaltungsaufgaben;
- ist in ihrer Verwaltung für jeden Bürger übersichtlich.

Die Verwaltungsgemeinschaft
- sichert den Bestand der Mitgliedsgemeinden und damit auch einer engeren örtlichen Gemeinschaft;
- erlaubt ein Mehr an bürgerschaftlicher Mitwirkung bei der Erledigung der Selbstverwaltungsaufgaben.

Der Zusammenschluß zu Einheitsgemeinden wird deshalb vor allem dann anzustreben sein, wenn folgende Voraussetzungen gegeben sind:
- In Gebieten mit stärkerer Bevölkerungsverdichtung, vor allem in den Verstädterungszonen um Großstädte, in denen sowohl qualitativ als auch quantitativ über das normale Maß hinausgehende Verwaltungsleistungen zu erbringen sind;
- in Gebieten, in denen wichtige Selbstverwaltungsaufgaben sinnvollerweise gemeinsam erledigt werden, vor allem bei Gemeinden, die bereits baulich miteinander verflochten sind;
- in Räumen, in denen der Großteil aller Einrichtungen des öffentlichen Bedarfs bei einem Träger zusammengefaßt ist oder zusammengefaßt werden sollte;
- in Gebieten mit aufgelockerten Siedlungsformen, die nur einen größeren Siedlungsschwerpunkt aufweisen.

Die Bildung von Verwaltungsgemeinschaften wird sich vor allem dann anbieten, wenn
- in Gebieten mit geringerer Bevölkerungsdichte zwischen den Gemeinden größere Entfernungen bestehen;

Häufig wird es auch zweckmäßig sein, daß sich kleinere Gemeinden zunächst zu einer größeren Gemeinde zusammenschließen, um sich so für den Selbstverwaltungsbereich die Vorteile der Einheitsgemeinde zu sichern und sich dann mit anderen Gemeinden zu einer Verwaltungsgemeinschaft verbinden.“[190]

Die von der bayerischen Exekutive erlassenen *Richtlinien* erfuhren allerdings keine parlamentarische Legitimation durch Einkleidung in Gesetzesform, da sie

[190] *„Richtlinien für die Zusammenfassung zu größeren Verwaltungseinheiten“*, MABl. 1971, S. 848/849

dem *Bayerischen Landtag* nicht zur Beschlußfassung in Gesetzesform vorgelegt wurden.[191]
Die im Laufe der Zeit erforderliche Anpassung erfolgte aber durch die Weiterentwicklung mittels weiterer *Richtlinien*[192] und *Gutachten*[193].

e) Das Gegenkonzept der Opposition

Die bayerische SPD[194] lehnte die Vorschläge der Staatsregierung als „Mini-Lösung mit Maxi-Ärger"[195] ab und legte stattdessen am 15. Februar 1971 dem *Bayerischen Landtag* ein nach dem Abgeordneten *Dr. Rothemund* benanntes Gegenprogramm[196] – den sog. *„Rothemund-Plan"* – vor, mit dem die territoriale Landschaft Bayerns revolutionär verändert werden sollte.[197] Dieser Gegenvorschlag sah die flächendeckende Bildung von *„Verwaltungsregionen"* vor, welche als Gebietskörperschaften mit Selbstverwaltungsrecht zwischen den Gemeinden bzw. Städten und der Staatsregierung stehen und die Bezirke mit den Bezirksregierungen und die Landkreise einschließlich der Landratsämter ablösen sollten. Die SPD favorisierte somit einen lediglich dreistufigen Verwaltungsaufbau. Der Freistaat Bayern – so die Vorstellungen der Opposition – sollte demnach in 18 – 30 nach sozialökonomischen Gesichtspunkten festgelegte Regionen mit mindestens jeweils 250.000 Einwohnern eingeteilt werden, deren Präsidenten und Regionaltage vom Volk in direkter Wahl bestimmt werden sollten. Man erhoffte sich von der Einführung der *„Verwaltungsregionen"* ein hohes Einsparpotential bei den Verwaltungskosten und eine größere Bürgernähe der Verwaltung.
Das – auch in der SPD-Landtagsfraktion umstrittene – Gesetzeskonzept wurde allerdings am 15. Dezember 1971 von der Regierungsmehrheit der CSU im Par-

---

[191] *Scholler*, Die bayerische Gemeindegebietsreform als Konflikt zwischen grundrechtlich verstandener Selbstverwaltung und staatlicher Reformpolitik, S. 51

[192] Eine Ergänzung der *„Richtlinien für die Zusammenfassung zu größeren Verwaltungseinheiten"* erfolgte z.B. durch die „Bekanntmachung des Staatsministeriums des Inneren vom 07.02.1975" (MABl. 1975, S. 166), welche die Gewichtung der Einwohnerzahl in Einzelfällen relativierte, und die *„Verordnung über das Landesentwicklungsprogramm Bayern"* vom 01.05.1976 (GVBl. 1976, S. 123).

[193] Vgl. *Bayerisches Staatsministerium des Inneren* (Hrsg.), Stadt - Umland - Gutachten Bayern

[194] Siehe auch: *SPD-Landesverband Bayern* (Hrsg.), Gebietsreform SPD - Verwaltungs- und Gebietsreform in Bayern, S. 20 - 24

[195] *Mattenklodt*, Gebiets- und Verwaltungsreform in der Bundesrepublik Deutschland, S. 195

[196] *Rothemund*, Vorschläge zur Frage der territorialen Verwaltungsreform, BayBgm. 1968, S. 165 ff.

[197] *Münzenrieder*, Der Rothemund-Plan: 18 Verwaltungsregionen für Bayern, BayVBl. 1996, S. 432

lament abgelehnt, weil ein vierstufiger Verwaltungsaufbau „besser und wirtschaftlicher" sei.

f) Neueinteilung der Landkreise durch die Kreisreform der Jahre 1971/72

Noch vor der Reform der Gemeinden ging die *Bayerische Landesregierung* daran, die Landkreise neu zu ordnen. Die Probleme waren dort nämlich nahezu dieselben wie bei den meisten Gemeinden. Schließlich machte es wenig Sinn, leistungsfähige Gemeinden zu schaffen, wenn gleichzeitig die untersten Verwaltungsbehörden unter ihrer Aufgabenfülle zusammenbrachen. Die Landkreise und kreisfreien Städte waren für die an sie gestellten Aufgaben, wie das Bereitstellen von Krankenhäusern, von weiterführenden Schulen und anderen wichtigen Aufgabenbereichen meist viel zu klein[198], ihre Personalkosten waren zu hoch und ihre Steuerkraft vielfach zu gering; denn nur große Landkreise mit ihrer entsprechend gut entwickelten Infrastruktur waren in der Regel attraktiv genug für die Ansiedlung von Gewerbebetrieben und Handel.
Anders als die auf sechs Jahre angelegte Gemeindegebietsreform lag der Politik und speziell dem damaligen Innenminister *Dr. Bruno Merk* daran, die Reform der Landkreise und kreisfreien Städte so schnell wie möglich in die Tat umzusetzen. Man sah ein, daß jeder Versuch, die Gebietsreform zusammen mit der Neugliederung der Staatsverwaltung und der Funktionalreform umzusetzen, von vornherein aussichtslos wäre. Es galt die Probleme zu entflechten und schrittweise zu lösen.[199] Wenn die Landkreisreform bewerkstelligt sei, so hoffte man, komme man um eine Gemeindegebietsreform nicht mehr herum, weil dann der „point of no return"[200] überschritten sei. Außerdem rechnete man bei der Neuorganisation der Kreise mit weit weniger Widerstand seitens der Bevölkerung, denn die Zusammengehörigkeit zu einer Kommune berühre den heimatverbundenen Bürger in einem geschichtsträchtigen Land wie Bayern weit mehr als die zu einem bestimmten Landkreis.[201]
Nach der Kreisreform, so die Überlegung, könnte man die ganze Aufmerksamkeit dem Gelingen der Gemeindegebietsreform widmen, ohne Sorge haben zu müssen, an zwei Fronten gleichzeitig aufgerieben zu werden. Die Reform der Landkreise wurde insofern zum wichtigsten innenpolitischen Thema in Bayern im Jahre 1971.

---

[198] 88 der 143 Landkreise hatten weniger als 50.000 Einwohner, 25 sogar weniger als 30.000 Bewohner (vgl. *Merk*, Gebiets- und Verwaltungsreform in Bayern, BayVBl. 1971, S. 167).
[199] *Merk*, Sinn und Ziel der Gebietsreform in Bayern, BayVBl. 1992, S. 386
[200] *Merk*, Sinn und Ziel der Gebietsreform in Bayern, BayVBl. 1992, S. 386
[201] *Wiebel*, Die kommunale Gebietsreform im Rückblick, BayVBl. 1987, S. 678

Aus diesem Grund wurde der Zeitablauf bei diesem Vorhaben forciert.[202]
Nach der Vorlage eines Entwurfs des *Innenministeriums* im März 1971 und der Anhörung der Landkreise und kreisfreien Städte erließ die *Bayerische Staatsregierung* aufgrund der Art. 9 Abs. II S. 2 BV, Art. 5 a, 11 Abs. II GO und Art. 2, 8, 9 LKrO nach vorheriger Zustimmung des Landtags die *„Verordnung zur Neugliederung Bayerns in Landkreise und kreisfreie Städte"*.[203] Zwischen der Regierungserklärung des Ministerpräsidenten zur Gebietsreform, dem Anhörungsverfahren im Herbst 1971[204] und dem Erlaß der Verordnung verging weniger als ein Jahr. Danach waren Landkreise so zu bilden, daß sowohl ihr Gebiet als auch die Wirtschafts- und Bevölkerungsstruktur eine zur Erfüllung ihrer Aufgaben hinreichende Leistungsfähigkeit besaßen, sie wirtschaftlich verwaltet werden konnten, und die Einheit der Verwaltung ermöglicht wurde.[205] Bei der Neubildung sollten aber die Einheit von Lebens-, Verwaltungs- und Investitionsraum unter besonderer Berücksichtigung der historischen und stammesmäßigen Bindungen der Bewohner gewahrt und die Bürgernähe und Überschaubarkeit gesichert werden. Für die Neuordnung der kreisfreien Städte mußte ähnliches gelten. Allerdings hatte eine kreisfreie Stadt im Unterschied zu einem Landkreis zusätzlich auch noch ortsbezogene Gemeindeaufgaben wahrzunehmen. Die Aufgabenkumulation bei den kreisfreien Städten führte zu einer erheblichen Stärkung ihrer Verwaltungskraft. Da ihre Steuerkraft ebenfalls erheblich höher war als bei den Landkreisen, sie aber weniger Fläche und Bürger zu betreuen hatten, konnten nach Ansicht der Regierung kreisfreie Städte auch bei einer niedrigeren Bevölkerungszahl gebildet werden. Dabei durfte aber eine Mindestgröße nicht unterschritten werden, die viele der damaligen kreisfreien Städte nicht besaßen. Als Richtzahl für die Bildung von Landkreisen wurden 80.000 Einwohner veranschlagt, der Schwellenwert für die kreisfreien Städte lag dagegen lediglich bei 50.000 Bewohnern.

Die *Neugliederungsverordnung* trat plangemäß am 01. Juli 1972 in Kraft.
Statt bisher 143 Landkreisen halbierte sich dadurch deren Anzahl im Freistaat Bayern auf 71 (vgl. *Tab. 2*); auch die Zahl der kreisfreien Städte reduzierte sich von vorher 48 um fast die Hälfte auf 25 (vgl. *Tab. 1*).[206]

---

202 *Koch*, Gebiets- und Verwaltungsreform in Bayern, Der Landkreis 1972, S. 76
203 GVBl. 1971, S. 495 ff.
204 Vgl. zur Problematik des Anhörungsrechts: *Knemeyer*, Das Anhörungsverfahren im Rahmen der bayerischen Gebietsreform, BayVBl. 1971, S. 371 ff.; *Behrndt*, Anhörungspflichten des Gesetzgebers bei kommunalen Gebietsreformen, JA 2000, S. 217 ff.; *Seibert*, Selbstverwaltungsgarantie und kommunale Gebietsreform, S. 41 ff.
205 *Merk*, Gebiets- und Verwaltungsreform in Bayern, BayVBl. 1971, S. 214
206 *Wiebel*, Die Reform der Kreisebene, BayVBl. 1972, S. 378

Nach der Reform lag die durchschnittliche Landkreisgröße – wie erhofft – bei ca. 100.000 Einwohnern, und auch bei den kreisfreien Städte erreichten lediglich zehn (vorher 35) nicht die in der Verordnung festgelegte Richtzahl von 50.000.[207]

Die Zahl der kreisfreien Städte und ihrer Einwohner betrug:[208]

	Insgesamt	unter 50.000	50.000 - 75.000	75.000 - 100.000	100.000 - 250.000	250.000 - 500.000	über 500.000
31.12. 1965	48	34	7	2	3	1	1
31.12. 1978	25	8	9	2	4	1	1
Veränderung- in %	- 47,9	- 76,5	+ 28,6	-	+ 33,3	-	-

Tab. 1: Entwicklung der kreisfreien Städte und ihrer Einwohnerzahl im Verlauf der Gebietsreform

Die Landkreise und ihre Einwohnerzahl haben sich durch die Reform wie folgt verändert[209]:

	Insgesamt	unter 50.000	50.000-100.000	100.000-250.000
31.12.1965	143	89	51	3
31.12.1978	71	-	40	31
Veränderung in %	- 50,3	- 100	- 21,5	+ 933,3

Tab. 2: Entwicklung der Landkreise und ihrer Einwohnerzahl im Verlauf der Gebietsreform

Nur einzelne Landkreise wehrten sich mit gerichtlichen Mitteln gegen die Kreisreform[210], die Mehrheit beugte sich den Gegebenheiten.

---

[207] *Koch*, Gebiets- und Verwaltungsreform in Bayern, Der Landkreis 1972, S. 75

[208] Quelle: *Bayerisches Landesamt für Statistik und Datenverarbeitung* (Anfrage)

[209] Quelle: *Bayerisches Landesamt für Statistik und Datenverarbeitung* (Anfrage)

g) Das Stadt-Umland-Problem

Mit der kommunalen Gebietsreform wollte man auch den Problembereich des Stadt-Umlands beseitigen.[211]

Durch die Aufteilung menschlicher Aktivitäten (Arbeiten, Wohnen und Freizeit) auf unterschiedliche Verwaltungseinheiten war häufig die Gemeinde, die Leistungen erbrachte, nicht mehr dieselbe wie die Kommune, welche von den Bürgern, die diese Einrichtungen nutzten, indirekte oder direkte Steuern[212] einnahm.[213] Der kommunale Finanzausgleich, der den Kernstädten zusätzliche Mittel für die Bereitstellung von Leistungen für das Umland gewährte, konnte diese Diskrepanz zwischen „Steuergemeinde“ und „Leistungsgemeinde“ nur unzureichend beseitigen.
Ein weiterer Problemkreis zwischen Stadt und Umland lag auf dem Gebiet der planenden Verwaltung. Vielfach scheiterten das gemeinsame Betreiben von Einrichtungen der Daseinsvorsorge, grenzüberschreitende Planungen oder das gegenseitige Abstimmen von Flächennutzungsplänen an politischen Gegensätzen in den Gemeinden, am beharrlichen Festhalten an der eigenen Planungshoheit oder auch nur an übertriebenem kommunalen Selbstbewußtsein.[214] So geschah es vielfach, daß beispielsweise emissionsträchtige Einrichtungen, etwa Mülldeponien, an den Rand der Gemeinden angesiedelt wurden, ohne Rücksicht auf die Art der Bebauung jenseits der Gemeindegrenzen.

In der Phase der Landkreisreform wurde durch die Eingemeindung von Randgemeinden die entwicklungshemmende Raumknappheit einiger Kernstädte (z.B.

---

210 Vgl. die Entscheidung des BayVerfGH vom 10.12.1971, daß Art. 9 II BV als Rechtsgrundlage für die Verordnung verfassungsgemäß ist (VerfGH 24, 181 ff.).
Vgl. die Entscheidung des VGH zum Normenkontrollverfahren des Landkreises Wolfratshausen, mit der das Reformkonzept bestätigt wurde (VGH 25, 71 ff.).
Vgl. die Entscheidung des BVerfG über die Verfassungsklage der Stadt Neustadt bei Coburg, worin das Gericht die Rechtmäßigkeit der Konzeption der Landkreisreform bestätigt (BVerfGE 34, 216 ff.).
Vgl. die Entscheidung des BayVerfGH, der die Verfassungsmäßigkeit der kommunalen Neugliederung der Region Ingolstadt bestätigt (VerfGH 27, 14 ff.).

211 Vgl. die Allgemeine Begründung zur *„Verordnung zur Neugliederung Bayerns in Landkreise und kreisfreie Städte“* (Neugliederungsverordnung), LT-Drs. 7/1445 vom 10.11.1971, Nr. 3.1, S. 31/32; siehe zu diesem „Infrastrukturvorwurf“ auch *Dirnberger*, Interkommunale Kooperation aus der Sicht des Bayerischen Gemeindetags, BayGT 2003, S. 87.

212 Insbesondere die Grundsteuer und Anteil an der Einkommens- und Gewerbesteuer.

213 *Ruppert/Paesler*, Raumorganisation in Bayern, S. 45

214 *Ruppert/Paesler*, Raumorganisation in Bayern, S. 46

im Süden Augsburgs) behoben[215] und ein erster Schritt zur Lösung des Stadt-Umland-Problems getan. Eine von Ministerpräsident *Goppel* im Frühjahr 1973 eingesetzte *„Sachverständigenkommission zur Untersuchung des Stadt-Umland-Problems in Bayern"* erstellte 1974 ein Gutachten[216], das neben den Eingliederungen von Gemeinden und der Bildung von leistungsstarken Gemeinden im Stadt-Umland insbesondere die Schaffung einer neuen Organisationsform für die kommunale Zusammenarbeit im Bereich der städtischen Planung – den sog. *„Stadt-Umland-Verband"* – forderte. Dieser sollte vor allem an der vorbereitenden Bauleitplanung mitwirken, in dem die Aufstellung von Flächennutzungsplänen an die Zustimmung des *Stadt-Umland-Verbands* geknüpft werden sollte. Die beteiligten Kernstädte, Umlandgemeinden und Landkreise sollten als Verbandsmitglieder mit unterschiedlicher Stimmgewichtung in der Verbandsversammlung vertreten sein.
Jedoch wurden die Vorschläge des Gutachtens bei der Gemeindegebietsreform nur in einem sehr geringen Maße bei den Eingemeindungsentscheidungen berücksichtigt. Die Bildung von *Stadt-Umland-Verbänden* scheiterte an politischen Widerständen der Gemeinden. Somit blieben wichtige planungs- und finanzpolitische Interessensgegensätze zwischen den Kernstädten und deren Umland weiterhin ungelöst.

Das Stadt-Umland-Problem ist aber nach wie vor hochaktuell. Gerade in den letzten Jahren setzte erneut eine Diskussion zu dessen Lösung ein.[217] Heute sind die Kernstädte und ihr Umland noch enger verflochten als zu Zeiten der Gebietsreform vor 25 Jahren und das Netz der Beziehungen zwischen ihnen (z.B. im Bereich der Wasser- und Energieversorgung) nahezu unüberschaubar.
Die Regelung übergemeindlicher Planungen mittels vorhandener interkommunaler Instrumentarien wie Zweckvereinbarung, Zweck- und Planungsverbänden nach dem KommZG und dem BauGB ist aber kein Weg zur Lösung[218], denn interkommunale Zusammenarbeit mit ihrer konsensualen Ausrichtung und der Orientierung am kleinsten gemeinsamen Nenner versagt bei der konfliktträchtigen Planung[219] im Stadt-Umland-Bereich.[220] Auch wenn speziell die gemeinsa-

---

215 Siehe Kap. B II 2.) d)

216 *Bayerisches Staatsministerium des Inneren* (Hrsg.), Stadt-Umland-Gutachten Bayern

217 Vgl. z.B. die Rede (Manuskriptfassung) des ehem. Vorsitzenden des Bayerischen Städtetags *Josef Deimer* am 09.07.1998 in Amberg vor der internen Vollversammlung und Hauptausschußsitzung, online im Internet, URL: http://www.bay-staedtetag.de/m980709.htm, übernommen am 01.07.2005 oder *Thallmaier*, Das Stadt/Umlandverhältnis - eine Symbiose, BayGT 1999, S. 199 ff.

218 *Münzenrieder*, Zwanzig Jahre Landkreisreform, BayVBl. 1993, S. 483

219 *Münzenrieder*, Zwanzig Jahre Landkreisreform, BayVBl. 1993, S. 483

220 Außerdem sind die Kommunen nur in den seltensten Fällen zur freiwilligen Aufgabe ihrer Planungshoheit bereit, und die Bildung von Pflichtzusammenschlüssen (z.B. in § 205

me Flächennutzungsplanung nach § 204 Abs. I BauGB für die Verdichtungsräume entworfen und auch vielfach als Planungsinstrument genutzt wurde, ist diese wegen ihrer Detailliertheit sehr konfliktträchtig und birgt somit die Gefahr in die Länge gezogener Planungsverfahren.[221] Auch die Regionalplanung macht eine über die Gemeindegrenzen übergreifende einheitliche Flächennutzungsplanung nicht entbehrlich.
Deshalb wird noch heute für die Schaffung des von der 1973 eingesetzten Sachverständigenkommission vorgeschlagenen *Stadt-Umland-Verbands* plädiert.[222] Nur durch koordiniertes Wirken und auf das Umland übergreifende Verwaltungsstrukturen lassen sich nach Ansicht von Kommunalpolitikern die in den letzten 25 Jahren erheblich verschärften Mißstände beseitigen und das Gestrüpp von Vereinbarungen „durch eine Kommunalpolitik aus einem Guß“[223] ersetzen. Viele Probleme gäbe es heute gar nicht, hätte man bei der Gebietsreform den Mut gehabt, „das schon zu dieser Zeit heiße Eisen Stadt-Umland-Verhältnis anzupacken“.[224]

h) Die Funktionalreform

Parallel und als Ergänzung zur Gemeindereform wurde, wie von Ministerpräsident *Goppel* gefordert, Mitte der siebziger Jahre auch eine allgemeine, seit 1967 vorbereitete[225] Funktionalreform verwirklicht. Sie sollte zu einer Neuverteilung der Verwaltungsaufgaben und insbesondere zu einer Zuständigkeitsverlagerung von oben nach unten führen. Man wollte die Verwaltung dadurch leistungsfähiger, kostengünstiger und für die Bürger überschaubarer machen.[226] Die Funktionalreform sollte zentralisierenden Tendenzen der Gemeindegebietsreform entgegenwirken.[227] Sowohl die Funktionalreform als auch die Maßnahmen im

BauGB) ist vielfach an sehr strikte Voraussetzungen geknüpft („zum Wohl der Allgemeinheit dringend geboten ist“).

221 *Trute*, Stadt-Umland-Probleme und Gemeindegebietsreform, S. 19

222 *Münzenrieder*, Vor 25 Jahren: Stadt-Umland-Verbände abgelehnt, BayVBl. 1999, S. 641 ff. und *Münzenrieder*, Stadt-Umland-Verbände als kommunale Regelinstitutionen?, BayVBl. 1995, S. 42 ff.

223 Vgl. z.B. die Rede (Manuskriptfassung) des ehem. Vorsitzenden des Bayerischen Städtetags *Josef Deimer* am 09.07.1998 in Amberg vor der internen Vollversammlung und Hauptausschußsitzung, online im Internet, URL: http://www.bay-staedtetag.de/m980709.htm, übernommen am 01.07.2005

224 Vgl. z.B. die Rede (Manuskriptfassung) des ehem. Vorsitzenden des Bayerischen Städtetags *Josef Deimer* am 09.07.1998 in Amberg vor der internen Vollversammlung und Hauptausschußsitzung, online im Internet, URL: http://www.bay-staedtetag.de/m980709.htm, übernommen am 01.07.2005

225 *Süß*, Der Stand der Funktionalreform in Bayern, BayVBl. 1976, S. 449

226 *Süß*, Funktionalreform in Bayern, BayVBl. 1975, S. 1

227 Vgl. *Thränhardt*, Funktionalreform, Einleitung, S. 21

Rahmen der Gebietsreform hatten die Schaffung einer effektiven und bürgernahen Verwaltung zum Ziel.[228] Voraussetzung hierfür mußte einerseits sein, daß die nachgeordneten Stellen dafür leistungsfähig genug waren und über das notwendige Fachpersonal verfügten, andererseits durften Verfahrenswege nicht unnötig erschwert bzw. verzögert und die Anzeige- und Mitteilungspflichten nicht grenzenlos erweitert werden.[229]
Nach Ansicht der *Staatsregierung*[230] waren daher zur Übertragung auf die Gemeinden besonders publikumsintensive Aufgaben geeignet, die in engem Zusammenhang mit bereits auf der gemeindlichen Ebene wahrgenommenen standen, bei denen die Entscheidungen bereits weitgehend auf der Ebene der Gemeinde vorbereitet wurden und die besondere Ortskenntnisse erforderten. Weniger geeigntet zur Übertragung waren dagegen solche Aufgaben, welche die personelle und materielle Leistungsfähigkeit der Gemeinden überstiegen, das Personal fachlich überforderten oder sogar in Interessenkonflikte bringen konnten.
Aus diesem Grund erfolgte von nun an beispielsweise die Ausstellung von Pässen und Personalausweisen durch die Gemeinde. Diese mußte auch nicht mehr eine Genehmigung der Aufsichtsbehörde für ihre gemeindlichen Satzungen und Verordnungen einholen, wenn diese amtlichen Mustern entsprachen. Besonders hervorzuheben ist aber die Neufassung[231] des Art. 58 GO, der nunmehr die fristwahrende Einlegung von Anträgen an das Landratsamt auch bei der Gemeinde und deren Hilfestellung im Rahmen ihrer Leistungsfähigkeit bei der Einleitung von Verwaltungsverfahren auch bei Zuständigkeit anderer Behörden vorsah (siehe Art. 58 Abs. II S. 1 GO).
Den Bezirksregierungen wurde im Rahmen der Funktionalreform die für die Gemeindegebietsreform wichtige Aufgabe übertragen, Verfügungen im Bestand und Änderung von Gemeindenamen zu treffen.

i) Weitere wichtige historische Determinanten der Gemeindegebietsreform, insbesondere die sog. "Nachkorrekturphase" im Jahre 1979

Nach erfolgreichem Abschluß der Landkreisreform und einem guten Abschneiden der CSU bei den Kommunalwahlen Ende 1972, ging die *Landesregierung* Mitte der siebziger Jahre daran, die *„Amtsphase“* vorzubereiten und die Ge-

---

228 *Lypold*, Die Gemeindegebietsreform Bayern im Landkreis Lichtenfels, S. 25

229 Vgl. die von der *Staatsregierung* beschlossenen Grundsätze vom 14.08.1973, wiedergegeben im Bericht des *Staatsministeriums des Inneren* vom 12.11.1973 (LT-Drs. 7/5472, S. 5 ff.).

230 Vgl. die von der *Staatsregierung* beschlossenen Grundsätze vom 14.08.1973, wiedergegeben im Bericht des *Staatsministeriums des Inneren* vom 12.11.1973 (LT-Drs. 7/5472, S. 5 ff.).

231 GVBl. 1974, S. 245 ff.

meindegebietsreform abzuschließen. Dabei bestimmte das *„Gesetz zur Änderung des Finanzausgleichsgesetzes“*[232] als Schlußtermin der Reform den 01. Mai 1978. Die Landratsämter erstellten bereits seit Anfang des Jahres 1973 in Zusammenarbeit mit den Gemeinden ein erstes gemeindliches Neugliederungskonzept innerhalb der neuen Landkreisgrenzen. Diese Vorschläge bildeten nun die Basis für die 1976 erlassenen Neugliederungsverordnungen.[233] Die Bezirksregierungen wurden aufgefordert, Zielplanungen für die Neugliederung der Gemeinden aufzustellen. Auf diesen Grundlagen wurden schließlich eine Zielplanung und die Erwägungen, auf denen diese beruhte, für das gesamte Land erstellt.

Damit in der *„Zwangsphase“* von Amts wegen verfügte Eingemeindungen besser gerichtlichen Entscheidungen standhielten, wurde durch das *„Gesetz zur Änderung kommunalrechtlicher Vorschriften“*[234] Art. 11 GO dahingehend novelliert, daß Änderungen im Bestand von Gemeinden nur noch durch Rechtsverordnung verfügt werden durften. Bisher konnte die zuständige Behörde eine solche mittels eines Verwaltungsakts verfügen.[235]
Gleich zu Beginn der *„Amtsphase“* am 02. Januar 1976 begann das förmliche Verfahren mit der landesweiten Anhörung der Kreise und Gemeinden zu den Neugliederungsvorschlägen der Regierung. Nach den jeweiligen Maßnahmen auf Landesebene[236] erließen im Frühjahr 1976 die jeweiligen Regierungen Verordnungen zur Neugliederung der Gemeinden, jeweils getrennt nach Landkreisen. Die darauf beruhenden Neugliederungen traten zu dem Zeitpunkt in Kraft, den die beteiligten Kommunen übereinstimmend wünschten. Wo es einen solchen Konsens nicht gab, zum vorgesehenen Abschlußtermin am 01. Mai 1978.[237]

---

232 GVBl. 1974, S. 123 ff.

233 *Seidl*, Der Abschluß der kommunalen Gebietsreform in Bayern, BayBgm. 1978, S. 12

234 GVBl. 1975, S. 413 ff.

235 *Conrads/Dillmeier/Grasser/Glaser*, Kommentar zur GO, Art. 12 GO, Anm. 2

236 Vgl. *„Verordnung“ der Bayerischen Staatsregierung* (mit Zustimmung des Landtags) *„zur Änderung von Grenzen der Regierungsbezirke, Landkreise und kreisfreien Städte“* vom 12.03.1976 (GVBl. 1976, S. 37 ff.), geändert durch *Verordnung* vom 02.08.1977 (GVBl. 1977, S. 420).
Vgl. *„Verordnung“* des *Bayerischen Staatsministeriums des Inneren „zur Änderung der Regierungsbezirke“* vom 25.03.1976 (GVBl. 1976, S. 111 ff.), geändert durch *Verordnung* vom 08.12.1977 (GVBl. 1977, S. 759 ff.).

237 *Seidl*, Der Abschluß der kommunalen Gebietsreform in Bayern, BayBgm. 4/1978, S. 12

Mit Inkrafttreten des *„Gesetzes zur Regelung von Fragen der Gemeindegebietsreform“*[238] zum 01. Mai 1978 endete offiziell das Vorhaben Gemeindegebietsreform.

Allerdings übten alsbald viele mit der Kommunalpolitik befaßten Verbände und Gremien[239] Kritik an dem erzielten Ergebnis. Vor allem die ersten Erfahrungen mit den Verwaltungsgemeinschaften zeigten, daß diese Rechtsfigur verbesserungsbedürftig war. Diese Bedenken wurde von der neuen Regierung unter Ministerpräsident *Franz-Josef Strauß* aufgenommen.[240] Nach Ansicht der CSU-Landtagsfraktion durften „die Verwaltungsgemeinschaften die Selbstverwaltung der Mitgliedsgemeinde nicht zur Farce machen“.[241] In der Praxis – so die Ansicht der Kritiker – ginge die Zuständigkeitsübertragung an die Verwaltungsgemeinschaft viel zu weit. Auch das Amt des Bürgermeisters werde zu sehr eingeschränkt. Aus diesem Grund kündigte der Ministerpräsident eine Überprüfung von Härtefällen der Gemeindegebietsreform an.

Nachdem den betroffenen Gemeinden Gelegenheit gegeben worden war, beim Ausschuß für Verfassungs-, Rechts- und Kommunalfragen des *Landtags* auf eine Revision der Neugliederung zu drängen[242], trat am 01. April 1979 das *„Gesetz zur Änderung des Ersten Gesetzes zur Stärkung der Kommunalen Selbstverwaltung“*[243] in Kraft, mit dem die Rechtsstellung der Mitgliedsgemeinden durch eine Modifizierung der Leitlinien für die Bildung von Verwaltungsgemeinschaften verbessert wurde. Außerdem entließ der *Bayerische Landtag* in dieser sog. *„Nachkorrekturphase“* mit dem *„Gesetz über die Änderung der Zugehörigkeit von Gemeinden zu Verwaltungsgemeinschaften“*[244] 200 bayerische Gemeinden aus Verwaltungsgemeinschaften und löste 46 Verwaltungsgemeinschaften auf. Hinreichend leistungsfähigen Mitgliedsgemeinden sollte es von nun an auf Wunsch möglich sein, aus Verwaltungsgemeinschaften auszuscheiden, sofern ihre weitere Zugehörigkeit nicht mit Rücksicht auf die übrigen Mit-

---

[238] GVBl. 1978, S. 56 ff.

[239] Z.B. der Bayerische Gemeindetag und die Kommunalpolitische Vereinigung der CSU (KPV).

[240] Der Ministerpräsident hatte eine persönliche Abneigung gegen die Gebietsreform. Er hielt sie für „falsch angelegt, leichtfertig beschlossen und stur durchgeführt“ (*Merk*, Klarstellungen, S. 66).

[241] *Huber*, Kurskorrektur in der Gebietsreform, KommPolBl. 1979, S. 142

[242] *Lypold*, Die Gemeindegebietsreform Bayern im Landkreis Lichtenfels, S. 52

[243] GVBl. 1979, S. 71 ff.

[244] GVBl. 1979, S. 223

gliedsgemeinden notwendig sei.[245] Obwohl diese Maßnahme solche Gemeinden zufriedenstellte, die wieder selbständig wurden, verfestigte sich dadurch bei vielen anderen die Unzufriedenheit über ihren Selbständigkeitsverlust.[246] Ein weiteres wichtiges Ergebnis der Korrekturbemühungen war eine Dynamisierung des ehemals eher statischen Reformwerks, das von nun an ein stetiges Eintreten und Ausscheiden von Gemeinden in Verwaltungsgemeinschaften ermöglichte.[247]

Allerdings beschränkten sich die Korrekturanstrengungen ausschließlich auf die Rechtsfigur der Verwaltungsgemeinschaft. Die Zusammensetzung der Einheitsgemeinden blieb vom Gesetzgeber unangetastet.

Der neue Kurs der Staatsregierung lautete ab sofort: „So viele Einheitsgemeinden wie möglich und so viele Verwaltungsgemeinschaften wie notwendig".[248]

j) Vergleich der Gemeindegebietsreform der siebziger Jahre mit der von Montgelas

Obwohl sich teilweise die Initiatoren der Reformen des 20. Jahrhunderts als Fortsetzer und Vollstrecker des historischen Auftrags der von *Montgelas* begründeten „Verwaltungsrevolution" sahen[249], bestehen nur äußerliche Ähnlichkeiten zwischen dem Vorgehen zur Zeit von König *Max I. Joseph* und dem des damaligen bayerischen Ministerpräsidenten *Goppel*, denn die Zielrichtungen und historischen Gegebenheiten unterscheiden sich im Detail beträchtlich.

Die Initiative zu tiefgreifenden Verwaltungsreformen ging zwar in beiden Jahrhunderten vom damaligen Regenten bzw. Ministerpräsidenten in Bayern aus. Auch die Umsetzung, Ausarbeitung und nötigen Maßnahmen überließ man in beiden Fällen vorwiegend der inneren Verwaltung. Die Reform der siebziger Jahre verlief sogar ohne nennenswerte Beteiligung der Wissenschaft.[250] Primäres Ziel beider Reformvorhaben war die Vereinfachung und die bessere Leistungsfähigkeit der Verwaltung.

---

245 Vgl. Allgemeinen Teil der Begründung zum Entwurf des *„Gesetzes über die Änderung der Zugehörigkeit von Gemeinden zu Verwaltungsgemeinschaften"* (LT-Drs. 9/1595, S. 11 - 14).

246 *Wiebel*, Die kommunale Gebietsreform im Rückblick, BayVBl. 1987, S. 678

247 *Scholler*, Die bayerische Gemeindegebietsreform als Konflikt zwischen grundrechtlich verstandener Selbstverwaltung und staatlicher Reformpolitik, S. 30

248 Innenminister *Tandler*, abgedruckt in: *Birkl*, Keine „Reform der Reform", KommPolBl. 1979, S. 344

249 *Scholler*, Die bayerische Gemeindegebietsreform als Konflikt zwischen grundrechtlich verstandener Selbstverwaltung und staatlicher Reformpolitik, S. 11

250 *Knemeyer* spricht deshalb von einer „hausinternen Reform" (vgl. *Knemeyer*, Kreisgebietsreform und Beginn der Gemeindereform in Bayern, AfK 1972, S. 52).

Allerdings war es der vorrangige Plan *Montgelas* bei der Reform der bayerischen Gemeinden, die Macht der in den ländlichen Kommunen herrschenden – meist korrupten – Ratsfamilien und Zünfte zu brechen und die desolaten kommunalen Finanzen, verursacht durch die Oligarchie der Patrizier, zu sanieren.[251]
Dagegen zielte die Gemeindegebietsreform unter dem Ministerpräsidenten *Goppel* und seines Innenministers *Dr. Bruno Merk* darauf ab, der durch fortschreitende Technisierung und erhöhte Mobilität ins Ungleichgewicht geratenen Lage zwischen großen und kleinen Gemeinden entgegenzutreten und gleiche Lebensbedingungen und eine effiziente Verwaltung in ganz Bayern zu schaffen. Nach der Verringerung der Gemeindeanzahl, so hoffte man, sollten die verbleibenden Kommunen gestärkt hervorgehen, um ohne fremde Hilfe wieder alle notwendigen Aufgaben und Leistungen selbst erledigen zu können. Das kommunale Selbstverwaltungsrecht würde dann wieder seinem Namen gerecht werden.
Im Verwaltungssystem *Montgelas* dagegen gab es keinen Platz für kommunale Selbstverwaltung. Vielmehr wurden die Gemeinden unter die Kuratel des Staats gestellt und bevormundet. Dabei muß aber die besondere Situation beachtet werden, in der sich das souveräne Bayern nach dem Zusammenbruch des alten Reichs Anfang des 19. Jahrhunderts befand. Die völlig unterschiedlichen Territorien, die ihm vielfach erst seit kurzem zugefallen waren, mußten geeint und zusammengeführt werden, damit dieses aus vielen unterschiedlichen Rechten, Traditionen und Gebräuchen bestehende, größtenteils von enormer Korruption und Eigennutz durchsetzte Staatsgebilde überhaupt regierbar gemacht werden konnte.[252] Um dieses Ziel bewerkstelligen zu können und eine Vereinheitlichung der Staatsgewalt zu erreichen, war für *Montgelas* eine Zentralisierung des Staatswesens unumgänglich.
Indes war die Reform des 20. Jahrhunderts nicht durch eine veränderte Staatsqualität veranlaßt worden, sondern allein durch die wirtschaftlichen und sozialen Veränderungen nach dem Zweiten Weltkrieg.

Da sich aber die Gemeindegesetzgebung und die Kommunalreform des Jahres 1808 mit ihrer Regelungswut und der daraus resultierenden Lähmung des Staats alsbald als undurchführbar erwiesen, mußte die Überzentralisierung rückgängig gemacht oder zumindest abgeschwächt werden.[253] Das *Gemeindeedikt von 1818*[254] und die *Gemeindeordnung von 1869*[255] übertrugen den Kommunen we-

---

[251] Vgl. *Demel/Puschner*, Deutsche Geschichte in Quellen und Darstellung, Bd. VI, S. 165
[252] *Treml*, Geschichte des modernen Bayern, S. 30
[253] *Knemeyer*, Regierungs- und Verwaltungsreform in Deutschland zu Beginn des 19. Jahrhunderts, S. 132
[254] GVBl. 1818, Sp. 49 ff.
[255] GVBl. 1869, Sp. 865 ff.

nigstens teilweise ihre Selbstverwaltung zurück. Dagegen gerieten die Korrekturmaßnahmen im Jahre 1979 zur Gemeindegebietsreform nicht allzu tiefgreifend. Es blieb bei einigen Veränderungen am Rechtsinstitut der Verwaltungsgemeinschaft, die gebildeten Einheitsgemeinden blieben indes unverändert.[256]

3.) Widerstand gegen die Gemeindegebietsreform

a) Proteste der Einwohner der betroffenen Gemeinden

Viele Einwohner von Gemeinden in Deutschland wollten sich nicht kampflos mit der kommunalen Neugliederung abfinden. Doch nirgends war der Widerstand so groß und gut organisiert wie in Bayern.[257]
Bereits zu Beginn der Reformen im Jahre 1971 versuchte die von kommunalpolitisch engagierten Bürgern gegründete *„Aktionsgemeinschaft für die Gebietsreform von Landkreisen und Gemeinden Bayerns"*, der sog. *„Riedenburger Kreis"*, mittels eines Volksbegehrens gegen die territorialen Neuerungen vorzugehen. Sie forderte eine parlamentarische Zweidrittelmehrheit bei Gebiets- und Bestandsänderungen. Allerdings scheiterte das Vorhaben unerwartet kläglich. Denn nur 3,7% der Wahlberechtigten (statt der notwendigen 10%) sprachen sich im November 1971 für ein Volksbegehren aus, so daß nicht einmal ein Volksentscheid durchgeführt wurde.[258]

Besonders stark wurde der Protest aber erst im Rahmen der *„Amtsphase"* ab Beginn des Jahres 1976, denn ab diesem Zeitpunkt sollten Eingemeindungen und die Bildung von Verwaltungsgemeinschaften durch Zwang erfolgen.

Von Seiten der Bürger sind in dieser Zeit besonders die Aktivitäten der im Januar 1977 gegründeten *„Aktionsgemeinschaft Demokratische Gebietsreform Bayern"* aus Türkenfeld (sog. *„Türkenfelder Kreis"*), welche den betroffenen Gemeinden und Bürgern Rechtshilfe und Beratung erteilte, hervorzuheben.
Zusammen mit der *„Vereinigung für Gemeindefreiheit in Bayern"* (VGB) aus Leutstetten stellte sie den Antrag auf Zulassung eines Volksbegehrens. Dieses zielte auf eine Änderung von Art. 11 BV dahingehend ab, in der bayerischen Verfassung festzulegen, daß Änderungen im Bestand oder Gebiet von Gemeinden gegen den nach einer erfolgten Bürgerbefragung bekundeten Willen der be-

[256] Siehe Kap. B II 2.) i)
[257] *Scholler*, Die bayerische Gemeindegebietsreform als Konflikt zwischen grundrechtlich verstandener Selbstverwaltung und staatlicher Reformpolitik, S. 27
[258] *Münzenrieder*, Vor 25 Jahren: 72 Landkreise, 23 kreisfreie Städte und 70 Gemeinden verschwinden von der kommunalen Landkarte, BayVBl. 1997, S. 402

teiligten Gemeinden nur durch Gesetz und nur aus dringenden Gründen des öffentlichen Wohls vorgenommen werden dürfen. Dasselbe habe für die Bildung von Verwaltungsgemeinschaften zu gelten. Das *„Gesetz zur Änderung der Verfassung des Freistaates Bayern"* sollte am 28. April 1978, also drei Tage vor Beendigung der Abschlußphase der Gemeindegebietsreform in Kraft treten.
Der Zulassungsantrag wurde aber vom BayVerfGH[259] abgelehnt.[260] Entgegen der Ansicht des bayerischen Staatsministeriums sah der BayVerfGH in seiner Entscheidung zwar in dem Vorhaben keine Verletzung des Vertrauensschutzes und des Rückwirkungsverbots, weil die Gebietskörperschaften im Vertrauen auf die fast vollständig beendete Reform bereits erhebliche Investitionen getätigt und Planungen gemacht hätten. Denn der Vertrauensschutz schütze nur die Dispositionen der Bürger, nicht die der Verwaltung. Jedoch war das Gericht der Meinung, daß die Mehrheit der Bürger aus der Fassung der Regelung nicht hätte erkennen können, daß die dann vollzogene Gemeindegebietsreform rückabgewickelt hätte werden müsse.
Auch eine von der *„Aktionsgemeinschaft"* initiierte Popularklage von 211 Gemeinden hatte vor dem BayVerfGH[261] keinen Erfolg.[262]

Allerdings nahmen die Bürgerinitiativen durch Petitionen und hartnäckiges Einwirken auf die CSU maßgeblich Einfluß auf die Korrekturmaßnahmen des Jahres 1979.[263]

b) Gerichtliches Vorgehen der Gemeinden

Nicht nur einzelne Bürgerinitiativen, sondern besonders die Gemeinden selbst versuchten, sich durch Inanspruchnahme der Gerichte einer drohenden Eingemeindung oder der Einbeziehung in eine Verwaltungsgemeinschaft zu entziehen. Jedoch blieben die meisten verwaltungsgerichtlichen Normenkontrollverfahren zur Wiedererlangung der früheren Selbständigkeit gem. § 47 Abs. I Nr. 2 VwGO i.V.m. Art. 5 AGVwGO vor dem BayVGH und auch verfassungsrechtliche Popularklagen nach Art. 98 S. 4 BV i.V.m. Art. 2 Nr. 7, 55 VfGHG vor dem

---

259 Entscheidung des BayVerfGH vom 10.03.1978, BayVBl. 1978, S. 334 ff.
260 Vgl. Art. 64 LWG i.V.m. Art. 67 BV i.V.m. Art. 2 Nr. 9 VfGHG
261 BayVerfGH, Entscheidung vom 20.04.1978, BayVBl. 1978, S. 497 ff.
262 Der BayVerfGH hielt die Klagen größtenteils schon für unzulässig, da er die Verfassungsmäßigkeit des Rechtsinstituts Verwaltungsgemeinschaft wiederholt bejaht hatte, und die Antragsteller keine neuen rechtlichen Argumente für einen Wandel der Verhältnisse dargelegten, die Zweifel an dieser Rechtsprechung hegten (vgl. VerfGH 31, 99 (120)). Den Klägern fehlte somit meist das Rechtschutzbedürfnis.
263 Siehe Kap. B II 2.) i)

BayVerfGH erfolglos.[264] Falls die Entscheidungen der Reformgeber doch einmal durch die Gerichte aufgehoben wurden, erging gewöhnlich rechtzeitig vor den allgemeinen Kommunalwahlen 1978 jeweils eine neue Gebietsgliederung.[265] Einige Kommunen hatten allerdings auch bleibenden Erfolg und konnten ihre Eigenständigkeit dauerhaft mit Hilfe der Gerichtsbarkeit sichern.

Die zahlreichen Verfahren der jeweiligen Gemeinden einzeln aufzuführen, wäre nicht zielführend. Die verfahrens- und materiellrechtlichen Probleme waren nämlich bei fast allen Klagen und Verfahren gegen die Eingemeindungen oder die Einbeziehung in Verwaltungsgemeinschaften dieselben. Vielmehr sollen nur die wichtigsten Aspekte, die sich im Verwaltungs- und Verfassungsrechtsweg ergaben, näher erläutert werden.

aa) Wichtige rechtliche Aspekte bei der gerichtlichen Nachprüfung von kommunalen Neugliederungsakten im Normenkontrollverfahren nach § 47 Abs. I Nr. 2 VwGO

Gem. § 47 Abs. I Nr. 2 VwGO i.V.m. Art. 5 AGVwGO entscheidet der BayVGH im Rahmen seiner Gerichtsbarkeit auf Antrag über die Gültigkeit von im Rang unter dem Landesgesetz stehenden Rechtsvorschriften.

(1) Problem der statthaften Rechtsschutzform

Äußerst umstritten in der Literatur und den Instanzen der Verwaltungsgerichtsbarkeit war lange Zeit die Frage nach der bei Änderung im Bestand oder Gebiet von Gemeinden statthaften Rechtsschutzform. Wie bereits erwähnt[266], konnte eine solche Änderung früher durch Verwaltungsakt von der zuständigen Behörde verfügt werden. In der *Amtsphase* ab dem Jahre 1976 war hierzu der Erlaß einer Rechtsverordnung nötig. Fraglich blieb aber auch nach diesem Zeitpunkt,

---

[264] Von den 111 bis Ende 1978 abgeschlossenen Normenkontrollanträgen vor dem BayVGH hatten nur ganze 19 ganz oder teilweise Erfolg und von den acht eingemeindungsrelevanten Entscheidungen vor dem BayVerfGH waren bis zu diesem Zeitpunkt lediglich drei erfolgreich (vgl. *Münzenrieder*, Als die „wilden" Siebziger zu Ende gingen, BayVBl. 1998, S. 271), nämlich: Horgau (Landkreis Augsburg) VerfGH 36, 162 ff., Edling (Landkreis Rosenheim) VerfGH 34, 64 ff. und Irlbach (Landkreis Straubing) VerfGH 36, 173 ff.; vgl. außerdem *Geiger*, Die Rechtsprechung des Bayerischen Verwaltungsgerichtshofs zum Kommunalrecht, BayVBl. 1995, S. 33. Insgesamt wurden beim BayVGH 149 Verfahren und beim BayVerfGH 63 Verfahren anhängig gemacht (vgl. *Wiebel*, Die kommunale Gebietsreform im Rückblick, BayVBl. 1987, S. 679).

[265] *Reigl/Schober/Skoruppa*, Kommunale Gliederung in Bayern nach der Gebietsreform, S. 54

[266] Siehe Kap. B II 2.) i)

ob ungeachtet der neuen Rechtsform weiterhin allein die Anfechtungsklage beim Verwaltungsgericht nach § 42 Abs. I VwGO erhoben werden mußte oder ob die Neugliederungsverordnungen nur im Normenkontrollverfahren nach § 47 Abs. I Nr. 2 VwGO erst- und letztinstanzlich überprüft werden durften.
Eine Ansicht[267] sah in allen Fällen von kommunalen Neugliederungsmaßnahmen immer Verwaltungsakte, weil stets nur ein Einzelfall des öffentlichen Rechts geregelt werde, wobei der Erlaß als Rechtsverordnung die Anfechtung vor den Verwaltungsgerichten nicht ausschließe.
Andere[268] stimmten zwar darin überein, daß gegenüber den beteiligten Gebietskörperschaften ein Verwaltungsakt vorläge, gegenüber der Bevölkerung in den Kommunen diese Maßnahme jedoch eine Rechtsverordnung sei, weil sie sich insoweit an einen unbestimmten Personenkreis richte. Solche Organisationsakte hätten demnach eine *„Doppelnatur"*.[269] Unbeschadet ihres materiellen Charakters als Verwaltungsakt seien sie aber jedenfalls auch Rechtsverordnungen im formellen Sinn, weshalb eine Überprüfung auch im Normenkontrollverfahren möglich sei.[270]
Wiederum andere meinten[271], die Maßnahmen hätten ausschließlich Normenqualität.

Der BayVGH[272] nahm in älteren Entscheidungen zu Einkreisungen im Rahmen der Landkreisreform an, daß die Normenkontrolle nicht immer schon dann die richtige Klageart sei, wenn der Hoheitsakt förmlich als Rechtsverordnung ausgestaltet sei. Vielmehr sei hierfür auch ein Rechtssetzungsakt im materiellen Sinn nötig. Allerdings könnten die bei der Landkreisreform zu überprüfenden Akte nicht mit den im Staatsrecht der konstitutionellen Epoche des 19. Jahrhunderts entwickelten klassischen Abgrenzungskriterien – abstrakt-generell bzw. konkret-individuell – befriedigend erfaßt werden[273], seien also weder den Rechtssätzen noch den Verwaltungsakten zuzuordnen. Es handele sich aber auch

---

267 Z.B. *Ule*, Zwangseingemeindungen und Verfassungsgerichtsbarkeit, VerwArch. 1969, S. 102 ff.; VGH Mannheim vom 02.04.1963, BaWüVBl. 1963, S. 153 ff.
268 Z.B. *Obermayer*, Über die Rechtsnatur und Anfechtbarkeit kommunaler Gebiets- und Statusänderungen, BayVBl. 1958, S. 69 ff.; *Schweiger*, Rechtsverordnung im formellen Sinn?, DÖV 1955, S. 360 ff.; *Knemeyer*, Zur Rechtsnatur von Gebiets- und Bestandsänderungsakten gemäß Art. 9 Abs. 2 BV, BayVBl. 1972, S. 182.
269 Siehe hierzu auch *Reiniger*, Rechtskontrolle der Änderung von Gemeindegrenzen, S. 26 ff.
270 *Reiniger*, Rechtskontrolle der Änderung von Gemeindegrenzen, S. 30
271 Z.B. Hess. VGH, Beschluß vom 28.03.1956, DÖV 1957, S. 751; im Ergebnis zustimmend: *Reiniger*, Rechtskontrolle der Änderung von Gemeindegrenzen, S. 36.
272 VGH 17, 106 (110 ff.)
273 VGH 25, 71 (75)

nicht um eine Mischform beider Kategorien, sondern um einen weiteren Grundtypus hoheitlichen Handelns.[274]
In Fortführung dieser Rechtsprechung zur Landkreisreform hat der BayVGH[275] schließlich entschieden, daß es sich bei den Neugliederungsverordnungen der Bezirksregierungen im Rahmen der Gemeindegebietsreform um Rechtsvorschriften im Range unter dem Landesgesetz und nicht um Verwaltungsakte handelt. Sie stellten einen eigenen Grundtypus des Verwaltungshandelns (Hoheitsakt sui generis) dar, wobei für die Bestimmung der Rechtsschutzform aber allein die äußere Erscheinungsform maßgebend sei.[276]

Ein Neugliederungsakt erfüllt letztlich nämlich nicht alle Kriterien für einen Verwaltungsakt. Wenngleich als Einzelakt gegenüber einer Gemeinde ausgesprochen wird, wirkt er auf die Rechtspersönlichkeit der betroffenen Gemeinde ein, indem er diese erweitert, verkürzt oder beseitigt. Somit stellt die gemeindliche Neugliederung für die „betroffene Bevölkerung einen neuen verwaltungsmäßigen und soziologischen Bezugspunkt her (...) und (wirkt) damit weit über die für den Verwaltungsakt typische Regelung eines Einzelfalles hinaus".[277]
Auch gewährt das Normenkontrollverfahren gleichwertigen Rechtsschutz wie eine Anfechtungsklage. Zwar ist den Kritikern zuzugeben, daß ersteres keine automatische und grundsätzlich aufschiebende Wirkung wie § 80 Abs. I S. 1 VwGO entfaltet und lediglich einstufig ist. Allerdings verlangt das Gebot des effektiven Rechtsschutzes (Art. 19 Abs. IV GG) weder den Suspensiveffekt eines Rechtsbehelfs noch das Vorhandensein eines Instanzenwegs.[278] Die Normenkontrolle hat durch das einstufige Verfahren vielmehr den Vorteil, daß sich das Verfahren nicht jahrelang bis zur Klärung des Sachverhalts durch eine höchstrichterliche Entscheidung hinzieht, sondern der Rechtsstreit innerhalb einer Instanz entschieden werden kann. Gerade dies war bei den Entscheidungen zur Gemeindegebietsreform im Interesse der kommunalen Selbstverwaltung und der Bürger zu begrüßen. Der fehlende Suspensiveffekt kann bei der Normenkontrolle im übrigen durch die Gewährung von einstweiligem Rechtsschutz nach § 123 VwGO gemildert werden.

---

[274] VGH 25, 71 (75)
[275] VGH 30, 26 ff.
[276] Siehe zur Problematik des Normcharakters von Neugliederungsverordnungen auch *Bott*, Rechtsprechung und Gebietsreform, S. 186 ff.
[277] *Werner*, Aspekte des Rechtsschutzes bei der kommunalen Neugliederung in Bayern, BayVBl. 1976, S. 709
[278] Vgl. z.B. BVerfGE 11, 232 (233)

(2) Antragsbefugnis gem. § 47 Abs. II S. 1 VwGO

Die Kommunen beriefen sich hierbei auf ihr in Art. 28 Abs. II S. 1 GG garantiertes Selbstverwaltungsrecht. Bei Neugliederungsmaßnahmen verneinte der BayVGH allerdings die Antragsbefugnis durch Bürger und Bürgerinitiativen. Zwar mögen solche tatsächlich Erschwernisse und Unbequemlichkeiten für die Bürger mit sich bringen, sie berühren jedoch nicht deren rechtlich geschützte Sphäre.[279]

(3) Vorbehaltsklausel des § 47 Abs. III VwGO

Die Regelung des § 47 Abs. III VwGO, wonach der BayVGH die Vereinbarkeit einer Rechtsvorschrift mit Landesrecht dann nicht prüft, wenn gesetzlich vorgesehen ist, daß die Vorschrift ausschließlich durch das Verfassungsgericht eines Landes nachprüfbar ist, spielte in den Fällen der Gemeindegebietsreform keine Rolle. Die von den Gemeinden gerügte Verletzung ihrer kommunalen Selbstverwaltung betrifft nämlich nicht nur Art. 11 Abs. II, 83 BV, sondern das Selbstverwaltungsrecht ist auch in Art. 28 Abs. II S. 1 GG und einfachgesetzlich in Art. 1 S. 1 GO geregelt.

(4) Materiellrechtliche Probleme

Die meisten Kommunen machten im Rahmen des Normenkontrollverfahrens geltend, daß die Änderungen in ihrem Bestand oder Gebiet bzw. das Institut der Verwaltungsgemeinschaft ihr Selbstverwaltungsrecht verletzten. Auf diese Einwände soll aber erst näher bei der Erläuterung der Popularklageverfahren eingegangen werden.

Viele Gemeinden bezweifelten auch, daß die von der Gemeindeordnung geforderten dringenden Gründe des öffentlichen Wohls bei der sie betreffenden Neugliederungsmaßnahme vorgelegen hätten. Nach Art. 11 Abs. II Nr. 2 GO a.F.[280] konnten Änderungen im Bestand oder Gebiet von Gemeinden von Amts wegen auch gegen den Willen beteiligter Gemeinden vorgenommen werden, wenn dringende Gründe des öffentlichen Wohls vorlagen, insbesondere wenn:

---

279 Vgl. *Schmidt*, Rechtsprechung zur Gebietsreform, BayVBl. 1979, S. 131

280 Abgedruckt z.B. in *Koch/Tschira*, Gemeindeordnung für den Freistaat Bayern, 6. Aufl. (1974)

a) die Erfüllung der gemeindlichen Aufgaben durch eine einheitliche Verwaltung erleichtert, vereinfacht oder in der Wirkung gesteigert wurde, oder
b) zentrale Orte Vorhaben, die auch eine Förderung des Umlands erwarten ließen, nur dann zweckmäßig verwirklichen konnten, wenn das Gebiet des zentralen Orts vergrößert wurde.

Weiter waren gem. Art. 11 Abs. III GO Änderungen im Bestand von Gemeinden zu verfügen, wenn die Leistungs- oder Verwaltungskraft einer Gemeinde keine Gewähr dafür bot, daß die Gemeinde, selbst wenn sie einer Verwaltungsgemeinschaft angehörte, die ihr verbliebenen Aufgaben ordnungsgemäß erfüllen konnte.

Dabei war nach der Rechtsprechung des BayVGH[281] in jedem Einzelfall einer Gebietsänderung im Rahmen der Gemeindegebietsreform nachzuprüfen, ob dringende Gründe des öffentlichen Wohls gegeben sind, wobei die Konkretisierung dieses Begriffs „nicht ohne Berücksichtigung der für die kommunale Gebietsreform maßgeblichen verfassungsrechtlichen Direktiven“[282], also den Wertmaßstäben des Sozialstaatsgrundsatzes und des Demokratie- und Rechtsstaatsprinzips, möglich ist. Dringend sind die Gründe dann, wenn die für die Änderung sprechenden Umstände die dagegen sprechenden bedeutend überwiegen.[283] Dem Gesetzgeber steht hierbei ein weiter planerischer und organisatorischer Gestaltungsspielraum zur Verfügung. Es liegt in der Natur der Sache, daß es bei der Vielzahl von Gemeinden, die sich jede von der anderen aufgrund ihrer natürlichen, wirtschaftlichen und sozioökonomischen Gegebenheiten unterscheidet, keinen einheitlichen Maßstab für die Beurteilung des öffentlichen Wohls geben kann und es jeweils einer Abwägung im Einzelfall bedarf.[284]
Allerdings müssen diese Beurteilungskriterien „im Rechtsstaat nach einer einheitlichen Konzeption ausgerichtet sein und es muß ein diese Konzeption absicherndes System von Anhaltspunkten entwickelt werden, das die Erreichung der Reformziele in der praktischen Ausführung durch die verschiedenen, jeweils zuständigen Verordnungsgeber nach einheitlichen und sachgerechten Gesichtspunkten ermöglicht“.[285] Will der Verordnungsgeber dann in Einzelfällen von der Konzeption abweichen, müssen dafür überwiegende Gründe vorliegen. Der BayVGH hat im Rahmen der Nachprüfung der Eingemeindungsfälle bei der

281 VGH 30, 26 ff.
282 *Soell*, Gebietsreform im Stadtumland und Verfassungsrecht, BayVBl. 1977, S. 1
283 BayVGH, Urteil vom 25.10.1973, BayVBl. 1974, S. 311
284 Vgl. *Schmidt*, Rechtsprechung zur Gebietsreform, BayVBl. 1979, S. 134
285 *Schmidt*, Rechtsprechung zur Gebietsreform, BayVBl. 1979, S. 134

Gemeindegebietsreform streng darauf geachtet, daß sich der Reformgeber auch tatsächlich im Einzelfall an das selbst vorgegebene System gehalten hat.[286]

Das Gericht hat die von der Staatsregierung aufgestellten Reformziele und das zu deren Erreichung entwickelte Neugliederungskonzept einschließlich der sie konkretisierenden *Richtlinien*[287] gebilligt.[288] Es führt dazu aus: „Die durch (... *die Richtlinien*) bewirkte Konkretisierung der dringenden Gründe des öffentlichen Wohls im Sinne des Art. 11 Abs. 2 Nr. 2 und Abs. 3 GO ist rechtlich nicht zu beanstanden".[289] Es liege allein im pflichtgemäßen Ermessen des Verordnungsgebers, die aus seiner Sicht beste Möglichkeit zu wählen. Eine Kompetenz zur Überprüfung der Zweckmäßigkeit dieser Entscheidung hat das Gericht nicht.

bb) Wichtige juristische Aspekte bei der gerichtlichen Nachprüfung von kommunalen Neugliederungsakten bei der Popularklage gem. Art. 98 S. 4 BV

Neben der Einleitung des Normenkontrollverfahrens nach § 47 Abs. I Nr. 2 VwGO haben die Gemeinden auch den BayVerfGH mit Hilfe der Popularklage nach Art. 98 S. 4 BV i.V.m. Art. 2 Nr. 7, 55 VfGHG mit der Begründung angerufen, ihr in der Verfassung geschütztes Selbstverwaltungsrecht sei durch die Reform verletzt worden.

(1) Formellrechtliche Fragen

Der Prüfung der Verfassungsmäßigkeit der Neugliederungsakte stand es nicht entgegen, daß viele Gemeinden zuerst ein erfolgloses Normenkontrollverfahren beim BayVGH gegen die Neugliederungsverordnung ihrer jeweiligen Bezirksregierung angestrengt hatten. Wegen der Vorbehaltsklausel in § 47 Abs. III VwGO und des einheitlichen Prüfungsmaßstabs bleibt nämlich ein Verfahren nach Art. 98 S. 4 BV i.V.m. Art. 2 Nr. 7, 55 VfGHG hiervon unberührt.[290]

---

286 *Hien*, Die gerichtliche Interpretation der kommunalen Selbstverwaltung, BayVBl. 1993, S. 34

287 Vgl. dazu Kap. B II 2.) d)

288 BayVGH, Beschluß vom 26.11.1976, BayVBl. 1977, S. 433 (436 ff.); siehe auch *Schmidt*, Rechtsprechung zur Gebietsreform, BayVBl. 1979, S. 134

289 Vgl. BayVGH, Beschluß vom 26.11.1976, BayVBl. 1977, S. 433 (435)

290 Allerdings entstand aufgrund der Entscheidung des BayVerfGH vom 03.11.1983 (BayVBl. 1984, S. 235 ff.), der die Eingemeindung der Gemeinde Irlbach in die Gemeinde Straßkirchen für verfassungswidrig erklärte, ein Streit darüber, ob dieser überhaupt zur Feststellung der Verfassungswidrigkeit noch befugt gewesen oder aber vielmehr an die bereits ergangene Entscheidung des BayVGH im Normenkontrollverfahren (Beschluß

Nach Art. 98 S. 4 BV hat der BayVerfGH Gesetze und Verordnungen für nichtig zu erklären, die ein Grundrecht der bayerischen Verfassung verfassungswidrig einschränken.

Antragsberechtigt ist nach Art. 98 S. 4 BV, Art. 55 Abs. I S. 1 VfGHG hierzu „jedermann", also auch eine Gemeinde als juristische Person des öffentlichen Rechts. Dabei stehe es nach ständiger Rechtsprechung des BayVerfGH[291] der Zulässigkeit der Popularklage nicht entgegen, daß gegebenfalls der Antragsteller zu bestehen aufgehört hat und deswegen auch keine Gemeindeorgane zu seiner Vertretung mehr besitzt. Für die Durchführung des Popularklageverfahrens gelte eine aufgelöste Gemeinde noch als fortbestehend.
Jedoch sind[292] Popularklagen von Gemeindeangehörigen (sog. Bürgerklagen) auf Verletzung des in Art. 11 Abs. II BV verankerten gemeindlichen Selbstverwaltungsrechts durch einen legislativen Organisationsakt nach Meinung des BayVerfGH[293] unzulässig.[294] Nur die betroffenen Gemeinden selbst haben hierzu die Antragsbefugnis. Eine genauere Begründung für diese Besonderheit des sonst jedermann zustehenden Popularklageverfahrens im Rahmen der Verlet-

---

vom 28.09.1977 (Nr. 38 V 76)) gebunden war. Nach Auffassung des BayVGH kam die Bildung einer Verwaltungsgemeinschaft zwischen diesen Orten, wie sie die Regierung von Niederbayern im Jahre 1976 vornahm, nicht in Betracht, da sich die Bildung einer Einheitsgemeinde wegen der geographischen Nähe der beiden Kommunen geradezu aufdrängte.
Es stellte sich also die Frage, ob der BayVerfGH berechtigt gewesen war, die Eingemeindung von Irlbach für verfassungswidrig zu erklären, oder wegen der Bindungswirkung der bereits rechtskräftig ergangenen Entscheidung des BayVGH „die Bildung der Einheitsgemeinde Straßkirchen unter Einbeziehung von Irlbach als verfassungsrechtlich unüberprüfbar hätte hinnehmen müssen" (*Tilch*, Irlbach und Straßkirchen – zwei niederbayerische Gemeinden im Spannungsfeld zwischen Verwaltungs- und Verfassungsgerichtsbarkeit, BayVBl. 1984, S. 428).
Zu diesem Streit und den gegensätzlichen Ansichten: *Bauer*, Anmerkung zur Entscheidung des BayVerfGH vom 03.11.1983, BayVBl. 1984, S. 238 ff.; *Tilch* und *Molodovsky*, Irlbach und Straßkirchen – zwei niederbayerische Gemeinden im Spannungsfeld zwischen Verwaltungs- und Verfassungsgerichtsbarkeit, BayVBl. 1984, S. 427 ff. bzw. S. 430 ff.; *Renck*, Verwaltungsgerichtliche Normenkontrolle: Rechtsschutz- oder Rechtsbeanstandungsverfahren?, BayVBl. 1985, S. 263 ff.

291 Vgl. z.B. VerfGH 25, 83 (88); Entscheidung des BayVerfGH vom 03.11.1983, BayVBl. 1984, S. 235 ff.; VerfGH 34, 180 (186)

292 Wie auch beim Normenkontrollverfahren.

293 Ständige Rspr. des BayVerfGH, vgl. z.B. VerfGH 29, 191 (201); 33, 1 (4 ff.); 36, 162 (166 ff.); 40, 154 (158)

294 Allerdings macht der BayVerfGH dann eine Ausnahme, wenn die Gemeinde vor ihrer Auflösung eindeutig zu erkennen gegeben hat, daß sie eine Verletzung von Art. 11 Abs. II S. 2 BV beim Verfassungsgerichtshof geltend machen wolle (BayVerfGH, Entscheidung vom 18.12.1987, BayVBl. 1988, S. 330).

zung des gemeindlichen Selbstverwaltungsrechts gibt der BayVerfGH nicht.[295] Eine Rechtfertigung könnte nach *Lissack*[296] darin zu sehen sein, daß das Selbstverwaltungsrecht nach Art. 11 Abs. II BV vom BayVerfGH lediglich als grundrechtsähnliches Recht[297] anerkannt wird. Weil es sich bei der Zulassung dieses Rechts als ein die Popularklage eröffnendes Recht um eine Ausnahmerechtsprechung handele, könne nach seiner Ansicht der Grund der Beschränkung der gemeindlichen Rügemöglichkeit in der Begrenzung dieser Ausnahmerechtsprechung liegen.
Da die Popularklage in erster Linie nicht dem Schutz der verfassungsmäßigen Rechte des einzelnen dient, sondern besonders den Schutz der Grundrechte als Institution im öffentlichen Interesse bezweckt[298], ist keine Verletzung eigener Grundrechte der BV nötig. Es genügt, substantiiert darzulegen, daß und inwiefern eine angegriffene Norm ein Grundrecht der bayerischen Verfassung verfassungswidrig einschränkt. Allerdings erfährt die Beschwerdebefugnis ebenfalls gewisse Einschränkungen bei Antragstellung durch eine Gebietskörperschaft des öffentlichen Rechts, die legislative Organisationsakte angreift.[299] Hier ist erforderlich, daß die Kommune belegt, inwiefern durch die örtlich begrenzten Akte in ihre Rechtsposition eingegriffen werden kann.[300] Dadurch soll vermieden werden, daß Gemeinden sich im Wege der Popularklage gegen Organisationsakte wenden können, die sie örtlich in keiner Weise berühren.

Soweit die Gemeinden damals nur rügten, die Rechtsverordnungen verstießen gegen das Demokratieprinzip und den Rechtsstaatsgrundsatz des Art. 2 Abs. II S. 1 bzw. Art. 3 Abs. I BV, wurden die Popularklagen als unzulässig abgewiesen. Denn beide Verfassungsgrundsätze stellen zwar objektives Verfassungsrecht von besonderem Rang, aber keine Grundrechtsnormen dar.[301] Zulässig war dagegen der Vortrag der Verletzung des in Art. 118 Abs. I BV verankerten Willkürverbots und des Rechts der Gemeinden auf Selbstverwaltung gem. Art. 11 Abs. II BV. Zwar ist letzteres kein Grundrecht im eigentlichen Sinn, aber – wie schon ausgeführt – ein grundrechtsähnliches Recht[302], welches für die Erhebung einer Popularklage durch die Kommune genügt.

---

[295] Vgl. *Lissack*, Das kommunale Selbstverwaltungsrecht nach bayerischem Verfassungs- und Verfassungsprozeßrecht, S. 120/121

[296] *Lissack*, Das kommunale Selbstverwaltungsrecht nach bayerischem Verfassungs- und Verfassungsprozeßrecht, S. 120 ff.

[297] Vgl. z.B. VerfGH 34, 180 (187); 40, 14 (19); 36, 15 (18)

[298] VerfGH 33, 1 (7)

[299] VerfGH 31, 99 (119)

[300] VerfGH 29, 105 (123); 31, 99 (119)

[301] VerfGH 31, 99 (117)

[302] Vgl. z.B. VerfGH 34, 180 (187); 36, 15 (18); 40, 14 (19)

Schließlich mußte vom BayVerfGH noch die Frage entschieden werden, wie lange Popularklagen gegen die die Gebietsreform regelnden Neugliederungsverordnungen noch erhoben werden konnten. Das Gesetz gibt diesbezüglich keine Frist vor. Allerdings ist allgemein anerkannt, daß Rechtsansprüche unter dem Gesichtspunkt der Verwirkung erlöschen können. Erforderlich ist dazu neben einem Zeitmoment auch noch ein Umstandsmoment. Nach Ansicht des BayVerfGH[303] sei dies bei der Gemeindegebietsreform dann der Fall, wenn deren Vorschriften nach einer bestimmten Zeit verläßliche Grundlage für alle Betroffenen sein müssen und insoweit die Rechtssicherheit, das allgemeine Vertrauen auf den Fortbestand einer Neugliederungsmaßnahme und auch das Selbstverwaltungsrecht der neuen Gemeinde höher zu gewichten sind als ein etwaiges Interesse, auch noch nach langer Zeit durch einen verfassungsrechtlichen Rechtsbehelf die Gültigkeit einer Neugliederungsvorschrift zu überprüfen.
Während das Gericht[304] in einem Verfahren im Jahre 1987 den genauen Zeitpunkt des Verwirkungseintritts noch offenließ, weil die betreffende Klage jedenfalls unbegründet gewesen war, wies es am 27. Juni 1997 eine vom Markt Pleinting erhobene Popularklage gegen die Rechtsverordnung der Regierung von Niederbayern wegen Verwirkung als unzulässig ab.[305] Denn nach damals nahezu 17 Jahren überwogen nach Ansicht des BayVerfGH in jedem Fall die Belange der Rechtssicherheit und des Vertrauensschutzes.
Diese Entscheidung zeigt aber deutlich, daß sich auch nach so langer Zeit noch immer Kommunen nicht mit den Folgen der Gemeindegebietsreform abgefunden haben.

(2) Materiellrechtliche Fragen

Bei den meisten Popularklagen mußte insbesondere geklärt werden, ob durch die Eingliederung einer Gemeinde in eine andere oder in eine Verwaltungsgemeinschaft ihr Selbstverwaltungsrecht nach Art. 11 Abs. II BV und das Willkürverbot des Art. 118 Abs. I BV verletzt wurden. Weiterhin war oftmals umstritten, ob die Gebietsneugliederung bei der Gemeindegebietsreform überhaupt durch die Verordnungen der Bezirksregierungen hätte vorgenommen werden dürfen oder ob nicht vielmehr der Gesetzgeber selbst diese Materie hätte regeln müssen.

Ein Hauptgrund vieler Klagen vor dem BayVerfGH bezog sich auf die unklare Verfassungslage hinsichtlich der Rechtsform von Neugliederungsmaßnahmen

---

303 VerfGH 40, 154 (159)
304 VerfGH 40, 154 (159)
305 BayVerfGH, Entscheidung vom 27.06.1997, BayVBl. 1997, S. 751 ff.

im Rahmen der Reform der Gemeinden. Denn während für die Einteilung der Kreise eine Rechtsverordnung mit Zustimmung des Landtags und für die Abgrenzung der Bezirke sogar ein formelles Gesetz vorgeschrieben sind (Art. 9 BV), schweigt die Verfassung über die Rechtsform von Neugliederungsakten im gemeindlichen Bereich.[306]

Die klagenden Gemeinden meinten vielfach, die Ermächtigungsnormen in Art. 11, 12 GO a.F. wären keine geeigneten Grundlagen für die das ganze Staatsgebiet treffende Gemeindegebietsreform. Eine solche hätte nämlich nur durch Gesetz erfolgen können. Dieser Ansicht ist der BayVerfGH[307] jedoch nicht gefolgt. Bestands- und Gebietsänderungen der Gemeinden griffen zwar grundlegend in das gemeindliche Selbstverwaltungsrecht ein, bedürften aber verfassungsrechtlich nicht des formellen Gesetzes, sondern könnten, wie andere Eingriffe in das Selbstverwaltungsrecht auch, bei ausreichender Ermächtigung durch Rechtsverordnung erfolgen.[308] Obwohl auch er der Meinung war, daß es wünschenswert und zweckmäßig gewesen wäre, daß eine so viele Menschen treffende Maßnahme wie die die Reform der kommunalen Ebene durch den Gesetzgeber selbst oder ein Rahmengesetz geregelt worden wäre, ließ der BayVerfGH aber Gebiets- und Bestandsänderungen mittels Verordnungen aufgrund eines Gesetzes[309], das Inhalt, Zweck und Ausmaß des Eingriffs bestimmt, genügen. Mit dem *„Ersten“*[310] und *„Zweiten“*[311] *„Gesetz zur Stärkung der kommunalen Selbstverwaltung“* und der Novellierung der Art. 11, 12 GO a.F. seien ein Reformauftrag durch eine gesetzgeberische Entscheidung mit der nötigen Bestimmtheit getroffen und die wesentlichen materiellen Kriterien der Gemeindegebietsreform einbezogen worden.

Der BayVerfGH[312] war ebenso wie das BVerfG[313] der Meinung, daß die Gemeinden lediglich institutionell, aber nicht individuell gewährleistet werden.[314]

306 *Lissack*, Das kommunale Selbstverwaltungsrecht nach bayerischem Verfassungs- und Verfassungsprozeßrecht, S. 64

307 VerfGH 31, 99 ff.

308 VerfGH 31, 99 (124 ff.); siehe außerdem *Schweiger* in: *Nawiasky/Schweiger/Knöpfle*, Die Verfassung des Freistaates Bayern, Art. 11 BV, Rdnr. 4a

309 Nämlich Art. 11, 12 GO a.F.

310 GVBl. 1971, S. 247 ff.

311 GVBl. 1971, S. 450 ff.

312 Z.B. VerfGH 31, 99 (123); 34, 180 (188)

313 Vgl. BVerfGE 86, 90 (107)

314 Für einen stärkeren Einbezug des Traditionsschutzes zugunsten einzelner Gemeinden plädiert *Loschelder* (vgl. *Loschelder*, Kommunale Selbstverwaltungsgarantie und gemeindliche Gebietsgestaltung, S. 70 ff.), was er mit einem Rückschluß aus Art. 28, 29 GG begründet. Den Bundesländern sei aus Art. 29 Abs. I GG ersichtlich die Bewahrung der geschichtlichen Tradition zugewiesen. Da aber die Länder nur mit Gemeinden als effektiven Gewährleistungsträgern existieren können, und aus der Erwähnung des Begriffs der „örtli-

Also mußte nur die kommunale Selbstverwaltung als solche erhalten bleiben, jedoch nicht jede einzelne Gemeinde in ihrem bisherigen Bestand.[315] Eine Verletzung des Selbstverwaltungsrechts als institutioneller Rechtssubjektsgarantie wäre erst vorstellbar, wenn die Neugliederung der Gemeinden so weit ginge, daß anstatt der historisch gewachsenen Gemeinden nur noch eine unverhältnismäßig geringe Zahl übrig bliebe, die nichts mehr gemein hätte mit dem historisch gewachsenen Bild der heutigen Gemeinden.[316]

Allerdings verlangt Art. 3 Abs. I S. 2 BV, daß alle staatlichen Handlungen, also auch alle kommunalen Reformmaßnahmen, auf das Gemeinwohl bezogen sein müssen.[317] Daher sind Bestands- und Gebietsänderungen von Gemeinden nur aus Gründen des öffentlichen Wohls und nach deren vorheriger Anhörung zulässig. Bei der Bewertung der Eingliederung einer Gemeinde in eine andere sind aber bei den Gemeinwohlgründen nicht nur die örtlichen Gegebenheiten der bisherigen Gemeinde einzubeziehen. Auch die die Gemeindegebietsreform auslösenden und maßgeblichen Gründe sind nach Ansicht des BayVerfGH bei der Abwägung zu berücksichtigen, wobei dem Normgeber eine erhebliche planerische und organisatorische Gestaltungsfreiheit zustehe.[318]

Der BayVerfGH überprüfte daher nur, ob der zugrunde liegende Sachverhalt zutreffend und vollständig ermittelt wurde und ob die Vor- und Nachteile der Regelung sowie die Gemeinwohlgründe umfassend und nachvollziehbar abgewogen wurden. In diese Bewertung mußte der Normgeber auch die Grundsätze der Verhältnismäßigkeit, welche Grundlage jeglichen staatlichen Handelns sind, einbeziehen und danach fragen, ob nicht bereits mit der Bildung einer Verwaltungsgemeinschaft das Ziel der Neugliederung hätte erreicht werden können. Die Eingliederung einer Gemeinde in eine Verwaltungsgemeinschaft stellt nach Meinung des BayVerfGH gegenüber der Auflösung das geringere Mittel dar, weil die Gemeinde hier im Bestand und ihrer Unabhängigkeit weitgehend erhalten blieb.[319]

---

che Gemeinschaft“ in Art. 28 Abs. II S. 1 GG folgert er deshalb, daß die geschichtlich herangebildeten Formen und Strukturen in den Gemeinden als Rechtswert strenger zu beachten seien (vgl. hierzu auch *Gunst*, Gebietsreform, Bürgerwille und Demokratie, AfK 1990, S. 196).

315 *Meder*, Die Verfassung des Freistaates Bayern, Art. 11 BV, Rdnr. 5

316 Vgl. auch *Pürner*, Aspekte der Gebietsreform in Bayern im Licht der Bayerischen Verfassung, S. 22

317 Vgl. Entscheidung des BayVerfGH vom 10.12.1971, BayVBl. 1972, S. 43 ff.

318 Ständige Rechtsprechung, vgl. VerfGH 31, 44 (68); 34, 180 (189); 40, 154 (161 ff.); 52, 66 (72 ff.) sowie BayVerfGH, Entscheidung vom 11.04.2003, BayVBl. 2003, S. 463 (464)

319 Vgl. *Pürner*, Aspekte der Gebietsreform in Bayern im Licht der Bayerischen Verfassung, S. 63; vgl. beispielsweise auch die Entscheidung des BayVerfGH vom 03.11.1983, BayVBl. 1984, S. 235 (236)

Lange Zeit wurde von vielen Kommunen ebenfalls die Vereinbarkeit der Rechtsfigur der Verwaltungsgemeinschaft mit ihrem in der Verfassung (Art. 11 Abs. II BV) garantierten Recht auf kommunale Selbstverwaltung bezweifelt. Die Gemeinden verlieren bei der Bildung einer Verwaltungsgemeinschaft nicht nur nahezu alle Aufgaben des übertragenen Wirkungskreises. Auch ihre Aufgaben im örtlichen Bereich werden in nicht unerheblicher Weise begrenzt. Denn die Verwaltungsgemeinschaft übernimmt nicht nur die verwaltungsmäßige Vorbereitung der Beschlüsse, sondern auch die laufenden Angelegenheiten, die für die Gemeinden keine grundsätzliche Bedeutung haben.
Der BayVerfGH[320] hat in einer Grundsatzentscheidung diese Einwände für unbeachtlich erklärt und das zur Erhaltung von möglichst vielen Gemeinden entwickelte Konstrukt „Verwaltungsgemeinschaft" als verfassungsrechtlich zulässig eingestuft.
In seiner Entscheidung stellte er klar, daß der Übergang der Auftragsangelegenheiten auf eine Verwaltungsgemeinschaft das Selbstverwaltungsrecht der Gemeinden schon deshalb nicht beeinträchtigen könne, da dieser Bereich nicht von Art. 11 Abs. II BV erfaßt sei. Das Selbstverwaltungsrecht gebe den Kommunen nur das Recht, ihre eigenen Angelegenheiten im Rahmen der Gesetze selbst zu ordnen und zu verwalten. Ein Rechtsanspruch auf selbständige Erfüllung der übertragenen Aufgaben ergebe sich daraus gerade nicht. Vielmehr stehe es dem Gesetzgeber frei, die an die Gemeinden übertragenen Aufgaben auch wieder an sich zu ziehen.[321]
Anders verhält es sich aber beim eigenen Wirkungskreis der Gemeinden. Problematisch ist, wieweit hier gesetzgeberische Einschränkungen gehen dürfen. Eingriffe in den Kernbereich sind jedenfalls aus verfassungsrechtlicher Sicht nicht zulässig, denn der Wesensgehalt der gemeindlichen Selbstverwaltung darf nicht ausgehöhlt werden.[322] Die Gemeinde kann auch nicht einem Eingriff in Aufgaben ihres Kernbereichs zustimmen. Denn auf die eigenverantwortliche Erledigung solcher Angelegenheiten darf nicht verzichtet werden.[323] Einschränkungen in den Randbereich sind dagegen unter gewissen Maßgaben erlaubt.
Die Frage, wie dieser Randbereich festgelegt werden kann, läßt sich allerdings nicht allgemeinverbindlich beantworten. Zur Bestimmung seines Umfangs werden sowohl die *„historische Methode"* als auch die *„Subtraktionsmethode"* angewandt.[324] Es muß demnach jeweils untersucht werden, welche Bedeutung dem Selbstverwaltungsrecht in verfassungsrechtlicher und politischer Hinsicht unter

[320] VerfGH 31, 44 ff.
[321] BVerfGE 10, 89 (101)
[322] Vgl. z.B. BVerfG, Beschluß vom 26.10.1994, DVBl. 1995, S. 290 ff.
[323] VerfGH 31, 44 (60)
[324] Beide dargestellt in *Lissack*, Bayerisches Kommunalrecht, § 1, Rdnr. 103/104

Berücksichtigung der geschichtlichen Entwicklung zukommt und welche Funktion es nach der getroffenen Einschränkung noch entfalten kann.[325] Durch den Verhältnismäßigkeitsgrundsatz werden Eingriffe in das gemeindliche Selbstverwaltungsrecht begrenzt, dies gilt insbesondere bei abstrakt-generell wirkenden Regelungen.[326]
Der BayVerGH[327] macht deutlich, daß bei der gesetzlichen Ausgestaltung der Verwaltungsgemeinschaft die Selbstbestimmung der Mitgliedsgemeinden nicht in ihrem Kern berührt werde. Die primäre Willensbildung bleibe in jedem Fall bei den Kommunen, denn ihnen obliege neben dem Recht der Wahl ihrer eigenen Organe auch noch die Finanz- und Planungshoheit und die Satzungsautonomie. Außerdem seien die Gemeinden ihrerseits an der Willensbildung der Verwaltungsgemeinschaft durch ihre Vertreter in der Gemeinschaftsversammlung beteiligt. Die der Verwaltungsgemeinschaft obliegende Tätigkeit im eigenen Wirkungskreis der Mitgliedsgemeinden, die Vorbereitung der Beschlüsse und die Besorgung der laufenden Angelegenheiten seien dagegen von untergeordneter Bedeutung. Auch die Personalhoheit als Bestandteil des Selbstverwaltungsrechts werde nicht berührt[328], denn die Gemeinden seien durch ihren Einfluß in der Gemeinschaftsversammlung nicht vollständig von dem Bereich, in dem sie nicht mehr allein die Personalhoheit ausübten, ausgeschlossen.[329]

Bei der Rüge der Verletzung des Willkürverbots nach Art. 118 Abs. I BV hat sich der BayVerfGH – wie auch bei der Prüfung der Verletzung des Selbstverwaltungsrechts nach Art. 11 Abs. II BV – darauf beschränkt zu klären, ob der Normgeber die äußersten Grenzen der normativen Freiheit überschritten hat.[330] Denn der Gleichheitssatz wäre nur dann verletzt, wenn der Ausgleich zwischen den von der Planung berührten Belangen in einer Weise vorgenommen worden wäre, der zur objektiven Gewichtigkeit derselben völlig außer Verhältnis stünde.[331] Bei Neugliederungsnormen könne aber davon nicht schon dann die Rede sein, wenn der Normgeber bei diesen Organisationsakten unter mehreren Lösungen nicht die vernünftigste, zweckmäßigste oder gerechteste gewählt hat. Willkür sei erst dann gegeben, wenn für die getroffene Maßnahme kein sachge-

---

[325] *Meder*, Die Verfassung des Freistaates Bayern, Art. 11 BV, Rdnr. 6; VerfGH 31, 44 (58); 37, 59 (66)
[326] *Lissack*, Bayerisches Kommunalrecht, § 1, Rdnr. 105
[327] VerfGH 31, 44 (61)
[328] VerfGH 33, 87 (93)
[329] VerfGH 31, 44 (64)
[330] Vgl. VerfGH 36, 15 (24)
[331] VerfGH 31, 44 (69)

rechter Grund bei einer am Gerechtigkeitsgedanken orientierten Betrachtungsweise ersichtlich sei.[332]

cc) Kommunalverfassungsbeschwerde gem. Art. 93 Abs. I Nr. 4 b GG

Die Möglichkeit der Geltendmachung einer Verletzung des in Art. 28 Abs. II S. 1 GG garantierten Selbstverwaltungsrechts durch ein Landesgesetz im Rahmen der Kommunalverfassungsbeschwerde[333] beim BVerfG gem. Art. 93 Abs. I Nr. 4 b GG war den bayerischen Gemeinden verwehrt. Nach §§ 13 Nr. 8 a, 91 BVerfGG ist eine Kommunalverfassungsbeschwerde ausgeschlossen, wenn Verfassungsbeschwerde zum Landesverfassungsgericht erhoben werden kann.[334] Da die Gemeinden gegen die Neugliederungsmaßnahmen im Rahmen der Gemeindegebietsreform Popularklage nach Art. 98 S. 4 BV, Art. 2 Nr. 7, 55 VfGHG beim BayVerfGH einlegen konnten, kam die Subsidiaritätsklausel zum Tragen. Somit war lediglich der Maßstab des Landesverfassungsrechts anwendbar, eine Rüge von Art. 28 Abs. II S. 1 GG beim BVerfG kam deshalb nicht – auch nicht subsidiär – in Betracht.[335]

dd) Verfassungsbeschwerde gem. Art. 93 Abs. I Nr. 4 a GG

Einige Gemeinden, die durch die Gemeindegebietsreform aufgelöst wurden, waren jedoch der Ansicht, sich mittels Verfassungsbeschwerde gem. Art. 93 Abs. I Nr. 4 a GG dennoch an das BVerfG wenden zu können, da ihr Existenzverlust ohne ausreichende Grundlage durch die Exekutivverwaltung verfügt worden war. Dabei gerierten sie sich als Grundrechtsträger im Sinne von Grundrechtstreuhändern, welche die Freiheitsrechte ihrer Bürger aus Art. 2 Abs. I GG bündelten.[336]
Das BVerfG hat aber solche Verfassungsbeschwerden wegen Unzulässigkeit erst gar nicht zur Entscheidung angenommen.[337]

---

332 Vgl. VerfGH 24, 181 (194); 27, 14 (28 ff.); 28, 88 (96); 36, 15 (20 ff.)

333 Siehe hierzu auch *Sachs*, Die kommunale Verfassungsbeschwerde im System verfassungsgerichtlicher Verfahrensarten, BayVBl. 1982, S. 37 ff.

334 Siehe auch *Granderath*, Die kommunale Gebietsreform in der Praxis des Bundesverfassungsgerichts, DÖV 1973, S. 332 ff.; *Bott*, Rechtsprechung und Gebietsreform, S. 189

335 Vgl. auch *Maurer*, Verfassungsrechtliche Grundlagen der kommunalen Selbstverwaltung, DVBl. 1995, S. 1040; *Hoppe/Rengeling*, Rechtsschutz bei der kommunalen Gebietsreform, S. 33

336 Vgl. *Scholler*, Die bayerische Gemeindegebietsreform als Konflikt zwischen grundrechtlich verstandener Selbstverwaltung und staatlicher Reformpolitik, S. 1

337 Vgl. Beschlüsse des BVerfG vom 07.01.1980 (nicht veröffentlicht).

4.) Ergebnisse der Neugliederungsmaßnahmen

Die Abnahme im Bestand der Gemeinden durch die Gemeindegebietsreform soll anhand der jeweils entscheidungserheblichen Zeitpunkte und Phasen der Gebietsneugliederung veranschaulicht werden.

a) Freiwilligkeitsphase

Im Zeitraum von 1969 bis Anfang 1976 wurden freiwillige Zusammenschlüsse von Kommunen mit nicht unerheblichen zusätzlichen Schlüsselzuweisungen, Investitionszuschüssen und Bedarfszuweisungen gefördert. Viele Hunderte von bayerischen Gemeinden nutzten diese Gelegenheit. Gerade zu Anfang, also in den Jahren 1971 und 1972, gab es „geradezu eine Neugliederungswelle".[338] Zahlenmäßig ergibt sich die Abnahme der Gemeinden in der *Freiwilligkeitsphase* durch einen Vergleich der Anzahl der Gemeinden am Beginn der Gemeindegebietsreform im Jahre 1969 bis zum Ende dieser Phase am 01. Januar 1976.

Am 01. Januar 1969 gab es bayernweit 7.073[339] eigenständige Gemeinden. Am Stichtag des 01. Januar 1976 waren es noch 4.155 Kommunen, was einer Differenz von 2.918 Gemeinden entspricht. Somit hat sich in der Phase der Freiwilligkeit der Bestand an Gemeinden in Bayern um über 41% verringert.
Der Großteil der Zusammenschlüsse fand unmittelbar zu Beginn Reform statt, denn bereits am 31. Dezember 1972 lag die Zahl der Gemeinden im Freistaat nur noch bei lediglich 4.405, was über der Hälfte der Abnahme des Gemeindebestands in der gesamten Gemeindegebietsreform entspricht.

Überraschenderweise wurden im Rahmen der *Freiwilligkeitsphase* kaum Verwaltungsgemeinschaften gebildet, obwohl dies die Beibehaltung der Selbständigkeit für die jeweiligen Kommunen bedeutet hätte. Bis zum 01. Januar 1976 gab es in Bayern lediglich 23 Verwaltungsgemeinschaften. Dies ist damit zu erklären, daß die meisten Gemeinden, die ihre Unabhängigkeit einbüßten, unter 1.000, meist sogar unter 500 Einwohnern hatten, und deshalb die Ansicht vorherrschte, die kommunalen Aufgaben nicht einmal als Mitgliedsgemeinde einer Verwaltungsgemeinschaft eigenständig meistern zu können.

---

338 *Bocklet*, Kommunale Selbstverwaltung und Gebietsreform - Verstärkung oder Minderung der politischen Anteilnahme?, in: *Roth* (Hrsg.), Freistaat Bayern - Die politische Wirklichkeit eines Landes in der Bundesrepublik Deutschland, S. 199

339 Vgl. für alle Zahlen (wenn nicht anders angegeben): *Bayerisches Landesamt für Statistik und Datenverarbeitung* (Hrsg.), Bayern - Daten von 1950 bis 1982, S. 16/17

Es bleibt festzuhalten, daß knapp 60% aller Eingemeindungsfälle in die oben dargelegte *Freiwilligkeitsphase* fielen.

b) Zwangsphase

Hier ist zwischen den wirklichen Zwangseingliederungen und der sog. *„Zwangs"-Freiwilligkeitsphase*[340] zu unterscheiden. In den Genuß der zusätzlichen Vergünstigungen nach dem FAG konnten nur Gemeinden kommen, die bis zum Stichtag des 01. Januar 1976 – also der regulären *Freiwilligkeitsphase* – gültige Gemeinderatsbeschlüsse für die beabsichtigten kommunalen Neugliederungsmaßnahmen getroffen hatten. Die konkreten Umsetzungsmaßnahmen konnten aber noch bis zum 01. Mai 1978 wirksam werden. Viele Gemeinden nutzten – das Damoklesschwert der Zwangseingemeindung durch Verordnung unabwendbar über sich schwebend – diese allerletzte Möglichkeit, um wenigstens noch einen monetären Ausgleich für den Verlust ihrer kommunalen Selbständigkeit zu erhalten und nicht im doppelten Sinne zu verlieren: einerseits ihre Unabhängigkeit und andererseits dringend benötigtes Geld für ihre vorwiegend unterentwickelten Kommunen.
Diese Gemeinden haben sich daher *„zwangs"-freiwillig* zu Umgliederungen entschlossen: „offiziell nämlich in der amtlichen *Freiwilligkeitsphase*, eigentlich aber nur, um noch in den Genuß der finanziellen Förderungen zu kommen".[341]
Die Anzahl der Gemeinden, die in der *Freiwilligkeitsphase* für ihre Eingemeindung stimmten, deren Auflösung aber erst kurz vor Abschluß der Gemeindegebietsreform umgesetzt wurde, belief sich auf 1.896. Über ein Drittel der Eingliederungsmaßnahmen fand also in der *„Zwangs"-Freiwilligkeitsphase* statt.
Die Zahl der durch Verordnung *zwangsweise* umgegliederten Gemeinden, also solchen, die sich bis zuletzt weigerten, sich mit anderen Gemeinden zusammenzuschließen oder eine Verwaltungsgemeinschaft zu bilden und den damit verbundenen finanziellen Vorteilen trotzten, betrug aber immerhin noch 206.[342]

Im Gegensatz zur *Freiwilligkeitsphase* erhöhte sich aber die Bildung von Verwaltungsgemeinschaften in der *Amtsphase* spürbar, denn ihre Zahl steigerte sich von 23 Anfang des Jahres 1976 auf 391[343] Mitte des Jahres 1978 um das fast 17-fache.

---

340 Vgl. *Ramsauer*, Wirtschaftliche Ziele und Effekte der Gebietsreform in Bayern, S. 109

341 *Ramsauer*, Wirtschaftliche Ziele und Effekte der Gebietsreform in Bayern, S. 109

342 Vgl. Schreiben des *Staatsministeriums des Inneren*, abgedruckt in: *Ramsauer*, Wirtschaftliche Ziele und Effekte der Gebietsreform in Bayern, Anhang S. XXXIV

343 *Reigl/Schober/Skoruppa*, Kommunale Gliederung in Bayern nach der Gebietsreform, S. 45

Grund für die plötzliche Beliebtheit dieser Rechtsfigur war, daß viele dieser Gemeinden sich selbst als leistungsstark genug einschätzten und sich lieber für das Instrument entschieden, das zumindest ihren Bestand sicherte.
Zusammenfassend ergibt sich somit folgendes Bild: Der Bestand der Gemeinden in Bayern hat von 7.073 zu Beginn der Gemeindegebietsreform auf 2.053 Ende des Jahres 1978 um über 70% abgenommen. Allerdings wurden nur 4,1% aller Neugliederungsmaßnahmen mittels Zwang durchgesetzt.
Besonders drastisch nahmen dabei Gemeinden mit einer Einwohnerzahl unter 1.000 Bewohnern ab. Von ehemals 5.337 am 01. Januar 1969 blieben Ende 1978 nur noch 262 solcher Kommunen übrig, was einem Rückgang von über 95% entspricht. Die ehemals extrem hohe Zahl von Klein- und Kleinstgemeinden resultierte aus der land- und forstwirtschaftlichen Prägung weiter Gebietsteile Bayerns, die eine äußerst geringe Bevölkerungsdichte aufwiesen, die weit unter dem Bundesdurchschnitt lag.[344] Aber auch Kommunen mit einer Bevölkerungszahl zwischen 1.000 und 2.000 Bewohnern haben im Laufe der Reform um knapp ein Drittel abgenommen.

In Bayern gab es am Ende der territorialen Neugliederung 391 Verwaltungsgemeinschaften mit 1.283 Mitgliedsgemeinden, 25 kreisfreie Städte und 770 kreisangehörige Einheitsgemeinden.[345]

c) Nachkorrekturphase

Im Rahmen der *Nachkorrekturphase* wurden Mängel am Rechtsinstitut Verwaltungsgemeinschaft behoben.[346] Besonders leistungsfähigen Mitgliedsgemeinden wurde ermöglicht, auf Wunsch wieder aus der Verwaltungsgemeinschaft auszuscheiden, soweit ihre weitere Zugehörigkeit nicht aus Rücksicht auf die übrigen Mitgliedsgemeinden unumgänglich war. Per Gesetz[347] wurden 46 Verwaltungsgemeinschaften aufgelöst und 200 Gemeinden aus solchen entlassen. Anfang des Jahres 1980 sank somit die Zahl der Verwaltungsgemeinschaften auf 345, die Zahl der Mitgliedsgemeinden auf 1083. An der Zusammensetzung der Einheitsgemeinden wurde nichts verändert.

---

344 *Reigl/Schober/Skoruppa*, Kommunale Gliederung in Bayern nach der Gebietsreform, S. 44

345 *Bayerisches Landesamt für Statistik und Datenverarbeitung* (Anfrage)

346 Siehe Kap. B II 2.) i)

347 *„Gesetz über die Änderung der Zugehörigkeit von Gemeinden zu Verwaltungsgemeinschaften“*, GVBl. 1979, S. 223

d) Heutiger Stand:

Die Zahl der Gemeinden hat sich auch in der heutigen Zeit im Vergleich zu den siebziger Jahren kaum verändert. Anfang 2002[348] gab es in Bayern 2.031 Gemeinden.
Allerdings sank die Zahl der Verwaltungsgemeinschaften stetig. Sie liegt noch bei 314 mit 991 Mitgliedsgemeinden.[349] Heute sind 48,8% aller bayerischen Gemeinden Mitglied einer Verwaltungsgemeinschaft.

e) Tabellarische Übersichten:

Zeitpunkt	Anzahl	Abnahme zum jeweiligen Vorjahr
01.01.1969	7.073	-
01.01.1970	7.053	0,28 %
01.01.1971	7.004	0,69 %
01.01.1972	6.228	11,08 %
01.01.1973	4.405	29,27 %
01.01.1974	4.367	0,86 %
01.01.1975	4.272	2,18 %
01.01.1976	4.155	2,72 %
01.01.1977	3.979	4,24 %
01.01.1978	3.898	2,04 %
01.01.1979	2.053	47,33 %

Tab. 3: Die Entwicklung der Anzahl der bayerischen Gemeinden von 1969 bis 1979[350]

[348] *Schulz* in: *Bauer/Hauth/Nitsche/Schulz/Stanglmayr/Wachsmuth/Winklein/Zwick*, Gemeindeordnung für den Freistaat Bayern, Art. 11 GO, Erl. 7
[349] Quelle: *Landesamt für Statistik und Datenverarbeitung* (Anfrage)
[350] Quelle: *Bayerisches Landesamt für Statistik und Datenverarbeitung* (Hrsg.), Bayern - Daten von 1950 bis 1982, S. 16/17

Phase	Abnahme im Bestand der Gemeinden	Gesamtabnahme in der Phase der Gemeindegebietsreform
Freiwilligkeitsphase bis zum 01.01.1976	2.918	58,1 %
sog. „Zwangs"-Freiwilligkeitsphase bis zum 01.05.1978	1.896	37,8 %
Zwangsphase ab dem 01.05.1978	206	4,1 %
Summe	5.020	100,0 %

Tab. 4: Die Abnahme im Bestand der Gemeinden in den jeweiligen Phasen der Gemeindegebietsreform

Stichtag	unter 1.000	1.000 - 1.999	2.000 - 2.999	3.000 - 4.999	5.000 - 9.999	10.000 - 19.999	20.000 - 49.999	50.000 - 99.999	über 100.000
01.01.1969	5.337	998	279	204	155	66	20	9	5
01.01.1973	2.552	902	338	276	202	98	22	9	6
01.01.1976	2.288	882	356	282	210	99	22	9	7
01.01.1979	262	673	341	354	254	121	31	11	6

Tab. 5: Die Entwicklung der Gemeindegrößen während der Gemeindegebietsreform[351]

351 Quelle: *Bayerisches Landesamt für Statistik und Datenverarbeitung* (Hrsg.), Bayern - Daten von 1950 bis 1982, S. 16/17

Zeitpunkt	Anzahl	Mitgliedsgemeinden
01.01.1969	-	-
01.01.1974	10	45
01.01.1975	12	52
01.01.1976	23	82
01.01.1977	30	109
01.05.1978	391	1.283
01.01.1980	345	1.083
01.09.1981	346	1.085

Tab. 6: Die Entwicklung der Verwaltungsgemeinschaften und ihrer Mitgliedsgemeinden während der Gemeindegebietsreform und der Korrekturphase[352]

f) Fortbestehen der Ortsnamen

Obwohl über 5.000 Gemeinden als eigenständige Selbstverwaltungskörperschaften verschwunden sind, wurde die Erinnerung an sie aber zumeist nicht vollständig gelöscht. Denn viele ehemalige Gemeindenamen blieben als Namen von Gemeindeteilen der neuen Gemeinden erhalten.[353] Wichtig für die Bevölkerung war auch, daß der Name des betreffenden Gemeindeteils an den Ortstafeln grundsätzlich zuerst aufgeführt und erst darunter in viel kleinerer Schrift auf die politische Gemeinde hingewiesen wurde.[354] Bei den Postanschriften konnte ebenfalls weiterhin der Gemeindeteilname verwendet werden. Das Bundesministerium für Post- und Fernmeldewesen erlaubte ab April 1976 für den alten Gemeindenamen eine eigene Zeile in der Anschrift, so daß etwas Entspannung und Beruhigung in den Fällen eintrat, in denen sich die Bevölkerung noch nicht mit dem Wegfall des alten Gemeindenamens hatte abfinden können.[355]

Auch heute noch kann Post unter der Postleitzahl der Kerngemeinde, aber mit dem Namen des Ortsteil, an eine Anschrift in einem Gemeindeteil geschickt werden.

---

352 Quelle: *Bayerisches Landesamt für Statistik und Datenverarbeitung* (Anfrage)

353 Vgl. die *„Verordnung über kommunale Namen, Hoheitszeichen und Gebietsänderungen"* (NHGV) vom 12.03.1973 (GVBl. 1973, S. 112), geändert durch *Verordnung* vom 30.12.1975 (GVBl. 1976, S. 14); vgl. außerdem Art. 2 Abs. II GO.

354 *Reigl/Schober/Skoruppa*, Kommunale Gliederung in Bayern nach der Gebietsreform, S. 49

355 *Bischoff/Langhammer*, Auswirkungen der Gebietsreform auf die Deutsche Bundespost, S. 62

g) Die Rechtsnachfolge bzgl. öffentlich-rechtlicher und privatrechtlicher Rechtsverhältnisse der aufgelösten Gemeinden

Da mit der Eingemeindung einer Kommune in eine andere erstere aufhört zu existieren, muß die Rechtsnachfolge in die Rechte und Pflichten der aufgelösten Gemeinde geklärt werden. Nach Auflösung der Gemeinde ist nämlich niemand mehr vorhanden, mit dem eine Nachfolgegemeinde eine Vermögensauseinandersetzung führen könnte.[356]

aa) Auswirkungen der Auflösung einer Gemeinde im Rahmen der Gemeindegebietsreform auf ihre öffentlich-rechtlichen Rechtsverhältnisse

Nach Art. 13 Abs. I S. 1 GO regelt die nach Art. 12 GO zuständige Behörde die mit der Änderung der Gemeinden zusammenhängenden weiteren Rechts- und Verwaltungsfragen. Die vermögensrechtlichen Verhältnisse werden dagegen nach Art. 13 Abs. II S. 1 GO durch Übereinkunft der beteiligten Gemeinden bestimmt. Geht eine Gemeinde, wie dies fast ausschließlich im Rahmen der Gemeindegebietsreform in Bayern der Fall gewesen war, durch Vereinigung mit einer anderen Gemeinde oder durch Eingliederung in diese unter, besteht aber Einigkeit[357], daß eine Regelung der Rechtsnachfolge ausscheidet, weil *ipso iure* Gesamtrechtsnachfolge[358] in der Weise eintritt, daß die aufnehmende Gemeinde an die Stelle der untergegangenen tritt und es zu einem Übergang aller Rechtsverhältnisse der untergegangenen Gebietskörperschaft einschließlich ihres gesamten Vermögens[359] auf die neue kommt.
Allerdings wird diese These fast nie näher begründet.[360] Deshalb soll untersucht werden, wie dieses (größtenteils richtige) Ergebnis dogmatisch begründet werden kann und welche Voraussetzungen bei der Rechtsnachfolge im öffentlichen Recht gegeben sein müssen.

---

356 *Widtmann/Grasser*, Bayerische Gemeindeordnung, Art. 13 GO, Rdnr. 3

357 Vgl. z.B. *Häring*, Rechtliche und steuerrechtliche Fragen bei Eingemeindungen, BayBgm. 1974, S. 152; *Summer*, Rechtsnachfolge in die Arbeitsverhältnisse bei einer Gebietsreform, BayVBl. 1972, S. 91; *Rimann*, Zur Rechtsnachfolge im öffentlichen Recht, DVBl. 1962, S. 353 ff.; *Rambeck*, Die Vermögensauseinandersetzung bei Gemeindegrenzänderungen, BayBgm. 1957, S. 80

358 *Schulz* in: *Bauer/Hauth/Nitsche/Stanglmayr/Wachsmuth/Winkler/Zwick*, Gemeindeordnung für den Freistaat Bayern, Art. 13 GO, Erl. 2.1; *Widtmann/Grasser*, Bayerische Gemeindeordnung, Art. 13 GO, Rdnr. 3

359 *Hölz/Hien/Huber*, Gemeindeordnung für den Freistaat Bayern, Art. 13 GO, Anm. II 1

360 Vgl. z.B. Erichsen: in *Erichsen/Ehlers*, Allgemeines Verwaltungsrecht, § 11, Rdnr. 49; *Giepner*, Rechtsfolgeprobleme kommunaler Gebietsreform, S. 133 m.w.N.; *Schulz* in: *Bauer/Hauth/Nitsche/Stanglmayr/Wachsmuth/Winkler/Zwick*, Gemeindeordnung für den Freistaat Bayern, Art. 13 GO, Erl. 1.4.1

Problematisch ist die „abschreckende Meinungsvielfalt“[361], die im Rahmen dieser Thematik herrscht. Eine allgemein akzeptierte Position scheint nicht zu existieren.[362] Im Gegensatz zum Zivilrecht gibt es im öffentlichen Recht kaum Übergangstatbestände, und es werden so gut wie nie Aussagen über die Übergangsfähigkeit bestimmter Rechtspositionen getroffen. Nur vereinzelt[363] finden sich ausdrückliche Bestimmungen. Die Vorschriften des Privatrechts[364] über die Übergangsfähigkeit und den Übergang von Rechten und Pflichten sind aber nur äußerst begrenzt auf das öffentliche Recht übertragbar.[365]
Allerdings besteht weitestgehende Übereinstimmung dahingehend, daß – wie im Privatrecht – für den Eintritt der konkreten Rechtsnachfolge zwei Merkmale vorliegen müssen, nämlich einerseits ein Rechtsnachfolgetatbestand und andererseits die Nachfolgefähigkeit der öffentlich-rechtlichen Position.[366]

Als Nachfolgetatbestand zur Aktivierung der potentiellen Nachfolgefähigkeit kommen im öffentlichen Recht ein materielles Gesetz, ein Verwaltungsakt oder ein Rechtsgeschäft in Betracht.[367] Bei Auflösung einer Gemeinde und deren Eingliederung in eine andere oder bei Vereinigung mit einer anderen zu einer neuen Gebietskörperschaft ordnet jedoch kein Gesetz den Übergang der Rechtspositionen der nicht mehr existierenden Kommune an.[368]
Nach einer Ansicht[369] ließe sich aus dem Wesen der Eingemeindung selbst ein inzidenter gesetzlicher Nachfolgetatbestand herleiten. Denn Hauptzweck einer Kommune sei die Erfüllung kommunaler Aufgaben. Bei Wegfall der Leistungsfähigkeit und dem Eintritt der Eingemeindungsvoraussetzungen müssen alle Rechte und Pflichten der aufgelösten Gemeinde auf die neue übertragen werden. Die Gesamtrechtsnachfolge wird nach dieser Rechtsmeinung lediglich mit dem

---

361 *Nolte/Niestedt*, Grundfälle zur Rechtsnachfolge im Öffentlichen Recht, JuS 2000, S. 1072

362 *Peine*, Die Rechtsnachfolge in öffentlich-rechtliche Rechte und Pflichten, DVBl. 1982, S. 944

363 Z.B. Art. 9 Abs. IV S. 1 VGemO

364 Z.B. § 1922 BGB; §§ 25, 28 HGB

365 *Wolff/Bachof/Stober*, Verwaltungsrecht, Bd. I, § 42, Rdnr. 53

366 *Peine*, Die Rechtsnachfolge in öffentlich-rechtliche Rechte und Pflichten, JuS 1997, S. 984; *Dietlein*, Nachfolge im Öffentlichen Recht, S. 105

367 *Otto*, Die Nachfolge in öffentlich-rechtliche Positionen des Bürgers, S. 36

368 Da man schon zu Zeiten der bayerischen Gemeindebietsreform auch von staatlicher Seite zweifelsohne davon ausging, daß bei Eingemeindungen die aufnehmende Gemeinde *ipso iure* die Gesamtrechtsnachfolge des eingegliederten Gemeindeteils antritt (vgl. z.B. *Schulz* in: *Bauer/Hauth/Nitsche/Stanglmayr/Wachsmuth/Winkler/Zwick*, Gemeindeordnung für den Freistaat Bayern, Art. 13 GO, Erl. 1.4.1 bzw. 2.1), wurde fast nie eine ausdrückliche Bestimmung der Rechtsnachfolge von der zuständigen Behörde mittels Verwaltungsakts nach Art. 13 Abs. I S. 1 GO getroffen.

369 Vgl. *Nußbaum*, Die Rechtswirkungen der Eingemeindung nach preußischem Recht, S. 12 ff., zitiert nach *Hassel*, Rechtsfolgen kommunaler Gebietsreform, S. 18

verfolgten Ziel der Eingemeindung – der Stärkung der Verwaltungskraft der Kommunen – zu erklären versucht.
Diese Begründung ist aber nicht überzeugend. Sie differenziert nämlich nicht zwischen Zuständigkeiten und konkreten Rechtsverhältnissen.[370]

Auch handelt es sich bei der Gebietsnachfolge nicht um einen kraft Verfassungsrecht geltenden, allgemeingültigen, unmittelbar verbindlichen und übergeordneten Nachfolgetatbestand.[371] Denn das Grundgesetz bietet dafür keine Begründung.
Die in Art. 134, 135 GG formulierten Nachfolgeregelungen kommen als normative Grundlage eines allgemeinen verfassungsrechtlich verankerten Prinzips der Gesamtrechtsnachfolge nicht in Betracht, weil sie ausschließlich Vermögenszuordnungsprobleme im Rahmen des Zusammenbruchs des Deutschen Reichs betreffen, aber keine allgemeine Regelung zur Rechts- und Pflichtennachfolge enthalten.[372]
Aber auch unmittelbar aus dem Rechts- und Sozialstaatsprinzip des Art. 20 Abs. I GG läßt sich ein verfassungsrechtlich normierter Nachfolgetatbestand nicht ableiten.[373] Bei diesen Grundsätzen handelt es sich lediglich um Zielbestimmungen, die einer Konkretisierung durch legislative Umsetzung bedürfen.[374] Direkt aus dem Rechtsstaatsprinzip allgemein gültige Rechtssätze für einen Nachfolgetatbestand abzuleiten, ginge daher zu weit.[375]
Aus diesem Grund tritt eine Nachfolge in öffentlich-rechtliche Rechte und Pflichten bei Eingemeindungsmaßnahmen nicht durch einen in der Verfassung verankerten Nachfolgetatbestand ein.
Die Gesamtrechtsnachfolge der aufnehmenden Gemeinde beruht vielmehr auf einem allgemeinen, ungeschriebenen Rechtsgrundsatz, der gewohnheitsrechtliche Geltung (*opinio iuris*) erlangt hat.[376]

---

370 Vgl. *Hassel*, Rechtsfolgen kommunaler Gebietsreform, S. 18

371 *Dietlein*, Nachfolge im Öffentlichen Recht, S. 511

372 Vgl. Art. 135 Abs. V GG, der für die Rechtsnachfolge auf die Notwendigkeit einer gesetzlichen Regelung verweist; vgl. außerdem *Jarass/Pieroth*, Grundgesetz-Kommentar, Art. 135 GG, Rdnr. 3

373 So aber das LAG Mecklenburg-Vorpommern, Urteil vom 20.02.1995, AuA 1996, S. 29 (30) und das ArbG Neuruppin, Urteil vom 25.11.1992, LKV 1993, S. 351 ff.

374 *Badura*, Staatsrecht, D, Rdnr. 36; vgl. auch *Steinbömer*, Die Funktionsnachfolge, S. 31/32

375 *Kaja*, Die Funktionsnachfolge, S. 99

376 *Hassel*, Rechtsfolgen kommunaler Gebietsreform, S. 18/19; *Bethge*, Vermögensauseinandersetzung nach der Gebietsreform, BayVBl. 1978, S. 660; zustimmend: *Dietlein*, Nachfolge im Öffentlichen Recht, S. 539; *Meister*, Zweckverbandsvereinbarung und Rechtsnachfolge, BayBgm. 1974, S. 541 und Fn. 12; *Heusler*, Der Einfluss von Gemeindevereinigung auf Gemeindeschulden, ZSR 1891, S. 356; bezweifelnd: *Otto*, Die Nachfolge in öffentlich-rechtliche Positionen des Bürgers, S. 99

Das für die Einstufung als Gewohnheitsrecht erforderliche Kriterium der Anwendung einer bestimmten Regel über längere Zeit[377] ist hierbei erfüllt. Schon das Preußische Oberverwaltungsgericht[378] und das Reichsgericht[379] haben Ende des 19. bzw. zu Beginn des 20. Jahrhunderts entschieden, daß bei Eingemeindungen eine Rechtsnachfolge der Rechte und Pflichten auf die aufnehmende Gemeinde begründet wird. Dieser Ansicht wurde seither gefolgt. Der die Gesamtrechtsnachfolge anordnende Nachfolgetatbestand in den Eingliederungsfällen im Rahmen der Gemeindegebietsreform ist mithin als ein gesetzlicher anzusehen.

Festzustellen bleibt aber, daß ein gesetzlicher Nachfolgetatbestand, der auf Gewohnheitsrecht beruht, nicht ohne weiteres auf Umgliederungsfälle, also solchen, bei denen eine Gemeinde bestehen bleibt, aber einen Teil ihres Gebiets verliert, übertragbar ist.[380] Denn hier wären differenzierende Nachfolgeregelungen nach Art. 13 Abs. I S. 1 GO nötig.[381]

Allerdings sagt ein auf Gewohnheitsrecht basierender, die Übergangsfähigkeit nur dem Grunde nach anordnender Rechtsnachfolgetatbestand noch nichts darüber aus, ob wirklich – wie meistens behauptet wird – sämtliche öffentlich-rechtlichen Positionen der aufgelösten Gemeinde auf die aufnehmende Kommune übergehen. Für eine Rechtsnachfolge muß nämlich neben dem Nachfolgetatbestand kumulativ auch die Nachfolgefähigkeit des Rechtsverhältnisses gegeben sein.

Rechtsnachfolgefähig ist ein öffentlich-rechtliches Recht oder eine Pflicht immer dann, wenn die konkrete Berechtigung oder Verpflichtung von dem konkret Berechtigten oder Verpflichteten abgetrennt werden kann[382], also nicht höchstpersönlich ist.[383]

Zu klären bleibt aber, wann genau eine Position vom Rechtsträger ablösbar ist. Das Kriterium des Vermögenswerts[384] jedenfalls ist dabei nicht entscheidungs-

---

377 *Larenz*, Methodenlehre der Rechtswissenschaft, S. 356 ff.

378 Z.B. PrOVG 26, 33 (35)

379 Z.B. RGZ 68, 213 (215)

380 Solche kamen aber im Rahmen der bayerischen Gemeindegebietsreform kaum vor, weshalb auf sie auch nicht näher eingegangen werden soll.

381 *Dietlein*, Nachfolge im Öffentlichen Recht, S. 540/541 und 543; *Hassel*, Rechtsfolgen kommunaler Gebietsreform, S. 23 ff./40 ff.

382 *Peine*, Die Rechtsnachfolge in öffentlich-rechtliche Rechte und Pflichten, DVBl. 1980, S. 945; vgl. außerdem *Wallerath*, Die Rechtsnachfolge im Verwaltungs- und Verwaltungsprozeßrecht, JuS 1971, S. 465

383 *Giepner*, Rechtsfolgeprobleme kommunaler Gebietsreform, S. 128

384 *Hurst*, Probleme der Zustandshaftung nach dem Polizei- und Ordnungsrecht im Fall der Rechtsnachfolge, DVBl. 1963, S. 805

erheblich[385], da auch vermögenswerte Ansprüche höchstpersönlicher Natur sein können.[386] Vielmehr muß jeweils gesondert geprüft werden, ob Sinn und Zweck der jeweiligen Rechts- und Pflichtenstellung deren volle Übertragbarkeit begründen oder aber jegliche Übergangsfähigkeit ausschließen.[387] Nur solche Positionen sind nachfolgefähig, bei denen einer Abtrennung von ihrem Inhaber nicht ihre Zweckrichtung entgegensteht (sog. „Erfolgspflichten").[388] Dagegen sind „höchstpersönliche" Rechte und Pflichten, also solche, die ihrem Inhalt nach nur dem ursprünglichen Rechtsträger eingeräumt werden sollen[389], in der Regel nicht übergangsfähig.[390] Für deren Bestand oder ihre Erfüllung sind die persönlichen Fähigkeiten oder Eigenschaften des Betroffenen so wichtig, daß ein Übergang auf jemand anderen ausgeschlossen erscheint.[391]

Nicht nachfolgefähige Positionen sind im Gemeindebereich jedoch äußerst selten, aber nicht undenkbar. Beispielsweise kann die Auslegung eines öffentlich-rechtlichen Vertrags, den ein Bürger mit seiner Heimatgemeinde aus großer Verbundenheit schließt und ihr darin besonders vorteilhafte Bedingungen einräumt, ergeben, daß nur diesem Hoheitsträger die günstigen und höchstpersönlichen Rechte aus dem Vertrag zugutekommen sollen, aber nicht zwingend auch der aufnehmenden Gemeinde.[392]
Weitestgehend nachfolgefähig sind die Pflichten von aufgelösten Körperschaften. Denn nach deren Sinn und Zweck ist es in der Regel gleichgültig, ob sie von der untergegangenen oder der aufnehmenden Gemeinde erfüllt werden. Aber auch die Rechte einer nicht mehr selbständigen Gemeinde gehen für gewöhnlich über, weil diese – wie eben ausgeführt – bei Wegfall der Gemeinde nur dann untergingen, wenn das Recht lediglich unter der Bedingung eingeräumt wurde, daß es ausschließlich der einen Körperschaft zugute kommen soll.

Allerdings zeigt oben beschriebener Ausnahmefall, daß die pauschale Aussage, bei Eingliederung einer Gemeinde in eine andere oder bei Zusammenlegung mit anderen zu einer neuen gingen ohne Ausnahme alle öffentlich-rechtlichen

---

[385] *Erichsen* in: *Erichsen/Ehlers*, Allgemeines Verwaltungsrecht, § 11, Rdnr. 50
[386] Z.B. BVerwGE 30, 123 (125); 35, 48 (49)
[387] *Knöpfle*, Die Nachfolge in verwaltungsrechtliche Rechts- und Pflichtenstellungen, in: Festgabe für Theodor Maunz, S. 234
[388] *Hassel*, Rechtsfolgen kommunaler Gebietsreform, S. 20
[389] *Otto*, Die Nachfolge in öffentlich-rechtliche Positionen des Bürgers, S. 71
[390] *Peine*, Die Rechtsnachfolge in öffentlich-rechtliche Rechte und Pflichten, JuS 1997, S. 985
[391] *Erichsen* in: *Erichsen/Ehlers*, Allgemeines Verwaltungsrecht, § 11, Rdnr. 50
[392] Vgl. *Hassel*, Rechtsfolgen kommunaler Gebietsreform, S. 21/22

Rechtsverhältnisse durch Gesamtrechtsnachfolge auf die neue Gemeinde über, zwar meistens, aber eben nicht immer, zutrifft.

bb) Auswirkungen der Auflösung einer Gemeinde im Rahmen der Gemeindegebietsreform auf ihre privatrechtlichen Rechtsverhältnisse

Auch im Zivilrecht ist es für das Vorliegen einer Gesamtrechtsnachfolge nötig, daß ein Nachfolgetatbestand den Übergang der privatrechtlichen Rechtsposition anordnet, und die Rechte oder die Pflichten, welche übergehen sollen, nachfolgefähig sind.

Problematisch ist, da gesetzliche Regelungen fehlen, worin der Nachfolgetatbestand bei privatrechtlichen Rechtsverhältnissen zu sehen sein könnte. Einer analogen Anwendung der Bestimmungen des Aktienrechts[393] über den Vermögensübergang bei Verschmelzung durch Aufnahme bzw. Neubildung, wie einige Stimmen vorschlagen[394], oder von § 25 HGB[395] bedarf es jedoch nicht.[396] Denn im Falle des Untergangs einer Gebietskörperschaft beruht die Gesamtrechtsnachfolge ebenfalls auf einem allgemeinen, ungeschriebenen, aber gewohnheitsrechtlich anerkannten Rechtsgrundsatz[397], weshalb schon keine für eine Analogie notwendige Regelungslücke vorliegt.[398]

Wie im öffentlichen Recht ist auch im Privatrecht die Nachfolgefähigkeit des Rechts oder der Pflicht, die betroffen sind, nötig, wobei hier ebenfalls höchstpersönliche Positionen[399] nicht nachfolgefähig sind. Allerdings sind bei der Auflösung einer Kommune[400] nicht nachfolgefähige Rechte sehr selten.[401]

---

393 Jetzt im UmwG geregelt.

394 *Heydt*, Können die Länder in ihren Gemeindeordnungen die Wirkungen einer Auseinandersetzung auf privatrechtlichem Gebiet regeln?, DVBl. 1965, S. 510

395 *Schlabach/Simon*, Die Rechtsnachfolge beim Verhaltensstörer, NVwZ 1992, S. 145

396 Ebenfalls ablehnend: *Schieder/Simmon*, Vermögensauseinandersetzung zwischen juristischen Personen, BayVBl. 1978, S. 15; *Kaja*, Die Funktionsnachfolge, S. 64

397 Siehe Kap. B II 4.) g) aa)

398 *Hassel*, Rechtsfolgen kommunaler Gebietsreform, S. 38

399 Z.B. die Stellung als Testamentsvollstrecker (vgl. *Edenhofer* in: *Palandt*, Bürgerliches Gesetzbuch, § 2225, Rdnr. 1).

400 Wie auch bei der Nachfolge in höchstpersönliche Rechte und Pflichten in Zusammenhang mit öffentlich-rechtlichen Rechtsverhältnissen (siehe Kap. B II 4.) g) aa)).

401 Man denke aber an den bereits geschilderten Fall des heimatverbundenen Bürgers, der mit der aufgelösten Gemeinde einen zivilrechtlichen Vertrag geschlossen hat, der durch Auslegung ergibt, daß er nur der Altgemeinde und nicht der aufnehmenden Gemeinde zugutekommen soll (vgl. *Hassel*, Rechtsfolgen kommunaler Gebietsreform, S. 39).

h) Abschluß und Durchsetzbarkeit von sog. „Verbindlicherklärungen“ und „Eingemeindungsverträgen“

Speziell gegen Ende der *„Freiwilligkeitsphase“* der Gemeindegebietsreform schlossen viele Gemeinden vor ihrer Auflösung mit der neuen Gemeinde sog. *„Eingemeindungs- bzw. Gebietsänderungsverträge“* ab. Dies sind öffentlich-rechtliche Vereinbarungen zwischen Kommunen, die zumeist über vermögensrechtliche Regelungen nach Art. 13 Abs. II GO hinausgehen[402] und vor allem Rechts- und Verwaltungsfragen der Gebietsänderung betreffen.[403]

In den Verträgen sollten möglichst umfangreich ihre örtlichen Interessen auch nach dem Verlust der eigenen Selbständigkeit abgesichert werden. Da den meisten dieser Gemeinden bewußt war, daß spätestens im Rahmen der *„Amtsphase“* der kommunalen Gebietsreform der Untergang ihrer Rechtspersönlichkeit durch Zwangseingemeindung drohte, wollten sie wenigstens noch über ihr Schicksal mitverhandeln. Nicht wenige von ihnen wollten aber auch nur die zusätzlichen Schlüsselzuweisungen, die im Rahmen von freiwilligen Zusammenschlüssen gewährt wurden, für ihre Gemeindebürger nutzbar machen. Anderen wiederum ging es vornehmlich um die Regelung von wichtigen Ortsangelegenheiten.
Typische Punkte in diesen öffentlich-rechtlichen Verträgen waren beispielsweise die Freistellung vom Anschluß- und Benutzungszwang bei der Wasserver- und Abwasserentsorgung, unterschiedliche Hebesätze für die Gewerbesteuern für eine Übergangszeit, die Beibehaltung von gemeindlichen und kulturellen Einrichtungen (z.B. Hallenschwimmbädern, Sportplätzen, Heimatmuseen), die Angleichung der Infrastruktur an die der aufnehmenden Gemeinde oder die Zusage, bestimmte Gelder – meist die vom Staat gewährten Sondermittel – nur für bestimmte Zwecke auf dem Gebiet der aufgelösten Kommune zu verwenden. Aber auch die Festschreibung von organisationsrechtlichen Verpflichtungen war manchen Kommunen wichtig, wie die Regelung bestimmter Öffnungszeiten von öf-

---

402 *Prandl/Zimmermann/Büchner*, Kommunalrecht in Bayern, Art. 13 GO, Kennzahl 10.13, Anm. 6

403 Trotz Art. 13 Abs. I S. 1 GO, wonach die zuständige Behörde die mit der Gebiets- und Bestandsänderung von Gemeinden zusammenhängenden Rechts- und Verwaltungsfragen regelt, ist es den Gemeinden jedoch nicht untersagt, Vereinbarungen auch über diese Angelegenheiten zu treffen (vgl. *Hölz/Hien/Huber*, Gemeindeordnung für den Freistaat Bayern, Art. 13 GO, Anm. I 2). Zur Frage der rechtlichen Bindungswirkung, falls solche Verträge nicht Bestandteil einer behördlichen Regelung nach Art. 13 Abs. I S. 1 GO werden: siehe Kap. B II 4.) h) aa)

fentlichen Einrichtungen oder die Beibehaltung der ursprünglichen Jagdgenossenschaften.[404]
Viele dieser Verträge wurden nach Art. 13 Abs. I S. 1 GO zum Gegenstand von Regelungen der zuständigen Behörde über die mit der Bestandsänderung zusammenhängenden weiteren Rechts- und Verwaltungsfragen (sog. „Verbindlicherklärung").
In den allermeisten Fällen waren die aufnehmenden Gemeinden zum Abschluß von Eingemeindungsverträgen bereit. Nicht zuletzt deshalb, weil sie hofften, die darin gemachten Zugeständnisse würden die zumeist von den Neugliederungsmaßnahmen nicht sehr angetane Bevölkerung in den von Auflösung bedrohten Gemeinden besänftigten.
In nahezu allen Fällen enthielten jedoch weder die Verträge noch die Verbindlicherklärungen Aussagen über die Dauer der eingegangenen Verpflichtungen.

Problematisch wurde es für die aufgelöste Gemeinde, wenn sich die verpflichtete Gemeinde – insbesonders nach längerer Zeit – nicht mehr an die von ihr gemachten Zusagen halten wollte oder wegen einer zunehmend schlechteren Haushaltslage nicht halten konnte.
Dann stellte sich nachhaltig die Frage nach der rechtlichen Bindung und vor allem der Durchsetzbarkeit von in Eingemeindungsverträgen gemachten Zusagen.

aa) Bindungswirkung

Verschiedene Gemeinden sahen die mit den aufgelösten Gemeinden geschlossenen Verträge als grundsätzlich rechtlich bindend an, beriefen sich aber wegen der veränderten finanziellen Situation in ihren Kommunen nach Vertragsschluß auf den Wegfall dieser Bindungswirkung nach dem Grundsatz der *„clausula rebus sic stantibus"*[405] als ungeschriebenen Bestandteil des Bundesverfassungsrechts.[406] Denn bei Durchführung der gemachten Zusagen wäre schnell die Grenze der finanziellen Handlungsfähigkeit ihrer Gemeinden erreicht, zumindest aber müßte auf wichtige andere gemeindliche Projekte verzichtet oder deren Verwirklichung um etliche Jahre verschoben werden.[407]

---

[404] Vgl. z.B. *Hillermeier*, Zur Problematik von Eingemeindungsverträgen, BayBgm. 12/1975, S. 23

[405] Vgl. *Wolff/Bachof/Stober*, Verwaltungsrecht, § 25, Rdnr. 16

[406] BVerfGE 34, 216 (231)

[407] Tatsächlich sehen einige Stimmen in einer fortdauernden Wirkung von Eingemeindungsverträgen das Selbstverwaltungsrecht der aufnehmenden Gemeinde und den Grundsatz der Sparsamkeit und Wirtschaftlichkeit verletzt. Jedoch sei in der Regel frühestens nach einer Generation (also nach ca. 25 Jahren) den Gemeinden ein Festhalten an den Verpflichtungen nicht mehr zumutbar (vgl. *Schulz* in: *Bauer/Hauth/Nitsche/Schulz/Stanglmayr/Wachs-*

Vielfach waren die Gemeinderäte in der aufnehmenden Gemeinde aber auch der Ansicht, sich kraft ihrer Kompetenz durch entsprechende Beschlüsse jederzeit von ihren Verpflichtungen lösen zu können. Der für Verträge geltende Satz *„pacta sunt servanda"*[408] fände ab Auflösung der begünstigten Kommune schon deshalb keine Anwendung mehr, da deren früheren Rechte aus Zusagen in dem Moment entfallen seien, in dem sie in die neue Gemeinde eingegliedert wurde.[409]

So stellt sich die Frage nach der gerichtlichen Durchsetzbarkeit von „Versprechungen" auch nur dann, wenn Zusagen, die von der Kerngemeinde ihren späteren Ortsteilen im Rahmen von Eingemeindungsverträgen gegeben wurden, rechtliche Bindungswirkung haben und nicht bloße politische und moralische Verpflichtungen sind, deren Einhaltung lediglich eine *„nobile officium"* ist.[410]

Ein Eingemeindungsvertrag entfaltet jedenfalls dann unstreitig Rechtswirkung, wenn er von der Behörde in ihre Regelung nach Art. 13 Abs. I S. 1 GO (zumeist durch eine Verweisung) aufgenommen wurde[411], allerdings nicht vertraglicher Art, sondern als Bestandteil des auf Abs. I S. 1 beruhenden Verwaltungsakts.[412]

---

muth/Winkler/Zwick, Gemeindeordnung für den Freistaat Bayern, Art. 13 GO, Erl. 1.2; *Prandl/Zimmermann/Büchner*, Kommunalrecht in Bayern, Art. 13 GO, Kennzahl 10.13, Anm. 1). Sinn und Zweck von Eingemeindungsverträgen sei es gewesen, Regelungen für eine Übergangszeit zu schaffen und das Zusammenwachsen der neuen Gemeinde zu fördern. Wenn dieses Ziel erreicht ist, sei der Vertrag erfüllt. Finanzielle Belastungen sind dementsprechend nur auf einen überschaubaren Zeitraum begrenzt (FSt. 2000, Rdnr. 49). Gemachte Zusagen dürften nicht dazu führen, daß die aufnehmende Gemeinde auf Dauer in ihrer Entwicklung gefährdet ist und notwendige Reformen nicht durchgeführt werden können (vgl. *Ruder*, Bindung auf ewig? - Eingemeindungsverträge auf dem Prüfstand, Kommunalpraxis SW 1999, S. 379). Ob aber allein fiskalische Erwägungen, die noch dazu bei Vertragsschluß meist vorhersehbar waren, für eine Kündigung des Vertrags nach dem Grundsatz der *„clausula rebus sic stantibus"* ausreichen, erscheint fraglich. Eine Loslösung von ihren Verpflichtungen durch eine vermeintliche Änderung der Geschäftsgrundlage bereits nach wenigen Jahren des Zusammenschlusses, wie von vielen Gemeinden erhofft, kam aber wohl nur in den seltensten Fällen in Betracht.

408 Vgl. *Pieper*, Zulässigkeit und Funktion des öffentlichen Vertrages, DVBl. 1967, S. 16

409 Vgl. auch Kap. B II 4.) h) bb)

410 *Klüber*, Eingemeindungsverträge, DÖV 1973, S. 331

411 *Conrads/Dillmeier/Grasser/Glaser*, Gemeindeordnung für den Freistaat Bayern, Art. 13 GO, Anm. 2

412 Von diesem bestandskräftigen Verwaltungsakt kann sich die Behörde nur durch Widerruf nach Art. 49 Abs. II Nr. 3 BayVwVfG lösen. Danach darf ein rechtmäßiger begünstigender Verwaltungsakt ganz oder teilweise für die Zukunft nur widerrufen werden, wenn die Behörde aufgrund nachträglich eingetretener Tatsachen berechtigt gewesen wäre, den Verwaltungsakt nicht zu erlassen und wenn ohne den Widerruf das öffentliche Interesse gefährdet würde. Auch hier wird in der neueren Zeit wiederum auf den Grundsatz der *„clausula rebus sic stantibus"* verwiesen, denn zumindest nach einer Generation sei die „Mission" des Vertrags, für eine Übergangszeit ein Zusammenwachsen der neuen Kom-

In diesem Fall ist allein die Rechtsaufsichtsbehörde durch Maßnahmen nach Art. 112, 113 GO gehalten, die Verpflichtungen der belasteten Gemeinde durchzusetzen. Die aufgelöste Gemeinde müßte gegebenfalls das rechtsaufsichtliche Tätigwerden der Behörde einklagen.[413]
Zweifelhaft und umstritten ist aber, ob Eingemeindungsverträge, die nicht in die behördliche Verfügung aufgenommen wurden, lediglich politische Wirkung haben, da allein der zuständigen Behörde gem. Art. 13 Abs. I S. 1 GO die Kompetenz zur Regelung der Rechts- und Verwaltungsfragen eingeräumt wird[414], oder aber solche Verträge als Ausdruck des kommunalen Selbstverwaltungsrechts in gewissem Umfang – jedoch unbeschadet von Art. 12, 13 GO – immer zulässig und rechtlich bindend sind.[415]

bb) Gerichtliche Durchsetzbarkeit

Die Streitfrage der rechtlichen Bindungswirkung wäre aber ohne praktische Bedeutung, wenn eine untergegangene Gemeinde die Verpflichtungen aus einem Eingemeindungsvertrag (bzw. ein rechtsaufsichtliches Tätigwerden der zuständigen Behörde gegen die belastete Gemeinde gem. Art. 112, 113 GO) bei einer „Verbindlicherklärung“ nach Art. 13 Abs. I S. 1 GO mangels Parteifähigkeit bzw. fehlender Prozeßvertretung ohnehin nicht einklagen kann.
Ein Teil der Literatur[416] spricht der aufgelösten Gemeinde bereits die Parteifähigkeit ab und bezweifelt gleichzeitig die rechtliche Verbindlichkeit der gemachten Zusagen. Die Rechtsnachfolge durch die neue Gemeinde bewirke einen

---

mune zu fördern, erreicht. Die Gefährdung des öffentlichen Interesses liege in der Pflicht zur sparsamen Verwendung öffentlicher Mittel (vgl. FSt. 2000, Rdnr. 49).

413 *Hölz/Hien/Huber* verneinen diese Möglichkeit, denn „die Nichteinklagbarkeit von Regelungen nach (Art. 13) Absatz 1 S. 1 (GO) beruhe darauf, daß sie grundsätzlich niemandem – weder der aufzulösenden Gemeinde noch den Bürgern – ein subjektives Recht einräumen, sondern im öffentlichen Interesse der Nachfolgegemeinde bestimmte Verpflichtungen auferlegen“ (*Hölz/Hien/Huber*, Gemeindeordnung für den Freistaat Bayern, Art. 13 GO, Anm. I 4).

414 So *Hölz/Hien/Huber*, Gemeindeordnung für den Freistaat Bayern, Art. 13 GO, Anm. I 2 sowie BayVBl. 1978, S. 447 und Schulz in: *Bauer/Hauth/Nitsche/Schulz/Stanglmayr/Wachsmuth/Winkler/Zwick*, Gemeindeordnung für den Freistaat Bayern, Art. 13 GO, Erl. 1.2

415 So *Hillermeier*, Zur Problematik von Eingemeindungsverträgen, BayBgm. 12/1975, S. 23/24 und S. 26 sowie *Rambeck*, Die Vermögensauseinandersetzung bei Gemeindegrenzänderungen, BayBgm. 1957, S. 80, da nicht einzusehen sei, warum zwei gleichberechtigte Partner der öffentlichen Verwaltung über Rechtsfragen ihren Zusammenschluß betreffend keine rechtlichsverbindlichen Regelungen in einem öffentlich-rechtlichen Vertrag schließen können sollen, wenn die zuständige Behörde nach Art. 13 Abs. I S. 1 GO diesbezüglich keine Festsetzungen mittels Verwaltungsakts trifft.

416 Vgl. *Klüber*, Eingemeindungsverträge, DÖV 1973, S. 331; *Bayerisches Staatsministerium des Inneren* (siehe FSt. 2000, Rdnr. 49)

Verlust der gemachten Zusagen infolge *Konfusion*, deren Einhaltung nun nur noch eine freiwillige Verpflichtung darstelle. Wegen des Zusammenfallens von Berechtigtem und Verpflichteten in einer juristischen Person bestehe für eine eingegliederte Gemeinde deshalb keine Möglichkeit, Ansprüche aus einem Eingemeindungsvertrag oder ein Tätigwerden der Rechtsaufsicht gerichtlich durchzusetzen.[417]
Dieser sog. *„Konfusionsthese"* kann aber nicht gefolgt werden, denn danach wären die Versprechungen in rechtlicher Hinsicht bloße Makulatur.[418] Außerdem gilt bei der Nachprüfung von Neugliederungsakten im Rahmen eines Popularklageverfahrens vor dem BayVerfGH eine aufgelöste Gemeinde als fortbestehend.[419] Für die Ansicht *Klübers*[420], diese Fiktion nicht auch hinsichtlich der Zusagen aus Gebietsänderungsverträgen anzuwenden, ist kein überzeugender Grund ersichtlich.[421] Die eingemeindete Kommune ist somit trotz ihrer Auflösung parteifähig.

Schwieriger zu beantworten ist dagegen die Frage, welches Organ im Prozeß zur Vertretung der aufgelösten Gemeinde befugt ist, insbesondere dann, wenn die gerichtliche Durchsetzung Jahre oder sogar Jahrzehnte nach dem Untergang der Kommune erfolgen soll.

Denkbar wäre es, in Anlehnung an die Fiktion des Fortbestands der alten Gemeinde bei den Popularklageverfahren[422], den damaligen Gemeinderat oder den Bürgermeister als vertretungsbefugt anzusehen. Bereits bezweifelt werden muß aber, ob eine Klageeinlegung für eine kleine Gemeinde noch eine vom Bürgermeister zu erledigende laufende Angelegenheit im Sinne von Art. 37 Abs. I S. 1 Nr. 1 GO darstellt. Unklar ist weiterhin, was geschehen soll, wenn der Bürgermeister, die damaligen Gemeinderats- und Ersatzmitglieder für diese Aufgabe nicht mehr zur Verfügung stehen, sei es, daß sie weggezogen oder verstorben sind.

---

417 Siehe auch BayVBl. 1978, S. 447
418 *Altenmüller*, Verbindlichkeit von Zusagen in Gebietsänderungsverträgen, DÖV 1977, S. 37
419 Vgl. z.B. VerfGH 25, 83 (88); 27, 14 (20 ff.); 34, 180 (186); siehe außerdem Kap. B II 3.) b) bb) (1)
420 *Klüber*, Eingemeindungsverträge, DÖV 1973, S. 331
421 So auch *Altenmüller*, Verbindlichkeit von Zusagen in Gebietsänderungsverträgen, DÖV 1977, S. 37
422 Siehe Kap. B II 3.) b) bb) (1)

Mit der demokratischen Legitimation gänzlich unvereinbar wird diese Lösung jedenfalls dann, wenn seit Auflösung der Gemeinde bereits geraume Zeit verstrichen ist.[423]

Eine Vertretungsbefugnis des jetzigen Gemeinderats aus dem infrage stehenden Gebiet kommt auch nicht in Betracht, da dieser nicht die Bevölkerung des Teilorts, sondern die der gesamten Gemeinde repräsentiert.[424]

Die – in der Praxis selten vorgekommene – Einsetzung eines vor der Auflösung vereinbarten Treuhänders, der bei Nichteintritt bestimmter Vertragsbedingungen ihre Einhaltung gerichtlich geltend macht, liegt zwar nahe, birgt aber das Risiko, daß dessen Funktion spätestens mit seinem Tod endet.[425] Auch die Einsetzung der Rechtsaufsichtsbehörde als Vertreter ist nicht risikofrei, denn ob diese nach Jahren noch Interesse an der Einhaltung von Vereinbarungen aus früheren Eingemeindungsverträgen hat, ist oft fraglich.

Bliebe noch, wie *Altenmüller*[426] und *Ruder*[427] vorschlagen, die Bestellung eines Pflegers für die Gemeinde nach § 62 Abs. IV VwGO i.V.m. § 57 ZPO analog[428] durch das Prozeßgericht, der sämtliche verfahrensrechtlichen Befugnisse ausüben kann. Allerdings setzt die Pflegerbestellung einen entsprechenden Antrag des Berechtigten voraus. An diesen Antrag dürfen keine zu hohen Anforderungen gestellt werden, da dieser lediglich den Sinn hat, Popularverfahren auszuschließen. Deshalb will *Altenmüller* der Bevölkerung der untergegangenen Gemeinde in ihrer Gesamtheit eine Antragsberechtigung zubilligen, die im Rahmen eines Bürgerbegehrens artikuliert werden soll.
Eine solche Möglichkeit schied aber jedenfalls für alle bayerischen Gemeinden bis zum Jahre 1995 aus, denn das plebiszitäre Element des Bürgerbegehrens und des Bürgerentscheids wurde erst durch Volksentscheid vom 01. Oktober 1995 nach Art. 72 Abs. I, 74 BV in die Gemeindeordnung aufgenommen. Vor der Einführung des Bürgerbegehrens hätte ein diesbezügliches Antragsrecht höchstens von dem durch den Ortsteil legitimierten Ortssprecher (Art. 60 a GO) oder,

---

423 *Altenmüller*, Verbindlichkeit von Zusagen in Gebietsänderungsverträgen, DÖV 1977, S. 39

424 *Seeburger*, Typische Probleme im Zusammenhang mit Eingemeindungsverträgen, insbesondere bei der Gemeindereform Baden-Württemberg, S. 124

425 *Klüber*, Eingemeindungsverträge, DÖV 1973, S. 332

426 *Altenmüller*, Verbindlichkeit von Zusagen in Gebietsänderungsverträgen, S. 40

427 *Ruder*, Bindung auf ewig? - Eingemeindungsverträge auf dem Prüfstand, Kommunalpraxis SW 1999, S. 379

428 *Kopp/Schenke*, VwGO, § 62, Rdnr. 12

falls der Gemeindeteil im Gemeinderat vertreten war, durch das betreffende Gemeinderatsmitglied ausgeübt werden können.[429]
Bei allen diesen Lösungsversuchen bleibt allerdings in jedem Fall das ungelöste Problem der Kostentragungsregelung im Prozeß, denn die Fiktion des Weiterbestands der Parteifähigkeit bezieht sich nicht auf den Fortbestand des alten Vermögens der aufgelösten Gemeinde.[430]

Die mangelnde rechtliche Durchsetzungsmöglichkeit von Vereinbarungen im Rahmen von Eingemeindungsverträgen und „Verbindlicherklärungen", wie sie die h.M.[431] vertritt, läßt sich aber auch mit dem von der Gemeindereform verfolgten Zweck – der Stärkung der kommunalen Selbstverwaltung – erklären. Den Bestrebungen des Gesetzgebers, eine ungestörte Integration der neuen Gemeindeteile zu gewährleisten und möglichst schnell eindeutige Rechtsverhältnisse zu schaffen, hätte ein zeitlich unbegrenztes Klagerecht der aufgelösten Gemeinde nämlich zweifellos widersprochen.[432]

Aufgrund der rechtlichen Tendenz in der Literatur zur Nichtdurchsetzbarkeit von Vereinbarungen aus Eingemeindungsverträgen bzw. von rechtsaufsichtlichem Tätigwerden vor Gericht schreckten – soweit ersichtlich – alle betroffenen Gemeinden davor zurück, den Rechtsweg zu beschreiten, zumal sich auch das *Bayerische Innenministerium* der oben beschriebenen *„Konfusionsthese"* anschloß, wonach öffentlich-rechtliche Verträge nach der Eingemeindung gegenstandslos werden.[433]
Die ehemaligen Vertreter und Bürger von aufgelösten Gemeinden versuchten deshalb vielmehr, durch öffentlichen und politischen Druck ihren Forderungen Nachdruck zu verleihen oder Petitionen an den *Bayerischen Landtag* zu verfassen, was in einigen Fällen auch zum Erfolg führte.

---

429 Dagegen wendet aber *Hillermeier*, Zur Problematik von Eingemeindungsverträgen, BayBgm. 12/1975, S. 26 ein, daß Gemeinderäte und Ortssprecher nur psychologisch die Interessen des Ortsteils vertreten, ihnen aber für die Vertretung von Ansprüchen gegen die aufnehmende Gemeinde die Legitimation fehle.

430 *Seeburger*, Typische Rechtsprobleme im Zusammenhang mit Eingemeindungsverträgen, insbesondere bei der Gemeindereform Baden-Württemberg, S. 128

431 Dagegen im Ergebnis nur *Altenmüller*, Verbindlichkeit von Zusagen in Gebietsänderungsverträgen, S. 40 und *Ruder*, Bindung auf ewig? - Eingemeindungsverträge auf dem Prüfstand, Kommunalpraxis SW 1999, S. 379

432 *Seeburger*, Typische Rechtsprobleme im Zusammenhang mit Eingemeindungsverträgen, insbesondere bei der Gemeindereform Baden-Württemberg, S. 129

433 Vgl. LT-Drs. 9/740, S. 2

C: Die Verwaltungsgemeinschaft und das Gesetz über die kommunale Zusammenarbeit (KommZG)

I: Die Verwaltungsgemeinschaft

Wie bereits erläutert[434], überließ das *Bayerische Innenministerium* den jeweiligen Bezirksregierungen prinzipiell bei ihrer Gebietsneugliederung die Wahl, ob sie zur Stärkung der kommunalen Selbstverwaltung Einheitsgemeinden bilden oder aber lieber von dem durch das *„Erste Gesetz zur Stärkung der kommunalen Selbstverwaltung“*[435] neu in das bayerische Gemeinderecht eingeführten Rechtsinstitut der Verwaltungsgemeinschaft Gebrauch machen wollten. Beides seien gleichwertige, auf Dauer angelegte alternative Organisationsformen.[436] Dabei hatte die Bildung von Verwaltungsgemeinschaften gegenüber der Eingemeindung den großen Vorteil, daß die betroffenen Gemeinden in ihrem Bestand und ihrer Eigenständigkeit erhalten blieben.

Zusammenschlüsse nur zu Großgemeinden kamen für die Reformer aufgrund der teilweise extrem dünn besiedelten und strukturschwachen Gebiete in Bayern zur Lösung der kommunalen Probleme nicht in Betracht. Man wollte die Bildung riesiger „blutleerer Verwaltungsgebilde“[437] – wie größtenteils in Nordrhein-Westfalen durch den Zusammenschluß zu großen, das Lebensumfeld der Bewohner wenig berücksichtigende Einheitsgemeinden geschehen[438] – vermeiden und die identitätsstiftende Nähe zwischen den Bürgern und den Gemeinden bewahren.[439] Deshalb mußte nach einer anderen Möglichkeit gesucht werden, die notwendigen Reformmaßnahmen mit den geographischen Gegebenheiten und unterschiedlichen Siedlungsstrukturen Bayerns in Einklang zu bringen. Nicht mehr als ein Hilfsmittel und Wegweiser zur gemeinschaftlichen Wahrnehmnung kommunaler Aufgaben konnte die verstärkte Bildung von Zweckverbänden sein, die Gefahr eines Übergewichts der Landkreise wurde dadurch aber nicht beseitigt.[440] Auch der Gemeindeaufgabenverband (Art. 50 Abs. I

---

[434] Siehe Kap. B II 2.) d)

[435] GVBl. 1971, S. 247 ff.

[436] Vgl. die *„Richtlinien für die Zusammenfassung zu größeren Verwaltungseinheiten“*, MABl. 1971, S. 848

[437] *Schulz/Stadlöder*, Verwaltungsgemeinschaftsordnung für den Freistaat Bayern, VGemO, Einführung

[438] *Klein/Felten*, Zwischenbilanz der kommunalen Gebietsreform in den neuen Bundesländern, Verwaltungsrundschau 1996, S. 412

[439] *Schmidt-Eichstaedt*, Gemeindeverwaltungsreform und Kreisgebietsreform in den neuen Bundesländern, AfK 1992, S. 15

[440] *Knemeyer*, Hat sich die Verwaltungsgemeinschaft in Bayern bewährt?, Der Geschäftsstellenleiter 2/1986, S. 26

KommZG a.F.[441]) als ein Vorläufer der heutigen Verwaltungsgemeinschaft und als besonderer Zweckverband für die verwaltungsmäßige Erledigung der einfachen Geschäfte der laufenden Verwaltung sowie für den verwaltungsmäßigen Vollzug der Beschlüsse der Gemeinden zuständig, genügte nicht für eine umfassende Verbesserung der kommunalen Verwaltungsstrukturen.[442] Daher begann man schon früh, nach Lösungsmöglichkeiten für die besondere Situation Bayerns zu suchen.

1.) Die geschichtliche Entwicklung der Verwaltungsgemeinschaft

Bereits im Jahre 1956 wurde angedacht[443], einen *gemeinsamen Verwaltungsbediensteten* für mehrere Gemeinden anzustellen, um die Verwaltungskraft kleinerer Gemeinden anzuheben. Über einen Gesetzentwurf kam dieser Plan aber nicht hinaus.

Die Verwaltungsgemeinschaft hat im Vorschlag des damaligen Innenministers *Heinrich Junker*[444], sog. *„Verwaltungsgemeinden"* zu schaffen, Mitte der sechziger Jahre einen „eigentümlichen und interessanten Vorläufer".[445] *Junker* kam es besonders darauf an, die Selbständigkeit der kleinen Gemeinden weitestgehend unter Beibehaltung ihrer verfassungsmäßigen Organe aufrechtzuerhalten. Damit sollte ein allmählich organisches Hineinwachsen kleinerer Gemeinden in den größeren Raum erreicht werden.[446] Nach seinen Vorstellungen sollten alle Sprengelgemeinden automatisch einer *Verwaltungsgemeinde* angehören. Auf diese besonders leistungsfähige Mittelpunktsgemeinde sollten dann möglichst in vollem Umfang die Aufgaben des übertragenen Wirkungskreises der Sprengelgemeinden übergehen, wobei an der rechtlichen Selbständigkeit der Gemeinden nichts geändert werden sollte.
Als Organe der *Verwaltungsgemeinde* hätten der Erste Bürgermeister der Mittelpunktsgemeinde und ein Verwaltungsausschuß, bestehend aus den Ersten Bürgermeistern der Sprengelgemeinden, fungieren sollen. Letzterem sollte aber nur die Stellung eines vorberatenden Ausschusses eingeräumt werden.

---

441 GVBl. 1966, S. 218 ff. und S. 314 ff.

442 *Dillmann*, Die Rechtsstellung der Verwaltungsgemeinschaft, Kommunalpraxis 1979, S. 6

443 *Zimniok*, Die Stärkung der Verwaltungskraft kleinerer Gemeinden, BayBgm. 1956, S. 208; *Schmieg*, Anstellung eines gemeinschaftlichen Gemeindebeamten durch mehrere Gemeinden, BayBgm. 1956, S. 91; *Weininger*, Vorteile der gemeinsamen Anstellung eines Gemeindebeamten, BayBgm. 1956, S. 159

444 *Junker*, Zur kommunalen Verwaltungsreform, BayBgm. 1966, S. 262 ff.

445 *Bocklet*, Gemeindeverfassung und Gemeindereform in Bayern, in: *Rausch/Stammen* (Hrsg.), Aspekte und Probleme der Kommunalpolitik, S. 88

446 *Junker*, Zur kommunalen Verwaltungsreform, BayBgm. 1966, S. 263

Der Gebiet der *Verwaltungsgemeinde* hätte aber – so *Junkers* Vorstellung – nicht zu groß sein dürfen, damit das Ziel dieses Instruments, das langsame Hineinwachsen der kleinen Gemeinden in den größeren Raum ihrer Verwaltungsgemeinde, nicht von vornherein illusorisch wäre. Der Schlußpunkt der Entwicklung sollte nach Ansicht *Junkers* eine leistungsstarke Großgemeinde sein, in der den Sprengelgemeinden eine Rechtsstellung zukommen sollte, die etwa der einer früheren Ortschaft entspräche und die ihnen zumindest ein Mitsprache- und Entscheidungsrecht bei der Verwaltung ihres Vermögens einräumen würde.[447]
In seinem Konzept zur Verwaltungsreform sprach *Junker* bereits von der „Großen Kreisstadt". Ferner machte er sich für die Wiedereingliederung kreisfreier Städte, für die Übertragung gemeindlicher Aufgaben auf die Landkreise und deren Neugliederung stark.
Ein großer Teil dieser Vorschläge wurden schließlich in den *Merk'schen* Reformplänen verwirklicht.[448] *Junker* selbst konnte seinen Plan von der *Verwaltungsgemeinde* nicht mehr umsetzen, weil er im Jahre 1966 aus dem Kabinett ausschied.

Unter seinem Nachfolger *Dr. Bruno Merk* kam die Forderung[449] auf, der Gesetzgeber solle den Verwaltungsverband nach Art. 50 Abs. I a KommZG a.F. zu einem *„erweiterten Verwaltungsverband"* ausbauen, dem nicht nur die Erledigung der einfachen Geschäfte der laufenden Verwaltung und der Vollzug der Beschlüsse seiner Mitgliedsgemeinden, sondern auch die selbständige Erledigung aller Aufgaben des übertragenen Wirkungskreises sowie die selbständige Erledigung einzelner Aufgaben des eigenen Wirkungskreises übertragen werden sollten.[450] Der *„erweiterte Verwaltungsverband"* sollte der rheinland-pfälzischen Idee der Verbandsgemeinde[451] nahe kommen, ohne eine neue kommunale Ebene zwischen Gemeinde und Landkreis zu schaffen.
Von der *Verwaltungsgemeinde*, die *Junker* im Sinn hatte, unterschied sich der *„erweiterte Verwaltungsverband"* besonders hinsichtlich der Organe. Bei letzterem sollte der Verwaltungsverbandsvorsitzende und die Verbandsversammlung in ähnlichem Maße auf den Verband Einfluß nehmen können, während bei dem Modell der *Verwaltungsgemeinde* der Erste Bürgermeister der Mittelpunktsgemeinde dominiert hätte.

---

447 *Junker*, Zur kommunalen Verwaltungsreform, BayBgm. 1966, S. 263/264
448 *Bocklet*, Gemeindeverfassung und Gemeindereform in Bayern, in: *Rausch/Stammen* (Hrsg.), Aspekte und Probleme der Kommunalpolitik, S. 88
449 *Bayerisches Staatsministerium des Inneren* (Hrsg.), Zur kommunalen Gebiets- und Verwaltungsreform in Bayern - Bestandsaufnahme und Vorschläge, S. 17
450 *Bayerisches Staatsministerium des Inneren* (Hrsg.), Zur kommunalen Gebiets- und Verwaltungsreform in Bayern - Bestandsaufnahme und Vorschläge, S. 17
451 Siehe Kap. E

Unter der Leitung des Innenministers wurde 1968 ein Beratergremium, bestehend aus Vertretern des Innenministeriums und der kommunalen Spitzenverbände gebildet[452], das auch über die Forderungen nach einem *„erweiterten Verwaltungsverband"* beriet. In den über ein Jahr dauernden Beratungen wurde die Organisationsform der Verwaltungsgemeinschaft[453] entwickelt[454], die wesentliche Elemente des *„erweiterten Verwaltungsverbands"* enthielt.
Diese Neuschöpfung[455] fand auch bei der Regierung Gefallen und wurde schließlich im Juli 1971[456] in die Praxis umgesetzt.[457]
Allerdings erforderten die in der Praxis gemachten Erfahrungen mit dieser Rechtsfigur baldige gesetzliche Nachbesserungen. Vor allem die Bürgermeister in den Mitgliedsgemeinden drängten auf eine stärkere Stellung, denn die Regelungen im *„Ersten Stärkungsgesetz"* hatten ihnen ihre wichtigsten Aufgaben- und Tätigkeitsfelder genommen. So ergingen vier *Änderungsgesetze*[458] und eine Neubekanntmachung des Gesetzes mit der neuen Bezeichnung „Verwaltungsgemeinschaft für den Freistaat Bayern"[459] und mit einer neuen Artikelfolge.[460]
Im Jahre 1978 erreichte die Zahl der Verwaltungsgemeinschaften mit 391 ihren Höchststand. In der Nachkorrekturphase ging sie dann auf 345[461] zurück.
Die Verwaltungsgemeinschaft nach bayerischem Recht ist „ein Kind der Gebietsreform".[462] Im Gegensatz zu anderen Bundesländern hat man sich in Bayern[463] für eine weitgehende Selbständigkeit der Mitgliedsgemeinden und gegen

452 *Merk*, Verbesserung der Kommunalstruktur, KommPolBl. 1968, S. 483
453 Die Bezeichnung „Verwaltungsgemeinschaft" geht zurück auf einen Vorschlag des Deutschen Gemeindetags (*Deutscher Gemeindetag*, Der Landkreis 1967, S. 66).
454 *Fink*, Verwaltungsreform in Bayern, DÖV 1969, S. 242
455 *Reigl*, Die Verwaltungsgemeinschaft - rechtliche Grundlagen, BayGT 1977, S. 41
456 Durch das *„Erste Gesetz zur Stärkung der kommunalen Selbstverwaltung"* (GVBl. 1971, S. 247 ff.).
457 Am 01. April 1973 wurde die erste Verwaltungsgemeinschaft mit Sitz in Fischen, Landkreis Oberallgäu, gegründet. Nur drei Monate später folgte die zweite in „Neustadt a.d. Waldnaab" (Oberpfalz) (*Bröring*, Die Verwaltungsgemeinschaft, S. 23; *Schreyegg*, Zweite Verwaltungsgemeinschaft in Bayern arbeitet, BayBgm. 1973, S. 372).
458 *„Änderungsgesetze"* vom 23.12.1975 (GVBl. 1975, S. 413 ff.), vom 13.06.1977 (GVBl. 1977, S. 237 ff.), vom 23.03.1979 (GVBl. 1979, S. 71 ff.) und vom 10.08.1979 (GVBl. 1979, S. 223 ff.)
459 *„Bekanntmachung der Neufassung der Verwaltungsgemeinschaftsordnung für den Freistaat Bayern"* (VGemO) vom 25.09.1979 (GVBl. 1979, S. 313 ff.)
460 Siehe zu den Änderungen: *Wachsmuth/Oehler*, Neuerungen im Recht der Verwaltungsgemeinschaft, BayVBl. 1979, S. 705 ff.
461 Stand: 01. Januar 1980 (Quelle: *Bayerisches Landesamt für Statistik und Datenverarbeitung* (Anfrage))
462 *Süß*, Die Verwaltungsgemeinschaft, in: Festschrift zum hundertjährigen Bestehen des Bayerischen Verwaltungsgerichtshofes, S. 39; *Dillmann*, Die Rechtsstellung der Verwaltungsgemeinschaft, Kommunalpraxis 1979, S. 6
463 *Süß* nennt das Vorgehen daher den „bayerischen Weg" zur Reform.

den Weg großflächiger Eingemeindungen entschieden.[464] Nur mit der Rechtsform der Verwaltungsgemeinschaft war es möglich, die Existenz zahlreicher Kommunen in Bayern nachhaltig zu sichern, die den Anforderungen und Ansprüchen der Bürger an eine moderne, leistungsfähige Selbstverwaltung allein nicht mehr gewachsen gewesen wären.[465]

Obwohl einige zwangsweise in Verwaltungsgemeinschaften einbezogene Gemeinden das neugeschaffene Institut der Verwaltungsgemeinschaft mit ihrem in Art. 11 Abs. II BV garantierten Selbstverwaltungsrecht für unvereinbar hielten, bestätigte sowohl der BayVGH[466] als auch der BayVerfGH[467] ihre Verfassungsmäßigkeit.[468]

Im Jahre 2002 gab es in Bayern noch 314 Verwaltungsgemeinschaften mit 991 Mitgliedsgemeinden.[469] Somit ist knapp die Hälfte aller bayerischen Gemeinden von dieser Organisationsform berührt. Allein diese Zahl zeigt bereits, daß die Verwaltungsgemeinschaft entgegen der früher vielfach vorherrschenden Annahme, daß ihr aufgrund vermeintlicher Schwäche keine lange Überlebensdauer beschieden sei[470], heute eine noch immer sehr wichtige Rolle im kommunalen Leben Bayerns spielt.

---

464 Vgl. *Wachsmuth*, Errichtung und Betrieb von zentralen Einrichtungen durch die Verwaltungsgemeinschaft, BayBgm. 1992, S. 10

465 BayVerfGH, Entscheidung vom 02.03.1978, BayVBl. 1978, S. 426 (430)

466 Siehe z.B. BayVGH, Beschluß vom 26.07.1979, BayVBl. 1979, S. 624

467 Siehe z.B. BayVerfGH, Entscheidung vom 02.03.1978, BayVBl. 1978, S. 426 ff.

468 Der Übergang der übertragenen Aufgaben nach Art. 4 Abs. I VGemO sei schon deswegen bedenkenfrei, da Angelegenheiten, die durch Gesetz den Gemeinden zur Besorgung namens des Staats zugewiesen werden, nicht zur gemeindlichen Selbstverwaltungsgarantie gehörten. Aber auch die Schmälerungen des eigenen Wirkungskreises der Mitgliedsgemeinden sind nach Ansicht der Gerichte nicht zu beanstanden, da der Kern der Selbstverwaltung durch die Regelung des Art. 4 Abs. II VGemO nicht angetastet, geschweige denn ausgehöhlt werde. Die primäre Willensbildung, die Finanz- und Planungshoheit sowie die Satzungsautonomie verblieben in jedem Fall bei den Gemeinden. Weiterhin werden die Mitgliedsgemeinden an der Willensbildung der Verwaltungsgemeinschaft durch ihre Vertreter in der Gemeinschaftsversammlung beteiligt. Die von der Verwaltungsgemeinschaft ausgeübten Tätigkeiten im eigenen Wirkungskreis, die Besorgung der laufenden Angelegenheiten und die Vorbereitung der Beschlüsse seien nur von untergeordneter Bedeutung (siehe auch Kap. B II 3.) b) bb) (2)).

469 *Schulz* in: *Bauer/Hauth/Nitsche/Schulz/Stanglmayr/Wachsmuth/Winkler/Zwick*, Gemeindeordnung für den Freistaat Bayern, Art. 11 GO, Erl. 7

470 *Bröring*, Die Verwaltungsgemeinschaft, S. 173; *Hlépas*, Unterschiedliche rechtliche Behandlung von Großgemeinden und Kleingemeinden, S. 343

2.) Bildung einer Verwaltungsgemeinschaft

Die Verwaltungsgemeinschaft wird gem. Art. 2 Abs. I VGemO[471] freiwillig oder von Amts wegen durch Gesetz (Art. 2 Abs. III VGemO) gebildet und ist eine Körperschaft des öffentlichen Rechts (Art. 1 Abs. II VGemO). Allerdings ist sie mangels unbeschränkter Allzuständigkeit in ihrem Gebiet keine Gebietskörperschaft.[472] Auch Gemeinden können in eine Verwaltungsgemeinschaft einbezogen werden, obwohl sie selbst leistungsfähig genug sind, alle Aufgaben ihres eigenen und übertragenen Wirkungskreises zu erfüllen.[473] Dies ist insbesondere dann erforderlich, wenn von dieser Gemeinde die Leistungsfähigkeit der Gemeinschaft abhängt.[474] Dem Gesetzgeber steht bei der Bildung von Verwaltungsgemeinschaften ein von der Verfassung gebilligter Bewertungs- und Gestaltungsspielraum zu. Die für diese Entscheidung maßgeblichen tatsächlichen Feststellungen und Bewertungen hat er aber dabei sachgerecht gegeneinander abzuwägen.[475] Immer ist auf eine ausgewogene Zusammensetzung des Verbands zu achten, damit es weder zu einer Dominanz einer Gemeinde kommt, „noch zur Majorisierung der Mittelpunktsgemeinde durch die übrigen Mitglieder".[476]

Als Sitz bietet sich meist die größte Mitgliedsgemeinde an, aber es können auch andere Gesichtspunkte wie beispielsweise die Verkehrsanbindung für die Wahl einer anderen Kommune sprechen.[477]
Nach Art. 1 Abs. I S. 1 VGemO besteht eine Verwaltungsgemeinschaft aus benachbarten kreisangehörigen Gemeinden. Der Begriff „benachbart" bedeutet aber nicht zwangsläufig, daß die Gemeinden gemeinsame Grenzen haben müssen[478], sondern lediglich, daß ein für die Erfüllung der Aufgaben sinnvoll räumlicher Bezug der Mitgliedsgemeinden gegeben sein muß und sie in der Verwaltungseinheit funktionsgerecht zusammenwirken.[479]

---

471 Früher durch Rechtsverordnung der Regierung nach Art. 5 Abs. I EstärkG.

472 VerfGH 31, 44 (58 ff.)

473 U.U. auch gegen ihren Willen von Amts wegen nach Art. 2 Abs. I Nr. 2 VGemO.

474 BayVerfGH, Entscheidung vom 02.03.1978, BayVBl. 1978, S. 430; *Lecheler*, Anmerkungen zu dieser Entscheidung, BayVBl. 1978, S. 434

475 BayVerfGH, Entscheidung vom 30.07.1999, BayVBl. 2000, S. 80; BayVerfGH, Entscheidung vom 12.02.1987, BayVBl. 1987, S. 364 (366)

476 *Bröring*, Die Verwaltungsgemeinschaft, S. 146

477 BayVerfGH, Entscheidung vom 23.04.1982, BayVBl. 1982, S. 652 ff.; *Widtmann/Zimmermann/Stadlöder*, Verwaltungsgemeinschaftsordnung für den Freistaat Bayern, Art. 1 VGemO, Erl. 1

478 Etwas enger sehen das: *Bauer/Böhle/Masson/Samper*, Bayerische Kommunalgesetze, Art. 1 VGemO, Rdnr. 2

479 *Wachsmuth/Oehler*, Die Verwaltungsgemeinschaft in Bayern, Ziff. 2.2.3

Nicht ausdrücklich geregelt ist die Frage, ob auch eine „Große Kreisstadt" Mitglied einer Verwaltungsgemeinschaft sein kann.
Da zu den kreisangehörigen Gemeinden auch „Große Kreisstädte" zählen (Art. 5 Abs. I, 5 a Abs. III GO), schließt das Gesetz deren Beteiligung nicht aus. Allerdings verbietet sich ihre Einbeziehung aus einem anderen Grund. Nach Art. 9 Abs. II GO i.V.m. § 1 GrKrV erfüllen „Große Kreisstädte" im übertragenen Wirkungskreis Aufgaben der Kreisverwaltungsbehörden, die dabei weit über den zu erfüllenden Aufgabenkreis einer Verwaltungsgemeinschaft hinausgehen. Deshalb würde ihre Einbeziehung nicht zu einer Stärkung der Verwaltungskraft führen, sondern – im Gegenteil – die Verwaltung durch die dann vorherrschenden Zuständigkeitsüberlagerungen schwerfälliger machen.[480] Außerdem wäre es nicht zweckmäßig, wenn gem. Art. 9 Abs. II GO die „Große Kreisstadt" Aufgaben im übertragenen Wirkungskreis erhält, diese aber sofort wieder nach Art. 4 Abs. I VGemO auf die Verwaltungsgemeinschaft übertragen müßte[481] und so auf „kaltem Wege" ihren Status wieder verlöre.[482]
Deswegen kann eine „Große Kreisstadt" niemals Mitglied einer Verwaltungsgemeinschaft sein.

Ziel der Verwaltungsgemeinschaft ist die Entlastung der Mitgliedsgemeinden von arbeits- und personalintensiven Verwaltungsaufgaben, damit diese sich wieder verstärkt ihren eigentlichen örtlichen Aufgaben unter Zuhilfenahme sachkundigen Verwaltungspersonals widmen können.[483] Dabei wird keine neue kommunale Ebene zwischen Gemeinde und Landkreis begründet.[484] Vielmehr ist die Verwaltungsgemeinschaft ein Verband besonderer Art.[485] Die enge Beziehung zum Zweckverbandsrecht kommt besonders darin zum Ausdruck, daß Art. 10 Abs. II VGemO die Vorschriften des KommZG subsidiär für anwendbar erklärt.[486]
Die Erweiterung, sowie die Auflösung einer Verwaltungsgemeinschaft, erfolgen ebenfalls durch förmliches Gesetz (vgl. Art. 2 Abs. III, 9 Abs. I, II und III VGemO).

---

[480] *Kitzling*, Die Verwaltungsgemeinschaft - System - Probleme - Entscheidungen, BayBgm. 3/1981, S. 23
[481] *Lissack*, Bayerisches Kommunalrecht, § 9, Rdnr. 7
[482] *Hölz/Hien/Huber*, Gemeindeordnung für den Freistaat Bayern, Art. 1 VGemO, Anm. 2
[483] BayVerfGH, Entscheidung vom 02.03.1978, BayVBl. 1978, S. 430
[484] Was nach bayerischem Verfassungsrecht (Art. 10, 11 BV) auch nicht zulässig wäre.
[485] BayVerfGH, Entscheidung vom 02.03.1978, BayVBl. 1978, S. 426 (429); *Klitzing*, Die Verwaltungsgemeinschaft - System - Probleme - Entscheidungen, BayBgm. 3/1981, S. 23; *Gröbner*, Die Verwaltungsgemeinschaft nach dem Entwurf eines Gesetzes zur Stärkung der kommunalen Selbstverwaltung, BayBgm. 1970, S. 36
[486] BayVerfGH, Entscheidung vom 02.03.1978, BayVBl. 1978, S. 426 (429)

3.) Aufgaben der Verwaltungsgemeinschaft

Die Aufgabenteilung gemäß der VGemO beruht auf dem Gedanken, die Mitgliedsgemeinden von den übertragenen Aufgaben und routinemäßigen Angelegenheiten zu entlasten und ihnen so die Möglichkeit zu geben, sich voll und ganz auf den Bereich der örtlichen Gemeinschaft und auf kommunalpolitische Grundsatzentscheidungen konzentrieren zu können. Deshalb nimmt die Verwaltungsgemeinschaft unterschiedliche Aufgaben im eigenen und übertragenen Wirkungskreis ihrer Mitgliedsgemeinden wahr.

a) Die Zuständigkeit für die Aufgaben des eigenen Wirkungskreises der Mitgliedsgemeinden

Der Wortlaut von Art. 4 Abs. II S. 1 VGemO legt eindeutig fest, daß die Aufgaben des eigenen Wirkungskreises bei den Mitgliedsgemeinden verbleiben. Ihnen steht somit auf jeden Fall die Willensbildung für alle wichtigen verwaltungstechnischen Angelegenheiten zu. Allein sie sind hier Beklagte nach § 78 VwGO im Verwaltungsprozeß.

Allerdings enthalten Art. 4 Abs. II S. 2 bis 4 VGemO Sonderregelungen bezüglich der Durchführung der Aufgaben. Demnach hat die Verwaltungsgemeinschaft kraft Gesetzes (S. 3) die Beschlüsse der Mitgliedsgemeinden vorzubereiten und durchzuführen. Ferner ist sie für die Besorgung der laufenden Verwaltungsangelegenheiten zuständig[487], die für die Gemeinde keine grundsätzliche Bedeutung haben und keine erheblichen Verpflichtungen erwarten lassen. Bei der Besorgung dieser Routinegeschäfte verfügt die Verwaltungsgemeinschaft, abgesehen von der Weisungsbefugnis der Mitgliedsgemeinden, über eine eigene Entscheidungsbefugnis und handelt eigenverantwortlich.[488] Jedoch führt sie alle diese Aufgaben nur als Behörde der jeweiligen Mitgliedsgemeinde nach deren Weisung aus (S. 2), weshalb sie in diesem Bereich den Briefkopf der Gemeinde führen oder „i.A." zeichnen muß.[489] Teilweise wird aus diesem Grund auch von der „Büroeigenschaft"[490] der Verwaltungsgemeinschaft gesprochen. Sie fungiert nämlich lediglich als Hilfsorgan und gemeinsames Büro der Mitgliedsgemeinden, wenn sie für die Kommune in derem eigenem Wirkungskreis tätig wird.[491]

---

[487] Die identisch mit denen i.S.v. Art. 39 Abs. II GO sind (vgl. *Bauer/Böhle/Masson/Samper*, Bayerische Kommunalgesetze, Art. 4 VGemO, Anm. 9).

[488] *Bauer/Böhle/Masson/Samper*, Bayerische Kommunalgesetze, Art. 4 VGemO, Anm. 9

[489] *Widtmann/Zimmermann/Stadlöder*, Verwaltungsgemeinschaftsordnung für den Freistaat Bayern, Art. 4 VGemO, Erl. 3.1

[490] *Lissack*, Bayerisches Kommunalrecht, § 9, Rdnr. 11

[491] *Dillmann*, Die Rechtsstellung der Verwaltungsgemeinschaft, Kommunalpraxis 1979, S. 718

Die Formulierung des Gesetzgebers, daß die Verwaltungsgemeinschaft als Behörde der Mitgliedsgemeinde handelt, hat die Streitfrage aufgeworfen, ob sie wirklich die Voraussetzungen des Behördenbegriffs von Art. 1 Abs. II BayVwVfG erfüllt.

Das wird teilweise[492] verneint, denn eine Behörde handele niemals in Vertretung, sondern nur in eigener Zuständigkeit. Außerdem sei es erforderlich, daß eine Behörde über die ihr obliegenden Aufgaben in rechtlicher Selbständigkeit entscheiden kann. Dies sei aber wegen der Weisungsgebundenheit und der bloßen Büroeigenschaft der Verwaltungsgemeinschaft nicht der Fall. Der Gesetzgeber fingiere nur die Zuständigkeit zur jeweiligen Gemeinde, fingiere aber gerade nicht die Eigenschaft als Behörde.

Die fehlende Behördeneigenschaft nach Art. 1 Abs. II BayVwVfG beim Handeln nach Art. 4 Abs. II VGemO wird aber zu Recht in neuerer Zeit bestritten.[493] Die Verwaltungsgemeinschaft erfüllt nämlich neben allen Voraussetzungen, die an Behörden im organisatorischen Sinn zu stellen sind, auch alle im funktionellen Sinn, wenn man – wie *Maurer*[494] – hierunter alle Organe versteht, „wenn und soweit sie zur hoheitlichen Durchführung konkreter Verwaltungsmaßnahmen im Außenverhältnis berufen sind“. Denn sie nimmt in diesem Bereich die meisten Angelegenheiten für die jeweilige Mitgliedsgemeinde nach Maßgabe des öffentlichen Rechts wahr und tritt daher auch nach außen in Erscheinung. Unerheblich ist, daß es sich dabei nicht um eigene Zuständigkeiten der Verwaltungsgemeinschaft handelt.[495] Auch fehlt es nicht, wie von der Gegenansicht behauptet, an der für den funktionellen Behördenbegriff notwendigen Eigenverantwortung der Verwaltungsgemeinschaft. Sie besitzt gerade bei den Verwaltungs- und Vollzugsaufgaben einen – wenn auch begrenzten – Handlungsspielraum[496] und organisatorische Selbständigkeit.

Übernimmt also eine Verwaltungsgemeinschaft gem. Art. 4 Abs. II VGemO Aufgaben des eigenen Wirkungskreises für die Gemeinde, so ist sie Behörde (und nicht nur Behördenteil[497]) der jeweiligen Mitgliedsgemeinde.[498]

---

492 *Fischer-Heidlberger*, Die Rechtsstellung der Mitgliedsgemeinden in der Verwaltungsgemeinschaft, S. 22 - 31; *Widtmann/Grasser*, Bayerische Gemeindeordnung, Art. 4 VGemO, Rdnr. 8

493 *Kahl*, Das Innenverhältnis von Verwaltungsgemeinschaft und Mitgliedsgemeinde, BayVBl. 1997, S. 299/300; *Knemeyer*, Bayerisches Kommunalrecht (9. Aufl.), Rdnr. 346

494 *Maurer*, Allgemeines Verwaltungsrecht, § 21, Rdnr. 32

495 *Kahl*, Das Innenverhältnis von Verwaltungsgemeinschaft und Mitgliedsgemeinde, BayVBl. 1997, S. 300

496 Sie kann z.B. bei Beschlußvorlagen verschiedene Möglichkeiten vorschlagen oder beim Vollzug verschiedene Handlungsformen wählen.

497 *Fischer-Heidlberger*, Die Rechtsstellung der Mitgliedsgemeinden in der Verwaltungsgemeinschaft, S. 25

498 *Knemeyer*, Bayerisches Kommunalrecht, Rdnr. 456

Wenn man aber nun davon ausgeht, daß die Verwaltungsgemeinschaft Behörde der Mitgliedsgemeinde ist, muß geklärt werden, ob Maßnahmen zwischen der Verwaltungsgemeinschaft und der Kommune den Charakter von Verwaltungsakten haben.
Dies wird man konsequenterweise verneinen müssen. Zwar ist die Verwaltungsgemeinschaft nach Art. 1 Abs. II VGemO eine Körperschaft des öffentlichen Rechts und damit eine von der Kommune unabhängige Körperschaft. Deshalb wäre eigentlich die für die Einordnung als Verwaltungsakt nach Art. 35 BayVwVfG notwendige Außenwirkung gegeben. Im Falle des Tätigwerdens im Rahmen von Art. 4 Abs. II VGemO liegt die Sache aber anders. Hier fungiert die Verwaltungsgemeinschaft nur als *„integratives Kompositum"*[499] der Mitgliedsgemeinde und tritt ihr nicht aus eigenen Rechten und Pflichten gegenüber. Aus diesem Grund sind solche Maßnahmen lediglich als Verwaltungsinterna einzustufen, denen im Rahmen des Kommunalverfassungsstreits nur die Leistungsklage entgegengesetzt werden kann.[500]

In der Literatur ist auch heute noch umstritten, ob im eigenen Wirkungskreis die Mitgliedsgemeinde, die Verwaltungsgemeinschaft oder sogar beide erlassende Behörde gem. § 70 Abs. I S. 1 VwGO sind und wo somit vom Bürger Widerspruch gegen Verwaltungsakte aus diesem Bereich eingelegt werden kann.
Knemeyer[501] und andere[502] sind der Ansicht, daß sowohl bei der Kommune, als auch bei der Verwaltungsgemeinschaft selbst Widerspruch eingelegt werden kann.
Hingegen wird von anderer Seite[503] vorgebracht, daß die Verwaltungsgemeinschaft lediglich für die Gemeinde handele mit der Folge, daß nur die Gemeinde erlassende Behörde nach § 70 Abs. I S. 1 VwGO sei. Nach deren Auffassung könne Widerspruch allein bei der Mitgliedsgemeinde ordnungsgemäß eingelegt werden.

---

499 *Kahl*, Das Innenverhältnis von Verwaltungsgemeinschaft und Mitgliedsgemeinde, BayVBl. 1997, S. 302

500 Vgl. *Lissack*, Bayerisches Kommunalrecht, § 4, Rdnr. 155 ff.

501 *Knemeyer*, Bayerisches Kommunalrecht, Rdnr. 464

502 *Widtmann/Grasser*, Bayerische Gemeindeordnung, Art. 4 VGemO, Rdnr. 11; *Hölz/Hien/Huber*, Gemeindeordnung für den Freistaat Bayern, Art. 4 VGemO, Anm. 2.2; *Widtmann/Zimmermann/Stadlöder*, Verwaltungsgemeinschaftsordnung für den Freistaat Bayern, Art. 4 VGemO, Erl. 4.4; FSt. 1976, Rdnr. 27

503 *Prandl/Gillessen*, Verwaltungsgemeinschaft und kommunale Zusammenarbeit in Bayern, Art. 4 VGemO, Erl. 2; in diese Richtung auch *Hauth/Hillermeier/Bonengel*, Verwaltungsgemeinschaft und Zweckverbände, Art. 4 VGemO, Kennzahl 10.04, Anm. 16.11; siehe auch Bekanntmachung des *Bayerischen Staatsministeriums des Inneren* vom 10.03.1980 (MABl. 1980, S. 146 ff.), wonach in der Rechtsmittelbelehrung festzulegen ist, daß Widerspruch bei der Verwaltungsgemeinschaft einzulegen ist.

Wachsmuth/Oehler/Reif[504] und *Bauer/Böhle/Masson/Samper*[505] stimmen zwar darin zu, daß das Handeln der Verwaltungsgemeinschaft den Mitgliedsgemeinden zuzuordnen sei. Allerdings besäßen letztere keine eigene Verwaltung, so daß die Aufnahme eines Widerspruchs zur Niederschrift nicht gewährleistet sei. Deshalb könne ausschließlich bei der Verwaltungsgemeinschaft als erlassender Behörde fristwahrend Widerspruch eingelegt werden.
Letztere Ansicht muß jedoch abgelehnt werden. Denn der Rechtsschutz des Bürgers, der von der fristgemäßen Einlegung des Widerspruchs maßgeblich abhängt, darf nicht von der innerorganisatorischen Struktur der erlassenden Behörde beeinträchtigt werden.[506] Außerdem zielt die VGemO darauf ab, die Stellung der Mitgliedsgemeinden im Bereich der eigenen Aufgaben zu stärken.
Deshalb muß dem Bürger die Wahl gelassen werden, ob er Widerspruch bei der Mitgliedsgemeinde oder aber bei der Verwaltungsgemeinschaft einlegen will. Erlassende Behörde, was die Zurechnung des Verwaltungsakts anbelangt, ist die Gemeinde, erlassende Behörde nach Art. 37 Abs. III BayVwVfG aber die Verwaltungsgemeinschaft.[507]

Am deutlichsten wirkt sich das Handeln der Verwaltungsgemeinschaft im Rahmen von Art. 4 Abs. II VGemO auf das Tätigkeitsfeld des Ersten Bürgermeisters aus, das erheblich eingeschränkt wird, obwohl im Rahmen des *Änderungsgesetzes vom 23. März 1979*[508] seine rechtliche Stellung im Gegensatz zur früheren Rechtslage bereits wesentlich aufgewertet worden war.[509] Die damals erfolgte Stärkung der Befugnisse des Ersten Bürgermeisters beruhte auf dem seinerzeitigen starken politischen Engagement vieler Bürgermeister, die ihre Kompetenzen mit „Klauen und Zähnen"[510] verteidigt haben.
Da für die laufenden Angelegenheiten gem. Art. 4 Abs. II S. 3 VGemO sowie die Vorbereitung und den verwaltungsmäßigen Vollzug von Gemeinderatsbeschlüssen im Regelfall die Verwaltungsgemeinschaft zuständig ist, dagegen die

---

504 *Wachsmuth/Oehler*, Neuerungen im Recht der Verwaltungsgemeinschaft, BayVBl. 1979, S. 709 bzw. *Wachsmuth/Oehler/Reif*, Kommunale Zusammenarbeit in Bayern, Art. 4 VGemO, Erl. 3.2.1

505 *Bauer/Böhle/Masson/Samper*, Bayerische Kommunalgesetze, Art. 4 VGemO, Anm. 6

506 *Fischer-Heidlberger*, Die Rechtsstellung der Mitgliedsgemeinden in der Verwaltungsgemeinschaft, S. 32

507 *Hauth/Hillermeier/Bonengel*, Verwaltungsgemeinschaft und Zweckverbände, Kennzahl 10.04, Anm. 16.11; ebenso *Becker*, Kommunalrecht, in: *Becker/Heckmann/Kempen/Manssen* (Hrsg.), Öffentliches Recht in Bayern, Rdnr. 619

508 GVBl. 1979, S. 71 ff.

509 Siehe zur früheren Lage: *Wachsmuth/Oehler*, Neuerungen im Recht der Verwaltungsgemeinschaft, BayVBl. 1979, S. 705 ff.

510 *Knemeyer*, Hat sich die Verwaltungsgemeinschaft in Bayern bewährt?, Der Geschäftsstellenleiter 2/1986, S. 28

Entscheidungsfindung über solche Maßnahmen, die für die Gemeinde von grundsätzlicher Bedeutung sind, gem. Art. 29 GO dem Gemeinderat obliegt, verbleiben nun im Fall der Einbeziehung einer Gemeinde in eine Verwaltungsgemeinschaft dem Ersten Bürgermeister – obwohl weiterhin organkompetent – nur noch die Einberufung und die Vorsitzführung im Gemeinderat (vgl. Art. 36 GO), die Aufstellung der Tagesordnung von Gemeinderatssitzungen und möglicherweise der Erlaß dringlicher Anordnungen nach Art. 37 Abs. III GO. Weiterhin ist er zuständig für Maßnahmen im Rahmen von sondergesetzlichen Zuständigkeiten[511] und die Beanstandung aus seiner Sicht rechtswidriger Beschlüsse des Gemeinderats nach Art. 59 Abs. II GO.

Die Formulierung in Art. 4 Abs. II S. 2 VGemO, „der erste Bürgermeister kann die Mitgliedsgemeinde auch insoweit vertreten", besagt, daß bei Wahrnehmung dieses Rechts die gesetzliche Ausübungsermächtigung der Verwaltungsgemeinschaft im Bereich von Art. 4 Abs. II VGemO wieder rückgängig gemacht wird. Es wäre daher mit der Rechtslage – wenn auch nicht mit dem Zweck des Gesetzes – vereinbar, wenn der Erste Bürgermeister der Verwaltungsgemeinschaft einen Katalog mit Vertretungsfällen zukommen ließe, in denen er sich das Vertretungsrecht für die Gemeinde vorbehält und der Verwaltungsgemeinschaft insoweit die Vertretungsbefugnis entzieht.[512]

Durch das in Art. 4 Abs. II S. 2 VGemO verankerte Sachweisungsrecht wird auch bei Übertragung von Aufgaben im eigenen Wirkungskreis nach Art. 4 Abs. II S. 3 VGemO die nach wie vor weiterbestehende Organkompetenz des Ersten Bürgermeisters geschützt und sichergestellt, daß diese Kompetenz nicht zur bloßen Fiktion wird.[513]

Eine qualifizierte Zuständigkeit der Verwaltungsgemeinschaft ergibt sich, wenn ihr die Mitgliedsgemeinden nach Art. 4 Abs. III VGemO mittels Zweckvereinbarung einzelne Aufgaben und Befugnisse des eigenen Wirkungskreises übertragen. Allerdings folgt aus der Bezeichnung „einzelne" und aus verfassungsrechtlichen Gründen, daß der Gemeinde Grenzen für die Übertragung gesteckt sind. Diese kann sich weder ganz noch in beträchtlichem Maße ihres eigenen Wirkungskreises entäußern.[514]

Da die Überbürdung von örtlichen Aufgaben möglicherweise beträchtliche Auswirkungen auf die Geschäftsstelle und den Haushalt der Verwaltungsgemein-

---

511 Z.B. die Errichtung von Nottestamenten nach § 2249 BGB.

512 *Fischer-Heidlberger*, Die Rechtsstellung der Mitgliedsgemeinde in der Verwaltungsgemeinschaft, S. 43

513 *Lissack*, Bayerisches Kommunalrecht (1. Aufl.), § 9, Rdnr. 13

514 *Widtmann/Zimmermann/Stadlöder*, Verwaltungsgemeinschaft für den Freistaat Bayern, Art. 4 VGemO, Erl. 3.2; BayVerfGH, Entscheidung vom 02.03.1978, BayVBl. 1978, S. 426 (429)

schaft haben kann, muß ihr das Recht eingeräumt werden, nach pflichtgemäßem Ermessen die ihr angetragenen Aufgaben nach Art. 4 Abs. III VGemO auch ablehnen zu dürfen[515], sofern die Voraussetzungen einer Pflichtvereinbarung nach Art. 16, 1 Abs. I S. 2 KommZG i.V.m. Art. 10 Abs. II VGemO nicht gegeben sind.
Für die auf diese Weise auf die Verwaltungsgemeinschaft übertragenen Aufgaben besteht kein Weisungsrecht der Gemeinde mehr. Auch handelt die Verwaltungsgemeinschaft in diesem Fall dann nicht als deren Behörde, sondern im eigenen Namen. Die Gemeinde kann sich aber vertraglich Einflußnahme und Mitwirkungsrechte auch insoweit weiterhin sichern.

Hinzuweisen ist schließlich noch auf Art. 4 Abs. IV S. 1 VGemO, welcher der Verwaltungsgemeinschaft Vorrang vor dem Zweckverband einräumt.[516] Danach tritt die Verwaltungsgemeinschaft bei ihrer Bildung an die Stelle von solchen Zweckverbänden, welche die gleichen Mitglieder wie die Verwaltungsgemeinschaft haben (sog. *„deckungsgleiche Zweckverbände"*), wobei *deckungsgleiche Zweckverbände* auch nicht neu gegründet werden können. Dabei kommt ein Aufgabenübergang unabhängig davon zustande, ob zuvor Angelegenheiten des eigenen oder übertragenen Wirkungskreises dem Zweckverband übertragen wurden. Art. 4 Abs. IV S. 1 VGemO gilt aber dann nicht, wenn ein *deckungsgleicher Zweckverband* erst durch eine spätere Erweiterung entsteht.
Dem Gesetz nicht zu entnehmen ist die Antwort auf die Frage, ob Aufgaben im eigenen Wirkungskreis bei Übergang solcher Aufgaben auf die Verwaltungsgemeinschaft bei Vorliegen eines *deckungsgleichen Zweckverbands* wieder auf die Mitgliedsgemeinden zurückübertragen werden können, schließlich haben die Kommunen diese Aufgaben einmal freiwillig abgegeben. Tatsächlich hat jede Mitgliedsgemeinde aufgrund ihres in der Verfassung verankerten Selbstverwaltungsrechts bei genügender Leistungsfähigkeit das Recht, diese Aufgaben selbst zu erfüllen, zumal die Verwaltungsgemeinschaft „an die Stelle" des Zweckverbands tritt.[517] Es ist nicht einzusehen, weshalb eine Kommune bei (Um-)Bildung

---

515 *Dillmann*, Übertragung von Aufgaben auf die Verwaltungsgemeinschaft, BayVBl. 1980, S. 139 und *Wachsmuth/Oehler*, Übertragung von Aufgaben auf die Verwaltungsgemeinschaft, BayVBl. 1979, S. 554 wollen der Verwaltungsgemeinschaft dieses Recht nur zubilligen, wenn diese Aufgabe von der Verwaltungsgemeinschaft zumindest nicht besser als von der Mitgliedsgemeinde selbst erfüllt werden kann.

515 Vgl. auch *Widtmann/Zimmermann/Stadlöder*, Verwaltungsgemeinschaftsordnung für den Freistaat Bayern, Art. 4 VGemO, Erl. 5

516 Vgl. auch *Widtmann/Zimmermann/Stadlöder*, Verwaltungsgemeinschaftsordnung für den Freistaat Bayern, Art. 4 VGemO, Erl. 5

517 *Widtmann/Zimmermann/Stadlöder*, Verwaltungsgemeinschaftsordnung für den Freistaat Bayern, Art. 4 VGemO, Erl. 5.2

einer Verwaltungsgemeinschaft schlechter gestellt werden soll, nur weil sie einem freiwilligen *deckungsgleichen Zweckverband* angehört.[518]

b) Die Zuständigkeit für die Aufgaben des übertragenen Wirkungskreises der Mitgliedsgemeinden

Gem. Art. 8 Abs. I GO umfaßt der übertragene Wirkungskreis der Gemeinden alle Angelegenheiten, die das Gesetz den Kommunen zur Besorgung namens des Staats oder anderer Körperschaften des öffentlichen Rechts zuweist. Die Gemeinden handeln bei der Übertragung der Aufgaben jedoch nicht in Vertretung des Staats, sondern es bleiben Gemeindeaufgaben, allerdings ohne örtlichen Bezug.[519]
Art. 4 Abs. I S. 1 VGemO enthält den Grundsatz, daß die Verwaltungsgemeinschaft alle Angelegenheiten des übertragenen Wirkungskreises ihrer Mitgliedsgemeinden wahrnimmt. Letztere verlieren für diese Aufgaben ihre Verbandskompetenz und dürfen sich auf diesen Gebieten nicht mehr betätigen. Anders als bei der Aufgabenwahrnehmung im eigenen Wirkungskreis erledigt die Verwaltungsgemeinschaft die ihr zugewiesenen Aufgaben des übertragenen Wirkungskreises in rechtlicher Selbständigkeit und eigener Verantwortung. Sie ist in diesem Bereich kein Hilfsorgan der Gemeinde, sondern handelt als eigenständige Körperschaft und Behörde mit der Zuständigkeit für alle umschriebenen Aufgaben des Art. 4 Abs. I VGemO.[520] Der Mitgliedsgemeinde steht daher hier auch kein Weisungsrecht zu.

Allerdings sieht das Gesetz vor, daß aufgrund ihrer großen kommunalen Bedeutung manche Aufgaben doch zweckmäßiger bei den Gemeinden selbst verbleiben sollten. So sind die einzelnen Mitgliedsgemeinden weiterhin ausschließlich für den Satzungs- und Verordnungserlaß im übertragenen Wirkungskreis zuständig (Art. 4 Abs. I S. 1 VGemO). Dies war jedoch in der Geschichte der Verwaltungsgemeinschaft nicht immer so. Art. 6 Abs. I EStärkG[521] übertrug die Befugnis hierzu ebenfalls den Verwaltungsgemeinschaften. Zu Recht wurde das als ein zu starker Eingriff in das Selbstverwaltungsrecht der Mitgliedsgemeinden kritisiert.[522] Deshalb wurde auf Vorschlag des *Bayerischen Gemeindetags*[523] die-

---

518 *Widtmann/Zimmermann/Stadlöder*, Verwaltungsgemeinschaftsordnung für den Freistaat Bayern, Art. 4 VGemO, Erl. 5.2
519 *Lissack*, Bayerisches Kommunalrecht, § 2, Rdnr. 13
520 *Fischer-Heidlberger*, Die Rechtsstellung der Mitgliedsgemeinden in der Verwaltungsgemeinschaft, S. 50
521 GVBl. 1971, S. 247 ff.
522 *Wachsmuth/Oehler*, Neuerungen im Recht der Verwaltungsgemeinschaft, BayVBl. 1979, S. 707

se Materie wieder der Kompetenz der Gemeinden überlassen. Denn der Gesetzgeber erkannte, daß effizienter der Gemeinderat anstatt die aus Mitgliedern der verschiedenen Mitgliedsgemeinden bestehende Gemeinschaftsversammlung über Satzungen und Verordnungen der einzelnen Gemeinden beschließen sollte. Die Mitglieder der Gemeinschaftsversammlung besitzen nämlich oftmals nur geringe Ortskenntnisse der jeweils anderen Kommunen, und mangels Selbstbetroffenheit interessiert sie deren Ortsrecht in der Regel auch nicht übermäßig.[524] Dagegen verbleiben in diesem Bereich alle Vorbereitungen und Planungen nach Art. 4 Abs. II S. 2 und 3 VGemO bei der Verwaltungsgemeinschaft. Nur die eigentliche Willensbildung über den Inhalt der Satzung oder der Verordnung trifft die Mitgliedsgemeinde autonom.

Von dem Grundsatz des Art. 4 Abs. I S. 1 VGemO, daß alle Aufgaben des übertragenen Wirkungskreises der Kommunen von der Verwaltungsgemeinschaft in alleiniger Verantwortung übernommen werden, macht Art. 4 Abs. I S. 3 VGemO i.V.m. der *„Verordnung über Aufgaben der Mitgliedsgemeinden von Verwaltungsgemeinschaften"*[525] eine weitere Ausnahme dahingehend, daß bestimmte in dieser Verordnung festgelegte Aufgaben auch des übertragenen Wirkungskreises ebenfalls bei den Mitgliedsgemeinden verbleiben. Es handelt sich dabei um solche, die sich am nachhaltigsten und besten verwirklichen lassen, wenn spezielle Orts- und Personenkenntnisse nutzbar gemacht werden.[526] Erwähnenswert sind hier besonders die Aufgaben im Bereich des Baurechts nach § 1 Nr. 1 der *Verordnung* und der Verbleib des Vollzugs von Satzungen und Verordnungen im übertragenen Wirkungskreis nach § 1 Nr. 8.[527]
Umstritten ist, ob eine Mitgliedsgemeinde eine der ihr gem. Art. 4 Abs. I S. 1 bzw. S. 3 VGemO verbliebenen Aufgaben gem. Art. 4 Abs. III VGemO auf die Verwaltungsgemeinschaft rückübertragen kann.
Aufgrund des eindeutigen Wortlauts von Art. 4 Abs. III VGemO, nach dem nur einzelne Aufgaben und Befugnisse des e i g e n e n Wirkungskreises übertragen werden können, kommt eine Kompetenzverlagerung von Aufgaben des übertragenen Wirkungskreises, die nach Art. 4 Abs. I S. 1 und 3 VGemO bei den Ge-

---

523 *Bayerischer Gemeindetag*, Änderungen des Ersten Gesetzes zur Stärkung der kommunalen Selbstverwaltung, BayGT 1979, S. 39

524 Vgl. *Knemeyer*, Stärkung der kommunalen Selbstverwaltung durch Verwaltungsreformen, in: Festschrift für Günther Küchenhoff zum 65. Geburtstag , Zweiter Halbband, S. 565

525 Vom 25.09.1975 (GVBl. 1979, S. 317), neu bekanntgemacht am 30.04.1995 (GVBl. 1995, S. 259)

526 *Bayerisches Staatsministerium des Inneren* (Hrsg.), Die Verwaltungsgemeinschaft - Ein Leitfaden, S. 28/29

527 Hier ist aber wiederum nur das Recht der Willensbildung gemeint ist, nicht die verwaltungstechnischen Maßnahmen (vgl. *Bauer/Böhle/Masson/Samper*, Bayerische Kommunalgesetze, Art. 4 VGemO, Anm. 9).

meinden verbleiben, nicht in Betracht. Auch eine entsprechende Anwendung, wie vereinzelt vorgeschlagen[528], ist aus diesem Grund abzulehnen.[529]

4.) Die Organe der Verwaltungsgemeinschaft

Die Organisationsstruktur der Verwaltungsgemeinschaft ähnelt der einer Gemeinde, denn sie wird gem. Art. 6 Abs. I VGemO durch die Gemeinschaftsversammlung als Kollegialorgan und den Gemeinschaftsvorsitzenden verwaltet. Im Gegensatz zur Gemeindeordnung ist jedoch keine Bildung beschließender Ausschüsse möglich, da sie im Gesetz keine Erwähnung finden.[530] Nur beratende Gremien werden als zulässig erachtet.[531] Da die Verwaltungsgemeinschaft – anders als der Zweckverband – keine Verbandssatzung hat, mußte ihre Organisation detailliert im Gesetz geregelt werden.

a) Die Gemeinschaftsversammlung

Die Gemeinschaftsversammlung besteht neben den sog. *„geborenen"* aus *„gekorenen"* Mitgliedern, welche alle Vertreter der Mitgliedsgemeinden sind. *„Geborene"* Mitglieder sind die Ersten Bürgermeister der jeweiligen Mitgliedsgemeinden, da sie automatisch der Gemeinschaftsversammlung angehören und nicht bestellt werden müssen. Im Fall ihrer Verhinderung werden sie gem. Art. 6 Abs. II S. 3 VGemO durch ihre Stellvertreter vertreten (vgl. Art. 39 Abs. I GO). Daneben entsenden die Mitgliedsgemeinden weitere Vertreter als *„gekorene"* Mitglieder in die Gemeinschaftsversammlung. Diese werden vom jeweiligen Gemeinderat aus dessen Mitte durch Beschluß bestellt, wobei anders als bei der Entsendung von Zweckverbandsräten in die Verbandsversammlung das Stärkeverhältnis von Fraktionen und Gruppen zu berücksichtigen ist (Art. 6 Abs. II S. 5 VGemO i.V.m. Art. 33 Abs. I S. 2 bis 5 GO). Zu beachten ist bei der Vertretung eines *„gekorenen"* Mitglieds (vgl. Art. 6 Abs. II S. 4 VGemO), daß jeder Vertreter immer nur einem bestimmten einzelnen *„gekorenem"* Gemeinschaftsversammlungsmitglied zugeordnet ist. Es ist also nicht möglich, daß an einem Sitzungstag der gleiche Vertreter für das eine und am nächsten für das andere *„gekorene"* Versammlungsmitglied in der Gemeinschaftsversammlung

---

528 *Hauth/Hillermeier/Bonengel*, Verwaltungsgemeinschaft und Zweckverbände, Kennzahl 10.04, Anm. 2.2

529 *Hölz/Hien/Huber*, Gemeindeordnung für den Freistaat Bayern, Art. 4 VGemO, Anm. 3; *Knemeyer*, Bayerisches Kommunalrecht, Rdnr. 455

530 Auch die Anwendung von Art. 10 Abs. II VGemO i.V.m. Art. 29 S. 2 KommZG ist nicht zielführend, da die Verwaltungsgemeinschaft keine Verbandssatzung hat.

531 *Prandl/Gillessen*, Verwaltungsgemeinschaftsordnung, Art. 6 VGemO, Erl. 1

auftritt.[532] Daher können sich *„gekorene"* Gemeinschaftsversammlungsmitglieder auch niemals untereinander vertreten (*„Verbot der Untereinandervertretung"*).[533]
Art. 6 Abs. II S. 2 VGemO schreibt vor, daß der Erste Bürgermeister und je ein Gemeinderatsmitglied die Kommune vertreten. Durch diese Regelung wird gewährleistet, daß mindestens zwei Mitglieder des Gemeinderats einer Mitgliedsgemeinde in der Gemeinschaftsversammlung vertreten sind. Für jedes volle Tausend ihrer Einwohner dürfen sie ein weiteres Gemeinderatsmitglied entsenden, wodurch dem kommunalpolitischen Gewicht größerer Gemeinden Rechnung getragen wird.
Die einzelnen Vertreter der Mitgliedsgemeinde müssen bei Abstimmungen ihre Stimmen nicht einheitlich abgeben. Aus dem oben erwähnten *Verbot der Untereinandervertretung* folgt aber, daß es für einen Vertreter nicht möglich ist, für einen nicht anwesenden Gemeindevertreter zu stimmen.[534]

Die Vertreter der Mitgliedsgemeinden besitzen ein sog. *„imperatives Mandat"*, d.h. sie unterliegen bei ihrer Stimmabgabe den Weisungen ihrer Kommune (vgl. Art. 10 Abs. II VGemO i.V.m. Art. 33 Abs. II S. 4 KommZG). Allerdings hat eine der Weisung widersprechende Stimmabgabe keinerlei Auswirkungen auf ihre Wirksamkeit (vgl. Art. 10 II VGemO i.V.m. Art. 33 II S. 5 KommZG).[535] Eine Ausnahme von der Weisungsgebundenheit besteht lediglich für Wahlen, die von der Gemeinschaftsversammlung vorzunehmen sind (Art. 6 Abs. III S. 2 VGemO).
Die Amtsdauer der Mitglieder der Gemeinschaftsversammlung ist nur rudimentär gesetzlich geregelt. Art. 6 Abs. III S. 1 VGemO bestimmt, daß der Gemeinschaftsvorsitzende und sein Stellvertreter für die Dauer ihres gemeindlichen Amts berufen werden. Für die übrigen Vertreter in der Verbandsversammlung fehlt dagegen eine gesetzliche Regelung. Da aber in der Versammlung nur die Ersten Bürgermeister und ehrenamtliche Gemeinderatsmitglieder vertreten sind, kann niemand Vertreter in der Gemeinschaftsversammlung bleiben, der sein gemeindliches Amt – gleich aus welchem Grund – nicht mehr innehat.[536]

---

[532] *Widtmann/Zimmermann/Stadlöder*, Verwaltungsgemeinschaftsordnung für den Freistaat Bayern, Art. 6 VGemO, Erl. 3

[533] *Widtmann/Zimmermann/Stadlöder*, Verwaltungsgemeinschaftsordnung für den Freistaat Bayern, Art. 6 VGemO, Erl. 3

[534] *Widtmann/Grasser*, Bayerische Gemeindeordnung, Art. 6 VGemO, Rdnr. 5

[535] Das betroffene *„geborene"* Mitglied der Gemeinschaftsversammlung kann sich aber in diesem Fall schadenersatzpflichtig machen oder mit disziplinarischen Maßnahmen belegt werden. *„Gekorene"* Mitglieder können bei groben Verstößen abberufen werden.

[536] *Hauth/Hillermeier/Bonengel*, Verwaltungsgemeinschaft und Zweckverbände, Art. 6 VGemO, Kennzahl 10.06, Anm. 3.5

b) Der Gemeinschaftsvorsitzende

Das zweite Organ der Verwaltungsgemeinschaft ist der Gemeinschaftsvorsitzende. Er und sein Stellvertreter werden von der Gemeinschaftsversammlung gewählt (Art. 6 Abs. III S. 1 VGemO). Nur der Gemeinschaftsvorsitzende, nicht aber sein Stellvertreter, muß Erster Bürgermeister einer Mitgliedsgemeinde sein. Der Verbandsvorsitzende und die Gemeinschaftsversammlung haben voneinander abgegrenzte Zuständigkeiten. Die Kompetenzverteilung zwischen beiden entspricht in etwa der zwischen Gemeinderat und Bürgermeister.[537] Ähnlich wie dort verwaltet die Gemeinschaftsversammlung gem. Art. 6 Abs. I VGemO die Verwaltungsgemeinschaft, soweit nicht der Gemeinschaftsvorsitzende zuständig ist, vgl. Art. 29 GO.
Die Aufgaben und Befugnisse des Vorsitzenden regelt Art. 6 Abs. IV VGemO mit einem Verweis in das Zweckverbandsrecht über die Zuständigkeit des Zweckverbandsvorsitzenden (Art. 36 KommZG), dessen Aufgaben- und Befugnisbereich wiederum dem des Ersten Bürgermeisters im Gemeinderecht entspricht (vgl. Art. 36 Abs. II KommZG). Das sind in erster Linie die laufenden Angelegenheiten der Verwaltungsgemeinschaft (Art. 6 Abs. IV VGemO i.V.m. Art. 36 Abs. II KommZG i.V.m. Art. 37 Abs. I S. 1 Nr. 1 GO), also vor allem die von der Verwaltungsgemeinschaft wahrzunehmenden laufenden Angelegenheiten der Mitgliedsgemeinden (vgl. Art. 4 Abs. II S. 3 VGemO) und die ihr gem. Art. 4 Abs. I VGemO zugewiesenen Aufgaben des übertragenen Wirkungskreises.[538] Entgegen Art. 36 Abs. IV KommZG ist es dem Gemeinschaftsvorsitzenden aber nicht gestattet, Befugnisse auf Bedienstete der Mitgliedsgemeinden zu übertragen. Denn das würde mit der Durchführungszuständigkeit der Verwaltungsgemeinschaft in Widerspruch stehen.[539]

c) Der Geschäftsstellenleiter

Um den ordnungsgemäßen Gang der Geschäfte zu gewährleisten, muß die Verwaltungsgemeinschaft nach Art. 7 Abs. I S. 1 VGemO geeignetes Fachpersonal anstellen.[540]

---

537 *Knemeyer*, Bayerisches Kommunalrecht, Rdnr. 461

538 Eine komplette Auflistung aller Aufgaben des Gemeinschaftsvorsitzenden enthält: *Hölz/Hien/Huber*, Verwaltungsgemeinschaftsordnung für den Freistaat Bayern, Art. 6 VGemO, Anm. 2.

539 *Widtmann/Zimmermann/Stadlöder*, Verwaltungsgemeinschaftsordnung für den Freistaat Bayern, Art. 6 VGemO, Erl. 6

540 Nach einer Faustregel sollen hierbei zwei hauptamtliche Bedienstete auf 1.000 Einwohner kommen (vgl. *Bayerisches Staatsministerium des Inneren* (Hrsg.), Die Verwaltungsgemeinschaft - Ein Leitfaden, S. 74). Weiterhin soll gem. Art. 7 Abs. I S. 2 VGemO eine

Die Einstellung eines Geschäftsstellenleiters ist zwar im Gesetz nicht explizit vorgeschrieben, wird aber vorausgesetzt.[541] Der Gemeinschaftsvorsitzende darf dieses Amt nicht übernehmen, weil er nur ehrenamtlich tätig ist. Obwohl kein Organ der Verwaltungsgemeinschaft, übernimmt der Geschäftsstellenleiter wegen seiner fachlichen Kompetenz wesentliche Verwaltungsaufgaben und nimmt an den Sitzungen der Gemeinschaftsversammlung mit beratender Stimme (Art. 7 Abs. II S. 2 VGemO) teil. Insbesondere wird ihm von dem Gemeinschaftsvorsitzenden zu dessen Entlastung häufig nach Art. 7 Abs. II S. 1 VGemO die Erledigung der laufenden Angelegenheiten der Verwaltungsgemeinschaft übertragen.[542] Der Geschäftsstellenleiter führt weiterhin die in der Regel am Sitz der Verwaltungsgemeinschaft befindliche Geschäftsstelle.

d) Einschränkung der Personalhoheit der Mitgliedsgemeinden

Für die Mitgliedsgemeinden stellt sich häufig die Frage, ob sie selbst noch eigenes Verwaltungspersonal einstellen dürfen. Die Personalhoheit ist zwar unbestritten wesentlicher Bestandteil des Selbstverwaltungsrechts der Gemeinden.[543] Allerdings ist fraglich, wofür die Mitgliedsgemeinden im Verwaltungsbereich überhaupt noch Personal benötigen, weil die Verwaltungsgemeinschaft nahezu alle personalintensiven Aufgaben übernimmt.
Um die Durchführungszuständigkeit der Verwaltungsgemeinschaft nicht zu unterlaufen, ist der Kommune die Errichtung von Teilverwaltungen untersagt.[544] Somit wird man den Gemeinden unter dem Gesichtspunkt einer sparsamen Haushaltsführung (Art. 61 Abs. II GO) die Einstellung eigenen Verwaltungspersonals nur allenfalls dann noch gestatten können, wenn dies notwendig ist, um die ihnen noch unmittelbar verbleibenden Verwaltungsgeschäfte wahrzunehmen.[545] Dies wird nur bei großen Kommunen der Fall sein.[546] Kleine Gemeinden können bei Bedarf im Benehmen mit der Verwaltungsgemeinschaft deren Personal heranziehen.[547]

Verwaltungsgemeinschaft mindestens einen Beamten mit der Befähigung für den gehobenen Verwaltungsdienst haben.

541 Vgl. *Hauth/Hillermeier/Bonengel*, Verwaltungsgemeinschaft und Zweckverbände, Kennzahl 10.07, Anm. 5

542 *Bauer/Böhle/Masson/Samper*, Bayerische Kommunalgesetze, Art. 7 VGemO, Anm. 3, 4, 5

543 So bereits BVerfGE 1, 167 (175); *Bröring*, Die Verwaltungsgemeinschaft, S. 72

544 BayVerfGH, Entscheidung vom 02.03.1978, BayVBl. 1978, S. 431

545 *Wachsmuth/Oehler*, Aktuelle Probleme der Verwaltungsgemeinschaft, BayGT 1982, S. 2

546 Z.B. die Einstellung einer Schreibkraft, die den Schriftverkehr (z.B. hervorgerufen durch Repräsentationsaufgaben) des Ersten Bürgermeisters wahrnimmt.

547 *Widtmann/Grasser*, Bayerische Gemeindeordnung, Art. 7 VGemO, Rdnr. 3

Dieses Ergebnis verstößt nach Ansicht des BayVerfGH[548] auch nicht gegen das Selbstverwaltungsrecht der Mitgliedsgemeinden, da sie, auch wenn sie nicht mehr die Personalhoheit über das Verwaltungspersonal ausüben, nicht vollständig von jeglichen Personalentscheidungen ausgeschlossen seien. Sie können nämlich unmittelbar durch ihre Vertreter in der Verbandsversammlung an den Personalentscheidungen der Verwaltungsgemeinschaft mitwirken. Nach Meinung des BayVerfGH läge selbst dann keine Verletzung des Wesensgehalts der Selbstverwaltung vor, wenn dabei eine Mitgliedsgemeinde überstimmt würde. Denn das Verwaltungspersonal werde der Gemeinde nicht von außen durch den Staat aufgezwungen, sondern die Entscheidung vollziehe sich vielmehr auf der Ebene der Selbstverwaltung, da die Verwaltungsgemeinschaft eine Art kommunaler Gesellschaft darstelle.
Außerdem muß berücksichtigt werden, daß nach Schätzungen zwischen 75% und 90%[549] der gemeindlichen Aufgaben solche des übertragenen Wirkungskreises sind, weshalb sich die Einschränkung der Personalhoheit ohnehin relativiert.

e) Problem der mangelnden demokratischen Legitimation der Gemeinschaftsversammlung

Bei der jetzigen Regelung des Rechts der Verwaltungsgemeinschaft, die zum Teil nicht unerheblich in den gemeindlichen Wirkungsbereich eingreift, ist bedenklich, daß die Organe der Verwaltungsgemeinschaft nicht direkt von der Bevölkerung der Mitgliedsgemeinden gewählt werden. Die Bürger können lediglich mittelbar durch die Wahl von Gemeinderat und Bürgermeister Einfluß auf die Zusammensetzung der Gemeinschaftsversammlung nehmen.[550] Der Gemeinderat dient später als eine Art Wahlmännerversammlung für die Gemeinschaftsversammlung.
Zwar sind Verwaltungsentscheidungen durch mittelbar Gewählte auf kommunaler Ebene „keine totale Abnormität".[551] Die Mitglieder von beschließenden Ausschüssen in Gemeinden sind auch nur mittelbar legitimiert (vgl. Art. 33 Abs. I GO). Jedoch besteht dort gem. Art. 32 Abs. III S. 1 GO unter besonderen Voraussetzungen die Möglichkeit, die von den Ausschüssen gefaßten Beschlüsse durch den Gemeinderat nachprüfen zu lassen, was aber bei der Gemeinschafts-

548 BayVerfGH, Entscheidung vom 02.03.1978, BayVBl. 1978, S. 426 (430)

549 Vgl. zu diesen Zahlen: *Makswit*, Finanzierung weisungsgebundener Aufgaben auf der Kommunalebene, DVBl. 1984, S. 1044; *Schmidt-Jortzig*, Gemeinde- und Kreisaufgaben, DÖV 1993, S. 978; *Stober*, Kommunalrecht der Bundesrepublik Deutschland, § 4 IV 4; *Petz*, Die Übertragung von Staatsaufgaben als Kreisverwaltungsaufgaben auf die kreisfreien Städte, BayVBl. 1989, Fn. 54 m.w.N.

550 *Knemeyer*, Bayerisches Kommunalrecht, Rdnr. 460; FSt. 1979, Rdnr. 261

551 *Gallwas*, Verwaltungsgemeinschaft von Amts wegen, BayVBl. 1973, S. 393

versammlung nicht der Fall ist. Somit könnte das System des Art. 6 Abs. II VGemO den Grundsatz der unmittelbaren Wahl[552] (Art. 12 Abs. I i.V.m. 14 Abs. I S. 1 BV bzw. Art. 28 Abs. I S. 2 GG) verletzen, nach dem das Ergebnis einer Wahl nur von den wahlberechtigten Bürgern selbst bestimmt werden kann. Nach *Gallwas*[553] soll es an Legitimationsstruktur der Verwaltungsgemeinschaft gänzlich fehlen, weil die Möglichkeit bestehe, daß eine Regelung, die eine Gemeinde besonders betrifft, ausschließlich mit den Stimmen der anderen Mitgliedsgemeinden beschlossen werden kann.
Diese Bedenken teilt der BayVGH nicht.[554] Er sieht in der nur mittelbaren demokratischen Legitimation keinen Verstoß gegen die Verfassung. Insbesondere werde das aus Art. 2 BV, Art. 20 GG abgeleitete Demokratieprinzip nicht verletzt. Die Verwaltungsgemeinschaft ist nach Ansicht des BayVGH keine Gebietskörperschaft, sondern ein kommunaler Sonderverband, so daß sich die Frage nach der Repräsentation der Bevölkerung in den Organen, wenn überhaupt, so bei weitem nicht in der Schärfe stelle, wie bei den unmittelbar vom Volk getragenen Gemeinden und Gemeindeverbänden. Hinzu komme, daß die Verwaltungsgemeinschaft bei der Erfüllung ihrer Aufgaben nach Art. 4 Abs. II VGemO auch an Weisungen der – durch Volkswahlen demokratisch legitimierten – Organe der Mitgliedsgemeinde gebunden sei.[555]

Gegen eine unmittelbare Wahl der Mitglieder der Gemeinschaftsversammlung wird weiterhin vorgebracht, daß eine solche Wahl durch die Bürger zentralistische Tendenzen innerhalb der Verwaltungsgemeinschaft verstärken und damit zugleich das Gewicht der Mitgliedsgemeinden schwächen würde.[556]
Auch *Knemeyer*[557] hält eine unmittelbare Wahl nicht für nötig, denn seiner Ansicht nach ist auch eine mittelbare demokratische Legitimation eine demokratische Legitimation.

Alle diese Ansichten sehen die Notwendigkeit einer direkten Wahl der Gemeinschaftsversammlung also nicht als erforderlich an. Anders als beispielsweise bei den Vertretungsorganen des Verbandsgemeinderats in Rheinland-Pfalz[558], wo in einem einschneiderenden Maße Selbstverwaltungsangelegenheiten von den Gemeinden weg auf die Verbandsorganisation verlagert werden und erst eine un-

---

552 BVerfG, Beschluß vom 04.04.1978, DVBl. 1978, S. 441
553 *Gallwas*, Verwaltungsgemeinschaft von Amts wegen, BayVBl. 1973, S. 393
554 BayVGH, Beschluß vom 26.07.1977, BayVBl. 1979, S. 623 (625)
555 BayVGH, Beschluß vom 26.07.1977, BayVBl. 1979, S. 623 (625)
556 *Süß*, Die Verwaltungsgemeinschaft, in: Festschrift zum hundertjährigen Bestehen des Bayerischen Verwaltungsgerichtshofes, S. 47
557 *Knemeyer*, Bayerisches Kommunalrecht, Rdnr. 460
558 Siehe Kap. E

mittelbare Wahl der Verbandsräte die für deren umfangreicheren Aufgabenbereich notwendige demokratische Legitimation schaffe, wurde in Bayern auf eine so weitgehende Aufgabenübertragung auf die Verwaltungsgemeinschaft bewußt von vornherein verzichtet. Deswegen sei folgerichtig die direkte Wahl der Organe nicht nötig.[559]

Dabei sprächen durchaus gute Gründe dafür, von der jetzigen gesetzlichen Regelung abzuweichen und auch in Bayern bei der Bestimmung der Gemeinschaftsversammlung das Prinzip der direkten Wahl einzuführen[560], zumal eine solche eigentlich Charakteristikum einer bürgerschaftlichen Selbstverwaltung sein muß.[561]

Zwar ist *Knemeyer* darin Recht zu geben, daß theoretisch eine indirekt beschickte Vertretung nicht unbedingt „weniger demokratisch" ist als eine vom Volk direkt gewählte. Politisch und praktisch besteht aber zwischen beiden große Unterschiede. Das unmittelbare politische Bürgerinteresse wird durch die indirekte Wahl deutlich gemindert.[562] Ein unmittelbar von den Bürgern gewähltes Beschlußorgan hat naturgemäß einen viel größeren Rückhalt und genießt höheres Ansehen in der Bevölkerung.[563] Weiterhin darf nicht außer Acht bleiben, daß die bisher nur mittelbar demokratisch gewählten Mitglieder der Gemeinschaftsversammlung weit umfassendere Kompetenzen haben als etwa die von Zweckverbänden.[564]

Die Einführung einer unmittelbaren Wahl hätte aber insbesondere den Vorteil, daß sich dann die Mitglieder der Verbandsversammlung im unmittelbaren Auftrag des Wählers dem Wohl der Verwaltungsgemeinschaft im Ganzen widmen könnten, ohne dem einseitigen Partikularinteresse der Kommunen verhaftet zu

559 In diesem Sinne auch: *Fischer-Heidlberger*, Die Rechtsstellung der Mitgliedsgemeinden in der Verwaltungsgemeinschaft, S. 136 und *Schmidt-Eichstaedt*, Übergemeindliche Kooperation und innergemeindliche Gliederung nach den Gemeindeordnungen in der Bundesrepublik Deutschland, in: *Henkel* (Hrsg.), Kommunale Gebietsreform und Autonomie im ländlichen Raum, S. 34

560 Für eine direkte Wahl von Gemeindeverbänden plädiert auch *Donhauser*, Formen und Möglichkeiten gemeindlicher Zusammenarbeit zur Stärkung der Verwaltungskraft, S. 163

561 *Mutius*, Sind weitere rechtliche Maßnahmen zu empfehlen, um den notwendigen Handlungs- und Entfaltungsspielraum der kommunalen Selbstverwaltung zu gewährleisten?, S. 10

562 *Haus*, Die unmittelbare Wahl der Vertretungskörperschaft und das demokratische Element in der Verwaltungsregion, in: *Verein für Kommunalwissenschaften Berlin* (Hrsg.), Die Verwaltungsregion - Aufgaben und Verfassung einer neuen Verwaltungseinheit, S. 107

563 So auch *Hesse*, Zum Problem der städtischen Verdichtungsräume, in: *Verein für Kommunalwissenschaften Berlin* (Hrsg.), Die Verwaltungsregion, Aufgaben und Verfassung einer neuen Verwaltungseinheit, S. 93

564 Vgl. *Hlépas*, Unterschiedliche rechtliche Behandlung von Großgemeinden und Kleingemeinden, S. 347/348

sein.[565] Sie könnten sich voll und ganz auf die Aufgaben der Verwaltungsgemeinschaft konzentrieren und gleichzeitig das Handeln des Gemeinschaftsvorsitzenden überprüfen. Um dies zu gewährleisten, wäre es auch sinnvoll, wenn kein Gemeinderatsmitglied zugleich Vertreter der Mitgliedsgemeinde in der Verbandsversammlung sein dürfte (*Inkompatibilität*).[566]
Eine direkte Wahl wäre auch kein unzumutbares praktisches und kostenintensives Hemmnis, denn man könnte diese immer mit der Gemeinderatswahl verbinden. Im Gegensatz zu den Zweckverbänden, die oft in mehrfacher Anzahl in den Kommunen vorhanden sind und deren Dauerhaftigkeit nicht von vornherein gewährleistet sein muß, ist die Mitgliedschaft in einer Verwaltungsgemeinschaft einmalig und gewöhnlich von Dauer.

Die Einführung der unmittelbaren Wahl der Mitglieder der Verbandsversammlung durch die Bürger der Mitgliedsgemeinden – gegebenfalls bei gleichzeitiger Beschränkung auf ein jeweils *„imperatives Mandat"* – wäre deswegen für die Zukunft wünschenswert.

5.) Finanzierung

In Anlehnung an den Zweckverband (vgl. Art. 42 Abs. I KommZG) legt Art. 8 Abs. I S. 1 VGemO zur Erbringung des Finanzbedarfs der Verwaltungsgemein-

565 Vgl. auch *Haus*, Die unmittelbare Wahl der Vertretungskörperschaft und das demokratische Element in der Verwaltungsregion, in: *Verein für Kommunalwissenschaften Berlin* (Hrsg.), Die Verwaltungsregion - Aufgaben und Verfassung einer neuen Verwaltungseinheit, S. 107

566 Wollte man den berechtigten Interessen der Mitgliedsgemeinden Rechnung tragen und verhindern, daß ein allzu eigenständiges Handeln des direkt gewählten Vertreters sanktionslos bliebe, dürfte den Mitgliedern der Verbandsversammlung dann nur ein *„imperatives Mandat"* zugestanden werden (ähnlich der bisherigen Weisungsbefugnis durch die Mitgliedsgemeinden nach Art. 10 Abs. II VGemO i.V.m. Art. 33 Abs. II S. 4 KommZG). Ein bedingungsloses freies Mandat der Mitglieder der Verbandsversammlung, welches diese nur noch ihrem Gewissen unterwirft, könnte – statt zur vom Gesetz angestrebten Zusammenarbeit – zu heftigen Auseinandersetzungen zwischen Gemeinden und der Verwaltungsgemeinschaft führen. Da die Tätigkeit als Mitglied der Verbandsversammlung ein Ehrenamt ist, wäre bei einem groben Verstoß gegen eine erteilte Weisung eine Abberufung durch die Mitgliedsgemeinden möglich (vgl. Art. 86 BayVwVfG). Weiterhin müßten die Mitglieder der Verbandsversammlung – wie bisher – von den jeweiligen Mitgliedsgemeinden getrennt gewählt werden. Die Möglichkeit, die ganze Verbandsversammlung von allen Bürgern der Verwaltungsgemeinschaft zusammen wählen zu lassen, ist abzulehnen, denn dann bestünde, insbesondere bei unterschiedlich großen Mitgliedsgemeinden die Gefahr, daß einige Kommunen unterrepräsentiert sein könnten. Andererseits wäre in diesem Fall keine Weisungsmöglichkeit durch die einzelnen Mitgliedsgemeinden und somit keine direkte Einflußnahme auf wichtige Entscheidungen in ihrem Gebiet möglich.

schaft das Umlageprinzip fest, falls die sonstigen Einnahmen[567] ihren finanziellen Bedarf nicht decken können. Die von den Mitgliedsgemeinden zu erbringende Umlage ist daher nur subsidiäres Deckungsmittel und wird nach Art. 8 Abs. II S. 2 VGemO durch Beschluß der Gemeinschaftsversammlung in der Haushaltssatzung festgelegt.
Grundsätzlich deckt die Umlage alle Tätigkeiten der Verwaltungsgemeinschaft für ihre Mitgliedsgemeinden ab. Müßten nämlich die Mitgliedsgemeinden für die von der Verwaltungsgemeinschaft übernommenen Aufgaben nach Art. 4 Abs. I und II VGemO zusätzlich bezahlen, würde das Institut der Verwaltungsgemeinschaft „ad absurdum" geführt.[568] Allein zu dem Zweck, für die Kommunen Verwaltungsaufgaben zu erfüllen, ist sie existent, und zahlen die Gemeinden die Umlage. Diese deckt aber nicht die Kosten der Aufgaben nach Art. 4 Abs. III und IV S. 2 VGemO (vgl. Art. 8 Abs. I S. 5 VGemO). Der Kostenersatz für die Erledigung dieser Aufgaben muß in einer Zweckvereinbarung geregelt werden.
Zu den Einnahmen der Verwaltungsgemeinschaften kommen noch die Finanzzuweisungen durch das Land Bayern nach Art. 7 Abs. I S. 1 i.V.m. II Nr. 3 FAG für die von der Verwaltungsgemeinschaft übernommenen Aufgaben des übertragenen Wirkungskreises[569] und das Aufkommen an den von der Verwaltungsgemeinschaft erhobenen Verwarnungsgeldern und Geldbußen gem. Art. 7 Abs. II Nr. 5 FAG hinzu.
Der Umlageschlüssel wird im Gesetz im wesentlichen selbst festgelegt, da die Verwaltungsgemeinschaft keine Verbandssatzung hat. Die Umlage für die Aufgaben nach Art. 4 Abs. I und II VGemO wird nach dem Verhältnis der Einwohnerzahl der Mitgliedsgemeinden berechnet (vgl. Art. 8 Abs. I S. 2 VGemO).[570] Die Freistellung einer Mitgliedsgemeinde und die Begrenzung auf einen von ihr zu bezahlenden Höchstbetrag sind nur gem. Art. 8 Abs. I S. 4 VGemO durch die Regierung zur Abwehr einer unbilligen Härte möglich. Niemals können solche Regelungen zwischen den Körperschaften vereinbart werden.
Nichtig nach Art. 54 S. 1, 59 Abs. I BayVwVfG i.V.m. § 134 BGB sind nach der Rechtsprechung des BayVGH[571] im übrigen auch Vereinbarungen, die zusätzliche Vergütungen einer Mitgliedsgemeinde speziell für den Ausgleich des

---

[567] Die sonstigen Einnahmen bestehen insbesondere aus Verwaltungsgebühren und Verwaltungskosten nach dem Kostengesetz und dem Kostenverzeichnis (vgl. Art. 10 Abs. II VGemO i.V.m. Art. 42 Abs. IV KommZG).

[568] *Bauer/Böhle/Masson/Samper*, Bayerische Kommunalgesetze, Art. 8 VGemO, Anm. 1

[569] Nach dem Stand vom 23.02.2002 (GVBl. 2002, S. 78 ff.) sind dies 16,70 Euro pro Einwohner und Haushaltsjahr.

[570] Näher zu der Berechnung und den Ausnahmetatbeständen: *Widtmann/Grasser*, Bayerische Gemeindeordnung, Art. 8 VGemO, Rdnr. 5 ff.; *Hölz/Hien/Huber*, Gemeindeordnung für den Freistaat Bayern, Art. 8 VGemO, Anm. 2 ff.

[571] BayVGH, Urteil vom 25.05.1990, BayVBl. 1991, S. 18 ff.

„Sitzvorteils“[572] vorsehen. Solche würden der abschließenden Regelung in Art. 8 Abs. I S. 1 bis 4 VGemO entgegenstehen.

6.) Aufsicht

Bei Frage über die Aufsicht der Verwaltungsgemeinschaft ist zu beachten, daß sie nur teilweise Aufgaben der Mitgliedsgemeinden selbständig wahrnimmt, oftmals aber nur als ihre Behörde fungiert. Somit muß unterschieden werden:
Für Angelegenheiten innerhalb der Verwaltungsgemeinschaft, also solchen, die keinen Bezug nach außen haben[573], und für die auf die Verwaltungsgemeinschaft übertragenen Angelegenheiten des eigenen Wirkungskreises der Mitgliedsgemeinden nach Art. 4 Abs. III VGemO kommt nur Rechtsaufsicht in Betracht. Diese übt gem. Art. 10 Abs. II VGemO i.V.m. Art. 52 Abs. I Nr. 3 KommZG die Kreisverwaltungsbehörde als Rechtsaufsichtsbehörde aus.
Um Fachaufsicht über die Verwaltungsgemeinschaft handelt es sich bei der Aufsicht über die Wahrnehmung der Aufgaben der Gemeinden im übertragenen Wirkungskreis (Art. 4 Abs. I VGemO). Die Fachaufsichtsbehörde ist hier nach dem Gemeinderecht gem. Art. 10 Abs. II VGemO i.V.m. Art. 52 Abs. IV, 26 Abs. I KommZG i.V.m. Art. 115 GO zu bestimmen.
Übernimmt die Verwaltungsgemeinschaft die laufenden Verwaltungsangelegenheiten der Gemeinden im eigenen Wirkungskreis oder ihre Bürotätigkeiten und führt sie somit diese Aufgaben als ihre Behörde aus (Art. 4 Abs. II S. 2 bis 4 VGemO), wird hierbei jegliches Tätigwerden der Verwaltungsgemeinschaft den Mitgliedsgemeinden zugerechnet.[574] Die Aufsicht richtet sich somit hier nach der Gemeindeordnung.[575]
Ebenfalls liegt kein Fall der Aufsicht über die Verwaltungsgemeinschaft bei den den Mitgliedsgemeinden verbleibenden Aufgaben des übertragenen Wirkungskreises nach Art. 4 Abs. I S. 1 und 3 VGemO vor, da diese von den Kommunen selbst übernommen werden, und eine Rückübertragung nach Art. 4 Abs. III VGemO wegen dessen eindeutigen Wortlauts nicht in Betracht kommt. Die gem. Art. 109 Abs. II GO zuständige Fachaufsicht überwacht hier das Handeln der Mitgliedsgemeinden.

---

572 Also dafür, daß die Verwaltungsgemeinschaft in dieser Kommune ihren Sitz hat und gerade diese Gemeinde besonders leicht bei Bedarf auf die kompetente Verwaltung der Verwaltungsgemeinschaft zurückgreifen kann.

573 Z.B. Fragen der Ausstattung oder des Finanzbedarfs.

574 *Lissack*, Bayerisches Kommunalrecht, § 9, Rdnr. 24

575 Die zuständige Rechtsaufsichtsbehörde bestimmt Art. 110 GO.

7.) Bewertung und Würdigung des Rechtsinstituts

Die kurz nach Einführung der Verwaltungsgemeinschaft geäußerte Behauptung, diese Rechtsfigur sei keine Dauerlösung und stelle nur eine Übergangsform zur Großgemeinde dar[576], hat sich nicht bewahrheitet.
Wie sich die Verwaltungsgemeinschaft in der Praxis bewährt hat und von den Mitgliedsgemeinden wirklich angenommen wurde, soll genauer im nächsten Kapitel untersucht werden.
Es läßt sich aber schon hier festhalten, daß die Verwaltungsgemeinschaft nach bayerischem Muster ein sehr selbstverwaltungsfreundliches Modell ist, weil letztlich auch bei ihr weiterhin alle Selbstverwaltungsaufgaben eigenverantwortlich von der Kommune wahrgenommen werden.[577] Mit der Verwaltungsgemeinschaft wurde ein Rechtsinstitut gefunden, welches einerseits die oftmals in den ländlichen Teilen Bayerns nicht ausreichend vorhandene Verwaltungskraft stärkte und andererseits die kommunale Vielfalt erhielt[578], ohne dabei Großgemeinden zu bilden, in welche die Einwohner nur schwer zu integrieren wären. Dafür wurde in Kauf genommen, daß die Verwaltungsstruktur bei dieser Rechtsfigur nicht unkompliziert ist, und daß der Bürger auf den ersten Blick nicht immer leicht erkennen kann, ob nun die Mitgliedsgemeinde oder die Verwaltungsgemeinschaft ganz oder aber nur zum Teil zuständig ist.

Daß sich die Verwaltungsgemeinschaft in Bayern auf Dauer durchgesetzt hat, ist erstaunlich, wenn man die Vielzahl der Fälle, in denen nach den *Richtlinien* der Gemeindegebietsreform[579] Einheitsgemeinden gebildet werden sollten, mit dem einzigen in den *Richtlinien* genannten Grund[580] für die Errichtung einer Verwaltungsgemeinschaft vergleicht. Dann wird deutlich, daß im Rahmen der Gemeindegebietsreform die Einheitsgemeinde im bayerischen Konzept deutlich bevorzugt wurde.[581] Außerdem wurden Verwaltungsgemeinschaften nur mit 50% des Förderungsbetrages nach Art. 3 b Abs. VI FAG a.F. gefördert. Sie erhielten also nur die Hälfte der Beträge, die bewilligt worden wären, wenn die an der Verwal-

---

576 *Bröring*, Die Verwaltungsgemeinschaft, S. 173; *Hlépas*, Unterschiedliche rechtliche Behandlung von Großgemeinden und Kleingemeinden, S. 343

577 *Fischer-Heidlberger*, Die Rechtsstellung der Mitgliedsgemeinden in der Verwaltungsgemeinschaft, S. 139

578 *Fischer-Heidlberger*, Die Rechtsstellung der Mitgliedsgemeinden in der Verwaltungsgemeinschaft, S. 140

579 Vgl. die *„Richtlinien für die Zusammenfassung der Gemeinden zu größeren Verwaltungseinheiten"*, MABl. 1971, S. 845; außerdem Kap. B II 2.) d)

580 Wenn in Gebieten mit geringer Bevölkerungsdichte zwischen den Gemeinden größere Entfernungen bestehen (MABl. 1971, S. 849).

581 *Bocklet*, Gemeindeverfassung und Gemeindereform in Bayern, in: *Rausch/Stammen* (Hrsg.), Aspekte und Probleme der Kommunalpolitik, S. 97

tungsgemeinschaft beteiligten Gemeinden sich zu einer Einheitsgemeinde zusammengeschlossen hätten (vgl. Art. 3 a Abs. II FAG a.F.).[582]

Seinerzeit wurde auch befürchtet, durch die Figur der Verwaltungsgemeinschaft käme es zu einem langsamen Absterben der Selbstverwaltung in den Mitgliedsgemeinden.[583] Das Interesse in den Kommunen werde sich fort an nur noch auf die Organe der Verwaltungsgemeinschaft richten. Zumindest käme es aber durch die weitgehende Delegation von Aufgaben zu einem Ungleichgewicht zwischen Gemeindeverwaltung und Mitgliedsgemeinde.[584]
Diese Vorhersagen sind jedoch in der Praxis nicht in nennenswertem Umfang eingetreten, wie nachstehend noch zu zeigen sein wird. Das Weisungsrecht und die Vertretungsbefugnis des Ersten Bürgermeisters sicherten nämlich den Mitgliedsgemeinden im eigenen Wirkungskreis jederzeit die alleinige Verantwortung über alle sie betreffenden wichtigen Angelegenheiten. Durch die leistungsfähige Verwaltung der Gemeinschaft und die Befreiung von den wesentlichen Aufgaben des übertragenen Wirkungskreises, welche viele Gemeinden früher an den Rand ihrer Leistungsfähigkeit brachten, können sich durch das Institut der Verwaltungsgemeinschaft die meist immer noch relativ kleinen Kommunen den wesentlichen Aufgaben in ihrem Gemeinwesen widmen. Verwaltungsgemeinschaften waren daher gerade „bei den Siedlungsverhältnissen des (bayerischen) Alpen- und Alpenvorlandes der Einheitsgemeinde vorzuziehen“.[585]

Daß ein möglicherweise zwischen den Mitgliedsgemeinden bestehendes soziales Gefälle nicht vollständig beseitigt wurde[586], die Leistungskraft und Wirtschaftlichkeit in manchen Kommunen geringer sind als in anderen und sich die Organisationsform der Verwaltungsgemeinschaft nicht ganz so klar und einfach darstellt, wie dies bei der Bildung von Großgemeinden der Fall gewesen wäre[587], wird dabei nicht verhehlt. Diese Gegebenheiten können aber die oben genannten Vorteile der verbandlichen Lösung „Verwaltungsgemeinschaft“ nicht schmälern. Positiv kommt bei dieser noch hinzu, daß sich hier im Gegensatz zur Eingemeindung der Verlust an kommunalen Ehrenämtern in Grenzen hielt.[588] Ehrenämter stellen ein wichtiges Element der Verwirklichung der Demokratie in den

---

582 Vgl. *Memminger*, Übersicht über die Gemeindegebietsreform, BayBgm. 1973, S. 113
583 *Bocklet*, Gemeindeverfassung und Gemeindereform in Bayern, in: *Rausch/Stammen* (Hrsg.), Aspekte und Probleme der Kommunalpolitik, S. 99
584 *Bocklet*, Gemeindeverfassung und Gemeindereform in Bayern, in: *Rausch/Stammen* (Hrsg.), Aspekte und Probleme der Kommunalpolitik, S. 99
585 *Koch*, Vereinbarte Verwaltungsgemeinschaft, BayVBl. 1973, S. 639
586 *Bröring*, Die Verwaltungsgemeinschaft, S. 115
587 Vgl. *Bröring*, Die Verwaltungsgemeinschaft, S. 122
588 *Loschelder*, Die Kommunalverfassung in ihrer Bewährung, DÖV 1969, S. 801 ff.

Ortschaften dar, die – wo immer es vernünftig ist – erhalten werden sollten.[589] Gerade in Zeiten knapper Kassen ist die Bildung von Verwaltungsgemeinschaften ein geeignetes Mittel, Einsparungen bei den Personalkosten der Gemeinden zu erreichen, denn diese könnten beispielsweise die Führung der Gemeindekassen und die Einwohnermelde- und Standesämter einsparen, ohne aber ihre rechtliche Selbständigkeit – wie im Fall einer Eingemeindung – aufgeben zu müssen.

Allerdings ist das Rechtsinstitut der Verwaltungsgemeinschaft nach mehr als drei Jahrzehnten seines Bestehens in einigen Punkten durchaus reformbedürftig. Neben der schon erwähnten[590] nur mittelbaren demokratischen Legitimation der Gemeinschaftsversammlung, die umgewandelt werden sollte in eine direkte Wahl durch die Gemeindebürger, wäre eine Stärkung der Stellung des Geschäftsstellenleiters – weg vom bloßen „Befehlsempfänger" hin zum Verwaltungsmanager – wünschenswert. Gar nicht selten, so berichten befragte[591] Mitgliedsgemeinden, komme es in der Praxis vor, daß der Gemeinschaftsvorsitzende versuche, seiner Gemeinde Vorteile zum Nachteil der anderen Mitgliedsgemeinden zu verschaffen. Um alle Vorteile der Rechtsfigur „Verwaltungsgemeinschaft" nutzen zu können, ist es unumgänglich, daß die Verwaltung einer Verwaltungsgemeinschaft völlig unabhängig arbeitet und alle Mitgliedsgemeinden gleich behandelt. Aus diesem Grund muß darüber nachgedacht werden, gegebenfalls dem Leiter der Geschäftsstelle mehr Aufgaben zur selbständigen Erledigung und ohne Einflußmöglichkeit des Verbandsvorsitzenden zu übertragen[592], zumal die Kompetenz und Vorbildung mancher Mandatsträger zur Leitung einer Verwaltungsgemeinschaft von nicht wenigen der befragten Verwaltungsbediensteten angezweifelt wurde.
Nicht zuletzt bedarf es einer Überarbeitung der Umlagefinanzierung nach Art. 8 VGemO dahingehend, den Vorteil der Sitzgemeinde gesetzlich bei der Umlageermittlung zu berücksichtigen. Der Sitzgemeinde und ihrem Bürgermeister ist es im Gegensatz zu den anderen Mitgliedsgemeinden möglich, in schwierigen Fragen und komplizierten Angelegenheiten schnell und unbürokratisch auf den fachkundigen Verwaltungsapparat der Verwaltungsgemeinschaft zurückgreifen zu können.[593]

---

589 *Scheuner*, Die Verwaltungsreform und die bürgerschaftliche Mitwirkung in der Selbstverwaltung, Der Gemeinderat 1966, S. 82

590 Siehe Kap. C I 4.) e)

591 Siehe Kap. D

592 Allerdings darf hierbei nicht außer acht gelassen werden, daß der Geschäftsstellenleiter nicht – auch nicht mittelbar – von der Bevölkerung legitimiert ist.

593 Hiervon wird in der Verwaltungspraxis auch häufig Gebrauch gemacht (siehe Kap. D IV 5.)).

II: Das Gesetz über die kommunale Zusammenarbeit (KommZG)

Vor den einschneidenden Maßnahmen, die mit der bayerischen Gebietsreform verbunden waren, versuchte man zunächst im Jahre 1966 die kommunale Zusammenarbeit zwischen den Gemeinden zu intensivieren und auf eine gesicherte rechtliche, den Anforderungen an ein modernes Kommunalrecht genügende Grundlage zu stellen.
Viele erhofften sich sogar von dem *„Gesetz über die kommunale Zusammenarbeit"* (KommZG) eine derartige Stärkung der Leistungskraft kleinerer Gemeinden, daß allein mit Hilfe des KommZG die Probleme und Strukturfragen des ländlichen Raumes gelöst werden würden.[594] Diese Annahme verkannte aber die Ziele und Schranken des Gesetzes, das im wesentlichen nur das Recht der kommunalen Zusammenarbeit an die bayerische Kommunalgesetzgebung anzugleichen versuchte. Außerdem setzt eine Zusammenarbeit auf kommunaler Ebene immer eine gewisse Mindestleistungsfähigkeit voraus. Denn es widerspräche dem Gedanken des Selbstverwaltungsrechts, wenn eine Kommune mangels Leistungsvermögens nahezu alle ihre Aufgaben auf interkommunale Einrichtungen übertragen müßte. Außerdem müssen solche Dienste auch finanziert werden, was kleinen und wirtschaftlich schwachen Gemeinden nur schwer möglich ist. Somit war das Instrument des KommZG keine Alternative zur Gemeindegebietsreform der siebziger Jahre.[595]

Auch wenn aber durch die Reform der Gemeinden leistungsfähigere Kommunen geschaffen wurden, hat die kommunale Zusammenarbeit heute nicht an Bedeutung verloren. Denn durch Zusammenarbeit kann das Selbstverwaltungsrecht des Aufgabenträgers jedenfalls weit besser sichergestellt werden als dies bei einer Verlagerung auf eine höhere Ebene (z.B. nach Art. 52 LKrO) der Fall wäre.
Eine Folge des Überlebens gerade auch vieler kleinerer Gemeinden in Bayern ist insbesondere die große Anzahl[596] von Zweckverbänden[597], ein weiterhin stark genutztes, wenn auch umstrittenes Mittel zur Bewältigung kommunaler Aufgaben. Viele Angelegenheiten im eigenen Wirkungskreis[598] lassen sich nur durch großräumige Einrichtungen effektiv und wirtschaftlich betreiben.
Auch spielen die Bestimmungen des KommZG eine bedeutsame Rolle für die Verwaltungsgemeinschaft (vgl. Art. 10 Abs. II VGemO).

---

594 *Prandl*, Das Gesetz über die kommunale Zusammenarbeit, BayBgm. 1965, S. 151

595 Vgl. auch BayVGH vom 08.03.1962, BayVBl. 1962, S. 151 (152)

596 Am 31. Dezember 1998 gab es in Bayern 1.495 Zweckverbände (Quelle: *Bayerisches Landesamt für Statistik und Datenverarbeitung* (Anfrage)).

597 *Schulz* in: *Bauer/Hauth/Nitsche/Schulz/Stanglmayr/Wachsmuth/Zwick*, Gemeindeordnung für den Freistaat Bayern, Art. 11 GO, Erl. 7

598 Z.B. die Wasserversorgung gem. Art. 57 Abs. II GO.

1.) Die Entwicklung des Rechts der kommunalen Zusammenarbeit in Bayern

Eine zwischengemeindliche Zusammenarbeit gab es bereits seit den Anfängen der Siedlungsgemeinschaft, speziell zur Abwehr von Naturgewalten.[599] Im Rahmen der Industrialisierung gewann zu Beginn des 19. Jahrhunderts die interkommunale Zusammenarbeit immer mehr an Bedeutung. Das *Gemeindeedikt von 1818*[600] sah sog. „Distriktgemeinden" als Leistungsverband benachbarter Gemeinden vor, die gemeinsam wichtige überörtliche Aufgaben wie beispielsweise den Straßenbau wahrnahmen. Die Distriktgemeinden hatten keine eigene Rechtspersönlichkeit, sondern die einzelnen Gemeinden blieben darin vollkommen selbständig, lediglich bezüglich bestimmter Aufgaben kamen sie miteinander in Verbindung.[601]

Die *Gemeindeordnung von 1869*[602] führte das aus der Pfalz stammende Institut der Bürgermeisterei ein, das den Zusammenschluß mehrerer Gemeinden zur gemeinsamen Verwaltung durch einen Bürgermeister unter Aufrechterhaltung ihrer Selbständigkeit gestattete. Dadurch sollte kleineren Gemeinden die Chance gegeben werden, ihre gesetzlichen Aufgaben besser erfüllen zu können.

Erstmals ermöglichte das an das preußische Zweckverbandsgesetz angelehnte *„Gesetz über die Selbstverwaltung"*[603] die Schaffung von Zweckverbänden mit eigener Rechtspersönlichkeit zu beliebigen, gesetzlich nicht mehr genau festgelegten Zwecken.[604]

Die *Gemeindeordnung von 1927*[605] enthielt eine erste ausführliche Regelung des Zweckverbandsrechts, wobei dieses auch auf die Landkreise und Bezirke ausgedehnt wurde.[606] Da die *Deutsche Gemeindeordnung vom Jahre 1935*[607] keine Bestimmungen über das Zweckverbandsrecht enthielt, gingen die Regelungen von 1927 fast unverändert in die *„Bayerische Angleichsverordnung zur Deutschen Gemeindeordnung"* vom 01. April 1935[608] über.[609]

---

599 *Endrös*, Die kommunale Zusammenarbeit in Bayern, Einführung, S. 5
600 GBl. 1818, Sp. 49 ff.
601 *Klingshirn*, Kommunale Zusammenarbeit auf öffentlich-rechtlicher Grundlage in Bayern, S. 3
602 GBl. 1869, Sp. 865 ff.
603 GVBl. 1919, S. 239 ff.
604 Gilbert, Gesetz über die kommunale Zusammenarbeit, Einführung, S. 1/2
605 GVBl. 1927, S. 293 ff.
606 *Gilbert*, Das Gesetz über die kommunale Zusammenarbeit, BayVBl. 1967, S. 37
607 RGBl. 1935, Bd. I, S. 49 ff.
608 GVBl. 1935, S. 180 ff.
609 *Tschira*, Das neue Gesetz über kommunale Zusammenarbeit in Bayern, Der Landkreis 1966, S. 411

Weil die Idee von kommunaler Zusammenarbeit gut in das nationalsozialistische System paßte, wurde am 07. Juni 1939 das *Reichszweckverbandsgesetz*[610] erlassen, das die vorherigen Regelungen ablöste. Aufgrund der Kriegsgeschehnisse konnten die vom Gesetz verfolgten Ziele jedoch nicht mehr im vollen Umfang verwirklicht werden.[611]
Nach dem Zweiten Weltkrieg galt das *Reichszweckverbandsgesetz* als Teil des Kommunalrechts – natürlich ohne die einschlägigen nationalsozialistischen Passagen und das Führerprinzip – als Landesrecht weiter (Art. 122 Abs. I Nr. 3 GO a.F.).
Nach mehrjährigen Vorarbeiten erließ am 12. Juli 1966 der *Bayerische Landtag* das *„Gesetz über die kommunale Zusammenarbeit"*[612], das zum 01. Juli 1966 rückwirkend in Kraft trat. Darin wurde das Recht der kommunalen Zusammenarbeit völlig neu geordnet[613] und das *Reichszweckverbandsgesetz* aufgehoben.

2.) Die Formen kommunaler Zusammenarbeit nach dem KommZG

Das Gesetz sieht in Art. 2 Abs. I KommZG vier Rechtsformen der kommunalen Zusammenarbeit vor: die (einfache und besondere) Arbeitsgemeinschaft, die Zweckvereinbarung, den Zweckverband sowie das gemeinsame Kommunalunternehmen. Nur die beiden letzteren sind eigene Rechtspersönlichkeiten (vgl. Art. 2 Abs. II, III und IV KommZG). Neben den Gemeinden, Verwaltungsgemeinschaften, Eigentümern gemeindefreier Gebiete, Landkreisen und Bezirken können sich andere Körperschaften, Anstalten und Stiftungen des öffentlichen Rechts und auch natürliche und juristische Personen des Privatrechts an kommunaler Zusammenarbeit nur beteiligen, soweit das KommZG ausdrücklich ihre Beteiligung vorsieht (vgl. Art. 1 Abs. I S. 3 KommZG). Bei Gemeinden, die der gleichen Verwaltungsgemeinschaft angehören, ist aber nach Art. 3 Abs. I S. 2 KommZG eine kommunale Zusammenarbeit nach dem KommZG nur dann möglich, wenn die Verwaltungsgemeinschaft die Aufgabe nicht ebenso wirkungsvoll und effektiv erfüllen kann. Sinn und Zweck des Vorrangs der Verwaltungsgemeinschaft vor dem Zweckverband ist die Vermeidung von Paralleleinrichtungen, die das System der Verwaltungsgemeinschaft aushöhlen könnten.
Im Bereich der Pflichtaufgaben des eigenen Wirkungskreises bestimmt die Gemeindeordnung in Art. 57 Abs. III GO bei Vorliegen einer nicht leistungsfähigen Kommune ebenfalls ausdrücklich den Vorrang der kommunalen Zusam-

[610] RGBl. 1939, Bd. I, S. 979 ff.
[611] *Klingshirn*, Kommunale Zusammenarbeit auf öffentlich-rechtlicher Grundlage in Bayern, S. 7
[612] GVBl. 1966, S. 218 ff.
[613] *Klingshirn*, Begriff und Wesen der Zweckvereinbarung nach dem Gesetz über die kommunale Zusammenarbeit, BayVBl. 1967, S. 299

menarbeit im Sinne des KommZG vor der Verlegung der Aufgabe auf den Landkreis nach Art. 52 LKrO.

a) Die kommunale Arbeitsgemeinschaft

Obwohl es kommunale Arbeitsgemeinschaften in mehr oder minder loser Form[614] wohl schon immer gegeben hat[615], war die Kodifizierung dieses Instituts in das bayerische KommZG gesetzgeberisches Neuland.[616]
Das KommZG in Bayern unterscheidet zwischen der einfachen und der besonderen Arbeitsgemeinschaft.

aa) Einfache Arbeitsgemeinschaft

Die Arbeitsgemeinschaft als lockerste Form der kommunalen Zusammenarbeit kann gem. Art. 4 Abs. I S. 1 KommZG von Gemeinden, Landkreisen und Bezirken durch öffentlich-rechtlichen Vertrag gebildet werden. An ihr können sich nach Art. 4 Abs. I S. 2 KommZG aber auch sonstige Körperschaften, Anstalten und Stiftungen des öffentlichen Rechts sowie natürliche und juristische Personen des Privatrechts beteiligen. Im Gegensatz zum Zweckverband entsteht keine neue Rechtspersönlichkeit, und die Rechte und Pflichten der Beteiligten gegenüber Dritten werden gem. Art. 4 Abs. III KommZG nicht berührt.
Die Arbeitsgemeinschaft befaßt sich nach Art. 4 Abs. II KommZG mit Angelegenheiten, welche die an ihr Beteiligten vornehmlich gemeinsam berühren.[617] Im Unterschied zu anderen Rechtsformen kommunaler Zusammenarbeit können bei dieser Rechtsfigur keine Aufgaben übertragen werden. Die Beteiligten bei der einfachen Arbeitsgemeinschaft sind nicht an deren Beschlüsse gebunden, vielmehr handelt es sich hierbei nur um Beschlußempfehlungen an die zuständigen

---

[614] Z.B. die „Arbeitsgemeinschaft fränkischer Wirtschaftsraum".

[615] FSt. 1967, Rdnr. 71

[616] Vorläufer dieser das Selbstverwaltungsrecht besonders berücksichtigenden Form gemeindlicher Zusammenarbeit war die in § 41 des *„Preußischen Einführungsgesetzes"* zum *„Gesetz über die kommunale Neugliederung des rheinisch-westfälischen Industriegebietes"* vom 29. Juli 1929 (GS f. Pr. 1929, S. 91 ff.) geregelte zwischengemeindliche Arbeitsgemeinschaft, die aber damals nur einen begrenzten Anwendungsbereich gefunden hat (*Pagenkopf*, Kommunalrecht, Band 1, § 19, Ziff. I 1). Dem *Reichszweckverbandsgesetz* von 1939 (RGBl. 1939, Bd. I, S. 979 ff.) war diese Rechtsfigur fremd, fand sich aber in dem vom *Deutschen Städtetag* 1947 vorgelegten Entwurf eines *„neuen Zweckverbandsgesetzes"* (vgl. *Doose*, Interkommunale Zusammenarbeit, Der Städtetag 1966, S. 494). Nordrhein-Westfalen hat schließlich als erstes Bundesland im Jahre 1961 die Arbeitsgemeinschaft gesetzlich geregelt (vgl. *Rothe*, Neues Zweckverbandsrecht in Nordrhein-Westfalen, DVBl. 1962, S. 385/386).

[617] In erster Linie mit Planungsabstimmungen.

Organe. Dies wird manchmal als Nachteil[618] empfunden, weil bei der Arbeitsgemeinschaft der Mehrheitswille nur freiwillig erfolgt, aber nicht gegen den Willen einer Gemeinde durchgesetzt werden kann. Gerade in der flexiblen Handhabung ohne Bindungswirkung liegt aber der Sinn und der Vorteil dieser Rechtsfigur und das für die Gründung einer Arbeitsgemeinschaft als Voraussetzung gegebene gemeinsame Interesse sichert in der Regel die Bereitschaft zum Zusammenwirken und damit eine erfolgreiche Tätigkeit. Die Mitgliedschaft in einer einfachen Arbeitsgemeinschaft kann im Umkehrschluß zu Art. 6 KommZG durch jederzeitiges Ausscheiden beendet werden.
Mangels eigener Rechtspersönlichkeit unterliegt die kommunale Arbeitsgemeinschaft selbst keiner Aufsicht. Lediglich die einzelnen Beteiligten unterstehen staatlicher Beobachtung. Etwas zweideutig ist die Formulierung in Art. 4 Abs. V S. 1 KommZG, wonach die Aufsichtsbehörde auf die Bildung einer Arbeitsgemeinschaft hinwirken kann. Der Begriff „hinwirken" meint aber jedenfalls kein Weisungsrecht der Aufsichtsbehörden, sondern nur den Einsatz faktischer, nicht rechtlicher Mittel.[619]

Vorteil der einfachen Arbeitsgemeinschaft ist ihr geringer Gründungsaufwand, allerdings hat sie keinerlei Befugnis zur selbständigen und eigenverantwortlichen Erledigung kommunaler Aufgaben.

bb) Besondere Arbeitsgemeinschaft

Gem. Art. 5 Abs. I S. 1 KommZG können die Mitglieder einer Arbeitsgemeinschaft vereinbaren, daß sie an deren Beschlüsse gebunden sind, wenn die zuständigen Organe aller Beteiligten diesen Beschlüssen zugestimmt haben. Es handelt sich in diesem Fall um eine „besondere Arbeitsgemeinschaft". Gem. Art. 5 Abs. I S. 2 KommZG kann ferner vereinbart werden, daß bereits die Zustimmung der Mehrheit der zuständigen Organe der beteiligten Gebietskörperschaften für alle Beteiligten Bindungswirkung hat bei Beschlüssen über in dieser Vorschrift festgelegten Angelegenheiten.
Gegenbeschlüsse der einzelnen Organe der Mitglieder können bei der besonderen Arbeitsgemeinschaft ihre Beschlußmaßnahmen somit nicht mehr aufheben. Die Bindungswirkung besteht allerdings nur im Innenverhältnis der Beteiligten, weshalb Dritte die Einhaltung der Verpflichtungen nicht erzwingen können.[620] Eine weitere Variante der besonderen Arbeitsgemeinschaft besteht in der Mög-

618 *Donhauser*, Formen und Möglichkeiten gemeindlicher Zusammenarbeit zur Stärkung der Verwaltungskraft, S. 57
619 *Schulz*, Gesetz über die kommunale Zusammenarbeit, Art. 4 KommZG, Erl. 4
620 *Lissack*, Bayerisches Kommunalrecht, § 9, Rdnr. 34

lichkeit, die zuständigen Organe der Beteiligten nach Art. 5 Abs. II KommZG zu verpflichten, binnen drei Monaten über Anregungen der Arbeitsgemeinschaft zu beschließen. Dadurch soll eine Verschleppung oder ein Nichtverhandeln in den Beschlußgremien der Mitglieder verhindert werden. Die nach Art. 5 Abs. III KommZG den Beteiligten obliegenden Unterrichtungs- und Anzeigepflichten gegenüber den Aufsichtsbehörden bei der Bildung von besonderen Arbeitsgemeinschaften dienen dem Schutz schwächerer Mitglieder vor Mißbrauch.[621]

b) Die Zweckvereinbarung

Auch bei der Zweckvereinbarung nach Art. 7 ff. KommZG entsteht keine neue Rechtspersönlichkeit, aber doch eine wesentlich höhere Bindung der Beteiligten als bei einer Arbeitsgemeinschaft, zumal Zweckvereinbarungen Außenwirkung gegenüber Dritten haben.
Zur Teilnahme an einer durch öffentlich-rechtlichen Vertrag gebildeten Zweckvereinbarung berechtigt sind nur Gemeinden, Landkreise, Bezirke und die in Art. 1 Abs. I S. 2 und Abs. II KommZG Genannten. Dagegen ist eine Beteiligung anderer juristischer Personen des öffentlichen Rechts oder juristischer bzw. natürlicher Personen des Privatrechts nicht vorgesehen. Der Gesetzgeber wollte damit eine Übertragung kommunaler Aufgaben auf nichtkommunale Aufgabenträger vermeiden.[622]

Gegenstand einer Zweckvereinbarung kann nach Art. 7 Abs. II S. 1 KommZG nur die Übertragung einzelner oder aller mit einem bestimmten Zweck zusammenhängender Aufgaben auf eine der beteiligten Gebietskörperschaften sein[623], die in der Zweckvereinbarung genau aufzuführen sind (Art. 10 Abs. I KommZG). Dabei soll gem. Art. 7 Abs. II S. 2 KommZG der Umfang der übertragenen Aufgaben im Verhältnis zum Umfang der entsprechenden eigenen Aufgaben der übernehmenden Gebietskörperschaft nachrangig sein.
Bei einer Aufgabenübertragung gehen regelmäßig die zur Erfüllung dieser Aufgabe notwendigen Befugnisse mit über (Art. 8 Abs. I KommZG), es sei denn, in der Zweckvereinbarung ist ausdrücklich etwas anderes bestimmt. Hingegen gibt diese Vorschrift der übernehmenden Gebietskörperschaft nicht das Recht, Satzungen und Verordnungen zu erlassen. Ein diesbezügliches Rechtssetzungsrecht müßte nach Art. 11 Abs. I KommZG ausdrücklich in der Zweckvereinbarung

621 *Tschira*, Das neue Gesetz über kommunale Zusammenarbeit in Bayern, Der Landkreis 1966, S. 413

622 *Gilbert*, Gesetz über die kommunale Zusammenarbeit, Einführung, S. 9

623 Nach Art. 7 Abs. III KommZG ist auch die gemeinschaftliche Durchführung einzelner oder aller mit einem bestimmten Zweck zusammenhängenden Aufgaben durch die Beteiligten möglich.

festgelegt werden. Dasselbe gilt für die Befugnis zur Durchführung der erforderlichen Maßnahmen, mithin zum Vollzug der Rechtsvorschriften. Im Fall der gemeinschaftlichen Durchführung nach Art. 7 Abs. III KommZG verbleiben jedoch alle Befugnisse bei den Beteiligten und dürfen nicht gemeinschaftlich ausgeführt werden (Art. 8 Abs. III KommZG).
Bei Pflichtaufgaben hat die Kompetenzverlagerung durch die Aufgabenübertragung im Fall des Art. 7 Abs. II S. 1 KommZG zur Folge, daß die gesetzliche Verpflichtung zu ihrer Ausführung gem. Art. 8 Abs. II KommZG kraft Gesetzes auf die übernehmende Körperschaft übergeht. Bei freiwilligen Aufgaben wird die Pflicht nach Maßgabe der Zweckvereinbarung begründet.[624]

Nach Art. 10 Abs. II KommZG kann den übrigen Beteiligten, die einer Gebietskörperschaft eine Aufgabe übertragen haben, ein Anhörungs- und Zustimmungsrecht eingeräumt werden. Dabei muß in der Zweckvereinbarung detailliert bestimmt werden, auf welche Angelegenheiten genau sich das Mitwirkungsrecht der Zustimmung beziehen soll. Eine Mitbestimmung in allen Angelegenheiten ist jedenfalls nicht zulässig, denn dann läge eine Übertragung der Durchführung von Aufgaben vor.[625]
Wurde das betreffende Mitglied trotz einer diesbezüglichen Pflicht nicht angehört, ist ein von der übertragenen Gebietskörperschaft ergangener Verwaltungsakt rechtswidrig (vgl. Art. 44 Abs. III Nr. 4 BayVwVfG). Dagegen bleibt es ohne Wirkung, wenn diese nach Anhörung eine Maßnahme entgegen der Ansicht des Anhörungsberechtigten erläßt. Trifft der Beteiligte, dem eine Aufgabe oder Befugnis übertragen wurde, eine nach Art. 10 Abs. II KommZG als zustimmungsbedürftig vereinbarte Maßnahme entgegen dem ausdrücklichen Willen der abgebenden Körperschaft, so ist ein ohne die erforderliche Zustimmung erlassener Verwaltungsakt der übernehmenden Gebietskörperschaft ebenfalls rechtswidrig und sowohl von dem betroffenen Dritten als auch von der übergangenen Körperschaft anfechtbar; eine so erlassene Rechtsnorm ist nichtig.[626] Dem „abgebenden" Beteiligten steht in einem solchen Fall auch ein außerordentliches Kündigungsrecht und gegebenenfalls ein Schadenersatzanspruch zu.[627]

Lediglich der Aufsichtsbehörde anzuzeigen sind gem. Art. 12 Abs. I KommZG Zweckvereinbarungen, bei denen es zu keiner Änderung der Zuständigkeit hinsichtlich hoheitlicher Befugnisse kommt. Weil aber regelmäßig auch Befugnisse nach Art. 8 Abs. I KommZG übertragen werden, verlangt Art. 12 Abs. II

---

[624] *Schulz*, Gesetz über die kommunale Zusammenarbeit, Art. 8 KommZG, Erl. 3
[625] *Wachsmuth/Oehler/Reif*, Kommunale Zusammenarbeit in Bayern, Art. 11, Anm. 2
[626] *Schulz/Stadlöder*, Gesetz über die kommunale Zusammenarbeit, Art. 10 KommZG, Erl. 3
[627] *Schulz*, Gesetz über die kommunale Zusammenarbeit, Art. 10 KommZG, Erl. 3

KommZG auch in diesen Fällen eine aufsichtliche Genehmigung. Genehmigungspflichtige Zweckvereinbarungen und die Genehmigung selbst müssen amtlich bekannt gemacht werden (Art. 13 Abs. I KommZG).
Art. 14 Abs. III KommZG regelt die Voraussetzungen für eine ordentliche und außerordentliche Kündigung.

Eine Pflichtvereinbarung ist nach Art. 16 Abs. I KommZG nur möglich, wenn die Gebietskörperschaft eine Pflichtaufgabe des eigenen Wirkungskreises mangels Leistungsfähigkeit nicht mehr erfüllen kann. Dann kann die Aufsichtsbehörde den beteiligten Körperschaften eine angemessene Frist zur Schließung einer Zweckvereinbarung setzen. Kommt eine Vereinbarung innerhalb dieser Zeitspanne nicht zustande, trifft die Aufsichtsbehörde gem. Art. 16 Abs. II S. 1 KommZG nach vorheriger Anhörung der Beteiligten eine Regelung, die wie eine Zweckvereinbarung zwischen den Beteiligten gilt (sog. „Pflichtvereinbarung“). Konsequenterweise kann nach Art. 16 Abs. III S. 2 KommZG eine Pflichtvereinbarung nur mit Genehmigung der Aufsichtsbehörde geändert und von den Beteiligten selbst nicht wieder aufgehoben werden (Art. 16 Abs. IV KommZG).
Bei der Pflichtvereinbarung handelt es sich um einen Verwaltungsakt[628], der vor den Verwaltungsgerichten überprüft werden kann.

Die Aufsicht über die einzelnen Gebietskörperschaften erstreckt sich nach Art. 51 Abs. II KommZG auch auf die ihnen durch Zweckvereinbarung übertragenen Aufgabe und Befugnisse.

Ein positives Merkmal der kooperativen Zweckvereinbarung ist – wie bei der Arbeitsgemeinschaft auch – ihr geringer Gründungsauwand. Im Gegensatz zu ihr sind bei der Zweckvereinbarung aber eine Befugnisübertragung und ein weiter Spielraum bei der Ausgestaltung der Zusammenarbeit möglich. Jedoch besteht bei der Zweckvereinbarung leicht die Gefahr einer Dominanz der ausführenden Gebietskörperschaft.

c) Der Zweckverband

aa) Bildung, Verwaltung und Aufsicht

Kernstück und gleichzeitig wichtigste Form der kommunalen Zusammenarbeit – speziell bei der Durchführung größerer Gemeinschaftsvorhaben – ist der

[628] Vgl. *Prandl/Gillessen*, Kommunale Zusammenarbeit in Bayern, Art. 17 KommZG, Erl. 2

Zweckverband[629], ein Zusammenschluß in erster Linie von Gemeinden oder Gemeindeverbänden zur gemeinsamen Erfüllung bestimmter Aufgaben, zu deren Wahrnehmung sie berechtigt oder verpflichtet sind.[630]

Der Zweckverband ist die straffste Organisationsform der kommunalen Zusammenarbeit.[631] Gem. Art. 2 Abs. III KommZG ist er eine Körperschaft des öffentlichen Rechts, aber wie die Verwaltungsgemeinschaft mangels Universalität seines Wirkungskreises weder Gebietskörperschaft[632] noch Gemeindeverband. Ihm können neben einzelnen Aufgaben[633] gem. Art. 17 Abs. I KommZG auch eine Mehrzahl von Aufgaben („alle mit einem bestimmten Zweck zusammenhängende Aufgaben") übertragen werden.
Die Rechtsform des Zweckverbands und nicht die lediglich lockere Variante der Zweckvereinbarung wird von den Beteiligten dann gewählt, wenn aus Gründen der Komplexität der zu übertragenden Aufgaben diese von einer Gebietskörperschaft alleine nicht bewältigt werden können, und deshalb auch die Bildung einer Zweckvereinbarung nicht möglich ist.[634]
Mitglieder eines Zweckverbands können neben Gemeinden, Landkreisen und Bezirken nach Art. 17 Abs. II KommZG auch andere Körperschaften, Anstalten und Stiftungen des öffentlichen Rechts sein. Daneben ist auch die Beteiligung natürlicher und juristischer Personen des Privatrechts möglich, wenn die Erfüllung der Verbandsaufgaben dadurch gefördert wird und Gründe des öffentlichen Wohls nicht entgegenstehen.

Dem Zweckverband können Aufgaben des eigenen wie auch des übertragenen Wirkungskreises, freiwillige oder Pflichtaufgaben übertragen werden. Seit kurzem[635] erhalten Zweckverbände die Möglichkeit, nach Art. 7 Abs. V S. 1

---

629 Der Begriff „Zweckverband" für die Zusammenarbeit mehrerer Gemeinden zum Zweck der gemeinschaftlichen Wahrnehmung kommunaler Aufgaben wurde in Deutschland erstmals 1897 verwendet. Im Gegensatz zu Preußen, wo bereits 1911 ein eigenes *„Preußisches Zweckverbandsgesetz"* (PrZwVG) (GS f. Pr. 1911, S. 115 ff.) erlassen wurde, hat Bayern diese Materie bis zum Erlaß des *„Reichszweckverbandsgesetzes"* von 1939 (RGBl. 1939, Bd. I, S. 979 ff.) nur in seinen Gemeindeordnungen geregelt (vgl. *Luppert*, Der kommunale Zweckverband, S. 82 ff.). Der Zweckverband hat sich aber anders als in Preußen in Bayern bis zum Zweiten Weltkrieg nie durchsetzen können und wurde nur ganz vereinzelt gebildet (vgl. *Seydel*, Die kommunalen Zweckverbände, S. 72).

630 *Doose*, Interkommunale Zusammenarbeit, Der Städtetag 1966, S. 495

631 FSt. 1967, Rdnr. 73

632 *Rothe*, Selbsthilfe der Gemeinden durch interkommunale Zusammenarbeit, Stadt und Gemeinde 1991, S. 422

633 So noch in § 1 Abs. I des *Reichszweckverbandsgesetzes* festgelegt.

634 *Lissack*, Bayerisches Kommunalrecht, § 9, Rdnr. 43

635 Siehe *„Gesetz zur Änderung des Kommunalrechts"* vom 26.07.2004 (GVBl. 2004, S. 272 ff.)

KommZG Zweckvereinbarungen abzuschließen[636] und durch Art. 7 Abs. V S. 2 KommZG auch die gesetzliche Grundlage, in vertretbarem Umfang zusätzlich zu den von ihren Mitgliedern übernommenen Aufgaben auch Aufgaben anderer Gebietskörperschaften durch Zweckvereinbarung zu erhalten.

Gem. Art. 18 Abs. I KommZG geben die Beteiligten dem Zweckverband eine Verbandssatzung, die als „subsidiäre Rechtsgrundlage"[637] neben den Vorschriften des KommZG die Rechtsverhältnisse des Zweckverbands regelt. Anders als im *Reichszweckverbandsgesetz* von 1939[638], wonach ein Zweckverband vom Staat gegründet wurde, obliegt dessen Gründung nunmehr den Beteiligten selbst. Die Gründungsvereinbarung, die den Mindestinhalt des Art. 19 Abs. I KommZG enthalten muß, ist ein öffentlich-rechtlicher Vertrag nach Art. 54 ff. BayVwVfG.[639]

Die Verbandssatzung bedarf zu ihrer Wirksamkeit nach Art. 20 Abs. I S. 1 KommZG der Genehmigung der Aufsichtsbehörde. Sowohl die Verbandssatzung selbst als auch die Genehmigung müssen nach Art. 21 Abs. I S. 1 KommZG amtlich bekanntgemacht werden. Vor diesem Zeitpunkt befindet sich der Zweckverband lediglich in der Gründungsphase und ist noch keine juristische Person des öffentlichen Rechts. Die während dieser Zeit vorgenommenen hoheitlichen Handlungen sind nichtig, auch deren Übernahme durch den Zweckverband nach Beendigung der Gründungsphase kommt nicht in Betracht. Eine analoge Anwendung der Grundsätze der zivilrechtlichen Vorgesellschaft kann aufgrund der Unterschiedlichkeit beider Rechtsgebiete nur äußerst bedingt erfolgen.[640] Bei Fehlern im Gründungsstadium entsteht der Zweckverband in der Regel also nicht als Körperschaft des öffentlichen Rechts. Auch eine entsprechende Anwendung von § 75 GmbHG ist nicht möglich.[641] Um das Vertrauen Außenstehender auf die rechtliche Existenz eines Zweckverbands zu schützen, fingiert jedoch die Regelung des Art. 21 Abs. I S. 3 KommZG aus Rechtssicherheitsgründen, daß ein Zweckverband durch die ordnungsgemäße Bekanntmachung ohne Rücksicht auf (noch so schwere) Gründungsverstöße entsteht und

---

636 Dies gilt jedoch gem. Art. 7 Abs. V S. 1 KommZG nur, soweit dies der Erfüllung der ihnen von ihren Mitgliedern übertragenen Aufgaben dient.

637 *Schulz*, Gesetz über die kommunale Zusammenarbeit, Art. 18 KommZG, Erl. 1

638 RGBl. 1939, Bd. I, S. 979 ff.

639 *Klingshirn*, Kommunale Zusammenarbeit auf öffentlich-rechtlicher Grundlage in Bayern, S. 48 ff.

640 *Hänsel*, Zweckverbände während ihrer Gründungsphase und fehlerhaft gegründete Zweckverbände, S. 141

641 *Hänsel*, Zweckverbände während ihrer Gründungsphase und fehlerhaft gegründete Zweckverbände, S. 101

nicht rückwirkend aufgelöst werden kann.[642] Vereinzelt wird diese Konzeption des bayerischen Gesetzgebers wegen Verstoßes gegen das Rechtsstaatsprinzip als verfassungswidrig angesehen.[643]

Kraft Gesetzes gehen nach Art. 22 Abs. I KommZG die durch die Verbandssatzung übertragenen Aufgaben mit den notwendigen Befugnissen auf den Zweckverband über. Daneben steht diesem gemäß Abs. II auch die Rechtssetzungsbefugnis, also der Erlaß von Satzungen und Verordnungen, sowie deren Vollzug zu. Ein Ausschluß des Übergangs dieser Rechte kann nach Abs. III nur in der Verbandssatzung, lediglich ausnahmsweise und bloß für einzelne Befugnisse erfolgen, und auch nur, wenn der Übergang wegen der Natur der übertragenen Aufgabe nicht ausnahmslos zwingend erforderlich ist.
Die beteiligten Gebietskörperschaften werden von der selbständigen Erfüllung aller dem Zweckverband übertragenen Aufgaben befreit.
Der Zweckverband finanziert sich grundsätzlich über die Verbandsumlage, deren Höhe in der Verbandssatzung festzulegen ist. Über den Ausgleich besonderer Vor- oder Nachteile, die sich aus der Bildung oder Tätigkeit des Zweckverbands für einzelne Verbandsmitglieder ergeben, können im Rahmen des Art. 27 KommZG besondere Abmachungen getroffen werden.

Kontrovers diskutiert wurde seinerzeit bei der Behandlung des Gesetzentwurfs im *Bayerischen Senat* die Frage, ob die Bildung von Pflichtverbänden, also der Zusammenschluß von Gemeinden auch gegen deren Willen, zur Erfüllung wichtiger Aufgaben, wünschenswert sei.[644] Der *Landtag* entschloß sich, die im Gesetzentwurf enthaltene Pflichtregelung unverändert beizubehalten, um zu verhindern, daß ein für die Bürger mehrerer Gemeinden äußerst wichtiges Vorhaben am Widerstand einer einzelnen Kommune scheitert. Allerdings kann ein Pflichtverband nach dem klaren Wortlaut des Art. 28 Abs. I KommZG nur zur Erfüllung von Pflichtaufgaben gebildet werden. Ein Zusammenschluß durch Zwang zur Erfüllung freiwilliger Aufgaben ist nach dem Gesetz also nicht möglich. Voraussetzung für die zwangsweise Bildung sind weiterhin zwingende Gründe des öffentlichen Wohls. Daraus wird ersichtlich, daß die Bildung eines Pflichtverbands nur als *ultima ratio* gerechtfertigt ist, nämlich dann, wenn eine

---

642 *Schulz*, Gesetz über die kommunale Zusammenarbeit, Art. 21 KommZG, Erl. 3; a.A. *Stuible-Treder*, Vorverband oder -körperschaft im öffentlichen Recht, DÖV 1987, S. 58 ff.

643 Siehe z.B. *Hänsel*, Zweckverbände während ihrer Gründungsphase und fehlerhaft gegründete Zweckverbände, S. 106 ff. und S. 142

644 *Mosch*, Das Gesetz über kommunale Zusammenarbeit in Bayern, KommPolBl. 1966, S. 622

Körperschaft auch bei Ausschöpfung aller Ressourcen die betreffende Aufgabe nicht erfüllen kann.[645]

Das Verfahren zur Bildung eines Pflichtverbands ähnelt dem bei der Pflichtvereinbarung nach Art. 16 KommZG. Den betroffenen Gebietskörperschaften steht es frei, hiergegen rechtliche Schritte einzuleiten.[646]

Für den Zweckverband als Körperschaft des öffentlichen Rechts handeln gem. Art. 29 KommZG dessen Organe: die Verbandsversammlung und der Verbandsvorsitzende.

Die Verbandsversammlung besteht nach Art. 31 Abs. I S. 1 KommZG aus dem Verbandsvorsitzenden und den übrigen Verbandsräten, wobei nach S. 2 jedes Verbandsmitglied mindestens einen Verbandsrat in die Verbandsversammlung entsendet. Die Verbandssatzung kann auch bestimmen, daß einzelne oder alle Verbandsmitglieder mehrere Verbandsvertreter in die Verbandsversammlung schicken können (Art. 31 Abs. I S. 3 KommZG). Gem. Art. 29 S. 2 KommZG können zur Entlastung der Verbandsversammlung ein Verbandsausschuß und weitere beschließende Ausschüsse eingerichtet werden.

Die Verbandsversammlung ist Hauptorgan des Zweckverbands und somit grundsätzlich für alle seine Angelegenheiten zuständig, falls nicht etwas anderes bestimmt ist (Art. 34 Abs. I KommZG). Die Verbandssatzung kann bestimmen, daß die Vertreter einzelner Verbandsmitglieder ein mehrfaches Stimmrecht haben oder die Stimmen mehrerer Vertreter eines Verbandsmitglieds nur einheitlich abgegeben werden können (Art. 31 Abs. I S. 3 KommZG). Um ein divergierendes Stimmverhältnis in der Verbandsversammlung zu vermeiden, können nach Art. 33 Abs. II S. 4 KommZG die Verbandsmitglieder ihre Verbandsräte anweisen, wie sie abzustimmen haben. Jedoch hat ein Verstoß hiergegen gem. S. 5 keine Konsequenzen auf das Abstimmungsergebnis. Mit dem Weisungsrecht wollte der Gesetzgeber verhindern, daß die Zweckverbände allzu eigenständige Politik betreiben und die Interessen der Gebietskörperschaften nicht mehr berücksichtigen.[647]

Eine Gemeinde wird in der Verbandsversammlung durch den Ersten Bürgermeister kraft Amts vertreten (Art. 31 Abs. II S. 1 KommZG). Mit dessen Zustimmung und der seiner gewählten Stellvertreter kann die Kommune auch andere Personen als ihre Vertreter bestellen (Art. 31 Abs. II S. 2 KommZG).

Die Einberufung der Verbandsversammlung nach Art. 32 KommZG folgt dem Muster der Gemeindeordnung (vgl. Art. 46 Abs. II S. 2 GO). Im Jahre 1994

---

645 *Schulz*, Gesetz über die kommunale Zusammenarbeit, Art. 28 KommZG, Erl. 3

646 Siehe hierzu: *Lorenz*, Anfechtbarkeit der Bildung kommunaler Pflichtverbände, BayVBl. 1968, S. 263 ff.

647 *Schulz*, Gesetz über die kommunale Zusammenarbeit, Art. 31 KommZG, Erl. 2.4

wurde auch das Prinzip der Öffentlichkeit der Sitzungen des Zweckverbands als tragender Grundsatz des Kommunalverfassungsrechts in das KommZG (vgl. Art. 32 Abs. IV KommZG) aufgenommen.[648]
Der Verbandsvorsitzende, dessen Stellung der des Ersten Bürgermeisters einer Gemeinde vergleichbar ist, wird von der Verbandsversammlung aus ihrer Mitte für die Dauer von sechs Jahren gewählt (Art. 35 KommZG).
Ebenso wie die Verwaltungsgemeinschaft finanziert sich der Zweckverband durch eine Umlage, soweit primäre Deckungsmittel wie Gebühren oder Beiträge nach dem KAG nicht ausreichen (Art. 42 Abs. I KommZG).
Änderungen der Verbandssatzung und die Auflösung[649] eines Zweckverbands regeln die Art. 44 ff. KommZG. Hier hat die Aufsichtsbehörde aufgrund verschiedener Genehmigungserfordernisse ein starkes Mitspracherecht (Art. 48 KommZG).

Als Körperschaft des öffentlichen Rechts untersteht auch der Zweckverband gem. Art. 51 Abs. I S. 1 KommZG der Staatsaufsicht. Soweit er Angelegenheiten des eigenen Wirkungskreises der Beteiligten wahrnimmt, unterliegt er der Rechtsaufsicht, soweit er Aufgaben des übertragenen Wirkungskreises erfüllt, auch der Fachaufsicht (Art. 51 Abs. I S. 2 KommZG). Aufsichtsbehörde bei der Rechtsaufsicht ist bei beteiligten Gemeinden die Kreisverwaltungsbehörde nach Art. 52 Abs. I Nr. 3 KommZG. Die Fachaufsichtsbehörde bestimmt sich gem. Art. 52 Abs. IV, 26 Abs. I KommZG nach den Vorschriften der GO.

Die Bildung eines Zweckverbands hat gegenüber den Kooperationsformen Arbeitsgemeinschaft und Zweckvereinbarung den Vorzug, daß eine eigene Rechtspersönlichkeit entsteht, welche die Angelegenheiten in eigener Verantwortung erledigt. Der Übergang von Aufgaben und Befugnissen und die Möglichkeit zum Erlaß von Satzungen und Verordnungen geben dieser Rechtsfigur die Möglichkeit zur eigenverantwortlichen Durchführung von kommunalen Angelegenheiten.

---

[648] Der Grundsatz der Öffentlichkeit der Sitzungen der Verbandsversammlung wurde aber auch schon vorher als Ausfluß des Demokratieprinzips bejaht (vgl. *Klenner*, Öffentlichkeit der Sitzungen der Verbandsversammlung eines Zweckverbandes, Kommunalpraxis 1983, S. 152 ff.).

[649] Siehe zur Auseinandersetzung mit einem ausscheidenden Verbandsmitglied: *Spannowsky*, Abfindungsanspruch eines Verbandsmitglieds beim Ausscheiden aus einem Zweckverband?, DÖV 1993, S. 600 ff.

bb) Problematik der Einschränkung der Mitwirkungsrechte der Bürger und die Gefahr der Aushöhlung der Selbstverwaltung bei der Zweckverbandsbildung

Kritik an den Zweckverbänden entzündet sich immer wieder an dem Umstand, daß die Gemeinden – aber auch die Bürger selbst – in der Verbandsversammlung nur noch geringen Einfluß auf das Geschehen nehmen können.[650] Man könne außerdem kaum noch von einer, nach den Regeln der Allzuständigkeit tätig werdenden, örtlichen Gemeinschaft sprechen, wenn Hilfskonstruktionen wie Zweckverbänden weite Teile gemeindlicher Aufgaben übertragen werden.[651] In diesem Zusammenhang stellt sich die Frage, ob sich nicht schon durch die Instrumentarien des Bürgerbegehrens bzw. des Bürgerentscheids über Aufgaben auf Zweckverbandsebene etwaige Demokratiedefizite der Rechtsform Zweckverband von vornherein abmildern lassen.

(1) Bürgerbegehren und Bürgerentscheid auf Zweckverbandsebene

Die Durchführung einheitlicher Bürgerbegehren und Bürgerentscheide auf der Ebene der Zweckverbände durch die Gesamtheit der Zweckverbandsmitglieder wird zu Recht einhellig abgelehnt.[652] Eine über Art. 26 Abs. I KommZG entsprechende Anwendung von Art. 18 a GO auf den Zweckverband ist nicht möglich. Denn dieser hat mangels Gebietskörpereigenschaft keine Zweckverbandsbürger, die ein Mitentscheidungsrecht hätten. Außerdem können nach Art. 17 Abs. II S. 2 KommZG auch natürliche oder juristische Personen des Privatrechts einem Zweckverband angehören. Auf welche Art und Weise diese zu berücksichtigen wären, bliebe bei einer entsprechenden Anwendung von Art. 18 a GO völlig offen.[653]

Allerdings hat der BayVGH[654] das den einzelnen Verbandsmitgliedern zustehende Weisungsrecht ihrer Vertreter in der Verbandsversammlung nach Art. 33 Abs. II S. 4 KommZG einem Bürgerbegehren nach Art. 18 a GO für zugänglich

---

[650] *Donhauser*, Formen und Möglichkeiten gemeindlicher Zusammenarbeit zur Stärkung der Verwaltungskraft, S. 85

[651] *Wagener*, Gemeindeverwaltung und Kreisverwaltung, AfK 1964, S. 256/257

[652] BayVGH, Urteil vom 10.12.1997, BayVBl. 1998, S. 242 (243); *Seewald/Rassow*, Bürgerbegehren und Bürgerentscheid im Zweckverband, BayVBl. 1997, S. 612; *Hoffmann-Hoeppel/Weible*, Bürgerbegehren und Bürgerentscheid, BayVBl. 2000, S. 622

[653] *Seewald/Rassow*, Bürgerbegehren und Bürgerentscheid im Zweckverband, BayVBl. 1997, S. 612

[654] BayVGH, Urteil vom 10.12.1997, BayVBl. 1998, S. 242 (243)

erklärt. Er setzte sich somit über die Meinung des VG Regensburg[655] hinweg, daß eine Einflußnahme auf die Verbandspolitik durch koordiniertes Handeln der Verbandsmitglieder für unzulässig erachtete. Die Angelegenheiten des Zweckverbands seien nämlich – so das VG Regensburg – keine des eigenen Wirkungskreises mehr. Deshalb stelle der kommunale Bürgerentscheid kein brauchbares Instrumentarium dar, wenn durch ihn Angelegenheiten aufgegriffen werden sollen, die über den Zuständigkeitsbereich einer Gemeinde hinausgehen.[656] Nach Ansicht des BayVGH[657] ist aber das den Kommunen verbleibende Weisungsrecht eine Angelegenheit des eigenen Wirkungskreises[658], worüber Bürgerbegehren und Bürgerentscheide nach Art. 18 a GO abgehalten werden können.

Um solche Anliegen der Bürger nicht zu vereiteln, befürworten *Seewald/Rassow*[659] eine analoge Anwendung von Art. 18 a Abs. IX GO auf den Zweckverband in der Weise, daß zunächst die Vertreter der Gemeinden, in denen Bürgerbegehren stattfinden, in der Verbandsversammlung nach der Feststellung der Zulässigkeit des Bürgerbegehrens bis zur Durchführung des Bürgerentscheids verpflichtet werden, von allem Abstand zu nehmen, was dem Bürgerbegehren entgegenstehen könnte. Sobald „aber in so vielen Gemeinden Bürgerbegehren eingereicht sind, daß deren Vertreter in der Verbandsversammlung die zur Verhinderung von Beschlüssen erforderliche Stimmenzahl (...) repräsentieren, setzt die aufschiebende Wirkung (nach Art. 18 a Abs. IX GO) gegenüber dem Zweckverband insgesamt ein".[660] Dann ist die Verbandsversammlung aufgrund der Tatsache, daß die nötige Mehrheit der Verbandsräte durch die Bürgerbegehren in ihren Gemeinden gebunden sind, daran gehindert, Beschlüsse zu fassen, die mit den Zielen des Bürgerbegehrens in Widerspruch stehen.[661] Dem Einwand, die Arbeit des Zweckverbands werde dadurch unter Umständen behindert, muß entgegengehalten werden, daß das Verbot einer entgegenstehenden Entscheidung vom Gesetzgeber gerade gewollt und auch von den Gemeinden selbst bei der Durchführung eines Bürgerbegehrens hinzunehmen ist. Da Zweckverbände kein eigenes Selbstverwaltungsrecht besitzen, ist nicht einzusehen, warum

---

655 VG Regensburg, Urteil vom 06.11.1996, Az.: RN 3 K 96/988

656 *Hofmann-Hoeppel/Weible*, Bürgerbegehren und Bürgerentscheid, BayVBl. 2000, S. 622

657 BayVGH, Urteil vom 10.12.1997, BayVBl. 1998, S. 242 (243)

658 Welches nicht als laufende Angelegenheit nach Art. 37 Abs. I S. 1 Nr. 1 GO einzustufen ist.

659 *Seewald/Rassow*, Bürgerbegehren und Bürgerentscheid im Zweckverband, BayVBl. 1997, S. 615 ff.

660 *Seewald/Rassow*, Bürgerbegehren und Bürgerentscheid im Zweckverband, BayVBl. 1997, S. 618

661 *Seewald/Rassow*, Bürgerbegehren und Bürgerentscheid im Zweckverband, BayVBl. 1997, S. 618

ihre Verwaltungstätigkeit mehr vor Eingriffen geschützt werden muß als die der sie tragenden Gemeinde.[662]
Bürgerbegehren und Bürgerentscheide in der mittelbaren Form der Herbeiführung von Weisungen der Kommune an ihre Vertreter in der Verbandsversammlung sind daher zulässig, um Einfluß auf die Erledigung von Angelegenheiten des Zweckverbands zu nehmen.[663]

(2) Auswirkungen der Zweckverbandsbildung auf die Gemeinden und ihre Bürger

Wie bereits erwähnt[664], stehen viele Stimmen in der Literatur der Aufgabenübertragung auf einen Zweckverband ablehnend gegenüber. Sie sprechen von einer Aushöhlung der kommunalen Selbstverwaltung, wenn nicht mehr der unmittelbar gewählte Gemeinderat, sondern nur mittelbar gewählte Organe über wichtige Fragen der Gemeinde entscheiden. Im übrigen schwinde die Verantwortung der Gemeindeverwaltung, wenn sie bei den auf den Zweckverband übertragenen Aufgaben lediglich ausführend und finanziell in Erscheinung trete.[665] Wie bei der Gemeinschaftsversammlung im Rahmen der Verwaltungsgemeinschaft wird auch hier besonders bemängelt, daß Zweckverbände dem Leitbild der Demokratie nur unvollkommen entsprächen, weil ihre Organe nicht von der Bevölkerung gewählt, sondern aus Vertretern der Mitglieder gebildet werden.[666] So bestehe bei der Entsendung[667] von *„gekorenen"* Verbandsräten die Gefahr, daß bei der Bestellung am ehesten diejenigen zum Zuge kommen, die schon vorher im Gemeinderat oder in der Fraktion am einflußreichsten waren und exklusive Stellungen innehaben.[668] Die demokratische Kontrolle eines Zweckverbands, dessen Verbandsversammlung hauptsächlich aus den Bürgermeistern der Mitgliedsgemeinden besteht, sei weiterhin wesentlich schwieriger als die Kontrolle des Ge-

[662] *Seewald/Rassow*, Bürgerbegehren und Bürgerentscheid im Zweckverband, BayVBl. 1997, S. 617
[663] BayVGH, Urteil vom 10.12.1997, BayVBl. 1998, S. 242 (243)
[664] Siehe Kap. C II 2.) c) bb)
[665] *Monz*, Die kommunale Neuordnung städtischer Ballungsräume, S. 24
[666] *Seele*, Aktuelle Abgrenzungsprobleme zwischen Kreisaufgaben und Gemeindeaufgaben, Der Landkreis 1976, S. 374; *Bovenschulte*, Gemeindeverbände als Organisationsformen kommunaler Selbstverwaltung, S. 416
[667] Anders als bei der Verwaltungsgemeinschaft (vgl. Art. 6 Abs. II S. 5 VGemO i.V.m. Art. 33 Abs. I S. 2 bis 5 KommZG) ist bei der Entsendung von Zweckverbandsräten das Stärkeverhältnis von Fraktionen und Gruppen nicht zwingend zu berücksichtigen.
[668] *Holzinger*, Zur Struktur des kommunalen Nachbarschaftsverbandes, BayBgm. 1973, S. 405

meinderats. Neben dem meist fehlenden Interesse der Öffentlichkeit[669] stehe die Tätigkeit des Bürgermeisters für den Zweckverband bei den Gemeindewahlen kaum zur Debatte und werde daher fast ausschließlich von den Aufsichtsbehörden kontrolliert.[670] Die Rückkopplung zwischen Bürgern und Entscheidungsträgern wird weiterhin dadurch erschwert, daß üblicherweise jede Mitgliedskörperschaft in der Verbandsversammlung nur mit wenigen Vertretern repräsentiert ist, was naturgemäß die Zahl der mit einer Angelegenheit befaßten Entscheidungsträger deutlich einschränkt.[671] Hinzu kommt, daß Minderheitsfraktionen im Gemeinderat einer Mitgliedskörperschaft wegen der geringen Zahl der zu verteilenden Sitze oftmals nicht bei der Mitgliederentsendung in die Verbandsversammlung berücksichtigt werden, was den ohnehin bestehenden Informationsvorsprung der politischen Mehrheit noch vergrößert.[672]

Dem Einwand, daß die bloß mittelbare Legitimation der Organe auf Verbandsebene die kommunale Selbstverwaltung aushöhlt, ist insofern zuzustimmen, daß nach dem herrschenden Demokratieverständnis die unmittelbare Wahl einer mittelbaren deutlich überlegen ist.[673] Dadurch, daß der Bürger selbst seine Entscheidung trifft und mitentscheidet, wird er motiviert. Seine Bereitschaft, an der Kommunalpolitik mitzuwirken, wird gestärkt.
Zweifelhaft ist jedoch, ob auch beim Zweckverband, wie für die Gemeinschaftsversammlung bei der Verwaltungsgemeinschaft gefordert[674], ebenfalls eine unmittelbare Wahl der Mitglieder der Verbandsversammlung notwendig und zweckmäßig ist.[675] Dazu muß ein Vergleich zwischen dem Rechtsinstitut der Verwaltungsgemeinschaft und dem des Zweckverbands angestellt werden.

Bei der Rechtsfigur der Verwaltungsgemeinschaft übernimmt diese gem. Art. 4 Abs. I VGemO nahezu alle Aufgaben des übertragenen Wirkungskreises und gem. Art. 4 Abs. II S. 2 bis 4 VGemO vor allem auch die laufenden Angelegenheiten des eigenen Wirkungskreises der Gemeinde. Die Verwaltungsgemeinschaft wird durch Gesetz meist auf unbestimmte Zeit gebildet, wobei nicht wenige Kommunen gegen ihren Willen Mitglieder sind. Das Verhältnis der Vertre-

---

669 *Bovenschulte*, Gemeindeverbände als Organisationsformen kommunaler Selbstverwaltung, S. 416

670 *Leclaire*, Probleme der kleinen Gemeinde, in: *Rausch/Stammen* (Hrsg.), Aspekte und Probleme der Kommunalpolitik, S. 272

671 *Bovenschulte*, Gemeindeverbände als Organisationsformen kommunaler Selbstverwaltung, S. 416

672 *Bovenschulte*, Gemeindeverbände als Organisationsformen kommunaler Selbstverwaltung, S. 416

673 Siehe auch Kap. C I 4.) e)

674 Siehe Kap. C I 4.) e)

675 Vgl. *Reiniger*, Rechtskontrolle der Änderung von Gemeindegrenzen, S. 73

ter in der Gemeinschaftsversammlung errechnet sich allein nach der Größe der Einwohnerzahl der Mitgliedsgemeinde (vgl. Art. 6 Abs. II S. 2 VGemO).
Eine direkte Wahl der Vertreter durch die Bürger und eine stärkere Unabhängigkeit vom Gemeinderat wären hier wünschenswert. Denn bei dieser Rechtsfigur ist ein Handeln für das Gemeinwohl aller Bürger, die in der Verwaltungsgemeinschaft wohnen, unabhängig von zu starken Partikularinteressen nötig. Durch eine direkte Wahl[676] und dem damit verbundenen starken Rückhalt in der Bevölkerung würden diese Aspekte besser erfüllt.

Hingegen übernimmt der Zweckverband im Regelfall nur einzelne Aufgaben nach Art. 17 Abs. I KommZG. Die Mitgliedschaft eines Beteiligten und der Bestand des Zweckverbands selbst sind bei weitem nicht so festgeschrieben wie bei der Verwaltungsgemeinschaft. Pflichtverbände nach Art. 28 KommZG sind seltene Ausnahmen. Anders als bei der Verwaltungsgemeinschaft setzt allein die Verbandssatzung die Anzahl der Verbandsräte und das Stimmrecht der einzelnen Verbandsmitglieder fest.
Daraus und insbesondere aus der bloß singulären Aufgabenwahrnehmung, die noch dazu die Gemeinden fast immer freiwillig auf den Zweckverband übertragen, wird deutlich, daß eine direkte Wahl der Verbandsräte durch die Bürger nicht in dem Maße geboten erscheint wie bei der Verwaltungsgemeinschaft. Im übrigen wäre es kaum mit dem Gebot der Sparsamkeit vereinbar, für einen zwischen zwei Gemeinderatswahlen neu gegründeten Zweckverband extra eine Wahl abzuhalten, in der dann möglicherweise nur ein *„gekorener"* Verbandsrat für die Verbandsversammlung gewählt werden müßte.
Deshalb erscheint es beim Zweckverband ausreichend, wie bisher den Ersten Bürgermeister als *„geborenes"* Mitglied und möglicherweise weitere vom Gemeinderat *„gekorene"* Verbandsräte die Kommune repräsentieren zu lassen. Denn gerade die zumeist vorhandene Sachkompetenz des ersteren als Gemeindebeamter und das Weisungsrecht nach Art. 33 Abs. II S. 4 KommZG sorgen gewöhnlich dafür, daß die Interessen der Gemeinde hinreichend gut vertreten werden. Im Gegensatz zur Verwaltungsgemeinschaft, die wesentlich in das kommunale Gefüge einer Gemeinde eingreift, ist beim Zweckverband mit seinem begrenzten Aufgabenfeld – welches noch dazu in den Augen vieler Bürger sie selbst kaum betrifft – eine unmittelbare Wahl der Verbandsversammlung nicht notwendig.

Die eingangs bemängelte fehlende demokratische Kontrolle des Zweckverbands durch die Gemeindebürger rührt demnach nicht aus der bloß mittelbaren Wahl

[676] Aber gegebenenfalls beschränkt durch ein Weisungsrecht des Gemeinderats (siehe Kap. C I 4.) e)).

der Verbandsräte, sondern eher von einer mangelnden Berichterstattung der lokalen Medien über die Arbeit und Abstimmungen im Zweckverband her. Die lokale Presse wirkt mit ihren Berichten über das kommunalpolitische Geschehen als Kritik- und Kontrollinstanz. Ihre bloße Existenz verhindert Fehlentscheidungen und „daß Kommunalpolitik unversehens zu einer exklusiven Angelegenheit von Experten mißrät".[677] Sie formuliert Meinungen und organisiert den gegenseitigen Austausch von Informationen zwischen der Bevölkerung und den Entscheidungsträgern auf kommunaler Ebene.[678] Daneben leitet die lokale Presse, etwa in Leserbriefen, auch ein Forum zur Äußerung von Ansichten und zur individuellen Teilnahme am gemeindlichen Geschehen.
Die Berichterstattung von einer Zweckverbandsversammlung ist jedoch aus Sicht der Presse meist nicht besonders lohnenswert. Im Gegensatz zu einer Gemeinderatssitzung, in der in der Regel mehrere Tagesordnungspunkte zur Beratung anstehen, wird in der Zweckverbandsversammlung meist nur eine Angelegenheit behandelt, die noch dazu oftmals vielen Bürgern nicht besonders interessant erscheint. Eine Aufgabe hat aber eine viel höhere Chance der öffentlichen und auch kritischen Darstellung, wenn sie zusammen mit anderen behandelt wird.[679] Weil das Interesse der Bürger an den Sitzungen der Zweckverbandsversammlung trotz deren Öffentlichkeit (vgl. Art. 32 Abs. IV KommZG) mangels spezifischer Betroffenheit sowieso vorwiegend gering ist, wäre eine ausführliche Berichterstattung der lokalen Medien auch über die Tätigkeiten und Beschlüsse von Zweckverbänden zum Zweck der Aufklärung und Kontrolle geboten. Es bleibt daher nichts anderes als an die Lokalpresse – aber auch an die Zweckverbände selbst – zu appellieren, in einem stärkeren Maße Öffentlichkeitsarbeit zu betreiben und somit das Defizit an Transparenz auszugleichen.

Die geringe Resonanz von seiten der Gemeindebevölkerung hängt aber auch mit der mangelnden Überschaubarkeit der Zuständigkeiten beim Zweckverband zusammen. Dies läßt die Bereitschaft des Bürgers, sich bittend oder beschwerend zu äußern, häufig gar nicht erst aufkommen.[680] Im Gegensatz zur Aufgabenerledigung durch eine Gemeinde, bei welcher die Zuständigkeiten für jedermann klar erkennbar sind, kann die Verantwortung für einen Mißstand beim Zweckverband bei diesem selbst liegen, aber auch bei der Mitgliedsgemeinde, die von ihrer Weisungsbefugnis Gebrauch gemacht hat, oder aber bei den anderen Mit-

---

677 *Helmke/Naßmacher*, Organisierte und nicht organisierte Öffentlichkeit in der Kommunalpolitik, in: *Frey* (Hrsg.), Kommunale Demokratie, S. 190 ff.
678 *Naßmacher*, Kommunalpolitik in Deutschland, S. 284
679 *Oebbecke*, Zweckverbandsbildung und Selbstverwaltungsgarantie, S. 44
680 *Oebbecke*, Zweckverbandsbildung und Selbstverwaltungsgarantie, S. 49

gliedern des Zweckverbands, die ihre Vertreter durch eine bestimmte Weisung veranlaßt haben, in eine bestimmte Richtung abzustimmen.[681]

Trotz der – vielfach nicht ganz unberechtigten – Kritikpunkte hinsichtlich der bürgerschaftlichen Partizipation ist der Zweckverband aber auch heute noch ein unentbehrliches Mittel kommunaler Zusammenarbeit, ohne das viele kostenintensive und über das eigene Gemeindegebiet hinausgehende Aufgaben von zahlreichen Gemeinden nicht geschultert werden könnten.

d) Das gemeinsame Kommunalunternehmen

Durch das *„Gesetz zur Änderung des Kommunalrechts"* vom 26. Juli 2004[682] wurde das KommZG um eine neue Form der Zusammenarbeit, das „gemeinsame Kommunalunternehmen", erweitert (Art. 49, 50 KommZG). Dabei ist der Gesetzgeber den Forderungen nachgekommen, ein Kommunalunternehmen (Art. 89, 90 GO) müsse auch mehrere Unternehmensträger haben können. Durch die Gründung von selbständigen Unternehmen in der Rechtsform der öffentlichen Anstalt (Art. 2 Abs. IV KommZG) und durch die Kombination von öffentlich-rechtlicher und privatrechtlicher Organisation erhofft man sich schnellere Entscheidungsstrukturen und mehr Flexibilität.[683] Gemeinden, Landkreise und Bezirke[684] können nunmehr auch gemeinsam durch Vereinbarung einer Unternehmenssatzung auf das in der Praxis bewährte Kommunalunternehmen[685] zurückgreifen.
Ob sich diese neue Form der kommunalen Zusammenarbeit etablieren und sich dadurch die Möglichkeiten zur Zusammenarbeit verbessern wird[686], muß die Zukunft zeigen.

3.) Heutige Bedeutung der kommunalen Kooperation

Obwohl dank neuer Anwendungsbereiche wie gemeinsamer Verkehrsüberwachung in Form von Zweckverbänden, gemeinschaftlicher Marketingkonzepte oder gemeinsamer Bauleitplanung die interkommunale Zusammenarbeit „derzeit

---

681 *Oebbecke*, Zweckverbandsbildung und Selbstverwaltungsgarantie, S. 50
682 GVBl. 2004, S. 272 ff.
683 Vgl. *Lissack*, Bayerisches Kommunalrecht, § 7, Rdnr. 10
684 Jedoch ist keine Beteiligung von Privaten möglich.
685 Art. 50 KommZG verweist generell auf die allgemein für Kommunalunternehmen geltenden Vorschriften.
686 Nach der Gesetzesbegründung soll das Instrumentarium des gemeinsamen Kommunalunternehmens speziell die Kooperation der in Bayern mit über 2.600 Unternehmen sehr kleinräumigen Trinkwasserversorgung fördern.

wieder im Aufwind ist"[687], gibt es immer noch Bedenken bei den Beteiligten, wenn es an die konkrete Umsetzung geht. Neben dem Einwand, die Förderung der Zusammenarbeit auf kommunaler Ebene sei der Einstieg in eine neue Gebietsreform, fürchten insbesondere kleinere Gemeinden von größeren Städten „über den Tisch gezogen zu werden" und nicht gleichberechtigte Partner zu sein. Deswegen ist *Dirnberger*[688] Recht zu geben, wenn er behauptet, erfolgreiche interkommunale Zusammenarbeit beruhe auf den gleichen Eckpfeilern wie die Grundprinzipien der Französischen Revolution: *Freiheit, Gleichheit und Brüderlichkeit.*

Die Entscheidung für und wieder interkommunaler Zusammenarbeit darf nicht von außen den Kommunen aufgezwungen werden, sondern muß freiwillig geschehen. Nur unter dieser Prämisse wird eine Allianz langjährigen Erfolg haben. Alle Partner müssen in der Gemeinschaft gleichberechtigt sein und dürfen sich nicht benachteiligt fühlen. Schließlich – und das wird unter dem Grundprinzip *„Brüderlichkeit"* verstanden – müssen alle zusammenarbeitenden Gemeinden von dem angestrebten Zusammenschluß einen Vorteil haben. Es muß also ein sog. „win-win-Effekt" eintreten.

Nur wenn diese Eckpfeiler von Anfang an beachtet werden, kann interkommunale Zusammenarbeit in der Praxis funktionieren und ihre größten Vorteile voll entfalten: Kostenreduzierung, Flächen- und Ressourcenschonung und Synergieeffekte.

Eine starke Selbstverwaltung, die den heutigen Anforderungen an die Kommunen entsprechen soll, ist mehr denn je in vielen Bereichen auf kommunale Zusammenarbeit angewiesen.

---

687 *Dirnberger*, Interkommunale Kooperation aus Sicht des Bayerischen Gemeindetags, BayGT 2003, S. 86

688 *Dirnberger*, Interkommunale Kooperation aus Sicht des Bayerischen Gemeindetags, BayGT 2003, S. 88 ff.

D: Unmittelbare Auswirkungen der Gemeindegebietsreform auf die Gebietskörperschaften

Vor, während und kurz nach der Neugliederung der bayerischen Gemeinden wurden zahlreiche Hoffnungen geäußert und Chancen aufgezeigt, welche die Gemeindegebietsreform den Kommunen und ihren Bürgern bringen sollte.
Gleichzeitig gab es aber auch viele Befürchtungen und Sorgen, meist vorgebracht von den Einwohnern sog. „Zwerggemeinden", angefangen von der Warnung vor einem massiven Demokratiedefizit auf kommunaler Ebene durch den Wegfall Tausender von Ehrenämtern bis hin zur Vorhersage jeglichen Verlusts gemeindlichen Selbstbewußtseins. So wertete *Conrady*[689] bereits im Jahre 1973 die Kommunalreform als „ein soziologisches Experiment von schwerwiegender Bedeutung und ungewissem Ausgang".
Welches der beiden Lager letztendlich Recht behalten sollte und wie eine Bilanz der Gemeindegebietsreform in Bayern über 25 Jahre nach ihrem Abschluß ausfällt, soll nun in diesem Teil näher untersucht werden.

I: Anlage der Untersuchung, Durchführung und Auswertung

Die Erfolgskontrolle einer Gebietsreform „ist zwar mit erheblichen Schwierigkeiten methodischer, tatsächlicher und wertungsmäßiger Art verbunden, sie ist aber möglich".[690]
Dabei konnten und durften aber nicht allein die Ansichten von Verwaltungswissenschaftlern und Ministerialbeamten zur Frage von Erfolg und Mißerfolg der Reform in Bayern herangezogen werden.
Besonders die betroffenen Gemeinden und Verwaltungsgemeinschaften selbst, die tagtäglich die Folgen und Auswirkungen der Gemeindegebietsreform spüren, waren neben der Auswertung von Dokumenten in die Untersuchung einzubeziehen. Zu diesem Zweck wurden Erhebungsbögen mit spezifischen Fragen[691] an 45 Einheitsgemeinden und 25 Verwaltungsgemeinschaften gesandt, um praxisnah zu untersuchen, ob die damaligen Annahmen und Zielsetzungen eingetreten und ob eventuelle negative Folgen mittlerweile überwunden sind.[692]

---

[689] *Conrady*, Das Interesse des Bürgers an der kommunalen Gebiets- und Verwaltungsreform, Der Landkreis 1973, S. 76 ff.

[690] *Hinkel*, Zur Erfolgskontrolle der Gebietsreform, DÖV 1983, S. 180

[691] Die zu einem großen Teil an die Untersuchung von *Derlien/Queis*, Kommunalpolitik im geplanten Wandel, S. 329 ff. angelehnt sind.

[692] Von einer großflächigen Bürgerbefragung wurde aufgrund des zwischenzeitlich hohen Fluktuationsgrads in der Bevölkerung bewußt Abstand genommen und aus diesem Grund die Befragung von kommunalen Entscheidungsträgern gewählt.

Befragungen ermöglichen es, Informationen über die Vergangenheit einzuholen, die der Befragte bewußt erlebt hat.[693] Die schriftliche Erhebungsmethode hat im Gegensatz zur persönlich-mündlichen Befragung unter anderem den großen Vorteil, daß die Antworten durchdachter sind und durch Sichtung von Unterlagen abgesichert werden können.[694] Außerdem ist es gleichzeitig möglich, eine größere Anzahl von Themenkomplexen zu hinterfragen als bei einer mündlichen Befragung. Zwar ist eine solche Vorgehensweise aufwendiger als die bloße Aufarbeitung von Fachliteratur, jedoch „besteht der Wert solcher empirischer Arbeiten in der Möglichkeit einer stärkeren Differenzierung und Fundierung von Ergebnissen".[695]

Im Vordergrund der Umfrage standen neben dem Reformprozeß selbst auch die neuen Aufgaben, sowie Personal-, Organisations- und Finanzfragen der Gemeinden und Verwaltungsgemeinschaften, außerdem die Integration der eingemeindeten oder in Verwaltungsgemeinschaften einbezogenen Kommunen. Nach Ausarbeitung der Fragebögen in zwei Versionen[696] wurden diese Anfang des Jahres 2004 ohne jegliche Vorkontakte an beliebig ausgewählte[697] Gemeinden und Verwaltungsgemeinschaften in ganz Bayern mit der Bitte um Mithilfe übersandt. Bei der „Auswahl" wurde jedoch darauf geachtet, daß die Gemeinden bzw. die Verwaltungsgemeinschaften unterschiedliche Bevölkerungszahlen aufwiesen und nicht demselben Landkreis angehörten.
Die Fragebögen zur Erfolgskontrolle der bayerischen Gemeindegebietsreform sollten dabei möglichst von Verwaltungsangehörigen ausgefüllt werden, die den Reformprozeß aktiv im Amt miterlebt hatten und somit noch den „vorreformatorischen" Zustand kannten. Die Fragestellung erfolgte teils in standardisierter, teils in offener Form, wobei sich Fakten- und Meinungsfragen abwechselten. Eine offene Frage enthält keine festen Antwortkategorien, sondern der befragten Person ist es hier möglich, die Antworten völlig selbständig zu formulieren.[698] Bei standardisierten Fragen ist der Befragte durch die Vorgabe aller relevanten

---

693 „Man kann seine Erinnerungen und Erfahrungen erfragen, aber auch seine Erwartungen, Pläne und andere Vorstellungen, die auf die Zukunft weisen, ermitteln" (*Berger/Wolf*, Handbuch der soziologischen Forschung, S. 260).

694 *Roski*, Methodik kommunaler Bürgerumfragen, S. 26

695 *Köhler*, Territorialreform auf Kreis- und Gemeindeebene - Fallanalyse in einem ländlich geprägten Raum, in: *Zielinski* (Hrsg.), Lokale Politik zwischen Eigenständigkeit und staatlicher Abhängigkeit, S. 108

696 Mit unterschiedlichen Fragestellungen, je nachdem, ob es sich bei den Befragten um eine Kommune oder eine Verwaltungsgemeinschaft handelte.

697 Jedoch wurde bewußt auch eine (mittlerweile wieder eigenständige) Gemeinde in die Untersuchung miteinbezogen, die sich vehement und mit allen Mitteln gegen ihre Eingemeindung gewehrt hatte.

698 *Atteslander*, Methoden der empirischer Sozialforschung, S. 180

Antworten bereits in seiner Meinungsäußerung eingeengt. Diese Art der Fragestellung birgt jedoch den Vorteil der besseren Vergleichbarkeit.[699] Allerdings ist „dem Kreuz im Fragebogen (...) nicht anzusehen, ob der Befragte auch bei einer offen gestellten Frage so geantwortet hätte oder ob die Meinung erst durch die Antwortvorgaben im Augenblick der Befragung erzeugt wurde".[700]
Die Meinungsfragen wurden mittels einer abgestuften „5-Punkte-Skala" mit verbalen Aussagen versehen, um die Zustimmung empirisch besser ermitteln und quantitative Analysen durchführen zu können. Bei solchen „Schätzskalen" zur Messung von Bewertungen gehen zwar die Meinungen darüber auseinander[701], wie hoch die optimale Zahl der Antwortvorgaben zu sein habe, jedoch werden in der Regel fünf Abstufungen als ausreichend angesehen.[702]
Beide Fragebögen schlossen mit einer sog. „Frage-Batterie", also mit einer Frage- und Indikatorenzusammenstellung auf relativ engem Raum, mit deren Hilfe eine Menge an Informationen von dem Antwortenden gewonnen werden kann, ohne den Fragebogen noch weiter in die Länge ziehen zu müssen.
Daß die Kerngemeinden teilweise ihre Ortsteile betreffende Fragen beantworten mußten, war aufgrund der Auflösung der eigenen Verwaltung in den einzelnen Gemeindeteilen unvermeidbar. Ebenfalls zielten manche Fragen der an die Verwaltungsgemeinschaften versandten Bögen auf Vorkommnisse und Sachverhalte ihrer Mitgliedsgemeinden ab. Zur Überprüfung der Richtigkeit der diesbezüglichen Antworten der Verwaltungsgemeinschaften wurden stichprobenweise Auskünfte auch in den betreffenden Mitgliedsgemeinden eingeholt.

Die Resonanz der Einheitsgemeinden und insbesondere auch der Verwaltungsgemeinschaften auf die Anfrage und die Bearbeitung der sehr umfangreichen Fragebögen war äußerst positiv. Von den 45 an ausgewählte Einheitsgemeinden gesandten Fragebögen wurden 37 beantwortet, was einer Quote von über 82% entspricht. Noch besser war das Rücklaufergebnis bei den Verwaltungsgemeinschaften. Hier blieben lediglich zwei von 25 Bögen unbeantwortet, womit 92% der versandten Fragebögen zur Auswertung herangezogen werden konnten. Angesichts zunehmender Umfragemüdigkeit auch bei Behörden und Gemeinden, sowie der Tatsache, daß bei empirischen Studien mittels postalischer Befragung Rücklaufquoten von unter 50% keine Seltenheit sind[703], war die Anzahl der

[699] *Atteslander*, Methoden der empirischer Sozialforschung, S. 183
[700] *Berger/Wolf*, Handbuch der soziologischen Forschung, S. 278
[701] *Berger/Wolf*, Handbuch der soziologischen Forschung, S. 286 ff.
[702] *Roski*, Methodik kommunaler Bürgerbefragungen, S. 53
[703] Vgl. z.B. *Tab. 3* bzgl. der Ausschöpfungs- und Rücklaufquoten aus der *DEMOS Datenbank des Deutschen Instituts für Urbanistik*, in: *Bretschneider*, DEMOS - Eine Datenbank zum Nachweis kommunaler Umfragen auf dem Weg zum Analyseinstrument, ZA-

nicht kooperationsbereiten Gemeinden und Verwaltungsgemeinschaften erfreulicherweise außerordentlich gering. Unterstrichen wird das große Interesse für die vorliegende Untersuchung durch die Tatsache, daß die Länge der Bögen und die Anzahl von Fragen an der Obergrenze dessen liegen, was im Rahmen einer Umfrage als angemessener Bearbeitungsaufwand angesehen werden kann. Insbesondere viele Altbürgermeister und Verwaltungsangestellte „der ersten Stunde“ waren an der Thematik sehr interessiert. Ihre Unterstützung ging dabei weit über die Beantwortung der Fragen hinaus.

Aufgrund der zum Teil erheblichen Unterschiede im Aufgabenbereich von Einheitsgemeinde und Verwaltungsgemeinschaft war partiell eine separate Aufarbeitung der Umfrageergebnisse der beiden Organisationsformen unerläßlich.

Die Auswertung erfolgte – soweit möglich – in Prozentangaben und Mittelwerten, wobei jeweils auf die absolute Zahl der tatsächlich gegebenen Antworten abzustellen war[704], denn gelegentlich konnten manche Befragten auf die eine oder andere Frage nicht antworten. Zur Ergänzung und Bestätigung, aber auch zur Hinterfragung der durch die beantworteten Fragebögen gewonnenen Ergebnisse, wurden neben der Felduntersuchung auch Zusatzdokumente und statistische Daten herangezogen. Die Dokumentenanalyse kann erheblich zur Interpretation, zur Wertung und Einschätzung der Resultate und damit zu einer sicheren Aussage und Verallgemeinerung beitragen.[705]

Wie bei jeder Untersuchung, die sich über einen längeren Zeitraum erstreckt, ist aber auch hier nicht völlig ausgeschlossen, daß sich teilweise durch geänderte zwischenzeitliche Rahmenbedingungen und nicht durch den Reformprozeß selbst die Verhältnisse in den Gebietskörperschaften geändert haben. Soweit dies erkennbar war, wurden diese veränderten Rahmenbedingungen berücksichtigt.

Die Umfrage erhebt selbstverständlich keineswegs den Anspruch darauf, repräsentativ für jede einzelne Gemeinde und Verwaltungsgemeinschaft Bayerns zu sein. Aufgrund der Anzahl der Fragebögen ist es aber möglich, mit einer hohen Genauigkeit und Sicherheit Aussagen über Tendenzen der Gemeindegebietsreform zu untermauern bzw. zu widerlegen und praxisnahe Verbesserungsvorschläge für etwa noch vorhandene negative Auswirkungen zu machen.

Information 1996, S. 69; *Atteslander*, Methoden der empirischen Sozialforschung, S. 168; *Hafermalz*, Schriftliche Befragung - Möglichkeiten und Grenzen, S. 28

704 In den Abbildungen mit (n) bezeichnet.

705 *Friedrich/Hennig*, Der sozialwissenschaftliche Forschungsprozeß, S. 529

II: Der Reformprozeß

Für eine Bilanzziehung zur Beurteilung der Frage, ob die Gemeindegebietsreform in ihren wesentlichen Teilen den erhofften Erfolg brachte, muß zunächst ein Blick auf die Situation in den Gemeinden zu Beginn der Reformdurchführung geworfen werden. Die Stimmungen, Erwartungen und Fakten von damals müssen sodann mit der Lage von heute verglichen werden.

1.) Einstellung zur Gemeindegebietsreform

In den siebziger Jahren gab es in Bayern wohl keinen Ort, an dem nicht im Gemeinderat und an den Stammtischen über das Thema „Gemeindegebietsreform" diskutiert wurde.[706] Dabei standen nicht nur der Nutzen der Reform für die Allgemeinheit im Mittelpunkt, sondern gerade auch die Bedeutung und die Konsequenzen für die jeweilige einzelne Kommune. Jahrhunderte alte Sozialstrukturen, über Generationen gewachsen, wurden vielmals durch die Auswirkungen der Reform tangiert. Dies traf insbesondere auf Gemeinden zu, die in eine andere Kommune eingemeindet werden sollten, denn diese verloren dadurch ihre Selbständigkeit. Für die meisten der betroffenen Gemeinden bedeuteten die Maßnahmen einen Traditionsbruch, ein Zerbrechen der sozialen Strukturen und eine Vernichtung der eigenen Geschichte, was oftmals zutiefst als Unrecht empfunden wurde.[707] Dagegen profitierten die Kerngemeinden, also diejenigen, in die andere Kommunen eingegliedert wurden, jedenfalls auf den ersten Blick von der Gemeindegebietsreform, sei es durch ihr nun stärkeres politisches Gewicht infolge der Flächenvergrößerung und des Bevölkerungszuwachses, sei es durch die zusätzlichen Schlüsselzuweisungen. Somit ist es nicht verwunderlich, wenn die Auswertung der Fragen:

„Wie haben die politisch Verantwortlichen in der Kerngemeinde die Gebietsreform seinerzeit aufgenommen?"
„Wie die Verantwortlichen in den eingemeindeten Teilen?"

bei den befragten Gemeinden auf einer 5-Punkte-Skala von 1 (*strikt dagegen*) bis 5 (*voll befürwortet*) zeigt, daß damals die Stimmung bei den Verantwortlichen der Kerngemeinden mit einem Mittelwert von *3,77* deutlich zugunsten des Reformvorhabens tendierte (vgl. *Abb. 1*), während bei den Entscheidungsträgern der eingemeindeten Teile mit einem Wert von *2,75* Unbehagen und Skepsis doch recht ausgeprägt waren (vgl. *Abb. 2*). Ein ähnliches Bild ergibt sich auch

[706] *Busse*, 25 Jahre Gemeindegebietsreform, BayGT 2003, S. 222
[707] *Riescher*, Gemeinde als Heimat, S. 2

bei den Gemeinden, die Mitglied in einer Verwaltungsgemeinschaft werden sollten (*Abb. 1*). Da aber deren politische Selbständigkeit nicht bedroht wurde, nahmen sie damals die Diskussion etwas positiver (Mittelwert: *3,04*) auf oder waren sogar (heimlich) dafür, da sie, wie ein ehemaliger Verwaltungsgemeinschaftsvorsitzender bekundete, „sonst eingemeindet worden wären".

Im einzelnen ergab sich folgendes Bild:

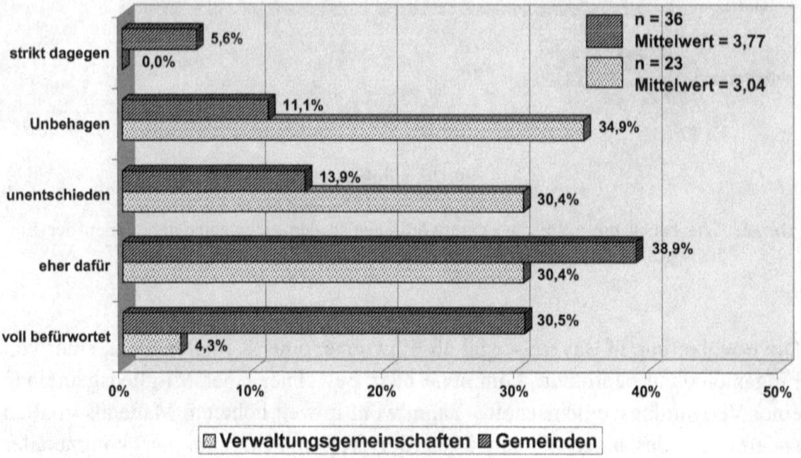

Abb. 1: Wie haben die politisch Verantwortlichen in der Kerngemeinde / in den Mitgliedsgemeinden der Verwaltungsgemeinschaft die Gebietsreform seinerzeit aufgenommen?

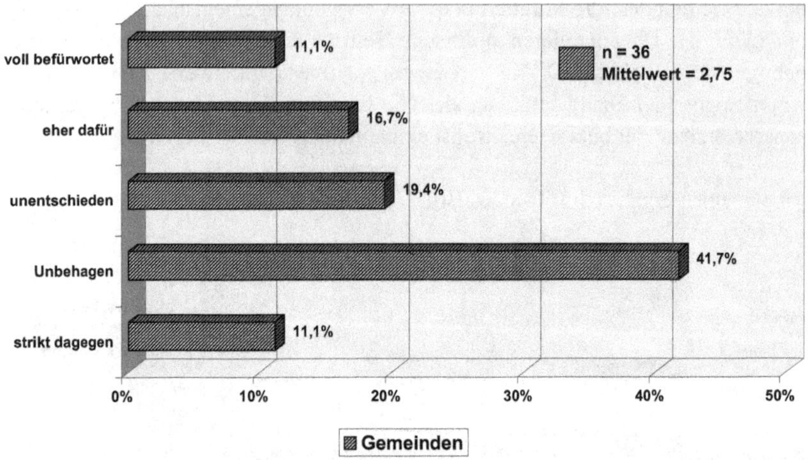

Abb. 2: Wie haben die politisch Verantwortlichen in den eingemeindeten Teilen der Einheitsgemeinde die Gebietsreform seinerzeit aufgenommen?

Die Bevölkerung in Bayern – egal ob Einwohner einer Kerngemeinde, einer von Eingemeindung bedrohten Kommune oder Bewohner einer Mitgliedsgemeinde einer Verwaltungsgemeinschaft – nahm wohl in weit höherem Maße als in allen anderen Bundesländern[708] Anteil an der Reformdiskussion auf kommunaler Ebene. Auf die Frage:

„War die Bevölkerung Ihrer Ansicht nach an dem Thema Gemeindgebietsreform interessiert?"

ergab ein Mittel von *1,86* bei den Gemeinden und *2,32* bei den Verwaltungsgemeinschaften auf einer Skala[709] von 1 (*trifft voll zu*) bis 5 (*trifft gar nicht zu*), daß sich nahezu die gesamte Gemeindebevölkerung der an der Umfrage teilnehmenden Kommunen stark dafür interessierte, inwiefern die Reformmaßnahmen ihre Körperschaft berührten (siehe *Abb. 3*). Dies ist auf den ersten Blick

[708] Die anderen Bundesländer Westdeutschlands (außer den Stadtstaaten) führten bereits in den sechziger Jahren Gebietsreformen durch (eine Übersicht beinhaltet z.B. *Mattenklodt*, Gebiets- und Verwaltungsreform in der Bundesrepublik Deutschland). Die ostdeutschen Bundesländer reformierten ihre Gebietsstrukturen kurz nach der Wiedervereinigung (vgl. z.B. *Petzold*, Gemeindegebietsreformen in den neuen Bundesländern, DNV 6/2002, S. 19 ff.).

[709] Diesmal gegenüber obiger „umgekehrt".

erstaunlich, denn normalerweise pflegen verwaltungspolitische Fragen die Mehrzahl der Bevölkerung wenig zu interessieren.[710]
Allerdings kann dieses Ergebnis bei näherem Hinsehen nicht sonderlich überraschen, wenn man bedenkt, wie ortsverbunden viele Bürger, insbesondere in den ländlichen Gebieten Bayerns sind[711], und deshalb an allem Interesse zeigen, was diese Identifikation berührt.

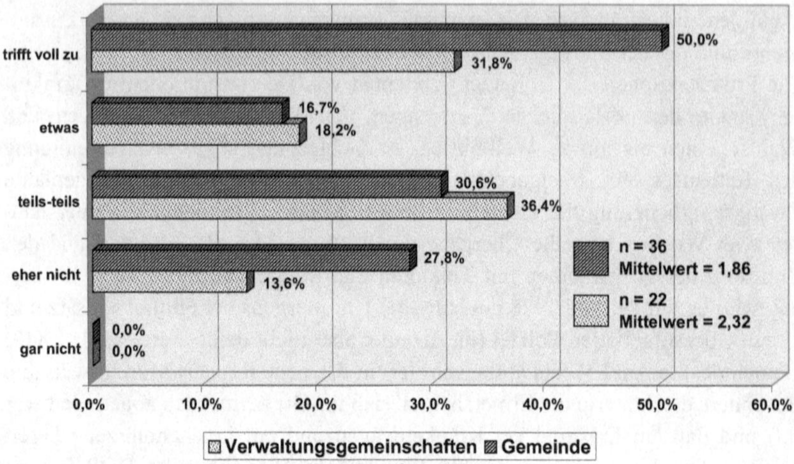

Abb. 3: War die Bevölkerung Ihrer Ansicht nach an dem Thema "Gemeindegebietsreform" interessiert?

2.) Widerstand auf kommunaler Ebene gegen die Gemeindegebietsreform

Bei der großen Heimatverbundenheit in vielen Orten Bayerns ist es auch nicht verwunderlich, daß zahlreiche Gemeinden und ihre Bürger nicht kampflos zusehen wollten, wie die zum Teil sehr alte Geschichte ihrer Kommunen durch den Verlust der Selbständigkeit in Vergessenheit zu geraten drohte. Jahrhunderte lang waren solche Gemeinden oft eigenständig und eigenverantwortlich für die Geschicke ihrer Bürger gewesen. Mit teilweise sehr hohem finanziellen und persönlichen Einsatz waren Einrichtungen der Daseinsvorsorge geschaffen worden. Bei einer Eingliederung in eine Einheitsgemeinde und deren Verwaltung herrschte vielerorts das Gefühl des „Ausgeliefertseins“ und der „Fremdbe-

710 *Thieme/Prillwitz*, Durchführung und Ergebnisse der kommunalen Gebietsreform, S. 65
711 Vgl. *Wiebel*, Die kommunale Gebietsreform im Rückblick, BayVBl. 1987, S. 678

stimmtheit".[712] Nicht wenige sahen außerdem in kleineren Gemeinden die historisch gewachsenen Urzellen des Gemeinwesens. Diese zu zerstören bedeutete für sie einen Angriff auf die Grundfeste des Staats.[713]
Deshalb ergriffen etliche Gemeinden teilweise drastische Gegenmaßnahmen gegen ihre drohende Eingliederung.
Gute Beispiele sind sicherlich die sogar überregional bekannt gewordenen Aktionen der schwäbischen Gemeinde Horgau gegen ihre Eingemeindung in die Marktgemeinde Zusmarshausen (Landkreis Augsburg) und der ehemals selbständigen unterfränkischen Gemeinde Ermershausen gegen ihren Zusammenschluß mit der Marktgemeinde Moraldsweisach (Landkreis Haßberge).
Die Protestaktionen der Horgauer[714] reichten von Demonstrationen mit Traktoren sowie dem öffentlichen Verbrennen von Wahlbenachrichtigungen und Wahlscheinen bis hin zu Wallfahrten, Andachten und sogar zur Verteidigung des Rathauses mit Mistgabeln.[715] Noch dramatischer verlief die geplante Zwangseingliederung der Gemeinde Ermershausen: „Nachdem die Ermershäuser zwei Wochen lang die Übergabe der Rathausschlüssel verhindert und den Zutritt zu den Amtsräumen mit Traktoren und Menschentrauben verwehrt hatten, wurden am 19. Mai 1978 um halb drei Uhr morgens bei Flutlichteinsatz und einem Überaufgebot an Polizei (inoffizielle, aber nicht dementierte Zahl: 1.840) Gemeindeakten und Möbel abtransportiert in das neue Rathaus Moraldsweisach. Besonders erschütterte die Ermershäuser, daß ihr Ort hermetisch abgeriegelt war (...) und daß am Ortsrand ein Krankenwagen und ein Leichenfahrzeug bereit standen. Die Flucht von etwa 200 Einwohnern über die nahe DDR-Grenze konnte der ehemalige Bürgermeister in letzter Minute verhindern".[716]
Erst seit 1983 ist Horgau durch ein Urteil des BayVerfGH[717] wieder eine selbständige Einheitsgemeinde; Ermershausen mußte auf die Wiedererlangung seiner kommunalen Selbständigkeit bis zum Jahre 1994 warten.

Zwar lief der Widerstand in vielen anderen Gemeinden Bayerns nicht so radikal ab wie in diesen Fällen, allerdings überwiegend mit ähnlicher Hartnäckigkeit. Bürger von Gemeinden, die eingemeindet oder in eine Mitgliedschaft einer Verwaltungsgemeinschaft gezwungen werden sollten, schlossen sich beispiels-

---

712 Vgl. *Riescher*, Gemeinde als Heimat, S. 88

713 *Thomas*, Die Verwaltungskraft kleinerer Gemeinden, BayBgm. 1956, S. 230

714 Vgl. *Michale*, Motive und Schritte zur Rückgewinnung dörflicher Autonomie - Erfahrungen der Gemeinde Horgau, in: *Henkel* (Hrsg.), Kommunale Gebietsreform und Autonomie im ländlichen Raum, S. 77 ff.

715 *Siegel*, Horgau - treu zur Heimat, S. 26/27

716 *Riescher*, Kurzberichte zu den Problemfällen Horgau und Ermershausen, in: *Stammen/ Mühleisen* (Hrsg.), Gemeinde und Gebietsreform in Bayern, S. 236

717 VerfGH 36, 162 ff.

weise zu Bürgerinitiativen zusammen. Daß die Einwohner die Folgen einer ihnen aufoktroyierten kommunalen Gebietsreform für ihre Gemeinden nicht kampflos hinnehmen wollten, zeigt ebenfalls das Ergebnis der durchgeführten Umfrage. *56,8%* der Einheitsgemeinden und *56,5%* der Verwaltungsgemeinschaften gaben bei der Beantwortung der Frage:

„Gab es Widerstand gegen die Gemeindegebietsreform in den eingemeindeten Teilen / Mitgliedsgemeinden?"

an, daß die Ortsteile bzw. die Mitgliedsgemeinden und deren Einwohner aktiv Maßnahmen ergriffen, um sich den Folgen der kommunalen Neugliederung zu widersetzen (siehe auch *Abb. 4*).

Dabei stand bei vielen von Zwangseingemeindung in andere Gemeinden oder von Zwangsmitgliedschaft in einer Verwaltungsgemeinschaft bedrohten Kommunen die Überlegung an, diesen – aus ihrer Sicht – nicht hinnehmbaren Zustand mit Hilfe von Gerichten zu verhindern oder rückgängig zu machen.[718] Insgesamt[719] wurden bis Mitte der achtziger Jahre beim BayVGH 149 Verfahren[720] und beim BayVerfGH 63 Verfahren[721] anhängig gemacht.

Auch bei den an der Umfrage beteiligten Einheitsgemeinden und Verwaltungsgemeinschaften hatte es damals Bestrebungen in einigen ihrer Ortsteile und Mitgliedsgemeinden gegeben, die zwangsweise eingemeindet bzw. aufgenommen werden sollten, gegen diese Maßnahmen mit juristischen Mitteln vorzugehen. Immerhin *26,3%* der Einheitsgemeinden und sogar *38,5%* der Verwaltungsgemeinschaften gaben bei der Umfrage an, daß einzelne ihrer Ortschaften und Mitgliedsgemeinden mit gerichtlichen Mitteln Widerstand gegen die ihnen von staatlicher Seite drohenden Zwangsmaßnahmen hätten leisten wollen (vgl. auch *Abb. 5*). Tatsächlich haben aber insbesondere aus Kostengründen und wegen der schon seinerzeit tendenziell erkennbar positiven Rechtsprechung der Gerichte zur Gebietsreform nur wenige diesen Schritt auch wirklich vollzogen, und nur eine Gemeinde konnte so dauerhaft ihre Unabhängigkeit sichern.

---

[718] Entweder durch Anstrengung eines Normenkontrollverfahrens nach § 47 Abs. I Nr. 2 VwGO i.V.m. Art. 5 AGVwGO vor dem BayVGH oder durch Erhebung einer Popularklage gem. Art. 98 S. 4 BV i.V.m. Art. 2 Nr. 7, 55 VfGHG vor dem BayVerfGH.

[719] Ohne Anträge zum einstweiligen Rechtsschutz.

[720] Vgl. *Schmidt*, Die Rechtsprechung des Bayerischen Verwaltungsgerichtshofs zur Gebietsreform, BayVBl. 1979, S. 129 ff.

[721] *Wiebel*, Die kommunale Gebietsreform im Rückblick, BayVBl. 1987, S. 679

Als andere Formen ihres Protests neben verzögernden Gemeinderatsbeschlüssen und Beschwerdebriefen an Politiker nannten die Befragten insbesondere die Organisation von Bürgerveranstaltungen durch die Bewohner, um ihren Unmut „Luft zu machen" und eigene Vorschläge zum Reformablauf einzubringen. Vereinzelt kam es aber auch zu strafbaren Handlungen. In einer Gemeinde wurden beispielsweise dem neugewählten Ortssprecher eines Ortsteils nach dessen Annahme der Wahl sogar vier Autoreifen zerstochen, vermutlich als Rache für dessen „Kollaboration" und Zusammenarbeit mit der „feindlichen" Kerngemeinde.
Die Verwaltungsgemeinschaften berichteten, daß zwar meist die Gemeinden durchaus zur Mitgliedschaft in einer Verwaltungsgemeinschaft bereit gewesen wären, aber nur in einer anderen als der für sie bestimmten.
Daß diese Protestaktionen nicht, wie vereinzelt behauptet wird[722], vielfach nur Strohfeuer gewesen sind, die schnell wieder verloschen, zeigen jedenfalls für Bayern die oft noch Jahre und sogar Jahrzehnte später erfolgten Klagen[723] und Protestaktionen vieler Bürger und Gemeinden.

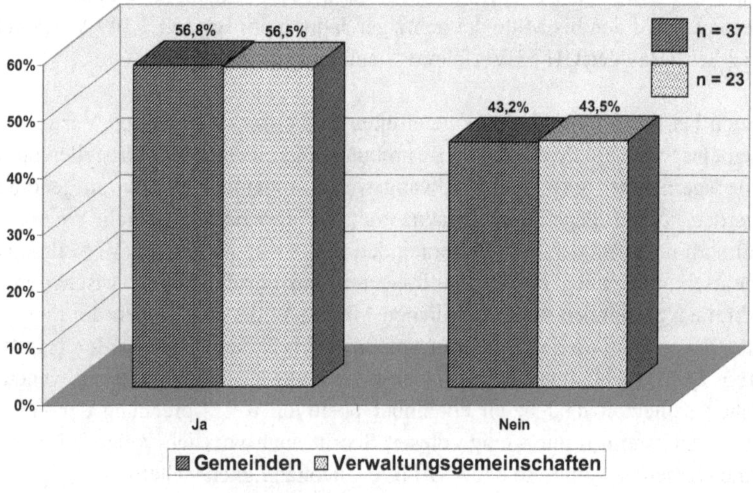

Abb. 4: Gab es Widerstand gegen die Gemeindegebietsreform in den eingemeindeten Teilen / in den Mitgliedsgemeinden?

722 *Thieme/Prillwitz*, Durchführung und Ergebnisse der kommunalen Gebietsreform, S. 66
723 Auf die Abweisung der Popularklage des Markts Pleinting am 27.06.1997 vom BayVerfGH (BayVerfGH, Entscheidung vom 27.06.1997, BayVBl. 1997, S. 751 ff.) wurde bereits mehrfach hingewiesen.

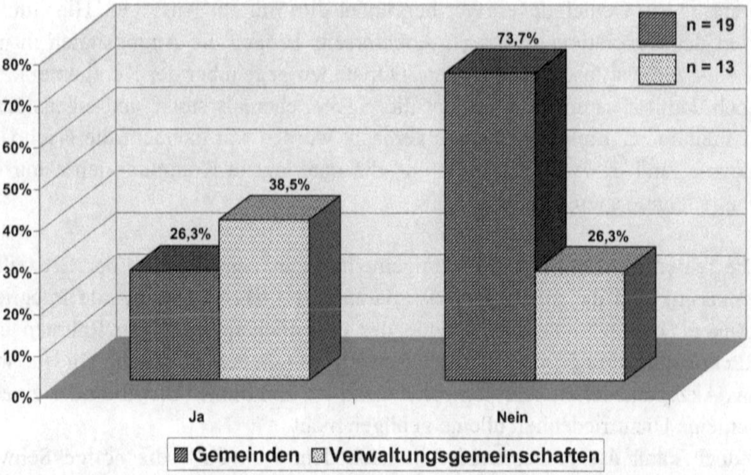

Abb. 5: Gab es in den zwangseingemeindeten Teilen / in den Mitgliedsgemeinden Bestrebungen, gegen die Eingemeindung / Bildung einer Verwaltungsgemeinschaft gerichtlich vorzugehen?

3.) Das Verhältnis der Kommunen vor und nach der Gebietsreform

Ein Grund für die Widerstände gegen die Gebietsreform war neben der Angst vor dem Verlust der Souveränität auch noch die Befürchtung, zusammen mit anderen Orten (oder womöglich sogar in sie) eingemeindet zu werden, mit denen man eine seit Generationen „gepflegte Feindschaft" verband.
Die Gemeindegebietsreform berücksichtigte wenig historische Gegebenheiten. Abneigungen gegenüber Nachbarn führten mancherorts dazu, daß Zusammenschlüsse mit geographisch entfernt gelegenen Gemeinden angestrebt wurden und die dazwischen liegenden Kommunen – statt neue Kerngemeinden – bald selbst lediglich Ortsteile einer anderen Gemeinde wurden.

Danach gefragt, ob es zwischen einzelnen eingemeindeten Ortsteilen vor der Reform Antipathien gab, bejahten mehr als die Hälfte der befragten Einheitsgemeinden, genauer *51,4%,* diese Aussage (siehe *Abb. 6*).
Überraschend ist aber, daß auch noch heute, über 25 Jahre nach Abschluß der Gemeindegebietsreformmaßnahmen, noch immer knapp ein Drittel dieser Gemeinden die Frage, ob dieser Zustand mittlerweile völlig überwunden ist, ver-

neint.[724] Ein Gemeindevertreter begründet dies mit der Aussage: „Hier funktioniert der Generationenvertrag". Andererseits hängen die Animositäten in manchen – zumeist fast gleich großen – Ortsteilen gegenüber der Kerngemeinde oft noch damit zusammen, daß nicht die eigene, ehemals stolze und eigenständige Gemeinde zur Einheitsgemeinde gemacht worden war, sondern die Nachbargemeinde, und diese ihren „Triumph" die unterlegene Kommune jahrelang sehr deutlich hatte spüren lassen.

Die fehlende Akzeptanz der Kerngemeinde durch große Teile der Ortsteilsbevölkerung und die möglicherweise daraus resultierende mangelnde Integration können aber nur dann als Gründe des öffentlichen Wohls im Rahmen einer Rückneugliederung gem. Art. 11 Abs. III GO Berücksichtigung finden, wenn das Akzeptanzdefizit sehr schwerwiegend ist. Ein bloßer Unwille oder eine allgemeine Unzufriedenheit alleine genügen nicht.
Jedoch kann das Akzeptanzdefizit nach dem BVerfG[725] die nötige Schwelle dann erreichen, „wenn es sich auf objektivierbare gewichtige Gründe aus der historischen und kulturellen Entwicklung, aus den geographischen Verhältnissen, der wirtschaftlichen oder sozialen Struktur oder aus anderen vergleichbaren Gegebenheiten zurückführen läßt, so daß mit seinem Schwinden in einem überschaubaren Zeitraum nicht zu rechnen ist. Auch kommt es darauf an, ob ein nach außen erkennbar werdender Mangel an örtlichem Verbundenheitsgefühl in der Einwohnerschaft geeignet ist, die Leistungsfähigkeit der Selbstverwaltung der neugegliederten Gemeinde und deren gedeihliche Entwicklung fühlbar und nachhaltig zu stören". Der Gesetzgeber hat über diese Umstände eigene, gesicherte Feststellungen zu treffen.[726]

---

[724] Vgl. ebenfalls *Abb. 6*

[725] BVerfG, Beschluß vom 12.05.1992, DVBl. 1992, S. 960 (962)

[726] *Schulz* in: *Bauer/Hauth/Nitsche/Schulz/Stanglmayr/Wachsmuth/Winkler/Zwick*, Gemeindeordnung für den Freistaat Bayern, Art. 11 GO, Erl. 4/5

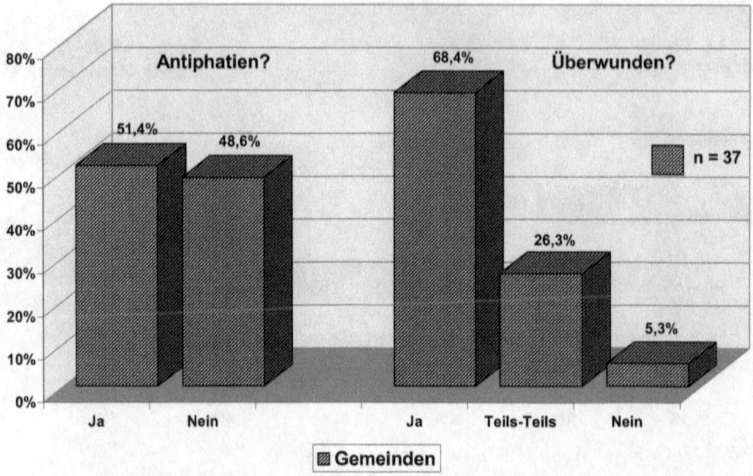

Abb. 6: Gab es zwischen (einzelnen) eingemeindeten Ortsteilen vor der Reform Antipathien? Sind diese inzwischen überwunden?

Es bedarf daher wohl noch einer weiteren Generation, bis auch die letzten der manchmal jahrhundertealten Spannungen zwischen den meist in ländlichen Gebieten gelegenen Ortschaften abgebaut sind. Gemeinschaftsfördernd wären daher größere Anstrengungen zum unpolitischen Zusammentreffen der Bewohner „spannungsgeladener" Ortsteile, beispielsweise bei gemeinsamen Gemeindefesten.

Daß aber jedenfalls politisch die kleinen Ortsteile von der Kerngemeinde berücksichtigt werden, darauf deutet das Ergebnis der Befragung hin, wonach – von wenigen Ausnahmen abgesehen – die Einheitsgemeinden die Behauptung zurückwiesen (Mittelwert: *4,24*)[727], die Ortschaften seien heute ohne politische Bedeutung für die Gemeinde (*Abb. 7*).

[727] Auf einer 5-Punkte-Skala von 1 (*trifft zu*) bis 5 (*trifft gar nicht zu*).

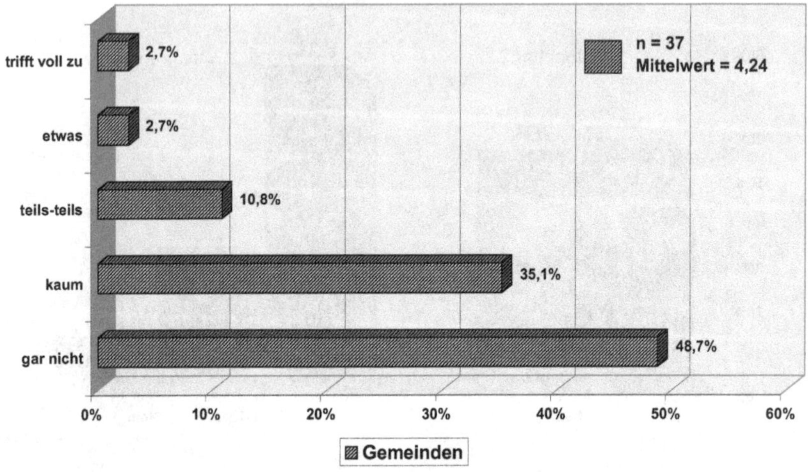

Abb. 7: Sind die Ortschaften heute ohne politische Bedeutung?

4.) Beschleunigung des Eingemeindungsprozesses durch Intervention der Kerngemeinden?

Kurz nachgegangen werden soll der vereinzelt getätigten Aussage[728], daß insbesondere größere Städte mit ihren guten Beziehungen zur Politik die Gemeindegebietsreform dazu nutzten, ihre eigenen Kommunen auf Kosten von anderen zu vergrößern, um so ein größeres Gebiet verwalten und mehr Planungsraum besitzen zu können. Manchmal sollten auch der Drang nach Beherrschung und Einnahme des Umlands hierfür eine Rolle gespielt haben.
Machten aber wirklich Kommunalpolitiker aus größeren Gemeinden und Städten ihren meist guten Einfluß bei Landespolitikern und Beamten des *Innenministeriums* geltend, um Druck auszuüben, bestimmte Gemeinden einzugliedern?

Überraschenderweise war sogar eine von allen befragten Städten – wohl nach der langen Zeitspanne – so offen, diese „heikle" Frage zu bejahen. Auf Nachfrage wurde dies damit erklärt, daß um bestimmte Gemeinden ein gewisser Verteilungskampf herrschte. Deshalb war auch aus Eigeninteresse versucht worden, durch Beziehungen die Entscheidung, zu welcher Gebietskörperschaft diese oder

[728] Z.B. *Heinrichs*, Willkür und Stückwerk in der letzten Phase, Städte- und Gemeinderat, 9/1999, S. 10 ff.; *Thieme/Prillwitz*, Durchführung und Ergebnisse der kommunalen Gebietsreform, S. 64

jene Gemeinde in Zukunft gehören sollte, zu den eigenen Gunsten ein wenig zu beeinflussen. Allerdings wurde von der betreffenden Stadt vehement bestritten, aus Machtgründen die Übernahme einer schlecht ausgestatteten und hoch verschuldeten Gemeinde in Kauf genommen zu haben. Hier liegt wohl der Schluß nahe, daß meist nur um die „Rosinen" des „Eingemeindungskuchens" solcher Aufwand betrieben wurde.

Es bleibt zu vermuten, daß wohl auch noch zahlreiche andere Gemeinden versucht hatten, Kontakte zum Ministerium und ihren Bezirksregierungen zur Eingliederung bestimmter Gemeinden in ihre Kommune aufzunehmen, und sich nicht allein darauf verlassen hatten – wie eine Stadt anmerkte – „daß die Topographie den sanften Druck ausübte".

5.) Alternativen zur Eingemeindung bzw. zur Bildung einer Verwaltungsgemeinschaft

Nach dem bayerischen Konzept einer territorialen Neugliederung des kommunalen Bereichs standen der Zusammenschluß zu Einheitsgemeinden und die Bildung von Verwaltungsgemeinschaften vordergründig gleichberechtigt nebeneinander, jedoch sollte ihre jeweilige Bildung von unterschiedlichen Merkmalen und Voraussetzungen der Gemeinden abhängen.[729]

Verkürzt läßt sich aber festhalten, daß der Zusammenschluß zu einer Verwaltungsgemeinschaft nur dann von der Regierung favorisiert wurde, wenn zwischen den betroffenen Gemeinden eine größere räumliche Entfernung bestand und die Gebiete eine geringere Bevölkerungsdichte aufwiesen. Für die betroffenen Kommunen hatte die Einbeziehung in eine Verwaltungsgemeinschaft den Vorteil, daß sie ihre Selbständigkeit auch weiterhin behalten konnten. Durch weitestgehende Abgabe der Angelegenheiten ihres übertragenen Wirkungskreises auf die Verwaltungsgemeinschaft war es ihnen auch bei geringerer personeller und finanzieller Leistungsfähigkeit noch möglich, ihre Selbstverwaltungsaufgaben in der gebotenen Weise selbst zu erledigen. Somit war nach dem Grundsatz der Verhältnismäßigkeit die Einbeziehung einer Gemeinde in eine Verwaltungsgemeinschaft und die Beibehaltung ihrer Unabhängigkeit gegenüber einer Eingemeindung das mildere Mittel.[730] Insofern ist es auch nicht verwunderlich, wenn in über einem Drittel der Einheitsgemeinden (*35,1%*) und in gut der Hälfte der Verwaltungsgemeinschaften (*56,5%*) darüber diskutiert wor-

---

[729] Vgl. *„Richtlinien für die Zusammenfassung zu größeren Verwaltungseinheiten"*, MABl. 1971, S. 845 ff.

[730] Vgl. BayVerfGH, Entscheidung vom 03.11.1983, BayVBl. 1984, S. 235 (236)

den war, ob die Bildung der jeweiligen Verwaltungsform für die betroffenen Kommunen wirklich die sinnvollste Lösung darstellte.
Von staatlicher Seite war meistens die Bildung von Einheitsgemeinden bevorzugt worden. Dabei versuchte der Staat Kommunen, die sich in der Freiwilligkeitsphase lediglich zu einer Verwaltungsgemeinschaft zusammenschließen wollten, insbesondere durch Hinweis auf den niedrigeren Förderungsbetrag nach Art. 3 b Abs. VI FAG a.F. bei einer Verwaltungsgemeinschaftsbildung, von den Vorzügen einer großen Einheitsgemeinde und der Aufgabe der eigenen Selbständigkeit zu überzeugen.

Es liegt auf der Hand, daß die Gewährung von zum Teil erheblichen zusätzlichen Mitteln bei Gemeindezusammenschlüssen für die Eingemeindungsentscheidung vieler Kommunen eine bedeutende Rolle gespielt hat. Über *77%* der befragten Gemeinden gaben an (vgl. *Abb. 8*), daß die erhöhten Schlüsselzuweisungen und Förderbeträge gewichtige Gründe dafür waren, bestehende Aversionen in den jetzigen Ortsteilen zu beseitigen und die notwendigen Entscheidungen im Gemeinderat für eine Eingemeindung noch im Rahmen der Freiwilligkeitsphase zu fällen. Man wollte auch nicht Gefahr laufen, nach der Stichtagsregelung des 01. Januar 1976 zwangseingemeindet zu werden und dann noch dazu finanziell leer auszugehen.

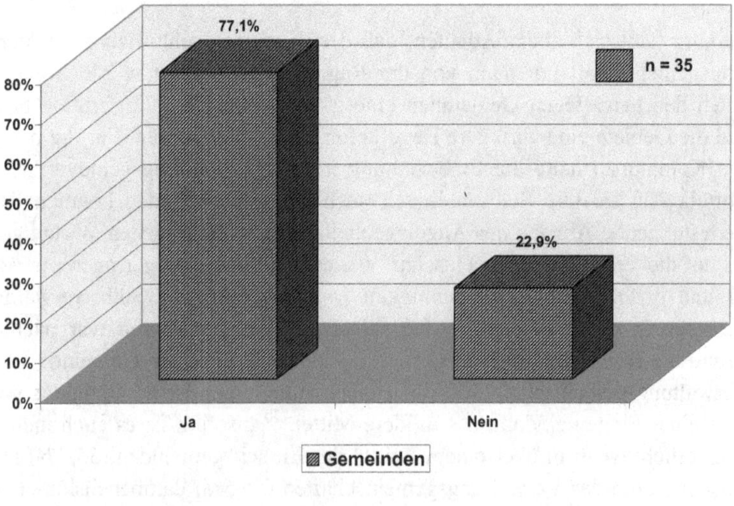

Abb. 8: Spielten die erhöhten Schlüsselzuweisungen, die im Rahmen der sog. "Freiwilligkeitsphase" der Gemeindegebietsreform gewährt wurden, für die Eingemeindungsentscheidung eine bedeutende Rolle?

6.) Der Abschluß von Eingemeindungsverträgen

Viele Gemeinden waren zur Aufgabe ihres Widerstands gegen eine Eingemeindung nur bereit, wenn bestimmte Forderungen ihrerseits von der neuen Kerngemeinde erfüllt wurden. Meist wollten sie sicherstellen, daß die gewährten Schlüsselzuweisungen und andere vom Staat im Rahmen der Gemeindegebietsreform zur Verfügung gestellten Sondermittel nur ihnen als künftigen Ortsteilen zugute kommen und nicht von der aufnehmenden Gemeinde für andere Zwecke vereinnahmt werden konnten. Aber auch andere für sie wichtige Dinge wollten viele Kommunen für die Zukunft gesichert wissen. Zu diesem Zweck schlossen zahlreiche von ihnen mit den aufnehmenden Gemeinden sog. „Eingemeindungsverträge". Darin wurden alle wichtigen Details der bevorstehenden Eingemeindung geregelt, um sich so wenigstens ein begrenztes Mitspracherecht in den aufnehmenden Kommunen zu sichern. Wie bereits erwähnt[731], waren sowohl die politisch Verantwortlichen in den aufnehmenden Gemeinden als auch die Aufsichtsbehörden mit dem Abschluß solcher Verträge größtenteils einverstanden, denn es galt, die vielfach alles andere als von der Gemeindegebietsreform begeisterten Bürger in den von Auflösung bedrohten Gemeinden milde zu stimmen. Als Gegenleistung für eine widerspruchsfreie und schnelle Eingemeindung gingen die aufnehmenden Gemeinden zahlreiche, manchmal sehr weitgehende und teilweise auch mit hohen finanziellen Risiken verbundene Verpflichtungen ein.[732]

Auch *72,2%* der in die Umfrage einbezogenen Einheitsgemeinden (*Abb. 9*) gaben an, daß zumindest mit einzelnen späteren Ortsteilen Eingemeindungsverträge geschlossen wurden. Einige wurden aber nicht nach Art. 13 Abs. I GO von der zuständigen Behörde für verbindlich erklärt. Neben der Regelung der Verteilung der Schlüssel- und Bedarfszuweisungen, die meist für den Ausbau der Straßen-, Wasser- und Infrastruktur verwendet werden sollten, wollten zahlreiche früher selbständige Kommunen nach Angabe der Kerngemeinden oft nicht monetäre Dinge vertraglich festgeschrieben wissen. Dabei standen die Beibehaltung der eigenen Ortsfeuerwehr und die Regelung des Jagdrechts wiederholt ganz oben auf der Prioritätenliste. Aber auch die Pflege von Brauchtum, wie die Aufstellung des eigenen Maibaums, Förderung von Trachten- und Sportvereinen

---

731 Siehe Kap. B II 4.) h)

732 *Ruder*, Bindung auf ewig? - Eingemeindungsverträge auf dem Prüfstand, Kommunalpraxis SW 1999, S. 374

und die Wahrung der Interessen der eigenen Bevölkerung[733] waren den aufgelösten Gemeinden sehr wichtig.

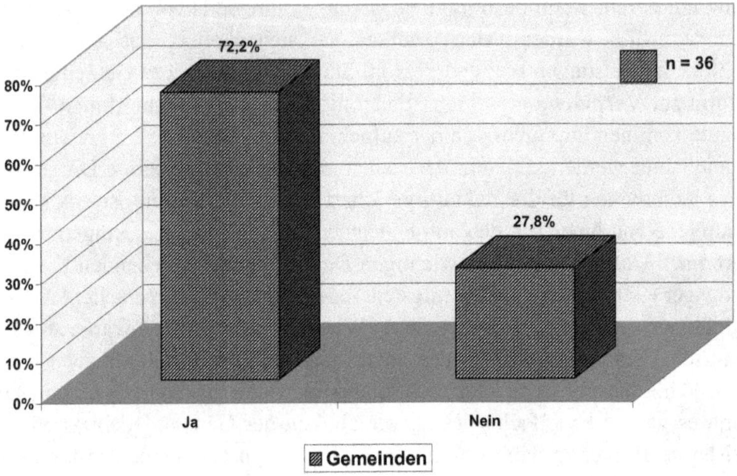

Abb. 9: Wurden Eingliederungs- bzw. Eingemeindungsverträge mit den eingemeindeten Ortsteilen abgeschlossen?

Insbesondere bei abgeschlossenen Eingemeindungsverträgen, die nicht nach Art. 13 Abs. I GO direkt oder durch Verweisung Bestandteil des von der zuständigen Behörde erlassenen Verwaltungsakts zur Regelung der Rechts- und Verwaltungsfragen im Rahmen der Bestandsänderung der Gemeinde wurden, stellte sich die Frage der rechtlichen Bindungswirkung und der gerichtlichen Durchsetzbarkeit bei Nichteinhaltung der Verpflichtungen.[734] Einige der aufnehmenden Gemeinden übersahen in ihrem Bemühen, dem Gemeinderat und der Bevölkerung in den aufzulösenden Gemeinden, also den späteren Ortsteilen, durch „Eingemeindungsgeschenke" den Selbständigkeitsverlust schmackhaft zu machen, welche finanziellen Verpflichtungen auf den Haushalt der Kerngemeinden infolge manch voreilig gemachter Versprechung zukommen sollten. Daher woll-

[733] Z.B. ein Vorrecht der Ortsansässigen bei der Verpachtung von Gemeindegrundstücken der eingegliederten Gemeinden bei gleichem Angebot.

[734] Bei der sog. „Verbindlicherklärung" nach Art. 13 Abs. I S. 1 GO durch die zuständige Behörde oblag ohnehin nur ihr die Durchsetzung der Verpflichtungen mittels aufsichtlichem Tätigwerden (siehe Kap. B II 4.) h) aa)).

ten oder konnten sie die gemachten Zusagen oft schon nach wenigen Jahren – manchmal auch erst in neuester Zeit[735] – nicht mehr einhalten.
Um Auskunft über die vollständige Einhaltung der in den Eingemeindungsverträgen geregelten Punkte gebeten, bejahten zwar die meisten Kerngemeinden (*88,5%*) auf Nachfrage ihre Vertragstreue („Ehrensache"), einige (*11,5%*) gaben aber auch offen zu, manche Vereinbarungen nur teilweise oder sogar überhaupt nicht eingehalten zu haben.

Allerdings hat keine der aufgelösten Kommunen in Bayern – soweit ersichtlich – gerichtliche Schritte bei Verletzung eines Eingemeindungsvertrags eingeleitet. Dies lag einerseits sicherlich an der unklaren Rechtsnatur solcher Verträge[736] sowie an der unterschiedlichen Beurteilung der Frage nach der Parteifähigkeit und der Vertretungsbefugnis einer aufgelösten Gemeinde.[737] Andererseits versuchten sowohl das *Bayerische Innenministerium*[738] mit Hinweis auf die nach seiner Ansicht aussichtslosen Klagen als auch zahlreiche Landratsämter diesbezügliche Klagebegehren von vornherein zu unterbinden. Wie ein Bürgermeister auf Nachfrage mitteilte, wollte man die teilweise noch brüchige Integration der neuen Ortsteile nicht durch derartige Klagen gefährden und alte Wunden über den Verlust der kommunalen Selbständigkeit wieder aufreißen lassen.

Ohne jede Unterstützung von staatlicher Seite und angesichts des Kostenrisikos eines Prozesses auf sich alleine gestellt, scheuten die Kommunen davor zurück, ihr Recht einzuklagen. Viele der aufnehmenden Gemeinden machten es sich mit dem pauschalen Verweis auf ihre schlechte Haushaltslage und der nach ihrer Meinung lediglich kommunalpolitischen Wirkung der damals geschlossenen Verträge aber sehr leicht, sich von ihren schriftlich gegebenen Versprechungen zu lösen. Allerdings hatten sie bereits damals rechtlich auch wenig zu befürchten, schon wegen der Probleme der Parteifähigkeit und vor allem auch der Vertretungsbefugnis bei aufgelösten Gemeinden.[739] Erst recht gilt dies heute nach über 25 Jahren wegen der langen Zeitspanne.

---

735 Vgl. Fst. 2000, Rdnr. 49
736 Bei Eingemeindungsverträgen, die nach Art. 13 Abs. I S. 1 GO von der zuständigen Behörde mittels Verwaltungsakts für verbindlich erklärt wurden, stellte sich für die betroffenen aufgelösten Gemeinden zudem das Problem der Zulässigkeit einer Klage auf rechtsaufsichtliches Tätigwerden nach Art. 112, 113 GO (vgl. Kap. B II 4.) h) aa)).
737 Siehe hierzu Kap. B II 4.) h) aa) und bb)
738 Vgl. *Bayerischer Landtag*, LT-Drs. 9/740, S. 2
739 Siehe hierzu Kap. B II 4.) h) bb)

7.) Nutzung der ehemaligen Verwaltungsgebäude der aufgelösten Gemeinden

Bereits zu Zeiten der Durchführung der kommunalen Gebietsreform wurde über die zukünftigen Verwendungsmöglichkeiten der Büro- und Verwaltungsgebäude der aufzulösenden Kommunen diskutiert. Dabei wurde schon vor dem Beginn der Reformmaßnahmen kritisiert, daß in den Kerngemeinden für viel Geld neue Verwaltungsbauten zur Bewältigung der neuen Aufgaben errichtet werden müssen, während die Gebäude in den neuen Ortsteilen überflüssig werden würden.[740]
Schätzungen[741] gehen von Kosten von ca. 94 Mio. Euro für Neu- und Erweiterungsbauten von Verwaltungsgebäuden allein im Rahmen der Gemeindegebietsreform in Bayern aus.
Bereits deshalb mußte im Rahmen der Untersuchung auch der Frage nachgegangen werden, ob durch die Verlegung der Verwaltungen – sei es von den nunmehrigen Ortsteilen auf die Kerngemeinde oder von den Mitgliedsgemeinden auf die Verwaltungsgemeinschaft – die damaligen Gebäude für die Kommunen tatsächlich nutzlos wurden und welcher Funktion sie heute dienen.

Die Auswertung des Materials offenbart hierbei eine deutliche Diskrepanz zwischen den Einheitsgemeinden und den Verwaltungsgemeinschaften. Während in den befragten Einheitsgemeinden in weit über der Hälfte der Fälle (*59,5%*) Verwaltungseinrichtungen- und gebäude geschlossen wurden (vgl. *Abb. 10*), geschah dies nur in etwa jeder vierten der befragten Verwaltungsgemeinschaften (*26,1%*).
Dies ist vor allem damit zu erklären, daß die Mitgliedsgemeinden von Verwaltungsgemeinschaften ihre Rathäuser und Verwaltungsgebäude vielfach weiter für die Sitzungen des Gemeinderats und als Büro des Bürgermeisters nutzten. Andere Mitgliedsgemeinden wollten die Immobilien aber auch aus Gründen der Repräsentation und als Zeichen der eigenen Unabhängigkeit nicht aufgeben, obwohl sie angesichts der verschwindend geringen Anzahl der ihnen verbliebenen Verwaltungsgeschäfte nunmehr vielerorts viel zu groß und demzufolge unrentabel im Unterhalt waren. Ob solcher Stolz in Zeiten knapper kommunaler Kassen noch finanzierbar und sinnvoll ist, muß bezweifelt werden.
Da die Ortsteile mit der Eingemeindung in die aufnehmende Gemeinde jegliche Eigenständigkeit verloren haben, benötigen sie nur noch in seltenen Fällen eigene Verwaltungsgebäude. Oft waren allerdings eigene Rathäuser in ehemaligen

---

[740] *Thieme/Prillwitz*, Durchführung und Ergebnisse der kommunalen Gebietsreform, S. 88/89
[741] Vgl. *Ramsauer*, Wirtschaftliche Ziele und Effekte der Gebietsreform in Bayern, S. 143 ff. und dortige Anlage 4 im Anhang, S. XXIV

Zwerggemeinden mit einigen hundert Einwohnern auch gar nicht vorhanden, denn die Bürgermeisterei und die Amtsstuben befanden sich im Haus des Bürgermeisters. Aus diesem Grund relativiert sich die auf den ersten Blick hohe Quote von *40,5%* der befragten Einheitsgemeinden, in denen keine Gebäude für die Verwaltung geschlossen wurden (vgl. ebenfalls *Abb. 10*).

Was geschah nun mit den nicht mehr benötigten Immobilien? Neben dem Verkauf durch die neue Gemeinde[742] wurden zahllose Gebäude umgewidmet und dienen den Bürgern nun als Vereinsheime, Kindergärten, Bürgerhäuser, Archive und Wahllokale.

Es bleibt festzuhalten, daß sich die Kosten für den Um- bzw. Neubau der Verwaltungsgebäude in den Kerngemeinden in der Zwischenzeit amortisiert haben, und den Einwohnern der Ortschaften oftmals die alten Gebäude zur kulturellen und sozialen Nutzung überlassen wurden. Ob sich einige Mitgliedsgemeinden von Verwaltungsgemeinschaften auch weiterhin große Rathäuser für die ihnen verbliebenen wenigen Aufgaben leisten können, wird die Zukunft zeigen.

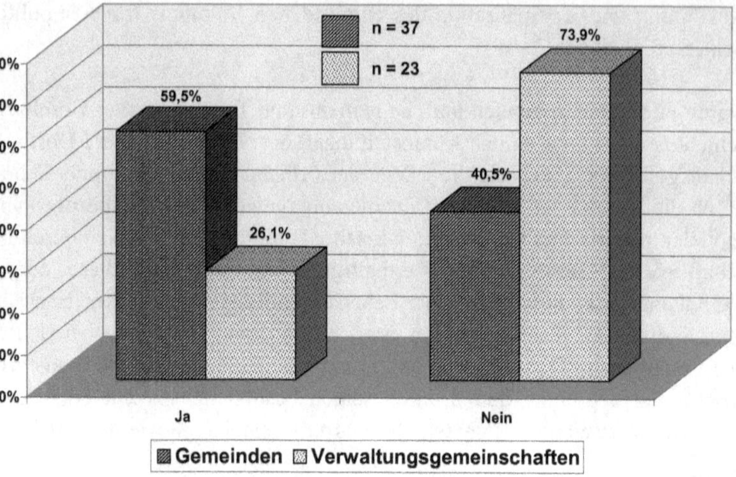

Abb. 10: Wurden damals nach der Reform in den eingemeindeten Teilen oder in Ihrer Gemeinde / in der Verwaltungsgemeinschaft Verwaltungsgebäude geschlossen?

742 In einer der befragten Einheitsgemeinden stehen immer noch Grundstücke in einzelnen Ortsteilen zum Verkauf.

8.) Verlust des kulturellen Lebens und der Eigeninitiative in den eingemeindeten Gebieten?

Von den Gegnern einer umfassenden Gebietsreform in Bayern wurde schon frühzeitig die Befürchtung geäußert, daß das gemeindliche Selbstbewußtsein, welches das kulturelle Leben bestimmt und kulturelle Traditionen erhält und das in einer selbständigen Gemeinde in aller Regel wesentlich ausgeprägter ist als in vergleichbaren Ortsteilen größerer Nachbargemeinden[743], infolge von Eingemeindungen sicherlich leiden oder sogar abhanden kommen würde. Diese Sorge war nicht unbegründet, denn das Vorhandensein bestimmter Verwaltungseinrichtungen, insbesondere des eigenen Rathauses, hat großen Einfluß auf das gemeindliche Leben.[744] Tatsächlich schlossen nach der Eingemeindung oft Arztpraxen, Banken und Geschäfte in den Ortsteilen wegen Verlegung in die Kerngemeinde aufgrund des dort intensiveren Publikumsverkehrs. Der Austausch von Informationen fand deshalb mehr und mehr in den dörflichen Vereinen statt. Gerade den Vereinen kommt auch heute noch in vielen ländlichen Kommunen eine hohe integrative Funktion zu. Sie sorgen in besonderem Maße für den Zusammenhalt innerhalb des Orts und die Identifikation mit der Kommune. Sie trugen aber auch unmittelbar nach der Gemeindegebietsreform vielerorts zur Ausfüllung und Kompensation des entstandenen Vakuums früherer politischer Selbständigkeit bei.[745]

Durch ihre Ortsbezogenheit und die gemeinsame Teilnahme aller Gesellschaftsschichten eines Orts an den Veranstaltungen der Vereine wird die Dorfgemeinschaft gefördert.[746] Gerade die Pflege der örtlichen Traditionen und Gebräuche durch die Vereine ist der Grund für die außergewöhnliche Ortsbezogenheit, die in vielen bayerischen Gemeinden herrscht. Tradition zeichnet sich durch gesellschaftlich anerkannte positive Werthaftigkeit aus: „Man mißt dieser oder jener Verhaltensweise, dieser oder jener Lebensorientierung, dieser oder jener Einstellung, dieser oder jener Institution einen besonderen Wert zu, wobei sich dieser Wert nicht nur in Praktikabilität und Funktionalität, sondern auch in historischer Kontinuität begründet und dadurch seinen besonderen Akzent erhält“.[747] Die drohende Verletzung der vitalen Daseinszusammenhänge wie der Ortsbezogen-

---

[743] *Leclaire*, Probleme der kleinen Gemeinde, in: *Rausch/Stammen* (Hrsg.), Aspekte und Probleme der Kommunalpolitik, S. 274

[744] *Stang*, Die Gemeindegebietsreform - Ein Rückschlag für die Demokratie?, S. 42

[745] *Köhler*, Ablauf der Territorialreform und ihre Auswirkungen auf Politik und Verwaltung am Beispiel des Schwalm-Eder-Kreises, S. 359

[746] *Siewert*, Der Verein, in *Wehling* (Hrsg.), Dorfpolitik, S. 81

[747] *Gauger*, Heimat - Tradition - Geschichtsbewußtsein - Bemerkungen zu einem vermuteten Zusammenhang, in: *Weigelt* (Hrsg.), Heimat - Tradition - Geschichtsbewußtsein, S. 33

heit und der Gemeindeidentität mögen vielerorts zu den manchmal extremen und von Außenstehenden nur schwer verständlichen Widerstandshandlungen geführt haben.[748]

Jedoch kann inzwischen mit großer Sicherheit gesagt werden, daß die Besorgnis, das Selbstbewußtsein der nunmehrigen Ortsteile hätte stark gelitten oder wäre sogar erloschen, glücklicherweise unbegründet war. Allein ein Blick auf die Internet-Webseiten[749] vieler Ortsteile zeigt, daß die Einwohner durch die Gemeindegebietsreform nicht das Interesse verloren haben, sich kulturell[750], in Vereinen oder auf sonstige Weise ehrenamtlich in ihren Ortschaften zu engagieren. Natürlich beteiligen sich viele Bewohner ebenfalls auf Ebene der Einheitsgemeinde. Jedoch hat die Pflege der Tradition in den ehemals selbständigen Gemeindeteilen immer noch eine ganz besondere Stellung.

Untermauert wird dies durch das Umfrageergebnis bei den befragten Einheitsgemeinden. Der Mittelwert von *4,43* auf einer Skala von 1 (*trifft voll zu*) bis 5 (*trifft gar nicht zu*) auf die Frage:

> *„Haben Ihrer Ansicht nach das kulturelle Leben bzw. die kulturelle Tradition in den eingemeindeten Gebieten nachgelassen?"*

zeigt deutlich, daß die Gemeindegebietsreform keine negativen Auswirkungen auf Kultur und Brauchtum der Ortsteile hatte (vgl. *Abb. 11*). Von einer kulturellen Verödung auf dem Lande, wie unmittelbar nach Abschluß der Reformmaßnahmen prophezeit[751], kann daher nach dieser Untersuchung keine Rede sein. Im Gegenteil, vielfach haben in manchen Ortsteilen die Kulturangebote zugenommen.

---

748 *Stammen*, Geborgenheit als anthropologisches Bedürfnis - Die politischen und kulturellen „Kosten" der Kommunal- und Gebietsreform, in: *Weigelt* (Hrsg.), Heimat - Tradition - Geschichtsbewußtsein, S. 86/87

749 Die vielfach neben denen der Einheitsgemeinden existieren.

750 Zum kulturellen Leben im ländlichen Raum siehe: *Schwedt*, Kulturleben und Kulturträger im Dorf, in: *Henkel* (Hrsg.), Kultur auf dem Lande, S. 31 ff.

751 *H. G. und R. Wehling*, Nach der Gemeindereform, Der Bürger im Staat 1980, S. 22

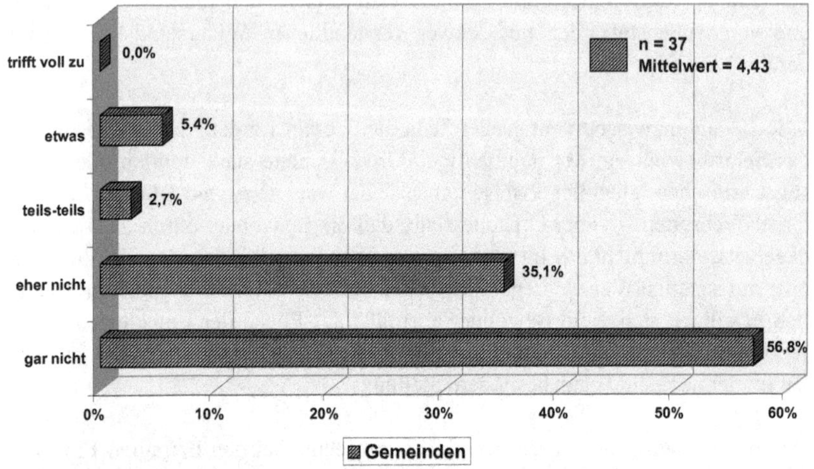

Abb. 11: Haben Ihrer Ansicht nach das kulturelle Leben bzw. die kulturelle Tradition in den eingemeindeten Gebieten nachgelassen?

Ein völlig anderes Bild zeigt sich aber, wenn es um die Bereitschaft in den eingemeindeten Teilen geht, Eigenleistungen für die neue „Großgemeinde" zu erbringen. Gehwegreinigung, Schneeräumen, Rasenmähen von Sportplätzen u.ä. waren früher ehrenamtliche Tätigkeiten in kleineren Gemeinden. Heute ruft man für diese Aufgaben nach dem Personal der Gemeinde oder der Landratsämter[752], was zu einer zusätzlichen Belastung deren Haushalte führt. Der den befragten Einheitsgemeinden vorgelegten Behauptung, der Einsatz in den eingemeindeten Ortschaften zur Aufgabenübernahme für die Gemeinschaft sei seit dem Verlust der Eigenständigkeit ihrer Gemeindeteile gesunken, wurde mit einem Mittelwert von *2,57*[753] nicht vehement widersprochen. Auffällig bei der Auswertung war aber, daß während in *24,3%* der befragten Kommunen die gemeindliche Mitarbeit in den Ortschaften völlig zum Erliegen kam, anderenorts das Einstehen für die Kommune und die Gemeinschaft bei den Einwohnern immer noch höchste Priorität hat (siehe *Abb. 12*).[754]

Nahezu dasselbe Ergebnis (Mittelwert: *2,43*) vermeldeten die Verwaltungsgemeinschaften. Auch dort ist die Bereitschaft in den Mitgliedsgemeinden zum persönlichen Einsatz für die Gemeinschaft insgesamt offenbar zurückgegangen.

---

[752] Vgl. *Emmerig*, 25 Jahre Gebietsreform in der Oberpfalz, BayVBl. 1998, S. 676

[753] Auf einer Skala von 1 (*trifft voll zu*) bis 5 (*trifft gar nicht zu*).

[754] Immerhin *16,2%* wiesen die Behauptung des Absinkens der Eigenleistungen als überhaupt nicht zutreffend zurück.

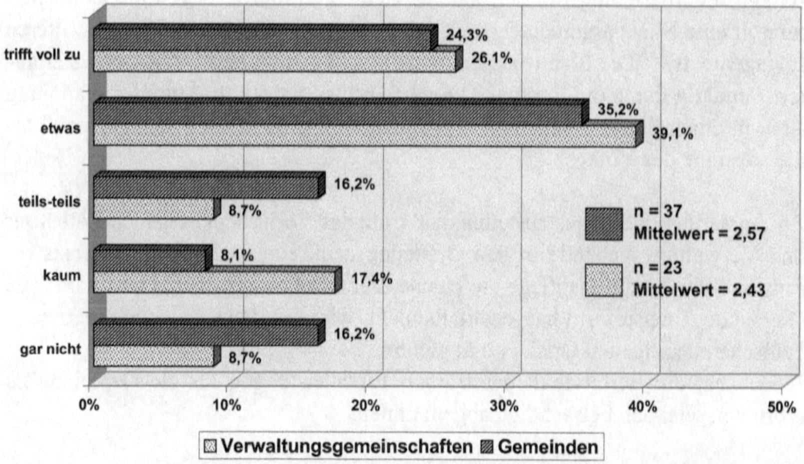

Abb. 12: Die Bereitschaft der Bürger, in den eingemeindeten Teilen / in den Mitgliedsgemeinden Eigenleistungen für die Gemeinschaft zu erbringen, ist gesunken.

Natürlich darf hierbei nicht unberücksichtigt bleiben, daß sicherlich in den letzten Jahrzehnten die allgemeine Bequemlichkeit der Bürger gestiegen ist und dementsprechend im gleichen Maße das Engagement zum eigenen Einsatz in der Kommune abgenommen hat.

Allerdings wurde den Bürgern gerade von der Politik immer wieder die Steigerung der Leistungskraft größerer Gemeinden als eines der obersten Ziele und als Vorzug der Gemeindegebietsreform vor Augen geführt und als Grund dafür genannt, daß viele kleine Kommunen nicht mehr selbständig bleiben könnten. Diese Erwartungshaltung an die kommunale Verwaltung wollten nun viele Einwohner erfüllt sehen und stellten schon aus diesem Grund ihre früheren freiwilligen Anstrengungen ein. Andererseits trug sicher auch die zunehmende Anonymisierung der Bürger in einer großen Gemeinde[755] und eine vielerorts trotzige Haltung[756] zum Rückgang der Eigenleistungen bei.

Vergessen werden darf aber auch nicht, daß in vielen Klein- und Kleinstgemeinden vor der Gebietsreform zahlreiche Einrichtungen der Daseinsvorsorge (z.B. Sportplätze, Kanalisation) mit Hilfe der Bürger geschaffen wurden, was zu einer

755 *Köhler*, Ablauf der Territorialreform und ihre Auswirkungen auf Politik und Verwaltung am Beispiel des Schwalm-Eder-Kreises, S. 92 - 100

756 „Wenn wir schon eingemeindet wurden, dann sollen die (in der Kerngemeinde) auch die nötigen Arbeiten machen".

starken Identifizierung mit der eigenen Gemeinde führte. Durch die Eingliederung in eine Nachbargemeinde sank naturgemäß die Bereitschaft eines weiteren Engagements.[757] Die Identifikation zum Ortsteil erfolgt heute, wie bereits erläutert, verstärkt durch die Vereine. Diese beeinflussen trotz struktureller Wandlung auch in einem hohen Maße den kommunalpolitischen Entscheidungsprozeß als die „Stimme des Volkes". [758]

Zusammenfassend ist festzustellen, daß trotz des Verlusts der eigenen Rathäuser und Verwaltungsgebäude in den Ortsteilen dank eines lebendigen Vereinswesens und der Traditionspflege die eigene Identität bewahrt wurde und wird. Die Gemeindegebietsreform hat jedenfalls nicht, wie des öfteren angenommen, zum Erlöschen der eigenen Ortsidentität geführt.[759]
Jedoch hat die Bereitschaft der Bürger, Eigenleistungen für die Gemeinde zu erbringen, vielfach beträchtlich abgenommen.

9.) Zusammengehörigkeitsgefühl, Identifikation und Einstellung zur neuen Situation

Als weiteren problematischen Nebeneffekt der Gemeindegebietsreform wollte die Literatur[760] schon zu Beginn der Reformmaßnahmen die Gefahr eines Rückgangs des Zusammengehörigkeitsgefühls in den Kommunen erkannt haben, da im soziologischen Sinn bei einer großen Gemeinde eine örtliche Gemeinschaft nicht mehr vorhanden sei. Die Bürger der neu hinzugekommenen Ortsteile seien nicht so stark emotional an die neue Kommune gebunden[761] und fühlten sich nicht als deren Mitglieder im sozialen Sinne. Vielmehr beschränke sich ihre bürgerschaftliche Identität im wesentlichen weiter auf die alte Gemeinde[762], wo aber aufgrund des Verlusts der Selbständigkeit das Zusammengehörigkeitsgefühl immer weiter abnehme.
Die Zielwerte des damaligen Reformvorhabens konzentrierten sich insbesondere auf die Verbesserung der Verwaltungseffizienz. An soziologische Aspekte wur-

---

[757] *Gericke*, Durchsetzung im Anhörungsverfahren: Spannungsfeld zwischen Vorgabe der Regierung und Stellungnahmen der Gemeinden, in: *Stammen/Mühleisen* (Hrsg.), Gemeinde- und Gebietsreform in Bayern, S. 151

[758] Einen empirischen Nachweis hierzu führt *Jauch*, Auswirkungen der Verwaltungsreform in ländlichen Gebieten - dargestellt an 14 Gemeinden in Baden - Württemberg, S. 151 ff.

[759] Vgl. auch *Schneider*, Heimat: Wohnort - Gemeinde - Landkreis: Einige empirische Befunde, in: *Weigelt* (Hrsg.), Heimat - Tradition - Geschichtsbewußtsein, S. 74

[760] Z.B. *Thieme/Prillwitz*, Durchführung und Ergebnisse der kommunalen Gebietsreform, S. 37

[761] *Zahn*, Die Einstellung der Bürger zu ihrer Gemeinde, S. 192

[762] *Zahn*, Die Einstellung der Bürger zu ihrer Gemeinde, S. 199

de bei der Ausarbeitung nicht gedacht[763], was auch ein Grund für die später vielfach auftretenden Widerstandshandlungen war.

Ob die Gemeindegebietsreform wirklich das Zusammengehörigkeitsgefühl und die Identifikation zur alten Kommune nachhaltig gefährdet[764] oder zumindest gewachsene und über lange Zeit bestehende lokale Raumstrukturen bedroht hat[765], soll im folgenden geklärt werden.

In einem traditionsbewußten Land wie Bayern sind naturgemäß die Heimatverbundenheit der Bürger, insbesondere in kleineren Gemeinden, stärker ausgeprägt und der Stolz auf die Eigenständigkeit, die enge Gemeinschaft und den eigenen Ort höher als in größeren Gemeinden.[766] „Spezielle Lebensbedingungen, welche ländlich - dörfliche Existenz kennzeichnen, wie intakte naturräumliche Umwelt und Hausbesitz, Homogenität der Werthaltungen und geringe Bevölkerungsfluktuation, dichte zwischenmenschliche Kontakte, genossenschaftliche Solidarbezüge und eine eigene Form sozialer Elitenherrschaft, erzeugen eine vergleichsweise hohe interessenbezogene und emotionelle Ortsverbundenheit".[767] Daß auch nach der Gebietsreform eine Vielzahl der Bürger den Ortsteil, in dem sie wohnten, und nicht die Gemeinde selbst als „Heimat" bezeichneten, ergab bereits eine empirische Untersuchung in Baden-Württemberg.[768] Wird nun eine Gemeinde – wie durch die Gebietsreform geschehen – ihrer wichtigsten Integrationspersönlichkeiten[769] und örtlichen Identifikationssymbole[770] beraubt, liegt die Vermutung nahe, unter dem Verlust ihrer Individualität leide zwangsläufig auch das „Wir"-Gefühl in dem heutigen Ortsteil. Voraussetzung für die Identifikation mit einem Ort ist, daß die Wurzeln seiner symbolischen Bedeutung, nämlich eine gewisse Eigenständigkeit und Eigenart gegenüber anderen Siedlungskörpern, bestehen bleiben.[771]

---

763 *Stammen*, Geborgenheit als anthropologisches Bedürfnis, in: *Weigelt* (Hrsg.), Heimat - Tradition - Geschichtsbewußtsein, S. 87

764 Vgl. *Berg*, Selbstverwaltung im ländlichen Raum und die Grundlage des demokratischen Lebens, BayVBl. 1982, S. 557

765 *Haus*, Zur Entwicklung lokaler Identität nach der Gemeindegebietsreform in Bayern, S. 15

766 *Wiebel*, Die kommunale Gebietsreform im Rückblick, BayVBl. 1987, S. 678

767 *Holtmann/Killisch*, Lokale Identität und Gemeindegebietsreform, S. 66

768 *Schneider*, Heimat: Wohnort - Gemeinde - Landkreis: Einige empirische Befunde, in: *Weigelt* (Hrsg.), Heimat - Tradition - Geschichtsbewußtsein, S. 67

769 Beispielsweise ihrem meist angesehenen und charismatischen Bürgermeister.

770 Beispielsweise des eigenen Rathauses.

771 *Treinen*, Symbolische Ortsbezogenheit - Eine soziologische Untersuchung zum Heimatproblem, Kölner Zeitschrift für Soziologie und Sozialpsychologie 1965, S. 258 ff.

Gleiche Befürchtungen wurden auch hinsichtlich der Mitgliedsgemeinden der neu gegründeten Verwaltungsgemeinschaften geäußert. Zwar behielten diese als eigenständige Gemeinden ihre Bürgermeister und größtenteils ihre Rathäuser. Allerdings hätten auch hier die Bürger oft den Eindruck, daß alle wichtigen Entscheidungen alleine von der Verwaltungsgemeinschaft getroffen würden, und die Gemeinderäte und Bürgermeister der Mitgliedsgemeinden nur noch unwichtige Beschlüsse fällen könnten und lediglich Statisten in ihrer eigenen Gemeinde wären. Die deshalb naheliegende Frage:

„Ist in den eingemeindeten Teilen / in den Mitgliedsgemeinden das Zusammengehörigkeitgefühl geschwunden?"

beantworteten jedoch die Verantwortlichen der befragten Einheitsgemeinden auf einer 5-Punkte-Skala von 1 (*trifft voll zu*) bis 5 (*trifft gar nicht zu*) mit einem Mittelwert von *4,02*, die der Verwaltungsgemeinschaften mit einem Wert von *3,65* (siehe *Abb. 13*). Die Körperschaften waren ganz überwiegend der Auffassung, daß das Identifikations- und das Zusammengehörigkeitsgefühl in ihren Ortschaften und Mitgliedsgemeinden kaum gelitten hat. Dieses Ergebnis bestätigten auch einige telefonisch eingeholte Auskünfte bei verschiedenen Mitgliedsgemeinden aus den befragten Verwaltungsgemeinschaften[772], wonach das Verbundenheitsgefühl und die Identifikation mit der Mitgliedsgemeinde trotz des Aufgabenverlusts auch bei jüngeren Einwohnern unverändert (gut) wie früher seien.

[772] Wegen der aufgelösten eigenständigen Verwaltungen war naturgemäß eine Befragung der Ortsteile der Einheitsgemeinden nicht möglich.

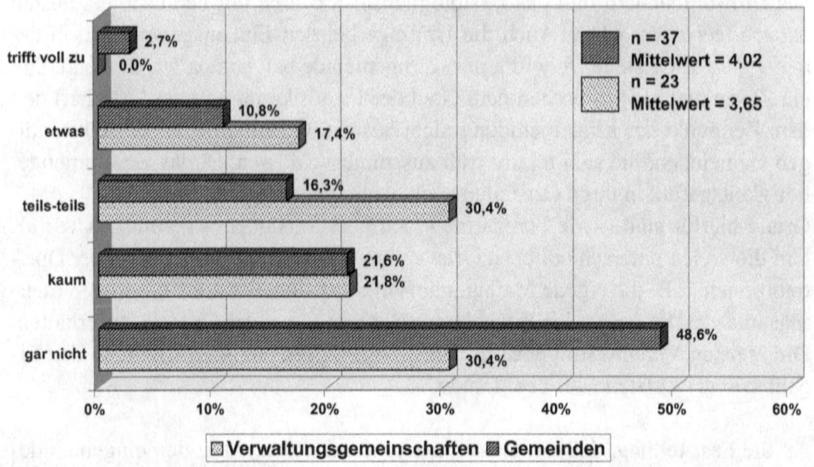

Abb. 13: Ist in den eingemeindeten Teilen / in den Mitgliedsgemeinden das Zusammengehörigkeitsgefühl geschwunden?

Wenn das Zusammengehörigkeitsgefühl doch in einigen Fällen nachgelassen hat, lag dies wahrscheinlich weniger an den Auswirkungen der Gemeindegebietsreform, sondern vor allem an Faktoren, wie der Schließung von Versorgungseinrichtungen (Läden, Handwerksbetriebe) und der Dorfwirtschaft[773] als Gemeindetreffpunkt.[774] Viele Ortsteile von Gemeinden in der Nähe von Ballungszentren beklagten aber auch, daß sich neu zugezogene Bürger nicht in dem von den Alteingesessenen gewünschten Maße in die Ortsgemeinschaft integrierten. Sie bevorzugten die städtische Lebensweise und schotteten sich größtenteils vollständig ab.

Der These, daß in Gemeinden, die sich kurz vor Beginn der Amtsphase der Reform freiwillig zusammengeschlossen haben, wohl keine allzu starke emotionale Bindung der Menschen zu ihren bisherigen Kommunen bestanden habe[775], muß aber widersprochen werden. Viele der von Auflösung bedrohten Gemeinden wollten sich lediglich vor einer unausweichlich bevorstehenden Zwangseingemeindung wenigstens noch die finanziellen staatlichen Zuwendungen für ihr

[773] Vgl. hierzu *Hümmer*, Der Verlust des Dorfwirtshauses und die Auswirkungen auf Kommunikation und Freizeitverhalten der Dorfbevölkerung, S. 115 ff.

[774] *Kretschmann*, Leben in kleinen Dörfern, Der Landkreis 1981, S. 172 ff.

[775] *Holtmann/Killisch*, Lokale Identität und Gemeindegebietsreform, S. 11

Gemeinwohl sichern und das Bestmöglichste für ihren Ort herausholen, anstatt danach leer auszugehen. Auch die Umfrage bei den Einheitsgemeinden, in denen viele der Ortsteile freiwillig der Kerngemeinde beigetreten waren, zeigt, daß ein Zusammenhang zwischen dem Grad der Identifikation mit der Ortschaft und dem Zeitpunkt der Eingemeindung nicht besteht. Gerade in ehemals selbständigen Gemeinden, die sich relativ früh zusammenschlossen, ist das Zusammengehörigkeitsgefühl in ihren Ortsteilen auch heute meist ungebrochen.
Grund hierfür sind – wie bereits mehrfach hervorgehoben – vermutlich vor allem die vielen unterschiedlichen Ortsvereine und die Bewahrung örtlicher Dorftraditionen (z.B. die eigene Maibaumaufstellung), die mithalfen, die lokale Identität und das Interesse der Einwohner an ihrem Ort, jetzt Ortsteil, zu erhalten. Die meisten Vereine sind eben auf Ortschaften bezogen und sichern so das Eigenleben der Ortsteile auf dem Lande.[776]

An die Feststellung, daß das Zusammengehörigkeitsgefühl in den eingemeindeten Teilen und den Mitgliedsgemeinden nicht spürbar gelitten hat, schließt eine weitere für die Beurteilung des Gelingens der Gemeindegebietsreform wichtige Frage an: Haben sich die Bürger der eingemeindeten Kommune auch mit der gesamten Gemeinde identifiziert und sind sie in diese integriert, oder führt jeder Ortsteil weiter separat unter dem Dach und der Verwaltung der Einheitsgemeinde ein Eigenleben ohne stärkere Bindung zu den anderen Gemeindeteilen und zur Einheitsgemeinde selbst? Wäre letzteres nach über einem Vierteljahrhundert nach Ende der Reformmaßnahmen immer noch der Regelfall, müßte dies als großer Minusposten in einer Bilanzziehung verbucht werden. Das würde nämlich zeigen, daß das Modell der Bildung von größeren Einheitsgemeinden die lokalpatriotische Stimmung der Bevölkerung völlig unterschätzt hat. Der Leistungsschwäche vieler Kleingemeinden hätte in diesem Fall wohl besser mit anderen Methoden begegnet werden müssen, als mit einer breit angelegten Auflösung von kleineren Gemeinden.

Trotz der erwähnten[777] – teilweise immer noch bestehenden – Antipathien einzelner Ortsteile zueinander und der vereinzelt noch vorherrschenden Trauer um den Verlust der Eigenständigkeit haben sich nahezu alle Einwohner und Gemeindeteile mit der bestehenden Gesamtsituation abgefunden. Dies ergibt eine Einschätzung auf diese Frage[778] (*Abb. 14*) durch die Verwaltung (Mittelwert:

---

[776] *Schneider*, Kommunalpolitik auf dem Lande, S. 150

[777] Siehe Kap. D II 3.)

[778] „Hat man sich inzwischen mit der Eingemeindung abgefunden? Wie würden Sie die Einstellung in der gesamten Gemeinde auf einer Skala von 1 (*strikt dagegen*) bis 5 (*voll befürwortet*) einschätzen?"

4,19), ferner ein Blick auf die lokalen Aktivitäten in vielen Einheitsgemeinden. Die vielen unterschiedlichen Vereine, seien sie sportlich, musisch, heimatlich, kulturell oder kirchlich ausgerichtet, sind auch hier wieder durch ihre hohe Integrationskraft Hauptgrund für dieses Ergebnis.[779] Das Vereinswesen half und hilft dabei, durch die Auflösung der ehemals selbständigen Kommunen entstandene Integrationslücken zu schließen. Der Verein beeinflußt als Mittler von Informationen und Werthaltungen maßgeblich den Meinungs- und Willensbildungsprozeß innerhalb eines Orts[780] und trägt dank der Ortsbezogenheit zur Integration in der gesamten Gemeinde bei.[781]

Gerade durch den Zusammenschluß sahen sich viele Bürger kleinerer Ortschaften ermutigt, einem Verein in der Kerngemeinde beizutreten, den es – in dieser Form – früher im eigenen Ort aufgrund fehlender Mindestgröße nicht gegeben hat.[782] Aber auch auf Gemeindefesten, Kulturveranstaltungen und insbesondere bei Sportveranstaltungen merkt man heute deutlich, daß sich auch viele Einwohner der Ortsgemeinden beteiligen, lokalpatriotisch mitfiebern und auch stolz auf die Einrichtungen der Gesamtgemeinde sind. Man arrangiert sich also nicht nur mit ihr, man gestaltet sie auch größtenteils lebhaft mit. Dies trifft nach Aussage vieler Einheitsgemeinden auch auf Gemeindeteile zu, die früher vehement Widerstand gegen eine Eingemeindung geleistet haben.

---

779 Nach verschiedenen Untersuchungen sind die Bürger ländlicher und kleiner Gemeinden häufig Mitglieder in lokalen Vereinen. Der Prozentsatz liegt wohl bei über *50%* (siehe z.B. *Jauch*, Auswirkungen der Verwaltungsreform in ländlichen Gemeinden - dargestellt an 14 Gemeinden in Baden-Württemberg, S. 148).

780 *Holtmann/Killisch*, Lokale Identität und Gemeindegebietsreform, S. 96

781 *Siewert*, Der Verein, in: *Wehling* (Hrsg.), Dorfpolitik, S. 81 ff.

782 Man denke an den Tennisboom Anfang der achtziger Jahre.

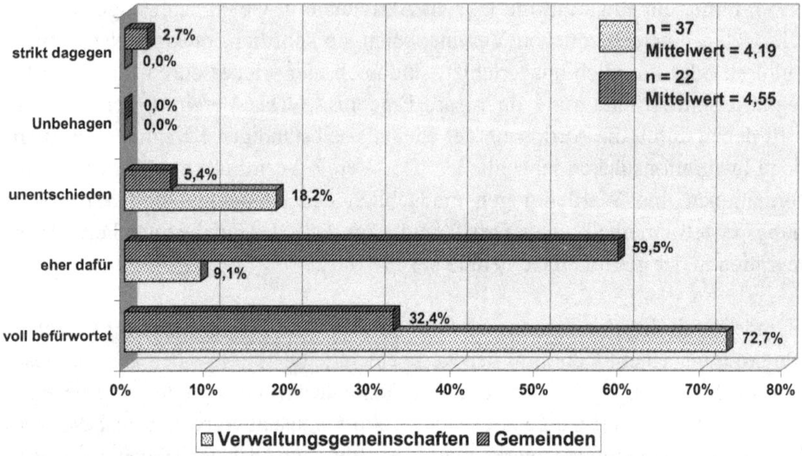

Abb. 14: Man hat sich inzwischen mit der Eingemeindung abgefunden. Wie würden Sie die Einstellung in der gesamten Gemeinde / in den Mitgliedsgemeinden zu dieser Aussage einschätzen?

In Bayern ist daher größtenteils der „Spagat" gelungen, einerseits alle Gemeindeteile zu einem großen Ganzen zusammenzufügen und zu integrieren, obwohl andererseits die Bürger vielfach nicht bereit waren und sind, ihre Wurzeln irgendwo anders als in ihren jeweiligen Ortschaften zu sehen. Ein Bürgermeister einer Einheitsgemeinde brachte diese Einstellung bei einer Rückfrage plastisch auf den Punkt: „Heute stehlen wir uns gegenseitig den Maibaum, morgen kämpfen wir zusammen im Fußballverein gegen die Nachbargemeinde".

Zu den Fällen, in denen die Integration noch nicht ganz so weit fortgeschritten ist – und auch solche Beispiele gibt es noch –, muß aber angemerkt werden, daß die Zurückhaltung zur Kerngemeinde meist nur in einzelnen von vielen Ortsteilen einer Gemeinde vorhanden ist und sich weniger in einer Ablehnung als solcher als vielmehr in allgemeinem Desinteresse am Gemeindegeschehen äußert. Der überwiegende Teil der Einheitsgemeinden gab aber bei der Befragung an (*Abb. 15*), daß sich nahezu alle eingemeindeten Kommunen heute weitestgehend auch mit der neuen Gemeinde identifizierten.[783] „Blutleere" Gemeinden ohne innere Verbundenheit, nur als reine Verwaltungszentren fungierend, sind jeden-

[783] Auf die Frage: „*Haben sich die Bürger der eingemeindeten Teile mit der neuen Gemeinde identifiziert?*" ergab die Auswertung der befragten Gemeinden einen Mittelwert von *1,59* auf einer 5-Punkte-Skala von 1 (*trifft voll zu*) bis 5 (*trifft gar nicht zu*).

falls äußerst selten, und in diese Richtung geäußerte Befürchtungen[784], Distanzierung zur Gesamtgemeinde und Resignation könnten von Dauer sein, waren unbegründet.

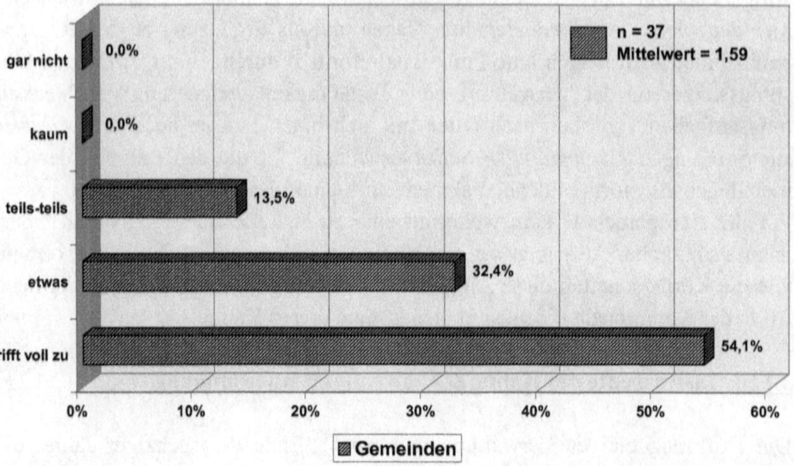

Abb. 15: Haben sich die Bürger der eingemeindeten Teile mit der neuen Gemeinde identifiziert?

784 Vgl. *Seele*, Das Ergebnis der Verwaltungs- und Gebietsreform im Überblick, Der Landkreis 1981, S. 67

III: Veränderung des Aufgabenbestands der Einheitsgemeinden und der Verwaltungsgemeinschaften

Nicht ohne Interesse für die Untersuchung ist auch die Frage, inwieweit sich der Aufgabenbestand der Gemeinden und Verwaltungsgemeinschaften seit der Gemeindegebietsreform verändert hat. Neben und als Ergänzung zu den Reformmaßnahmen wurde auch eine Funktionalreform[785] durchgeführt[786], die zur Leistungssteigerung der Verwaltung eine Zuständigkeitsverlagerung von Verwaltungsaufgaben von oben nach unten mit sich brachte. Aber auch die *„Gesetze zur Stärkung der kommunalen Selbstverwaltung“*[787], die den Rahmen der Gemeindegebietsreform bildeten, nahmen Einfluß auf das Aufgabenfeld.[788]
Für die Kerngemeinde kam weiterhin eine zusätzliche Belastung durch Übernahme sämtlicher Aufgaben der eingemeindeten Teile hinzu. Die Frage, ob und wie die Körperschaften diese Aufgabenflut bewältigt haben, aber auch die neue Rolle der Kommunalaufsicht sind Gegenstand dieses Kapitels.

1.) Die Instrumente des KommZG zur Aufgabenbewältigung

Die Hoffnung einiger Verwaltungsfachleute[789] Ende der sechziger Jahre, die konsequente Anwendung der verschiedenen Formen der kommunalen Zusammenarbeit, die das damals neu erlassene KommZG den Gemeinden an die Hand gab, könne eine groß angelegte Gemeindegebietsreform verhindern, hat sich alsbald zerschlagen. Schnell wurde nämlich deutlich, daß die Instrumente des KommZG eine gewisse Mindestleistungsfähigkeit der beteiligten Kommunen voraussetzten. Für nahezu alle Klein- und Kleinstgemeinden mit nur einigen Hundert Einwohnern schied deshalb schon unter finanziellen Gesichtspunkten eine Aufgabenverlagerung von Verwaltungsangelegenheiten durch kommunale Zusammenarbeit aus. Sie hatten nicht die Mittel, Pflichtaufgaben des eigenen Wirkungskreises selbst zu erfüllen oder durch eine interkommunale Einrichtung ausführen zu lassen. Falls doch einmal Zweckverbände wichtige Aufgaben sol-

---

785 Vgl. *Süß*, Funktionalreform in Bayern, BayVBl. 1975, S. 1 ff.

786 Siehe B II 2.) h)

787 *„Erstes Gesetz zur Stärkung der kommunalen Selbstverwaltung“*, GVBl. 1971, S. 245 ff.; *„Zweites Gesetz zur Stärkung der kommunalen Selbstverwaltung“*, GVBl. 1971, S. 450 ff.

788 Zu nennen wären dabei u.a. die Verschärfungen der Pflichtaufgaben des eigenen Wirkungskreises nach Art. 57 GO sowie der Verlust nahezu des gesamten Aufgabenbereichs des übertragenen Wirkungskreises sowie die Beschneidung großer Teile des eigenen Wirkungskreises bei den Mitgliedsgemeinden von Verwaltungsgemeinschaften.

789 Vgl. z.B. *Prandl*, Das Gesetz über die kommunale Zusammenarbeit, BayBgm. 1965, S. 151, aber auch Kap. C II

cher Gemeinden wahrnahmen, besaßen die einzelnen Gemeinden darin nur ein sehr geringes Gewicht.[790]

Obwohl die Rechtsformen des KommZG – Arbeitsgemeinschaft, Zweckvereinbarung und Zweckverband[791] – eine Reform auf Gemeindeebene nicht verhindern konnten, sind sie für die Einheitsgemeinden aber auch weiterhin ein unentbehrliches Mittel, um investitionsintensive Maßnahmen der kommunalen Daseinsvorsorge, so z.B. die Wasserver- und Abwasserentsorgung, bewerkstelligen zu können. Da in Bayern bei der Gemeindegebietsreform zudem die festgelegten Richtwerte zur Bildung von Einheitsgemeinden[792] in vielen Fällen deutlich unterschritten wurden, war die zusätzliche Anwendung der vorgenannten Zusammenarbeitsformen nach dem KommZG neben Eingemeindungen unumgänglich. Dagegen wollte der Reformgesetzgeber bei den Verwaltungsgemeinschaften, soweit irgend möglich, eine Auslagerung und Übertragung von gemeindlichen Aufgaben auf andere Kommunen durch das KommZG zum Schutz vor einer Untergrabung dieser neuen Einrichtung durch Paralleleinrichtungen verhindern. Aus diesem Grund ist nach Art. 3 Abs. I S. 2 KommZG bei Gemeinden, die der gleichen Verwaltungsgemeinschaft angehören, eine Zusammenarbeit nach dem KommZG nur möglich, wenn die Verwaltungsgemeinschaft selbst die Aufgabe nicht ebenso wirkungsvoll und wirtschaftlich erfüllen kann.

Daß das Modell der kommunalen Zusammenarbeit zur Bewältigung und Koordinierung größerer und kleinerer gemeindlicher Aufgaben bei den Einheitsgemeinden sehr beliebt und teilweise unumgänglich ist, zeigt ebenfalls deutlich das Ergebnis der Umfrage. Knapp die Hälfte der in die Untersuchung einbezogenen Gemeinden (*48,7%*) gaben an, seit der Gebietsreform eine der drei Instrumentarien des KommZG für sich zu nutzen. Die Bildung von Zweckverbänden als wichtigste Form der kommunalen Zusammenarbeit steht hierbei weit an der Spitze der Maßnahmen, während die Gründung von Arbeitsgemeinschaften und die Schließung von Zweckvereinbarungen eher von untergeordneter Bedeutung sind. Nahezu zwei Drittel (*61,1%*) der Gemeinden, die nach der Umfrage mit anderen Kommunen interkommunal zusammenarbeiten, übertragen dabei Aufgaben auf einen Zweckverband. Die Dominanz der Zweckverbände kann aber nicht sonderlich verwundern, betrachtet man genauer, mit welchen Aufga-

---

[790] *Reigl/Schober/Skoruppa*, Kommunale Gliederung in Bayern nach der Gebietsreform, S. 13

[791] Das gemeinsame Kommunalunternehmen wurde erst im Jahre 2004 in das KommZG eingeführt (vgl. GVBl. 2004, S. 272 ff.).

[792] Vgl. die *„Richtlinien für die Zusammenfassung zu größeren Verwaltungseinheiten"* (MABl. 1971, S. 847), wonach die Mindesteinwohnerzahl von Einheitsgemeinden bei mindestens 5.000 liegen sollte.

ben diese von den Gemeinden betraut werden. Immer wieder werden drei Felder genannt: Wasserversorgung, Abwasserbeseitigung und die Müllentsorgung. Dies alles sind zumeist Pflichtaufgaben des eigenen Wirkungskreises (vgl. Art. 57 II GO, Art. 41 b BayWG), die aufgrund der sehr hohen Kosten für Bereitstellung und Erhalt vorwiegend nur von mehreren Kommunen gemeinsam wirtschaftlich betrieben werden können, sich aber aufgrund der Komplexität der Aufgaben nicht besonders gut für eine Zweckvereinbarung eignen. Lediglich zwei der an der Befragung teilnehmenden Einheitsgemeinden gaben an, die Abwasserentsorgung im gesamten Ort einer anderen Gemeinde mittels einer Zweckvereinbarung übertragen zu haben.[793]

Die Bildung von Arbeitsgemeinschaften zur Regelung von Angelegenheiten, welche die an ihr Beteiligten gemeinsam berühren, geschah relativ selten. Wiederum nur drei der ausgewählten Gemeinden nutzten diese lockerste Form der kommunalen Zusammenarbeit.[794]

2.) Kommunalaufsicht und Beziehung zum Landkreis (insbesondere zum Landratsamt)

Mit der Gemeindegebietsreform sollte neben einer Verbesserung der Lebensverhältnisse und mehr Effektivität und Bürgernähe der Verwaltung auch die Stärkung der kommunalen Selbstverwaltung erreicht werden.[795] Von letzterer konnte kaum noch ernsthaft gesprochen werden, da vor der Reform viele kleine Gemeinden ohne die Hilfe des Landratsamts – trotz hohem persönlichen und finanziellen Engagements – außerstande waren, wichtigen kommunalen Aufgaben nachzukommen. Die Unterstützung ging dabei vielfach soweit, daß sich Bürgermeister hilfesuchend zur Aufstellung des Haushaltsplans oder zur Ausfertigung von Bescheiden an das Landratsamt wandten.

Diese Situation war neben der Tatsache, daß die kommunale und verfassungsmäßige Selbstverwaltung in solchen Kleinkommunen quasi nur noch auf dem Papier existierte, auch deshalb besonders problematisch, da das Landratsamt eigentlich eine Aufsichtsfunktion ausüben sollte. Durch das massenweise auftretende Phänomen, daß die Beamten des Landratsamts nun Verwaltungsaufgaben der Gemeinden wahrnahmen, fand kaum noch eine Kontrolle durch eine nächsthöhere Instanz statt. Nicht selten waren Ausstellender und Prüfender im Beschwerdeverfahren ein und dieselbe Person.

---

793 Eine tat dies auch nur für das Abwasser eines entfernt liegenden Ortsteils, das viel kostengünstiger durch die Kläranlage der nahen Nachbarkommune gereinigt werden kann.

794 Beispielsweise zur gemeinschaftlichen Koordinierung von autofreien Innenstädten.

795 *Merk*, Gebiets- und Verwaltungsreform in Bayern, BayVBl. 1971, S. 165

Durch den verstärkten Einsatz von Fachpersonal und die bessere finanzielle Ausstattung in größeren Einheitsgemeinden im Rahmen der Gemeindegebietsreform mußte demzufolge der Beratungsbedarf der Kommunen abgenommen und sich das Landratsamt verstärkt auf seine Aufsichtsfunktion zurückgezogen haben.

Tatsächlich antwortete die überwiegende Mehrzahl (*78,4%*) der befragten Einheitsgemeinden auf die Frage:

„Wendet sich die Gemeinde häufiger oder eher weniger als früher mit der Bitte um Beratung an das Landratsamt?",

daß das Landratsamt bei Unklarheiten kaum noch bzw. deutlich weniger konsultiert wird (vgl. *Abb. 16*). Lediglich einige wenige der befragten Gemeinden haben seit der Gemeindegebietsreform einen etwas höheren (*2,7%*) oder einen viel höheren (*5,4%*) Klärungsbedarf als früher.

Dabei darf aber nicht übersehen werden, daß gleichzeitig mit der zur Gebietsreform durchgeführten Funktionalreform eine Aufgabenverlagerung auf die Gemeinden stattgefunden hat. Dies veranlaßte wohl manche Gemeinden weiterhin oder sogar mehr beim Landratsamt um Beratung nachzusuchen. Trotz dieser vereinzelten Ausnahmefälle liegt der Mittelwert bei *3,78*[796] (= *weniger Beratungsbedarf*), was klar zeigt, daß die Einheitsgemeinden heute weitaus besser in der Lage sind, die notwendigen alltäglichen Verwaltungshandlungen durch ihr kompetenteres Personal völlig selbständig vorzunehmen.

---

796 Auf einer 5-Punkte Skala von 1 (*viel stärkerer Beratungsbedarf*) bis 5 (*kaum noch Beratungsbedarf*).

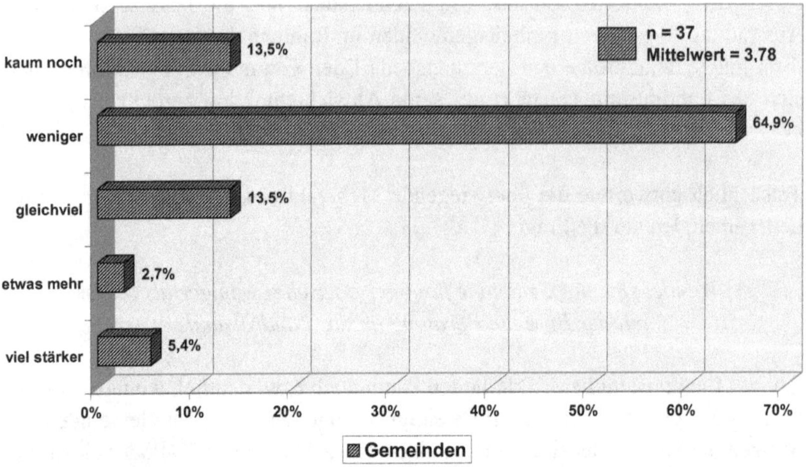

Abb. 16: Wendet sich die Gemeinde häufiger oder eher weniger mit der Bitte um Beratung an das Landratsamt?

Die Umfrage zeigt auch, daß sich die Mitgliedsgemeinden von Verwaltungsgemeinschaften bei Beratungsbedarf in Fragen ihres eigenen Wirkungskreises nahezu übereinstimmend immer zuerst an die Geschäftsstellen der Verwaltungsgemeinschaften mit dem dortigen Fachpersonal wenden und nicht an das Landratsamt als Rechtsaufsichtsbehörde. Dies beweist, daß Art. 4 Abs. V VGemO, nach dem die Verwaltungsgemeinschaften ihre Mitglieder bei der Erfüllung der übrigen gemeindlichen Aufgaben beraten sollen, auch in der Praxis Anwendung findet. Das läßt wiederum auf eine gute Zusammenarbeit zwischen den Körperschaften schließen und gibt dem Landratsamt die Möglichkeit, sich voll und ganz auf seine Aufsichtsfunktion zu konzentrieren.

Um Auskunft gebeten, ob (und wenn ja, in welchem Bereich) sich heute die Kommunalaufsicht spürbarer als früher bemerkbar macht, wollten einige der befragten Gemeinden eine stärkere Kontrolle vor allem im Baurechtsbereich und beim Rechnungsprüfungswesen ausgemacht haben. Die überwiegende Zahl (*89,2%*) der Kommunen verneinte jedoch die Frage (vgl. *Abb. 17*).
Dieses Ergebnis mag angesichts der zahllosen Vorschriften neueren Datums, die von den Gemeinden beachtet werden müssen[797], etwas verwundern, beweist aber

[797] Z.B. im Bereich des KAG.

erneut, daß sich geschultes Verwaltungspersonal, wie es in Einheitsgemeinden eingesetzt wird, deutlich bezahlt gemacht hat.
Bedingt durch die größere Einwohnerzahl in den Gemeinden und der deutlich verringerten Anzahl von Gemeinden innerhalb eines Landkreises kommt den verbliebenen Kommunen innerhalb des Kreises heute eine viel stärkere Position zu. Es ist eben etwas anderes, ob ein Bürgermeister einer Gemeinde mit wenigen Hundert Einwohnern oder einer mit einigen Tausend mit dem Landkreis verhandelt. Einige Kommunen sprechen von einer „besseren Anerkennung" und von einer „interessanten und hervorragenden Zusammenarbeit" zwischen dem Kreis und den Einheitsgemeinden. Heute wird „auf gleicher Augenhöhe" verhandelt, wenn es beispielsweise um Fragen des Nahverkehrs oder des Straßenbaus geht.

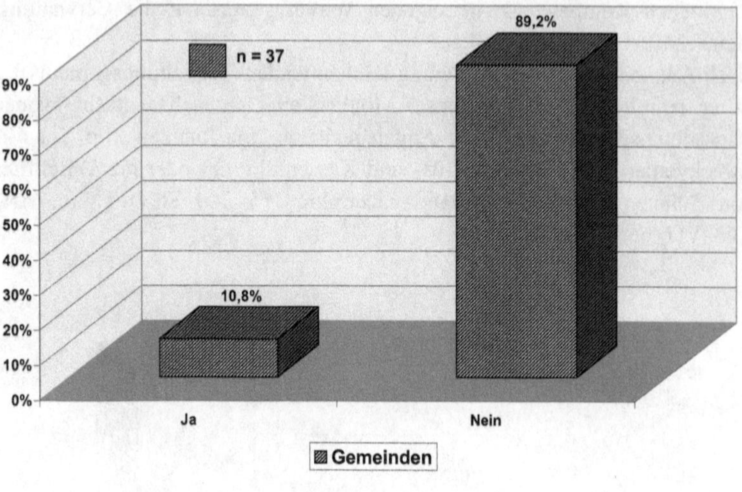

Abb. 17: Macht sich die Kommunalaufsicht heute stärker als früher bemerkbar?

3.) Freiwillige Aufgabenübertragung auf die Verwaltungsgemeinschaft nach Art. 4 Abs. III VGemO und die Problematik des „imperativen Mandats" der Vertreter der Mitgliedsgemeinden

Den Mitgliedsgemeinden von Verwaltungsgemeinschaften ist kommunale Zusammenarbeit vom Gesetzgeber nur unter strengen Vorgaben gestattet (vgl. Art. 3 Abs. I S. 2 KommZG). Jedoch besteht im Gegensatz zu Einheitsgemeinden hierzu auch ein weitaus geringeres Bedürfnis, denn der Aufgabenbereich ihres

übertragenen Wirkungskreises ist nahezu vollständig, der ihres eigenen ziemlich eingeschränkt.
Will sich eine Mitgliedsgemeinde weiterer ihrer im eigenen Wirkungskreis angesiedelten Aufgaben entledigen, besteht nach Art. 4 Abs. III VGemO die Möglichkeit, einzelne dieser Aufgaben und der entsprechenden Befugnisse durch Zweckvereinbarung auf die Verwaltungsgemeinschaft zu übertragen. Wegen der unter Umständen beträchtlichen Auswirkung auf ihren Haushalt und der möglichen zusätzlichen Arbeitsbelastung kann diese aber – nach Ausübung pflichtgemäßen Ermessens – die Überbürdung ablehnen.

Die Praxisauswertung (vgl. *Abb. 18*) zeigt jedoch, daß ohnehin relativ wenige Mitgliedsgemeinden von Verwaltungsgemeinschaften weitere ihrer bereits beschnittenen Kompetenzen im eigenen Wirkungskreis auf die Verwaltungsgemeinschaften übertragen wollen.
Nach Angabe der an der Befragung teilnehmenden Verwaltungsgemeinschaften haben lediglich *17,4%* von dieser Möglichkeit Gebrauch gemacht, wobei die Verwaltungsgemeinschaft mit Angelegenheiten im Rahmen von Schul- und Zweckverbänden (z.B. Geschäfts- und Kassenführung) oder der Durchführung von Sühneversuchen in Privatklageverfahren (§ 380 StPO i.V.m. Art. 49 AGGVG) beauftragt wurde.

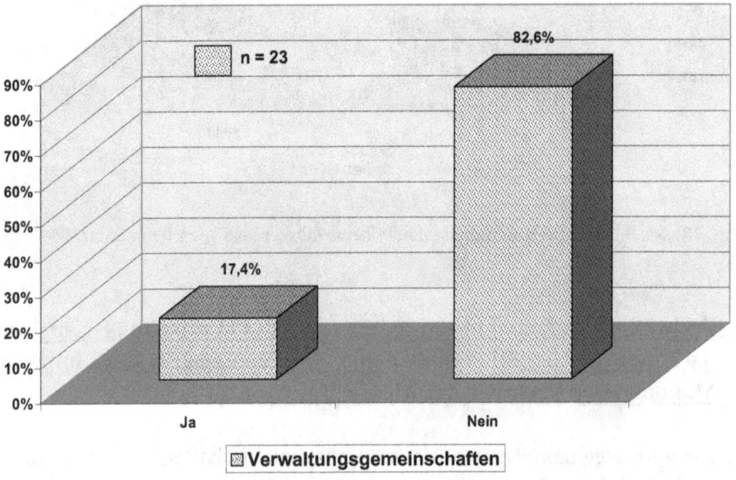

Abb. 18: Haben in Ihrer Verwaltungsgemeinschaft Mitgliedsgemeinden von der Möglichkeit des Art. 4 Abs. III VGemO Gebrauch gemacht und durch Zweckvereinbarung einzelne Aufgaben und Befugnisse ihres Wirkungskreises auf die Verwaltungsgemeinschaft übertragen?

Um ein eher akademisches Problem handelt es sich bei der Frage nach den Konsequenzen für einen Vertreter einer Mitgliedsgemeinde, der sich abredewidrig nicht an eine Weisung hinsichtlich der Stimmabgabe in der Verbandsversammlung hält (vgl. Art. 10 Abs. II VGemO i.V.m. Art. 33 Abs. II S. 4 KommZG).[798]

Danach gefragt, ob es sich schon einmal zugetragen habe, daß sich ein Vertreter einer Mitgliedsgemeinde nicht an eine gemeindliche Weisung in der Gemeinschaftsversammlung gehalten habe, gab nur eine Verwaltungsgemeinschaft an, sich an einen solchen Vorfall überhaupt erinnern zu können.[799]

[798] Siehe Kap. C I 4.) a)

[799] Es ging dabei um die Finanzierung eines Verwaltungsneubaus der Verwaltungsgemeinschaft.

IV: Neue kommunale Personal-, Finanz- und Organisationsstruktur

Dieser Teil soll insbesondere darüber Aufschluß geben, ob die Verwaltungs- und Finanzkraft der neuen Einheitsgemeinden und Verwaltungsgemeinschaften wirklich in dem damals erhofften Ausmaß gestiegen ist und inwieweit die Bewohner der Ortsteile und Mitgliedsgemeinden hiervon partizipierten.

1.) Erhöhung der Verwaltungs- und Leistungskraft

Oberster Zweck der Gemeindegebietsreform und der Reduzierung der ehemals über 7.000 Gemeinden auf knapp über 2.000 war die Erhöhung der Leistungsfähigkeit der vergrößerten Einheiten.
Entscheidender Faktor der Leistungsfähigkeit einer Gemeinde ist aber die Stärke ihrer Verwaltungskraft. Sie sollte deshalb über einen Verwaltungsapparat verfügen, der eine zweckmäßige, rechtsstaatliche und hinreichend spezialisierte Verwaltung sichert, was durch die Einstellung von Verwaltungsspezialisten gewährleistet wird, die auch ohne Hilfe der Aufsichtsbehörden sachrichtige Entscheidungen treffen können.[800] Besonders die Finanzmittel spielen für die Verwaltungskraft eine wichtige Rolle. Sie sind unentbehrlich für die Qualität und den Umfang der Personal- und Sachausstattung.[801]
Von den größeren Einheitsgemeinden erwartete man, daß sie sowohl alle bisherigen Verwaltungs- und sonstigen Aufgaben der aufgelösten Gemeinden mitübernahmen, andererseits aber auch für Einrichtungen kultureller, sportlicher und freizeittechnischer Art[802] sorgten, die wegen ihrer hohen Investitionskosten von einer kleinen Gemeinde niemals selbst hätten finanziert werden können. Allein aufgrund der Aussicht auf eine bessere kommunale Leistungsversorgung ihrer Bevölkerung gaben viele Gemeinderäte und Bürgermeister ehemals eigenständiger Gemeinden ihren Widerstand[803] gegen ihre Eingemeindung auf.

Eine Generation nach Abschluß der Gemeindegebietsreform ist nun ein guter Zeitpunkt, die Verantwortlichen in den Einheitsgemeinden zu fragen, ob tatsächlich die Erwartungen der Reformgeber, die neue Verwaltung würde auf Dauer spürbar kompetenter und effektiver werden, erfüllt wurden oder nicht eher die Aussage zutrifft:

---

[800] *Thieme/Prillwitz*, Durchführung und Ergebnisse der kommunalen Gebietsreform, S. 45
[801] *Mäding*, Verwaltungskraft, DÖV 1967, S. 327
[802] Z.B. Theater, Schwimmbäder, Büchereien etc.
[803] Siehe Kap. D II 2.)

„Die Verwaltungskraft ist weniger gestiegen als vor der Reform erwartet".

Von einigen stark abweichenden Ansichten abgesehen, trifft ein solches negatives Urteil im Mittel von *3,85* auf einer 5-Punkte-Skala von 1 (*trifft voll zu*) bis 5 (*trifft gar nicht zu*) nach Meinung der Befragten eher nicht zu (*Abb. 19*). Die Kommunen, die angaben, ihre Verwaltungskraft sei nicht, wie erhofft, gestiegen (zusammen *18,2%*), machten hierfür ihre noch immer geringe Bevölkerungsdichte mitverantwortlich, aber auch ein zum Teil erhöhtes Anspruchsdenken und überzogene Vorstellungen in den damaligen Jahren der Reformmaßnahmen.

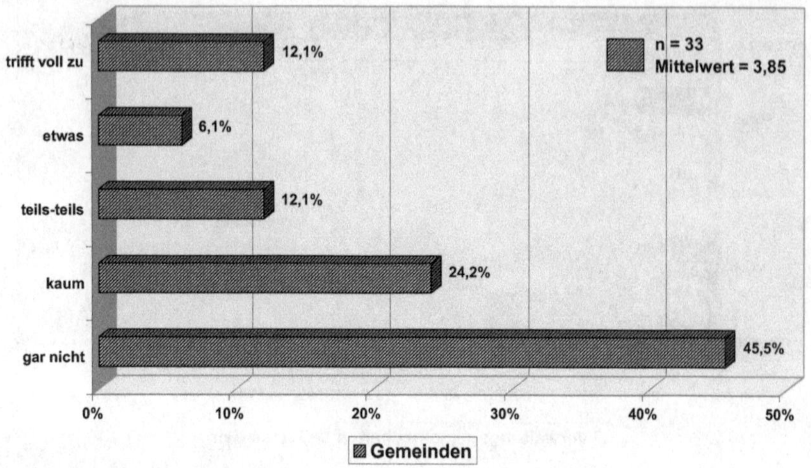

Abb. 19: Ist die Verwaltungskraft weniger gestiegen als vor der Reform erwartet?

Dagegen sind sich sowohl die Vertreter der Einheitsgemeinden, als auch die der Verwaltungsgemeinschaften nahezu völlig dahingehend einig, daß aufgrund der durch die Zusammenschlüsse zu größeren Einheiten erzielten Leistungssteigerungen ihrer Körperschaften die einzelnen Ortsteile und Mitgliedsgemeinden im großen und ganzen heute besser versorgt sind als früher. Auf eine entsprechende Frage erklärten *83,8%* der befragten Einheitsgemeinden und *91,3%* der Verwaltungsgemeinschaften, daß diese Aussage über eine bessere Versorgung ihrer Meinung nach voll zutrifft (vgl. *Abb. 20*). Der sich bei der Befragung ergebende äußerst positive Mittelwert von *1,27* bei den Einheitsgemeinden und sogar von *1,09* bei den Verwaltungsgemeinschaften macht deutlich, daß die heutige Generation der Einwohner augenscheinlich eine deutlich bessere kommunale Infrastruktur vorfindet als ihre Eltern. Kanalisation, instandgesetzte Gemeindestraßen, eine Erweiterung des kulturellen Angebots: nur drei Beispiele, die dank erhöhter Leistungskraft durch den Zusammenschluß zu größeren Gemeinden und die Bildung von Verwaltungsgemeinschaften heute in nahezu jedem Ortsteil und jeder Gemeinde vorhanden sind. Noch vor drei Jahrzehnten aber konnten solche – heute als selbstverständlich angesehenen Dinge – mangels finanzieller und personeller Mittel von den damaligen Kommunen vielerorts ihren Einwohnern nicht zur Verfügung gestellt werden.

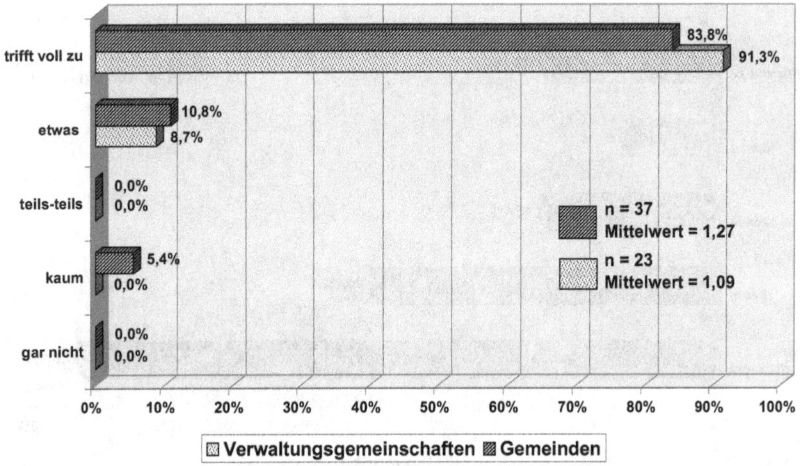

Abb. 20: Sind im großen und ganzen die Ortsteile / die Mitgliedsgemeinden heute besser versorgt als früher?

2.) Erreichbarkeit der Verwaltung

Durch die Eingemeindungen und die alsbaldige Schließung vieler Ortsteilsvertretungen, aber auch durch die Verlagerung von wichtigen Verwaltungsaufgaben auf die Verwaltungsgemeinschaft haben sich die Anfahrtswege vieler Bürger von den Ortsteilen bzw. den Mitgliedsgemeinden zur zuständigen Verwaltung deutlich verlängert. Die betroffenen Einwohner und Unternehmen entfernt liegender Ortschaften und Gemeindeteile mußten durch die Neugliederung des

kommunalen Raums eine deutliche Steigerung der Kosten für einen Behördenbesuch in der Kerngemeinde verzeichnen.[804]
Jedoch legten die *„Richtlinien für die Zusammenfassung zu größeren Verwaltungseinheiten“*[805] fest, daß es den Bürgern nach wie vor möglich sein müsse, die kommunalen Einrichtungen und den Verwaltungssitz unter Berücksichtigung der heutigen Verkehrsmöglichkeiten ohne größere Schwierigkeiten in zumutbarem Zeitaufwand zu erreichen. Die Entfernung zum Verwaltungssitz verlöre aber mit der zunehmenden Motorisierung der Bevölkerung an Bedeutung, so daß für die Entfernung einzelner Ortschaften zum Verwaltungssitz sieben bis acht Kilometer noch als zumutbar anzusehen seien. Dabei müssen Abweichungen nach oben in dünnbesiedelten Gebieten hingenommen werden, aber auch in Gebieten mit guten Verkehrsverbindungen möglich sein.

Bei den befragten Einheitsgemeinden liegt das Rathaus vom weitesten Ortsteil durchschnittlich *7,44 km* entfernt, das Verwaltungsgemeinschaftsgebäude von der weitest entfernt liegenden Mitgliedsgemeinde im Durchschnitt ca. *8,65 km*. Damit ist bei der Neubildung der kommunalen Ebene den Vorgaben der *Richtlinien*, was die Erreichbarkeit der Verwaltung anbelangt, anscheinend Genüge getan worden.
Doch dürfen diese sich bei der Untersuchung ergebenden Mittelwerte nicht darüber hinwegtäuschen, daß manche Bewohner der Ortschaften und Mitgliedsgemeinden eine weitaus größere räumliche Distanz zur Verwaltung zurückzulegen haben: *27,8%* der an der Umfrage beteiligten Einheitsgemeinden und sogar *39,1%* der Verwaltungsgemeinschaften berichteten, daß manche ihrer Bürger über *10* km fahren müssen (vgl. *Abb. 21*), um zum Rathaus oder zum Verwaltungsgebäude zu gelangen, bei einer Verwaltungsgemeinschaft aus Unterfranken sind es sogar *17* km.

Diese großen Entfernungen wären aber noch hinnehmbar, gäbe es zu den Verwaltungen eine gute Anbindung mit öffentlichen Verkehrsmitteln.
Jedoch verneinten über *80%* der Einheitsgemeinden und knapp zwei Drittel der Verwaltungsgemeinschaften diese Frage.[806] Oftmals verkehrten nur Schulbusse von den weiter abseits gelegenen Ortschaften, die aber erst mittags wieder dort-

---

[804] *Poschen*, Die ökonomischen Folgen der kommunalen Gebietsreform für die betroffenen Bürger und Unternehmer, S. 84

[805] MABl. 1971, S. 848

[806] Eine deutliche Verbesserung der Busverbindungen und damit einen geringeren Zeitverlust für Wege in die Kernstadt als vor der dortigen Gebietsreform will dagegen *Schwanitz* in seiner Untersuchung für das Umland von Celle in Niedersachsen ausgemacht haben (vgl. *Schwanitz*, Erfolg und Mißerfolg der kommunalen Gebietsreform - dargestellt am Umlandbereich der Stadt Celle, S. 184).

hin zurückkehrten und in den Schulferien überhaupt nicht führen. Deshalb haben es die nicht motorisierten Teile der Bevölkerung, namentlich ältere Menschen schwer, kostengünstig und schnell Verwaltungsangelegenheiten persönlich wahrzunehmen.
Eine Abmilderung könnte hier eine noch stärkere Internetpräsenz (z.B. mit Onlineformularen) schaffen[807], jedoch ist sehr fraglich, ob speziell ältere Leute eine solche Möglichkeit nutzen können und wollen. Eine in anderen Bundesländern[808] praktizierte Möglichkeit wäre die Errichtung allzuständiger Bürgerämter, Bürgerbüros oder Vorortrathäuser in manchen Gemeindeteilen, die den Einwohnern sämtliche Dienstleistungen umfassend und unmittelbar aus einer Hand anbieten.[809] Neben der Problematik des erhöhten Abstimmungs- und Koordinationsbedarfs[810] stellt sich aber nachhaltig die Kostenfrage solcher Außenstellen.

	Gemeinden (n = 36)	Verwaltungsgemeinschaften (n = 23)
Durchschnittsentfernung (in km)	7,44	8,65
Anteil der Körperschaften, Entfernung > 10 km	27,8%	39,1%
Gute Verkehrsanbindung?	Ja: 18,9% Nein: 81,1%	Ja: 34,8% Nein: 65,2%

Abb. 21: Wie weit liegt das Rathaus / das Verwaltungsgemeinschaftsgebäude vom weitesten Ortsteil / von der weitesten Mitgliedsgemeinde entfernt?

3.) Verwaltungspersonal

Die Verwaltung kann nur dann leistungsfähig sein, wenn genügend und qualifiziertes hauptamtliches Personal beschäftigt wird.[811] Im Zuge der Gemeindegebietsreform wurde auch deutlich mehr Personal in den vergrößerten Einheiten eingestellt. Allein die Zahl des vollbeschäftigten Personals stieg in den kreisan-

807 Zwar sind nach einer neueren Umfrage des *Bayerischen Gemeindetags* fast 90% der Gemeinden in Bayern im Internet mit einem Auftritt präsent und das Interesse der Bürger am „E-Government“ sehr hoch (vgl. *Bayerischer Gemeindetag*, Bayerns Gemeinden sind elektronisch „auf Draht“, BayBgm. 2003, S. 348 ff.), jedoch ist der Anteil der Interaktionen (z.B. Online-Services, Formulare) durchaus noch steigerbar.
808 Z.B. Baden-Württemberg
809 Siehe hierzu *Kirchof*, Die Einrichtung von Bürgerämtern in Gemeinden und Kreisen, S. 9
810 *Kirchof*, Die Einrichtungen von Bürgerämtern in Gemeinden und Kreisen, S. 32 ff.
811 *Wipfelder*, Die Verwaltungskraft der Gemeinden, BayVBl. 1975, S. 95

gehörigen Gemeinden von 25.040 Ende des Jahres 1970 um knapp 70% auf 41.075 im Jahre 1980 an[812], obwohl die Zahl der Gemeinden im gleichen Zeitraum von 7.004 auf 2.049 gesunken ist.[813] Es bestand aber immer Einigkeit darüber, daß es nicht oberstes Ziel einer Gemeindegebietsreform sein könne, den Abbau von Verwaltungsstellen zu erreichen, sondern vielmehr, daß Einsparungen in diesem Bereich höchstens eine wünschenswerte Begleiterscheinung sein werden.[814] Diese – in allen Bundesländern gehegte – Hoffnung erwies sich aber angesichts der massiven Zuständigkeitsverlagerungen auf die Gemeinden und ihres höheren Dienstleistungsangebots als illusorisch.[815] Außerdem führt in allen Verwaltungsebenen die ständig anwachsende „Normenflut" ganz allgemein zu immer höherem Personalbedarf.

Den gestiegenen Bedarf an Personal bestätigten auch die in die Untersuchung einbezogenen Gemeinden. Kleinere der befragten Kommunen, die früher hauptsächlich ehrenamtliches Verwaltungspersonal beschäftigten, haben ihren Personalstamm um bis zu *400%* aufgestockt. Aber auch alle anderen Einheitsgemeinden stellten nicht nur zahlenmäßig mehr, sondern auch spezialisiertere Verwaltungsmitarbeiter ein.
Daß eine mit hauptamtlichen Kräften ausgestattete Verwaltung sehr hohe Kosten verursacht[816] und einen großen Teil des Gemeindesteueraufkommens verschlingen kann, mußten auch viele der an der Umfrage beteiligten Einheitsgemeinden erfahren. Einige Kommunen stehen wegen der kontinuierlich sinkenden Steuereinnahmen der letzten Jahre vor dem gewaltigen Problem, daß allein die Personalkosten ihre Einnahmen aus den Gemeindesteuern zum Teil erheblich übersteigen.

Durch die Eingemeindungen und den damit verbundenen Verlust der Selbständigkeit oblag von nun an die Verwaltung der neu hinzugekommenen Ortsteile allein den Kerngemeinden, die anfangs mit dieser deutlichen Zusatzbelastung in vielen Fällen trotz Einstellung von neuem hauptamtlichen Personal überfordert waren. In den eingemeindeten Gebieten herrschte dagegen die Sorge vor, daß

---

812 *Bayerisches Landesamt für Statistik und Datenverarbeitung* (Hrsg.), Bayern - Daten von 1950 bis 1982, S. 110/111

813 *Bayerisches Landesamt für Statistik und Datenverarbeitung (Hrsg.)*, Bayern - Daten von 1950 bis 1982, S. 15/16

814 *Pletzer*, Kommunale Personalentwicklung und Gebietsreform, Bayern in Zahlen 1982, S. 285; *Kübler/Fuchs*, Personalwesen und Gebietsreform, S. 35

815 Vgl. *Kappe*, Wirtschaftlichkeitsanalysen zur Gebiets- und Funktionalreform, S. 327

816 *Kuhn*, Personelle Auswirkungen der Gemeindegebietsreform, BayBgm. 4/1978, S. 25

die spezifisch lokalen Angelegenheiten und Interessen der Ortsteile bei einer Zentralverwaltung nunmehr weniger Berücksichtigung fänden.[817]

Gerade das damals teilweise angespannte Verhältnis zwischen der neuen Verwaltung und den an eine eigenständige Regelung von Verwaltungsangelegenheiten durch ihre ehemalige Gemeinde gewöhnten Bürgern der Ortschaften soll näher beleuchtet und auf den heutigen Zustand hin untersucht werden.

Zur Besänftigung der Bewohner, aber auch um die konkreten Verhältnisse vor Ort besser kennenzulernen, errichtete eine Vielzahl von Einheitsgemeinden in der ersten Zeit nach der Gemeindegebietsreform in manchen Ortsteilen Verwaltungsaußenstellen. Aber auch in in der Hauptverwaltung selbst gab es Stellen, die auf Angelegenheiten der einzelnen Ortschaften spezialisiert waren. Im Laufe der Jahre konnten sich aber immer weniger Kommunen diesen bürgerfreundlichen „Luxus“ leisten, weshalb nahezu alle Nebenstellen der Gemeinden in den Ortsteilen wieder geschlossen wurden. Auch die Spezialisierung des Personals auf einzelne Gebiete nahm ab. Von den an der Untersuchung teilnehmenden Einheitsgemeinden fand sich nur noch eine einzige Kommune, die eigens einen eigenen „Wasserwart“ für einen Gemeindeteil beschäftigt.

Die vielfach nachzulesende Vermutung[818], die Einwohner eingemeindeter Ortsteile hätten Hemmungen gehabt, sich an das ihnen nicht so vertraute Verwaltungspersonal zu wenden, bewahrheitete sich nach Aussage der befragten Gemeinden nicht (*Abb. 22*). Ihrer Meinung nach traf dies in ihrer Gemeinde selten oder fast gar nicht (Mittelwert *4,25*)[819] zu. Schon damals seien die Bürger sehr selbstbewußt gewesen. Heute jedenfalls gäbe es diesbezüglich keinerlei Probleme mehr.

---

[817] *Riescher*, Literaturbericht: 10 Jahre nach der Kommunalreform, in: *Stammen/Mühleisen* (Hrsg.), Gemeinde- und Gebietsreform in Bayern, S. 38

[818] So z.B. *Wagener*, Gebietsreform und kommunale Selbstverwaltung, DÖV 1983, S. 750

[819] Auf einer 5-Punkte Skala von 1 (*trifft voll zu*) bis 5 (*trifft gar nicht zu*).

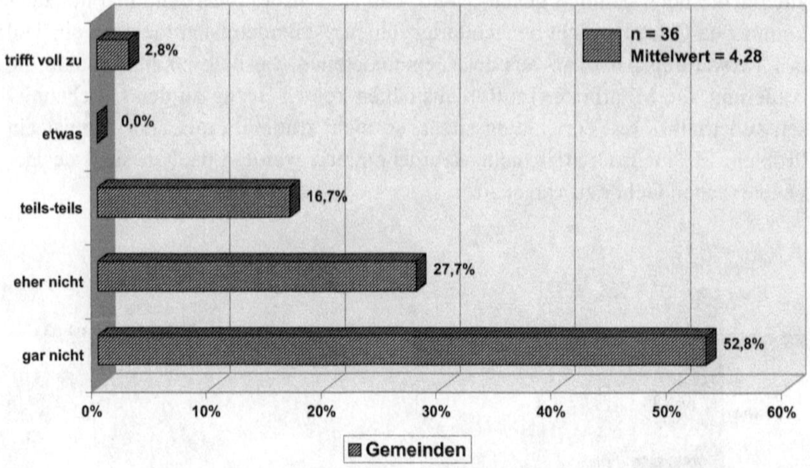

Abb. 22: Man vermutet, die Einwohner eingemeindeter Ortsteile hätten Hemmungen gehabt, sich an das ihnen nicht so vertraute Verwaltungspersonal zu wenden – traf das auch in ihrer Gemeinde zu?

Auch die von *Jauch*[820] für Baden-Württemberg geschilderten Erfahrungen, daß in Orten, die in eine größere Kommune eingemeindet wurden, die neue Gemeindeverwaltung deren spezifischen Ortsprobleme nicht kenne, können im Bayern jedenfalls der heutigen Tage nicht mehr bestätigt werden. Natürlich fokussiert das Verwaltungspersonal sein Augenmerk eher auf die Kerngemeinde, da sich einerseits ihr Verwaltungssitz dort befindet, andererseits hier auch die meisten und wichtigsten kommunalen Einrichtungen der Daseinsvorsorge angesiedelt sind. Doch den Bewohnern der Ortsteile ist es durch ihre Vertreter im Gemeinderat, durch ihre Ortssprecher oder auch selbst im Rahmen von Bürgerversammlungen möglich, Anliegen des jeweiligen Gemeindeteils bei der Verwaltung ohne größere Schwierigkeiten zu Gehör zu bringen.

Nach ihrer Meinung zu der Aussage befragt, daß *„Personal, das überwiegend aus der Kerngemeinde stammt, mit den Problemen einzelner, besonders mit denen der eingemeindeten Teile nicht genügend vertraut sei"*, wiesen die Gemeinden fast einstimmig[821] diese These für ihre Ortschaften zurück (vgl. *Abb. 23*). Allein schon um „des lieben Friedens willen", so ein Bürgermeister, achte man

[820] *Jauch*, Auswirkungen der Verwaltungsreform in ländlichen Gebieten - dargestellt an 14 Gemeinden in Baden-Württemberg, S. 69

[821] Die Auswertung ergab einen Mittelwert von *4,53* auf einer Skala von 1 (*Aussage trifft voll zu*) bis 5 (*Aussage trifft gar nicht zu*).

auch heute noch peinlich genau darauf, daß sich insbesondere die neu hinzugekommenen Ortsteile nicht benachteiligt fühlen. Außerdem stamme auch ein Teil des Verwaltungspersonals aus den Gemeindeteilen, weshalb bereits deshalb die Äußerung, die Mitarbeiter im Rathaus hätten keinen Bezug zu den Geschehnissen außerhalb ihres Verwaltungssitzes, so nicht stimme. Falls doch einmal ein Problem in einem Ortsteil nicht wahrgenommen werde, „wüßten sich die Bewohner schon Gehör zu verschaffen".

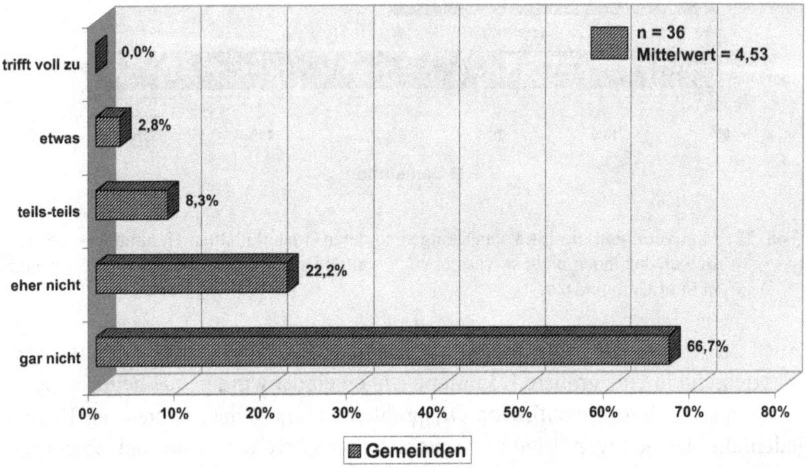

Abb. 23: Vielfach wird behauptet, Personal, das überwiegend aus der Kerngemeinde stammt, sei mit den speziellen Problemen einzelner, besonders mit den eingemeindeten Teilen nicht genügend vertraut. Was meinen Sie dazu?

4.) Verwaltungstätigkeit

Die Verwaltung einer Einheitsgemeinde unterscheidet sich erheblich von der einer Gemeinde mit kleiner Einwohnerzahl. Die Verwaltungsintensität wächst mit der dichteren Besiedlung und der fortschreitenden soziologischen Entwicklung.[822]

Während man früher den Bürgermeister und – falls vorhanden – den Verwaltungsbeamten noch persönlich kannte, haben sich die Beziehungen der Einwoh-

[822] *Wipfelder*, Die Verwaltungskraft der Gemeinden, BayVBl. 1975, S. 94

ner zur Verwaltung heute deutlich verändert. Der Zuschnitt der Gemeinden hat sich durch die Zusammenlegung vieler selbständiger Gemeinden deutlich vergrößert, weshalb der persönliche Kontakt zwischen Verwaltung und Gemeindebürger meist abgerissen ist.[823] Dies könnte bedenklich erscheinen, ist doch gerade auch die Verwaltung auf einen solchen Kontakt angewiesen.[824] Von der Orts- und Sachkenntnis des Verwaltungspersonals hängt entscheidend die Qualität von gemeindlichen Verwaltungsentscheidungen mit ab. Falls aber ein recht enger Kontakt zwischen den Bürgern der Ortsteile und den Verwaltungsbediensteten nicht mehr vorhanden ist – sei es, daß die Entfernung nun zu groß ist oder aber man im Gegensatz zu früher keinen vertrauten Ansprechpartner mehr hat –, erhöht sich die Gefahr, daß eine ortsfremde Verwaltung an den Interessen der Einwohner vorbei handelt.

Waren die Bewohner kleinerer Gemeinden vor der Reform gewohnt, daß der Bürgermeister fast zu jeder Tages- und Nachtzeit ein offenes Ohr für ihre Sorgen hatte und ihnen bei der Erledigung von Verwaltungsangelegenheiten half, mußten sie sich nach der Eingliederung an Amtszeiten des Rathauses und Sprechstunden des Bürgermeisters gewöhnen.

Daraus aber zu schließen, die Bevölkerung der Ortsteile habe aber deswegen insgesamt den Verkehr mit der Verwaltung zum Schaden des gesamten Orts auf ein Minimum reduziert, wäre vorschnell (siehe *Abb. 24*).
Nur eine der befragten Einheitsgemeinden bestätigt den Wahrheitsgehalt dieser Aussage in vollem Umfang. Der Mittelwert von *4,00* auf einer 5-Punkte-Skala[825] beweist vielmehr, daß sich die Gemeindebewohner der ehemals selbständigen Gemeinden kaum von einer Kontaktaufnahme zu der „zentralistischen" Verwaltung der großen Einheitsgemeinde haben abhalten lassen. Aufgrund der größeren Entfernung und der begrenzten Zeit der Mitarbeiter wird aber nun genauer von den Bürgern abgewogen, ob wirklich ein persönliches Gespräch nötig ist oder aber die Angelegenheit nicht auch telefonisch erledigt werden kann. Dafür, daß das Personal im Rathaus nicht allzu ortsfremde Entscheidungen trifft, sorgen auch – wie bereits erwähnt – die Gemeinderatsvertreter bzw. die Ortssprecher der Gemeindeteile.

---

[823] Vgl. *Albertin/Keim/Werle*, Die Zukunft der Gemeinden in der Hand ihrer Reformer, S. 270

[824] *Stang*, Die Gemeindegebietsreform - Ein Rückschlag für die Demokratie?, S. 41

[825] Von 1 (*trifft voll zu*) bis 5 (*trifft gar nicht zu*).

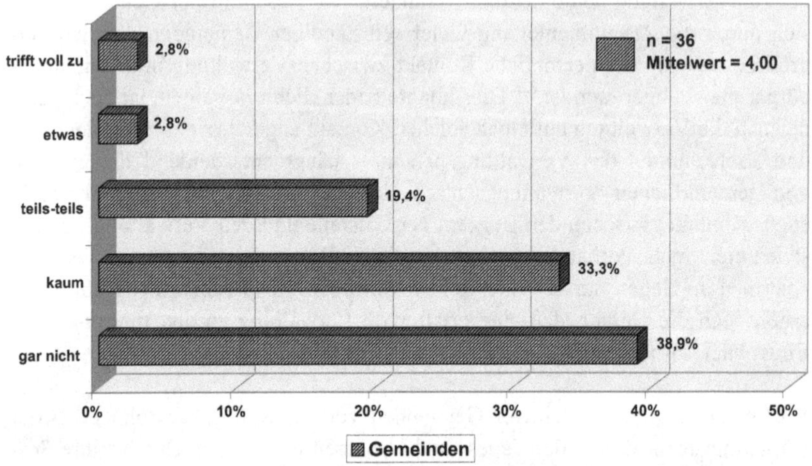

Abb. 24: Reduziert die Bevölkerung den Verkehr mit der Verwaltung auf ein Minimum?

Der Gemeindegebietsreform wurde anfangs der Vorwurf gemacht, die Zusammenfügung von vielen Gemeinden zu größeren Verwaltungseinheiten leiste einer zunehmenden Bürokratisierung der kommunalen Verwaltung Vorschub.

Auch die Einheitsgemeinden meinten, daß die ihnen vorgetragene Behauptung:

„Die Verwaltung arbeitet heute wesentlich formalisierter und bürokratischer als früher"

teilweise (Mittelwert: *3,03*)[826] zutrifft (vgl. *Abb. 25*).

[826] Auf einer 5-Punkte-Skala von 1 (*trifft voll zu*) bis 5 (*trifft gar nicht zu*).

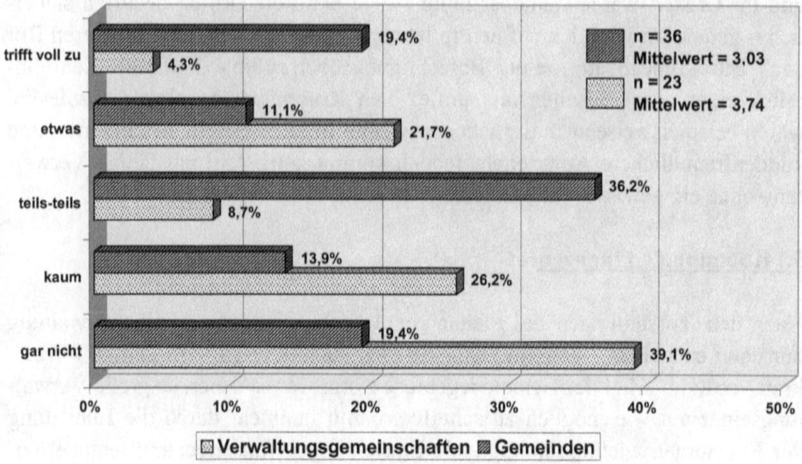

Abb. 25: Arbeitet die Verwaltung heute wesentlich formalisierter und bürokratischer als früher?

Jedoch ist dies für die eingemeindeten Teile nicht nur nachteilig. Natürlich war und ist es in einem überschaubaren und selbständigen Raum eher möglich, auftretende Probleme flexibel zu lösen und Entscheidungen schnell zu treffen. Die Verwaltung einer Einheitsgemeinde ist dagegen schon aus Gründen der Gleichbehandlung aller Gemeindebürger gehalten, alle Gesetze und Verordnungen strikt anzuwenden und jeden Fall hierauf genauestens zu prüfen. Diese Versachlichung und Verrechtlichung der Verwaltung kommt – auch wenn es viele Einwohner dort nicht glauben mögen – insbesondere den Bewohnern der Ortsteile zugute. Einerseits wurden damit sowohl die Politik als auch ein Teil der Verwaltung dem unmittelbaren Einfluß einzelner und Familienclans entzogen[827], andererseits sind die nun getroffenen Entscheidungen aufgrund der Spezialisierung des Personals kompetenter und überwiegend richtig. Kein Bürger muß heute noch befürchten, Nachteile zu erleiden, wenn er dem Bürgermeister nicht sehr nahesteht.

Zweifellos tragen aber nicht nur die zunehmende Anzahl von Bundes- und Landesgesetzen, sondern auch viele von den Gemeinden selbst erlassene Satzungen und Verordnungen dazu bei, den Einwohnern den Eindruck zu vermitteln, im Gegensatz zu früher sei die gesamte Gemeindeverwaltung viel bürokratischer

[827] *H.G. und R. Wehling*, Nach der Gebietsreform, Der Bürger im Staat 1980, S. 21

und ihr Ortsteil werde fremdbestimmt. Viele der Vorschriften bedürfen sicherlich – gerade im Hinblick auf den in letzter Zeit immer deutlich hörbareren Ruf nach Bürokratieabbau – einer Berechtigungsüberprüfung. Hilfreich, den Eindruck einer bürokratischen und unflexiblen Kommunalverwaltung abzulegen, wären beispielsweise auch der schon erwähnte stärkere Einsatz des Internets und kundenfreundlichere Amtszeiten. Jedoch kommt keine leistungsfähige Verwaltung ohne ein gewisses Maß an Bürokratie aus.

5.) Kommunale Finanzen

Nach den Vorstellungen der Planer konnte echte, lebendige Selbstverwaltung nur dann entstehen, wenn ein Gemeinwesen auch über die notwendige Finanzkraft verfügt.[828] Ziel der Gemeindegebietsreform war es daher, so große Verwaltungseinheiten wie möglich zu schaffen, damit nunmehr durch die Bündelung der Einnahmen wichtige kommunale Einrichtungen finanziert und rentabel unterhalten werden konnten.

Problematisch war aber dabei oftmals, daß die Hebesätze für die Realsteuern im Zeitpunkt der Eingemeindungen zwischen den einzelnen Ortsteilen stark divergierten und meistens in den eingemeindeten Gebieten sehr viel niedriger waren als in der aufnehmenden Gemeinde. Findige Bürgermeister in den von Auflösung bedrohten Kommunen versuchten daher, in Eingemeindungsverträgen die bestehenden niedrigen Hebesätze der Gemeindesteuern – zumindest für eine vorübergehende Zeit[829] – festzuschreiben. Jedoch sahen sich die Einheitsgemeinden wegen des Gebots der Gleichbehandlung (Art. 3 GG) nach einer angemessenen Zeitspanne gezwungen, die Hebesätze durch Anhebung in den entsprechenden Ortsteilen in der gesamten Gemeinde anzugleichen.

Einige Stimmen in der Literatur[830] bemängelten auch schon frühzeitig, daß die Zusammenlegung von Gemeinden alleine nicht genügen werde, um das verbesserte Leistungsangebot und die hauptamtliche Verwaltung zu finanzieren, weshalb bereits in nächster Zukunft Steuern, Gebühren und Abgaben in den neuen Verwaltungseinheiten erhöht werden müßten.

---

[828] *Merk*, Gebiets- und Verwaltungsreform in Bayern, BayVBl. 1971, S. 165

[829] Siehe § 16 Abs. IV des *Gewerbesteuergesetzes* i.d.F. vom 15. August 1974 (BGBl. 1974, Bd. I, S. 1972 ff.) sowie § 25 Abs. IV *Grundsteuergesetzes* i.d.F. vom 07. August 1973 (BGBl. 1973, Bd. I, S. 965 ff.)

[830] Z.B. *Mattar*, Die Verwaltungsreform als Instrument zur Leistungssteigerung und Demokratisierung kommunaler Politik?, in: *Gabriel* (Hrsg.), Kommunalpolitik im Wandel der Gesellschaft, S. 149

Tatsächlich hat sich diese Befürchtung im Rückblick leider nicht selten bestätigt. Knapp ein Drittel (*29,7%*) der in die Untersuchung einbezogenen Gemeinden mußte infolge der Gemeindegebietsreform die Steuern und Abgaben erhöhen. Neben den einträglichen Grund- und Gewerbesteuern wurden meist insbesondere die Gebühren für Wasser-, Kanal- und Kindergartenbenutzung heraufgesetzt.

In immerhin nahezu jeder fünften (vgl. *Abb. 26*) in der Untersuchung befragten Kommune (*18,9%*) wurde die Gemeindekasse durch hohe Kredite belastet, welche die eingemeindeten Teile noch kurz vor der Reform zur Finanzierung bestimmter, ihnen wichtiger Projekte aufgenommen hatten. Gerade als deutlich wurde, daß die eigene Selbständigkeit nicht mehr lange andauern werde, begannen in den Kommunen vielerorts rege Investitionstätigkeiten.
Einerseits war man sich im klaren, daß letztlich die neue Einheitsgemeinde nach dem Zusammenschluß für die Zahlungen aufkommen müsse. Andererseits wollten sich viele nicht darauf verlassen, daß die neue Gemeinde wirklich die versprochenen Einrichtungen der Daseinsvorsorge im Ort erbringen werde und bewilligten sie sich deshalb lieber gleich selbst.[831]

Die Auswirkungen hiervon – erhöhte Zins- und Tilgungsraten – belasteten den Haushalt der befragten Gemeinden manchmal noch bis vor wenigen Jahren. In einigen Kommunen konnte der Schuldenberg der ehemals selbständigen Gemeinden sogar erst jetzt, nach über einem Vierteljahrhundert, abgetragen werden. Es ist nicht verwunderlich, daß gerade zwischen solchen Ortsteilen, die bis kurz vor der Eingemeindung „das Geld mit vollen Händen ausgegeben haben", und der dafür haftenden Kerngemeinde lange Zeit eine gereizte Atmosphäre bestanden hat, die sich aber – wie die Verantwortlichen berichten – in den allermeisten Fällen nunmehr gelegt hat.

---

[831] Vgl. *H.G. und R. Wehling*, Nach der Gebietsreform, Der Bürger im Staat 1980, S. 20

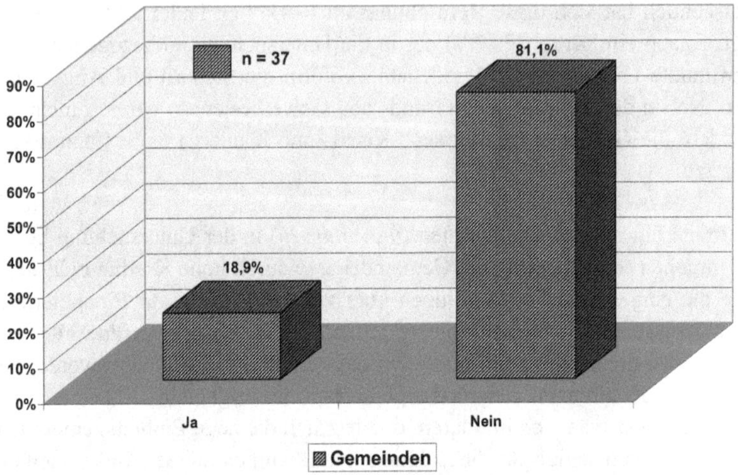

Abb. 26: Haben sich die eingemeindeten Teile vor der Reform noch besonders verschuldet und wirkt dies heute noch nach?

Die angesichts sinkender Einnahmen angespannte Haushaltslage ist auch heute in den Gemeinden spürbar. Auf die Frage:

„Wie sieht allgemein die finanzielle Lage ihrer Gemeinde im Vergleich zu früher aus?"

gaben *42,8%* an, daß sich in ihrer Kommune die Situation verschlechtert habe. Nur wenige machten aber hierfür die Gemeindegebietsreform verantwortlich[832], sondern den durch die Funktionalreform erhöhten Aufgabenbestand und insbesondere die allgemein schlechte wirtschaftliche Situation im Lande. *20,0%* der Gemeinden meinten, ihre Einnahmesituation sei gleichgeblieben und erstaunliche *37,2%* behaupteten sogar, die finanzielle Lage der Kommunen sei – trotz der zur Zeit schlechten Konjunktur – besser als früher. Durch den Zusammenschluß mit anderen Gemeinden im Rahmen der Reform seien sie sehr viel leistungsfähiger geworden und durch die Bündelung der Einnahmen auch finanzstärker.

[832] Weil z.B. „Projekte in Angriff genommen wurden, die man sich schon früher nicht hat leisten können", oder „aus sieben armen Gemeinden wird eben keine reiche".

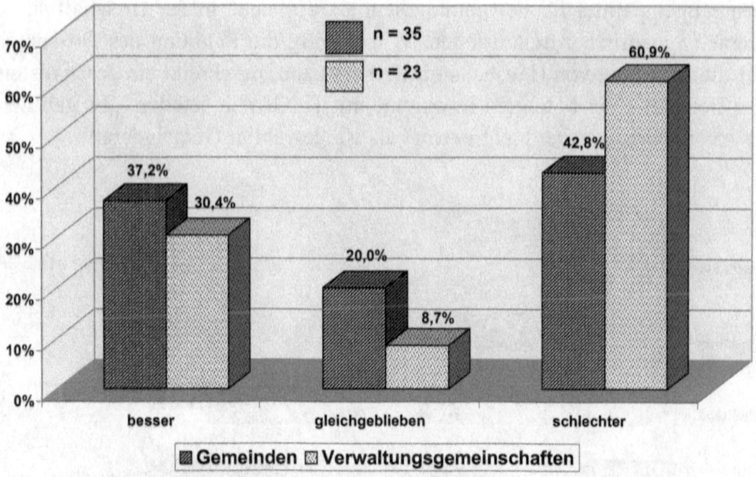

Abb. 27: Wie sieht allgemein die finanzielle Lage Ihrer Gemeinde / Verwaltungsgemeinschaft im Vergleich zu früher aus?

Betrachtet man das Gemeindesteueraufkommen der befragten Gemeinden für das Jahr 2002, so sind deutliche Unterschiede zwischen den einzelnen Gemeinden zu erkennen. Dieses schwankt nach den eingeholten Auskünften zwischen *63* Euro und *880* Euro pro Einwohner, wobei allerdings eine etwaige Vermutung nicht zutrifft, daß beispielsweise relativ große Gemeinden mit über 10.000 Einwohnern proportional höhere Einnahmen zu verzeichnen hätten als mittlere oder kleine.

Von den Einnahmen der Kerngemeinde hängt natürlich entscheidend ab, wieviel Geld den verschiedenen Ortsteilen zur Verfügung steht. Da sich in allen der befragten Einheitsgemeinden der Haushalt der Ortschaften allein nach deren Bedarf richtet und nicht etwa nach der dortigen Bevölkerungszahl, stellt sich zwangsläufig die Frage, wie groß der Einfluß der Ortschaften auf die Zuteilung der Mittel in der Praxis ist. Die Einheitsgemeinden werteten ihn insgesamt als eher schwach (Mittelwert: *3,66*)[833] (siehe *Abb. 28*).

Insbesondere wenn ein Ortsteil nicht im Gemeinderat vertreten ist, droht die Gefahr, daß seine Interessen im Haushalt weniger Beachtung finden als die der stärker repräsentierten Ortschaften oder der Kerngemeinde. In einem solchen Fall kommt es entscheidend auf die Durchsetzungsfähigkeit und das Verhandlungsgeschick des Ortssprechers an. Seine Aufgabe ist es, den Gemeinderat zu

[833] Auf einer 5-Punkte-Skala von 1 (*Einfluß sehr stark*) bis 5 (*Einfluß fehlt völlig*).

überzeugen, Mittel für bestimmte wichtige Vorhaben in der Ortschaft aus dem Gemeindehaushalt bereitzustellen. Wie wichtig die Funktion des Ortssprechers für die Zuteilung von Haushaltsmitteln sein kann, beschreibt ein geschäftsleitender Beamter einer befragten Kommune mit 18 Gemeindeteilen: „Es gab Zeiten, da hat ein Ortssprecher mehr bewegt als ein gewählter Gemeinderat".

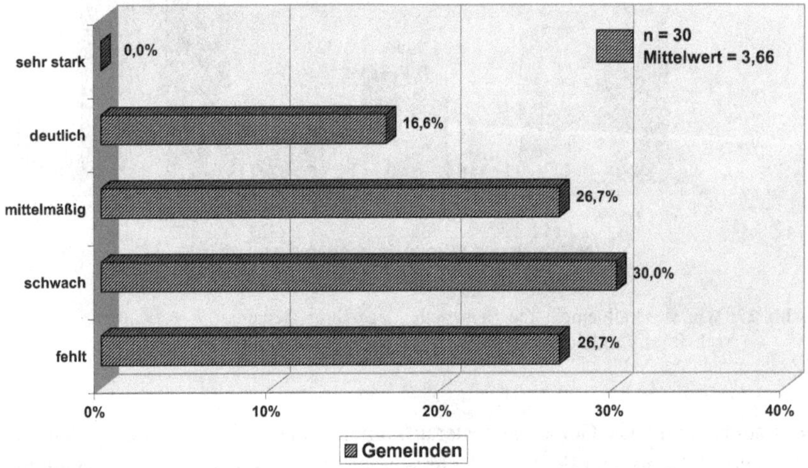

Abb. 28: Wie groß ist der Einfluß der Ortschaften auf die Zuteilung der Mittel?

Die Mitgliedsgemeinden von Verwaltungsgemeinschaften können zwar autonom über die Verwendung aller ihrer kommunalen Einnahmen selbst entscheiden, müssen aber den Verwaltungsgemeinschaften nach Art. 8 VGemO zur Deckung deren Finanzbedarfs eine Umlage entrichten. Eine Freistellung von dieser Umlagepflicht oder eine Begrenzung auf einen Höchstbetrag sind grundsätzlich ausgeschlossen.[834] Gem. Art. 8 Abs. I S. 2 VGemO wird die Umlage für die Aufgaben nach Art. 4 Abs. I und II VGemO nach dem Verhältnis der Einwohnerzahl der Mitgliedsgemeinden bemessen. Die Höhe der Umlage wird gem. Art. 8 Abs. II S. 2 VGemO für jedes Rechnungsjahr durch Beschluß der Gemeinschaftsversammlung in der Haushaltssatzung festgesetzt.
Hierbei sind die Kosten für die Mitgliedsgemeinden seit Ende der Gemeindegebietsreform deutlich gestiegen. Die von den Mitgliedsgemeinden an die Verwaltungsgemeinschaft zu entrichtende Umlage betrug in den befragten Verwal-

[834] Vgl. *Widtmann/Grasser*, Bayerische Gemeindeordnung, Art. 8 VGemO, Rdnr. 3

tungsgemeinschaften im Jahre 1979 noch durchschnittlich *29,45* Euro pro Einwohner und Jahr, während sie heute bei *78,27* Euro liegt. Diese Steigerung um knapp 166% ist auch bei Berücksichtigung inflationärer Tendenzen immer noch recht beachtlich und beruht im wesentlichen auf den überproportional gestiegenen Personalkosten.
Einige Mitgliedsgemeinden, aber auch manche Geschäftsstellenleiter bemängeln beim gegenwärtigen System der Umlagefinanzierung, daß hierbei der Vorteil der Sitzgemeinde bei der Ermittlung der jeweiligen Umlage nicht berücksichtigt wird.[835] Zweifellos ist es ein großer Vorteil, wenn ein Bürgermeister und Gemeinschaftsvorsitzender am Sitz der Verwaltungsgemeinschaft auf eine professionelle Verwaltung zurückgreifen kann, ein Bürgermeister einer Mitgliedsgemeinde aber höchstens auf eine Hilfskraft.

6.) Wirtschaftsförderung

Wegen der gewachsenen Verwaltungskraft infolge der größeren Planungseinheiten und dank einer leistungsfähigeren Verwaltung erhoffte sich eine Vielzahl von Einheitsgemeinden die Ansiedlung neuer zusätzlicher Betriebe, da die Kommunen nun in der Lage waren, gezielter Wirtschaftsförderung zu betreiben.[836]
Die zusätzliche Ansiedlung neuer Unternehmen wirkt sich auch positiv auf die bereits ansässigen Betriebe und Geschäfte aus. Während früher eine kleine selbständige Kommune kaum die Mittel hatte, Gewerbegebiete samt der nötigen Infrastruktur bereitzustellen, war dies nach der Gebietsreform den Einheitsgemeinden nun eher möglich.

Tatsächlich versuchte und versucht der überwiegende Teil (*83,8%*) der an der Untersuchung beteiligten Gemeinden, durch gezieltere Förderung der Wirtschaft neue Betriebe und Industrie anzusiedeln, in der Hoffnung, daß einerseits Arbeitsplätze für die Bevölkerung geschaffen werden und andererseits der Gemeindehaushalt durch das steigende Steueraufkommen entlastet wird (vgl. *Abb. 29*). Maßnahmen der Wirtschaftsförderung waren und sind insbesondere die Bereitstellung von neuen – möglichst preisgünstigen – Gewerbeflächen und Gewerbegebieten, aber auch niedrigere Hebesätze bei den Gemeindesteuern.

Diese Bemühungen haben bei den meisten Gemeinden auch gefruchtet. Denn über drei Viertel (*77,8%*) der in die Untersuchung einbezogenen Kommunen gaben an, zusätzliche Betriebe und Unternehmen zur Ansiedlung durch diese

---

835 Siehe Kap. C I 5.)

836 Vgl. auch *Kirschbaum-Gollin/Zielke*, Kommunale Gebietsreform, S. 28 bezüglich der Wirtschaftsförderung zusammengelegter Gemeinden in den neuen Bundesländern.

Maßnahmen bewegt zu haben (vgl. *Abb. 30*). Ganz besonders traf dies auf Gemeinden in den sog. „Speckgürteln", also in der Nähe von Ballungszentren, zu, in denen Firmen mangels zur Verfügung stehenden Raums und hoher Gewerbesteuer kaum mehr expandieren konnten.

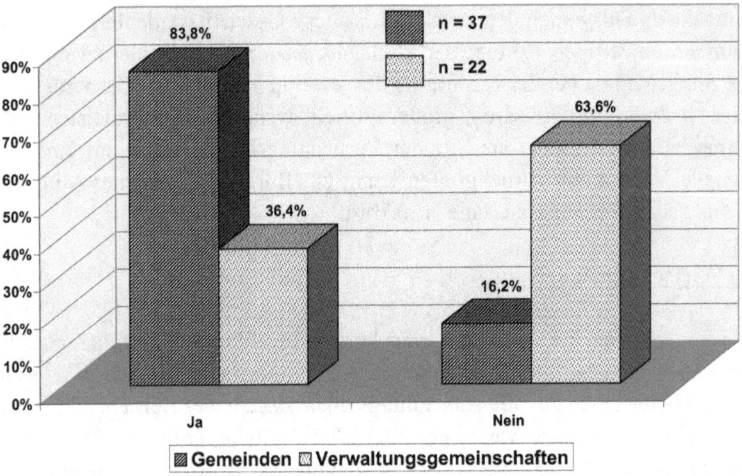

Abb. 29: Hat Ihre Gemeinde / Verwaltungsgemeinschaft seit der Gebietsreform gezielter Wirtschaftsförderung betrieben?

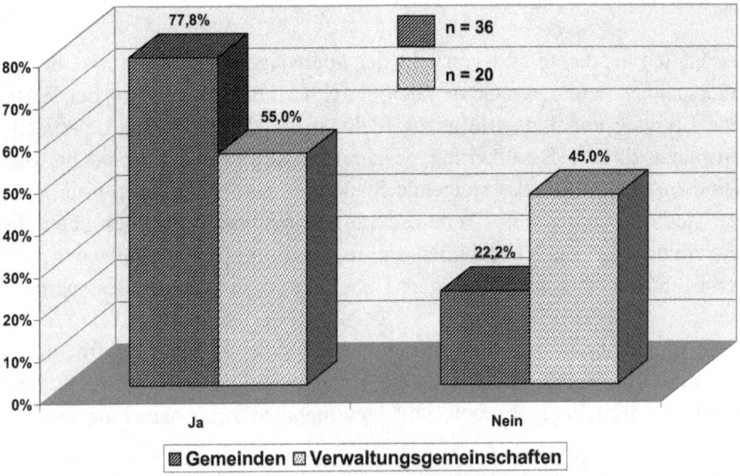

Abb. 30: Haben sich dadurch zusätzliche Betriebe angesiedelt?

V: Kommunalpolitische Aspekte

1.) Zunahme des parteipolitischen Einflusses auf die Kommunalebene

Nicht von der Hand zu weisen ist, daß die Gemeindegebietsreform mit der Beseitigung von Kleinstgemeinden die Tendenz des Eindringens der Parteien in die kommunale Ebene und den lokalen Willensbildungsprozeß stark begünstigt hat. Ob aber von einer weitgehenden „parteienstaatlichen Überfremdung"[837] gesprochen werden kann, ist fraglich.
Durch die Zusammenlegung zahlreicher Klein- und Kleinstgemeinden zu einer Einheitsgemeinde wurden Größenordnungen geschaffen, die für ein Engagement etablierter Parteien, aber auch für die Schaffung neuer Parteigruppierungen interessant waren. Mit zunehmenden Ortsgrößen erhöhte sich die Attraktivität, einen Ortsverband zu gründen, beträchtlich.[838] Früher war in den meisten Landgemeinden mangels kommunalpolitischer Substanz die Grundlage für eine parteipolitische Betätigung nicht vorhanden. Heute ist es für einen Bürgermeister zur längerfristigen Absicherung seiner Position nahezu unmöglich, nicht Mitglied einer großen Partei zu sein. Denn durch diese ergeben sich erst wichtige überlokale Verbindungen und Kontakte zur Landesregierung[839], die sich für die Gemeinde vielfach als sehr nützlich erweisen können. Auch viele Gemeinderäte müssen sich, um überhaupt gewählt zu werden, direkt oder zumindest indirekt der Unterstützung einer Partei vergewissern. Die meisten Wähler machen nur wenig von dem ihnen bei Gemeinderatswahlen zustehenden Recht des *„Kumulierens"* und *„Panaschierens"* (vgl. Art. 34 Nr. 4 und Nr. 5 GLKrWG) Gebrauch, sondern kennzeichnen nur den Wahlvorschlag einer Partei mit der Konsequenz, daß jede im Wahlvorschlag genannte Person eine Stimme erhält (vgl. Art. 34 Nr. 3 GLKrWG).

Der Einfluß der Parteien in den Kommunen ist aber nicht ganz unproblematisch, weil es Sinn und Zweck des Gemeinderats ist, die bestmöglichste Verwaltung der Gemeinde als geschlossene Gemeinschaft sicherzustellen. Dies verträgt sich nicht mit parteipolitischem Taktieren, der Einhaltung des Fraktionszwangs und starrer Befolgung von Parteivorgaben. Jedoch darf nicht übersehen werden, daß die Parteien mit ihren umfassenden und überörtlichen Erfahrungen auch wichtige Orientierungshilfen in der Gemeindepolitik leisten, und die Opposition einer

---

837 *Scholler/Broß*, Die Rechtsstellung von Minoritäten in den Gemeindevertretungen, Verwaltungsrundschau 1979, S. 231

838 *Stoffel*, Die Effekte der Gemeindegebietsreform in Baden-Württemberg, S. 142/143

839 Vgl. *Jauch*, Auswirkungen der Verwaltungsreform in ländlichen Gebieten - dargestellt an 14 Gemeinden in Baden-Württemberg, S. 162

Partei ein gewisses Gegengewicht für die in kleineren Gemeinden dem Bürger früher direkt zur Verfügung gestandenen Kontrollmöglichkeiten schafft.[840]
Die Parteienlandschaft sorgte weiterhin dafür, daß die Kommunalpolitik, die früher oft von einzelnen Interessengruppen oder einflußreichen Personen dominiert worden war, auf eine breite Basis gestellt und versachlicht wurde. Aber auch die zunehmende Komplexität kommunalpolitischer Entscheidungen macht das gebündelte Wissen von Parteien auf der kommunalen Ebene heute unverzichtbar. Allerdings haben sich gerade in größeren Städten viele Kommunalpolitiker zwar einerseits nicht Vorgaben einer Landespartei unterwerfen, sich andererseits aber das umfassendere Wissen von größeren Vereinigungen durchaus zunutze machen wollen. So entstanden in den letzten Jahren etliche „Rathausparteien“[841], also rein örtliche Wählervereinigungen, die sich nur kommunalpolitischen Fragen verpflichtet fühlen.

Daß die Parteien mittlerweile seit Jahrzehnten einen größeren Einfluß auf die Politik der Kommunen haben[842], zeigt auch das Ergebnis auf die Frage, ob die Kommunalpolitik nach Ansicht der Einheitsgemeinden und der Mitgliedsgemeinden von Verwaltungsgemeinschaften heute stärker von parteipolitischen Gegensätzen geprägt wird als dies früher der Fall gewesen sei. *29,7%* der Einheitsgemeinden und *21,7%* der Verwaltungsgemeinschaften stimmten dem zu (vgl. *Abb. 31*), während der Rest kaum Unterschiede zu den vergangenen Jahren auszumachen vermochte.

Die Arbeit der Parteien und die damit verbundenen Auswirkungen werden somit von den Gemeinden als alltäglich hingenommen. Sie spielen aber auch im Bewußtsein der Bürger eine wichtige Rolle. Die Parteien werden von einigen sogar – zumindest im städtischen Bereich – als „Motor und Initiator“ in der Kommunalpolitik angesehen.[843]

---

840 *Stang*, Die Gemeindegebietsreform - Ein Rückschlag für die Demokratie?, S. 53
841 Welche aufgrund ihres bloß kommunalen Wirkungskreises aber nicht unter den Begriff der politischen Partei nach § 2 Abs. I ParteiG fallen.
842 Vgl. auch *Lintz*, Die politischen Parteien im Bereich der kommunalen Selbstverwaltung, S. 35 ff.
843 Z.B. *Zahn*, Die Einstellung der Bürger zu ihrer Gemeinde, S. 182

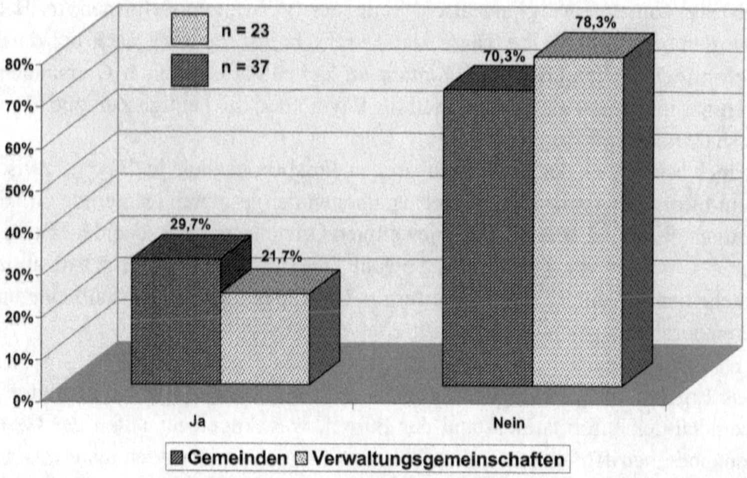

Abb. 31: Als Folge der Gemeindegebietsreform ist verschiedentlich beklagt worden, daß die Kommunalpolitik heute stärker von parteipolitischen Gegensätzen geprägt ist als früher. Gilt dies auch in Ihrer Gemeinde / in den Mitgliedsgemeinden Ihrer Verwaltungsgemeinschaft?

2.) Informationsstand der Bürger

Verschiedentlich[844] wird in der Literatur darauf hingewiesen, daß sich der Bürger in größeren Gemeinden nur schwer über das Geschehen in seinem Ortsteil, aber auch über das in der Gemeinde insgesamt informieren könne. Wegen des mangelnden persönlichen Kontakts mit den Gemeindevertretern und Bediensteten sei er in zunehmendem Maße auf andere Informationsquellen angewiesen. Der Regionalteil überörtlicher Zeitungen, aber auch Lokalblätter hätten aber den Nachteil, daß es schon aus Platzgründen nicht immer möglich sei, auch nur annähernd über alle politischen Ereignisse und Beratungen des Gemeinderats zu informieren. Meistens würden – wenn doch einmal genauer berichtet werde – nur die Abstimmungsergebnisse erwähnt, nicht aber die verschiedenen Ansichten und Argumente und deren Urheber dargelegt. Der politische Inhalt der Ortsblätter werde zudem weitgehend von den Gemeindeverwaltungen bestimmt.
Insgesamt ging man also von einer unzureichenden Berichterstattung über kommunalpolitische Angelegenheiten durch die Presse aus.

---

844 Z.B. *Stang*, Die Gemeindegebietsreform - Ein Rückschlag für die Demokratie?, S. 44; *Thieme*, Vom Nutzen kleinerer Gemeinden, AfK 1972, S. 360/361

Ob die von *Jauch*[845] kurz nach Ende der Verwaltungsreformen in Baden-Württemberg aufgestellte These, der Durchschnittsbürger sei nach der dortigen Reform tatsächlich über die kommunalen Verhältnisse in seiner Gemeinde weit weniger informiert als vorher, auch für Bayern und die heutige Zeit zutrifft, muß deshalb überprüft werden.
Jedoch ist wegen der erwähnten großen Ortsbezogenheit in Bayern zwischen dem Informationsstand über Angelegenheiten der gesamten Gemeinde und demjenigen über Vorkommnisse der jeweiligen Ortsteile zu unterscheiden. Beides ist für den Bürger von Bedeutung. Sowohl Dinge der eigenen Ortschaft als auch solche der Gesamtgemeinde sind für die Bewohner wichtig, weshalb eine undifferenzierte Untersuchung zu kurz greifen würde.

Das Ergebnis mag etwas überraschen, schätzen doch *32,4%* der befragten Gemeinden den Informationsstand der Bürger, was Angelegenheiten der Gesamtgemeinde betrifft, als wesentlich höher und *40,6%* immer noch als etwas höher ein als vor der Gemeindegebietsreform (*Abb. 32*). Dies macht aber deutlich, daß das politische Blickfeld vieler Bürger durch die territorialen Maßnahmen der Reform weiter geworden ist, bedingt vermutlich größtenteils dadurch, daß viele Politikbereiche heute ortsteilübergreifend sind.

Aber auch, was Angelegenheiten ihrer jeweils bewohnten Ortsteile angeht, glauben *43,3%* der Befragten, daß die Bürger dort heute im Vergleich zu früher besser bzw. *24,3%*, daß sie wesentlich besser Bescheid wissen (*Abb. 33*). Die Durchschnittswerte[846] von *2,05* bei Gesamtgemeinde- und *2,16* bei Ortsangelegenheiten stehen also deutlich im Widerspruch zu den Erkenntnissen von *Jauch*.

Ebenfalls macht das Gros der in die Untersuchung einbezogenen Verwaltungsgemeinschaften einen ebenfalls besser in kommunalen Dingen informierten Bürger aus. Sie sind ebenso mehrheitlich der Ansicht, daß die Kenntnis sowohl über wichtige Vorgänge in der Verwaltungsgemeinschaft (Mittelwert: *2,43*) (*Abb. 32*) als auch über grundlegende Angelegenheiten in den Mitgliedsgemeinden (Mittelwert: *2,52*) (*Abb. 33*) gewachsen ist.

---

845 *Jauch*, Auswirkungen der Verwaltungsreform in ländlichen Gebieten - dargestellt an 14 Gemeinden in Baden-Würtemberg, S. 94

846 Auf einer 5-Punkte-Skala von 1 (*wesentlich höher informiert*) bis 5 (*wesentlich niedriger informiert*).

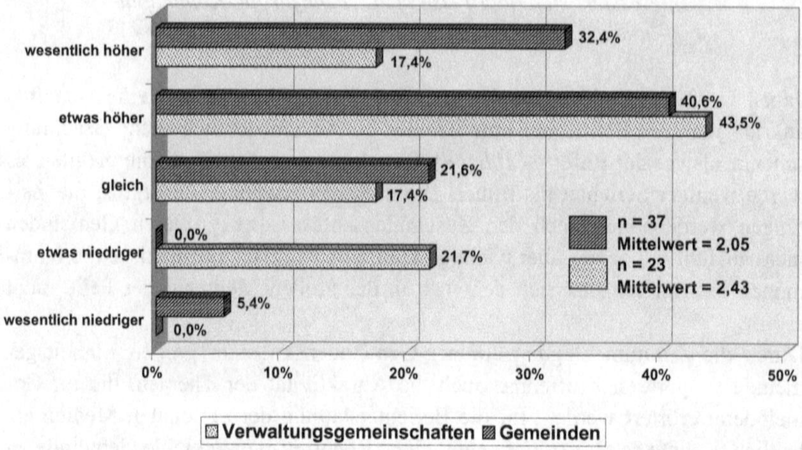

Abb. 32: Wie schätzen Sie den Informationsstand der Bürger im Vergleich zu früher ein, was Angelegenheiten in Ihrer gesamten Gemeinde / in der Verwaltungsgemeinschaft betrifft?

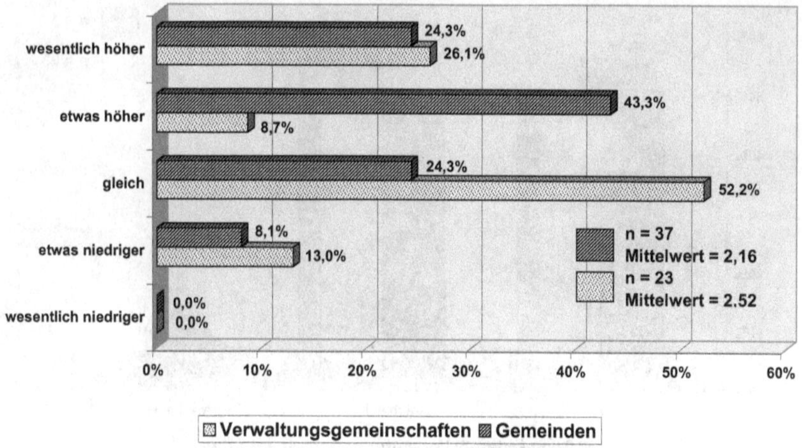

Abb. 33: Wie schätzen Sie den Informationsstand der Bürger im Vergleich zu früher ein, was Angelegenheiten der jeweils bewohnten Ortsteile / der jeweiligen Mitgliedsgemeinden betrifft?

Gleichermaßen sind die Befragten überhaupt nicht der Ansicht, daß die lokale Presse nicht genügend über die Kommunalpolitik berichte. Auf die Frage:

*„Interessiert sich die Presse heute mehr für die Kommunal-
politik als vor der Reform?“*

gaben *51,4%* der Einheitsgemeinden und *43,5%* der Verwaltungsgemeinschaften an, daß jene der Politik auf kommunaler Ebene nun deutlich mehr Beachtung schenke als vor der Reform (*Abb. 34*). Es gab nur zwei Stimmen, die meinten, es werde weniger berichtet als früher. Die eingangs erwähnte Besorgnis, die Zeitungen werden auch nach den Zusammenschlüssen zu größeren Gemeinden nicht ausführlich genug über wichtige kommunalpolitische Ereignisse der Kommunen informieren, hat sich demnach in der großen Mehrzahl der Fälle nicht erfüllt.

Durch die Zusammenlegung etlicher Gemeinden zu einer großen Einheitsgemeinde steigerte sich offenbar auch die Attraktivität der Themen, die im Gemeinderat erörtert werden, für die Berichterstattung der regionalen Medien erheblich. Lohnte es sich früher kaum, einen Reporter in eine kleine Gemeinde zu schicken, ist die Chance, aus der Vielfalt der in einer größeren Kommune behandelten Themen nun ein für die Zeitung „lohnendes“ zu finden, ungleich höher.

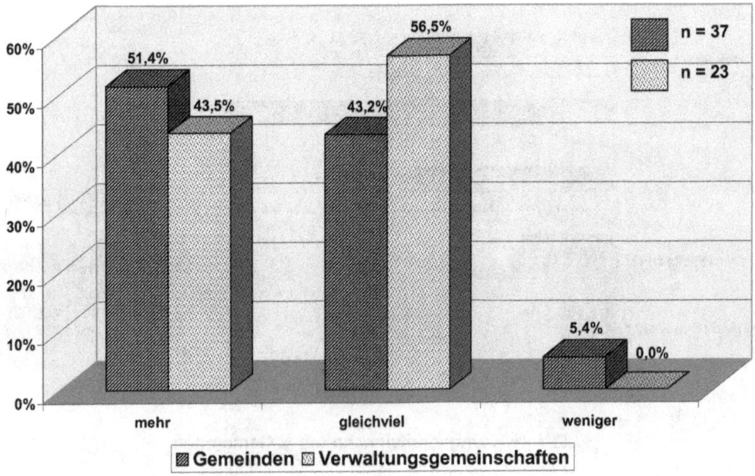

Abb. 34: Interessiert sich die Presse heute mehr für die Kommunalpolitik als vor der Reform?

Wie läßt sich aber der gute Informationsstand der Bürger trotz der Tatsache, daß der persönliche Kontakt zu den Gemeindevertretern in einer größeren Gemeinde abnimmt und – wie noch zu zeigen sein wird[847] – die aktive Teilnahme der Bevölkerung an den Gemeinderatssitzungen und an der Gemeindepolitik insgesamt nicht sehr hoch ist, plausibel erklären?

Einerseits kann dies auf die eben genannte Berichterstattung der Medien über lokale Angelegenheiten, andererseits aber auch auf das umfangreiche Internetangebot vieler Gemeinden und Ortsteile und das Vereinswesen zurückgeführt werden. Vielerorts achten aber die Bürger auch heute – im Gegensatz zu den Zeiten vor der Reform – womöglich genauer darauf, welche politischen Diskussionen in der Kommune gerade geführt werden, schon deswegen, damit ihr Gemeindeteil bei wichtigen Entscheidungen nicht übergangen wird.
Nicht zuletzt hängt der gestiegene Informationsstand aber ebenfalls mit dem stärkeren Engagement der Parteien und Bürgerinitiativen in der Kommunalpolitik zusammen, welche es meist verstehen, komplexe Sachverhalte dem Bürger anschaulich darzulegen. Durch Veranstaltungen, Broschüren und Hauswurfsendungen machen sie auf wichtige Probleme in der Gemeinde und den Ortsteilen aufmerksam und sprechen damit die Einwohner gezielt an.[848]

3.) Verminderung bürgerschaftlicher Mitwirkungsmöglichkeiten und Einschränkung des Tätigkeitsfelds der Mitgliedsgemeinden von Verwaltungsgemeinschaften

Der größte Vorteil überschaubarer kleiner Kommunen liegt sicherlich in der besseren Möglichkeit der Bürgerbeteiligung an politischen Angelegenheiten. Einerseits ist dort der Kontakt zwischen dem Wähler und den Repräsentanten – dem Bürgermeister und den Gemeinderatsmitgliedern – sehr eng[849], andererseits haben die Bewohner dort wegen der relativ hohen Anzahl von Mandaten die Gelegenheit, unmittelbar an der Kommunalpolitik mitzuwirken.[850] Nicht ohne Grund wurde deshalb früher vielfach von der Gemeinde als *„Grundschule der Demokratie“* gesprochen.[851] Auch die Chance der Willensübereinstimmung

---

847 Siehe Kap. D V 4.)

848 Vgl. *Gabriel*, Bürgerinitiativen in der Kommunalpolitik - Entstehungsbedingungen und Aktionsformen, in: *Guggenberger/Kempf* (Hrsg.), Bürgerinitiativen und repräsentatives System, S. 257 ff.

849 *Leclaire*, Probleme der kleinen Gemeinde, in: *Rausch/Stammen* (Hrsg.), Aspekte und Probleme der Kommunalpolitik, S. 275

850 *Stang*, Die Gemeindegebietsreform - Ein Rückschlag für die Demokratie?, S. 37

851 Vgl. z.B. *Leclaire*, Probleme der kleinen Gemeinde, in: *Rausch/Stammen* (Hrsg.), Aspekte und Probleme der Kommunalpolitik, S. 275

von Gemeinderatsmitglied und Wähler ist sehr viel höher, wenn ein Vertreter weniger Bürger repräsentiert.[852]

Durch die Zusammenlegung einer Vielzahl von kleineren Gemeinden zu leistungsfähigeren Einheitsgemeinden im Rahmen der Gemeindegebietsreform hat die Mandatsdichte in den bayerischen kreisangehörigen Gemeinden um über 45% abgenommen. Von ehemals über 54.000 kommunalen Ehrenämtern Anfang der sechziger Jahre blieben nach Abschluß der Reformmaßnahmen nur noch etwas mehr als 29.000 übrig.[853] Dies lag daran, daß gem. Art. 31 Abs. II S. 2 GO die Zahl der Gemeinderatssitze pro Einwohner in einer Gemeinde mit zunehmender Größe abnimmt. Wurden beispielsweise drei selbständige Gemeinden mit jeweils 800 Einwohnern zusammengelegt, sank die Zahl der Gemeinderatsmitglieder von 24 (jeweils 8) auf nur noch 14 in der neuen Gemeinde; zwei von drei Bürgermeistern verloren ihr Amt.

Dieser Rückgang bürgerschaftlicher Mitwirkungsmöglichkeiten[854] mag einerseits als nicht sehr schwerwiegend angesehen werden, gewinnen doch so die Mandate deutlich mehr an Wertigkeit.[855] Diese hatten früher in den Kleinstgemeinden kaum politische Substanz[856], während nun in einer räumlich größeren Gemeinde mehr Einfluß ausgeübt werden kann.[857] Andererseits darf nicht unerwähnt bleiben, welche Integrationskraft ein Bürgermeister oder ein Gemeinderatsmitglied in kleineren Gemeinden besitzt, wie er die Bürger zur Mitarbeit an öffentlichen Aufgaben anhalten kann, und „welches Gewicht sein Wort oft in sozialen, beruflichen und menschlichen Fragen hat".[858]
Für interessierte Bürger aus eingemeindeten Ortschaften ist es bei gleicher Eignung heute auch wesentlich schwieriger, in den Gemeinderat der Gesamtgemeinde gewählt zu werden als für Bewohner der Kerngemeinde. Diese hat ge-

---

852 *Stang*, Die Gemeindegebietsreform - Ein Rückschlag für die Demokratie?, S. 37

853 Quelle: *Bayerisches Landesamt für Statistik und Datenverarbeitung* (Anfrage)

854 *Siedentopf*, Die Reformen der kommunalen Gebietskörperschaften und Regionen in der Bundesrepublik Deutschland, in Österreich und in der Schweiz, in: *Zehetner* (Hrsg.), Reformen der Kommunen in Europa, S. 31

855 *Reigl/Schober/Skoruppa*, Kommunale Gliederung in Bayern nach der Gebietsreform, S. 48

856 *Seidl*, Der Abschluß der kommunalen Gebietsreform in Bayern, BayBgm. 4/1978, S. 15; *Laux*, Erfahrungen und Perspektiven der kommunalen Gebiets- und Verwaltungsreformen, in: *Wollmann/Roth* (Hrsg.), Kommunalpolitik - Politisches Handeln in den Gemeinden, S. 172

857 *Mattar*, Die Verwaltungsreform als Instrument zur Leistungssteigerung und Demokratisierung kommunaler Politik?, in: *Gabriel* (Hrsg.), Kommunalpolitik im Wandel der Gesellschaft, S. 150

858 *Emmerig*, 25 Jahre Gebietsreform in der Oberpfalz, BayVBl. 1998, S. 676

wöhnlich deutlich mehr Einwohner als die sie umgebenden Ortsteile. Vielfach geben die Wähler aus der Reihe der – ihnen meist unbekannten – Kandidaten denjenigen ihre Stimme, die aus ihrem Gemeindeteil kommen, in der Hoffnung, daß sie sich besonders für den betreffenden Ortsteil einsetzen werden. Da die Parteien dieses Wahlverhalten aber kennen, werden die vordersten Plätze auf der Wahlliste vornehmlich mit Kandidaten aus den einwohnerstärksten Teilen der Gemeinde besetzt. So können letztlich kleine Ortschaften mit ihren Stimmen meist nur einen Kandidaten in den Gemeinderat entsenden und dies auch nur, wenn dieser die breite Unterstützung der dortigen Bevölkerung besitzt oder überörtlich bekannt und beliebt ist. Kämpfen mehrere engagierte Bürger eines kleineren Gemeindeteils um den Einzug in den Gemeinderat, kann es passieren, daß keiner von ihnen die nötigen Stimmen bekommt. Dagegen genügt der Zuspruch eines prozentual wesentlich geringeren Teils der Einwohner der Kerngemeinde, um als Bewerber mehr Stimmen zu bekommen, als derjenige, der die volle Unterstützung eines kleinen Orts hat, darüber hinaus aber weitgehend unbekannt ist.

Dies bestätigen auch die an der Untersuchung teilnehmenden Gemeinden. Gefragt, mit wieviel Mitgliedern die einzelnen Ortschaften im Gemeinderat vertreten sind, ist zwar – im Mittel gesehen – das Verhältnis zwischen Kerngemeinden und Ortsteilen auf den ersten Blick recht ausgewogen. Teilweise wurden sogar über die Hälfte der Sitze von Bürgern gehalten, die nicht aus der Kerngemeinde stammten. Doch berücksichtigt man die Größenverhältnisse der jeweiligen Ortsteile, wird schnell klar, daß in den genannten Fällen die Bevölkerungsstärken der im Gemeinderat vertretenen Ortschaften und der Kerngemeinde meist nicht sonderlich divergierten. Gemeindeteile mit geringer Einwohnerzahl werden jedoch auch dort hauptsächlich nur durch ihre Ortssprecher vertreten. Bei Eingemeindungen kleinerer Kommunen in eine große Gemeinde oder gar in eine Stadt können daher Bewerber aus kleinen Ortsteilen ihre Ambitionen auf ein Mandat im Gemeinderat meist von vornherein „begraben".

Eine überlegenswerte Möglichkeit zur gerechteren Vertretung aller Ortschaften im Gemeinderat wäre daher die Einführung einer *„unechten Teilortswahl"* in Bayern nach baden-württembergischem Muster.
§ 27 Abs. II S. 1 BaWüGO bestimmt, daß in Gemeinden mit räumlich getrennten Ortsteilen in der Hauptsatzung geregelt werden kann, die Sitze im Gemeinderat nach einem bestimmten Zahlenverhältnis mit Vertretern der verschiedenen Wohnbezirke zu besetzen. Die Anzahl der auf die einzelnen Gemeindeteile entfallenden Sitze muß dabei konkret in der Hauptsatzung festgelegt wer-

den.[859] Anders als es die Vermutung nahelegt, wählt jeder Bürger die Gemeinderatsmitglieder aller Ortsteile und ist nicht nur auf die Kandidaten in seinem jeweiligen Gemeindeteil beschränkt (deshalb auch *„unechte Teilortswahl"*).[860] Das Wahlverfahren für die Gemeinderatswahl wird auf diese Weise komplizierter, da hier die Teilortswahl mit der Verhältniswahl im ganzen Gemeindegebiet kombiniert wird.[861] Die *„unechte Teilortswahl"* soll der Bevölkerung räumlich getrennter Ortsteile eine ihrer Größe entsprechende Vertretung im Gemeinderat sichern.[862]

Die Bewerber werden in den Wahlvorschlägen getrennt nach ihren Teilorten aufgeführt. Der Wähler darf für jeden Gemeindeteil nur so viele Bewerber mit bis zu drei Stimmen (*kumulieren*) wählen, als für diesen Mandatsträger zu wählen sind.[863] Bei der Auszählung werden zunächst in jedem Ortsteil nach dem *d'Hondtschen* Verfahren die Sitze zugeteilt. Anschließend wird die Sitzverteilung im gesamten Wahlgebiet nach der Gesamtstimmenzahl ermittelt, die auch das Gesamtergebnis bestimmt.[864] Stehen einer Liste nun mehr Sitze zu, als von ihr in den einzelnen Gemeindeteilen erreicht, entfallen die restlichen Mandate auf die nicht gewählten Kandidaten auf der Liste mit den meisten Stimmen. Hat dagegen eine Liste in den Ortsteilen mehr Sitze bekommen, als ihr eigentlich nach dem Gesamtergebnis zustehen, erhalten die anderen Listen eine entsprechende Anzahl Ausgleichsmandate.[865]

Trotz des etwas komplizierten Wahlsystems wäre durch die Übernahme des Modells der *„unechten Teilortswahl"* in Bayern die Wahrung der Interessen kleinerer Ortschaften im Gemeinderat in jedem Fall gesichert. Eine Einführung hierzulande ist deswegen wünschenswert.

Aufrund der drastischen Reduzierung der kommunalen Ehrenämter ist es aber im Ergebnis für alle politisch Interessierten insgesamt schwieriger geworden, ein

---

[859] Der Schlüssel, der die Ermittlung der auf die einzelnen Ortsteile entfallenden Sitze bestimmt, genügt dagegen nicht (vgl. *Kunze/Bronner/Katz*, Gemeindeordnung für Baden-Württemberg, § 27 GO, Rdnr. 6).

[860] *Kunze/Bronner/Katz*, Gemeindeordnung für Baden-Württemberg, § 27 GO, Rdnr. 3

[861] *Püttner*, Kommunalrecht Baden-Württemberg, Rdnr. 179

[862] Vgl. Nr. 2 Verwaltungsvorschriften zu § 27 BaWüGO

[863] *Kunze/Bronner/Katz*, Gemeindeordnung Baden-Württemberg, § 27 GO, Rdnr. 13

[864] *Püttner*, Kommunalrecht Baden-Württemberg, Rdnr. 180

[865] Der nicht von der Hand zu weisenden Gefahr der deutlichen Vergrößerung des Gemeinderats durch zahlreiche Überhangmandate könnte durch die Einführung eines alle Parteien gleich begünstigenden Auszählverfahrens (z.B. *Hare/Niemeyer*) bei der Verteilung der Sitze im Wohnbezirk entgegengetreten werden (vgl. *Jauch*, Verlauf und Ergebnisse der kommunalen Gebietsreform in den alten Bundesländern, in: *Schneider/Voigt* (Hrsg.), Gebietsreform in ländlichen Räumen, S. 43).

Mandat zu erringen. Daß die Schwierigkeiten zugenommen haben, meinen überwiegend auch die befragten Gemeinden.
Darum gebeten, auf einer 5-Punkte-Skala von 1 (*wesentlich geringer*) bis 5 (*wesentlich größer*) die Chancen zu beurteilen, in ihrer Gemeinde ein Mandat erringen zu können, meinten *44,4%* der befragten Einheitsgemeinden (vgl. *Abb. 35*), daß die Möglichkeiten hierzu niedriger bzw. *13,9%* der Gemeinden, daß diese wesentlich niedriger sind als vor der Reform (Durchschnittswert: *2,44*).

Daß die Verwaltungsgemeinschaften, denen die gleiche Frage gestellt wurde, die Chancen eher unverändert sahen (Mittelwert: *2,91*), ist nicht verwunderlich, schließlich wurden in relativ wenigen von ihnen Gebietsneugliederungen vorgenommen. Die Mitgliedsgemeinden der befragten Verwaltungsgemeinschaften haben deshalb noch immer ihren meist gleich großen Gemeinderat.

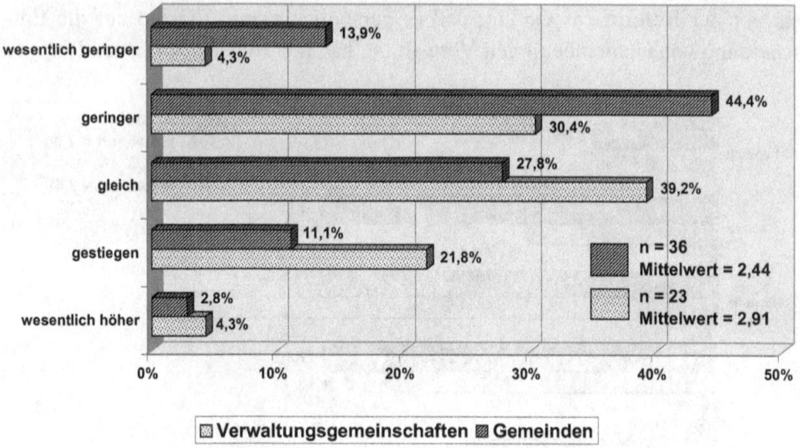

Abb. 35: Wie schätzen Sie die Chance ein, heute im Vergleich zu früher ein Mandat zu erringen?

Erstaunlicherweise glaubt der überwiegende Teil der Einheitsgemeinden (*86,5%*) trotz der größer gewordenen Anzahl der Bürger, die heute von einem Gemeinderatsmitglied vertreten werden, daß die Möglichkeiten des einzelnen Bürgers nicht geschrumpft seien, seine Interessen in der Gemeindepolitik zur Geltung zu bringen. Nahezu einstimmig (*95,7%*) herrscht hierzu die gleiche Ansicht in den Verwaltungsgemeinschaften, da es hier kaum zu einer Reduzierung der Gemeinderatsmandate kam. Mag früher – so die Ansicht vieler Altbürgermeister – der Kontakt zwischen den Bewohnern und den Gemeinderäten enger gewesen sein und konnte man sich an diese bei jedem Problem wenden, so hätten sich heute andere Wege gefunden, wie die Bürger ihre Interessen zu Gehör bringen. Neben den Vereinen, Bürgerversammlungen, Sprechstunden der Bürgermeister und politischen Ortsverbänden sei an dieser Stelle nochmals auf die in den letzten Jahrzehnten stark wachsende Zahl von Bürgerinitiativen hingewiesen, die – anders als die Parteien – bestimmte Projekte meist effektiver und ohne politische Rücksichtnahmen durchzusetzen vermögen. Sie sorgen neben ihrem Beitrag zur Verbesserung der pluralistischen Interessenpolitik auch dafür, daß bislang nicht berücksichtigte, aber wichtige kommunale Themen aufgegriffen werden.[866]

Vermutlich vor allem aus diesem Grund stimmte die Mehrheit der in der Untersuchung erfaßten Einheitsgemeinden (Mittelwert: *2,94*) und Verwaltungsgemeinschaften (Mittelwert: *3,39*) auch der These[867], der Bürger habe heute stärker als vor der Reform das Gefühl, daß er persönlich wenig Einfluß auf die Entscheidung von Gemeinderat und Verwaltung hat, nur zum Teil zu (*Abb. 36*).

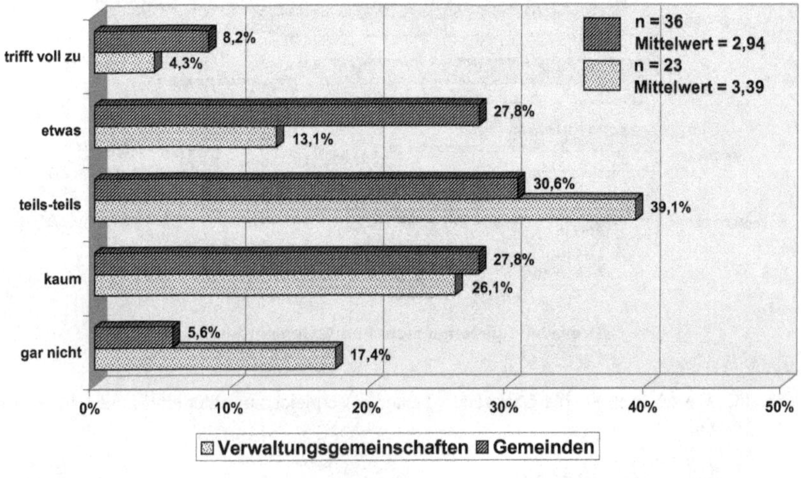

Abb. 36: Hat der Bürger Ihrer Ansicht nach heute stärker als vor der Reform das Gefühl, daß er persönlich wenig Einfluß auf die Entscheidung von Gemeinderat und Verwaltung hat?

---

866 *Gabriel*, Bürgerinitiativen in der Kommunalpolitik - Entstehungsbedingungen und Aktionsformen, in: *Guggenberger/Kempf* (Hrsg.), Bürgerinitiativen und repräsentatives System, S. 265

867 Auf einer 5-Punkte Skala von 1 (*trifft voll zu*) bis 5 (*trifft gar nicht zu*).

Die Ortsteile selbst versuchen, falls sie kein eigenes Gemeinderatsmitglied in der Gesamtgemeinde stellen können, zumindest durch ihre Ortssprecher Anteil am Politikgeschehen zu nehmen.
Gem. Art. 60 a GO[868] kann in Gemeindeteilen, die am 18. Januar 1952 – also dem Tag des Inkrafttretens der Gemeindeordnung – noch selbständige Gemeinden waren und im neuen Gemeinderat nicht vertreten sind, durch eine Ortsversammlung ein Ortssprecher gewählt werden, der gem. Art. 60 a Abs. II S. 1 GO das Recht hat, an allen Sitzungen des Gemeinderats mit beratender Stimme teilzunehmen und Anträge zu stellen. Das im Rahmen der Gemeindegebietsreform geschaffene Institut des Ortssprechers sollte den Verlust der ehrenamtlichen Mitwirkungsmöglichkeiten in den Ortsteilen abfedern helfen und den betroffenen Gemeinden die Furcht davor nehmen, ihre lokalen Interessen fänden in der größeren Einheit keine Berücksichtigung mehr.[869] Von der Einführung sog. „Ortsausschüsse“ und „Ortschaftsräte“ mit ihren Beratungs- und Vorschlagsrechten wie in anderen Bundesländern (z.B. in Baden-Württemberg) nahm man in Bayern bewußt Abstand. Man fürchtete nämlich, daß dadurch das Zusammenwachsen der neuen Einheit zu einer örtlichen Gemeinschaft erschwert werden würde. Das Institut des Ortssprechers sei eher dazu geeignet, daß durch ihn die ehemals selbständigen Gemeindeteile ihre Interessen institutionalisiert vertreten können.[870]
Nahezu alle nicht im Gemeinderat vertretenen eingemeindeten Ortsteile der befragten Einheitsgemeinden bringen mittels ihres Ortssprechers ihre lokalen Interessen zu Gehör. Aber auch Bürgerversammlungen[871], Arbeitskreise und Anträge beim ersten Bürgermeister der Gemeinde sind beliebte Mittel, um auf lokale örtliche Probleme und Bedürfnisse der Gemeindeteile hinzuweisen.

Von den befragten Verwaltungsgemeinschaften eindeutig bestritten wird auch der Eintritt der vielfach zu Zeiten der Gemeindegebietsreform geäußerten Ver-

---

868 Art. 60 a GO wurde erst durch das *„Gesetz zur Vereinfachung kommunalrechtlicher Vorschriften“* vom 20.07.1982 (GVBl. 1982, S. 471 ff.) in den 4. Abschnitt des Zweiten Teils der GO eingefügt. Vorher wurde die Regelung inhaltsgleich bereits durch das *„Erste Gesetz zur Stärkung der kommunalen Selbstverwaltung“* (GVBl. 1971, S. 247 ff.) vom 27.07.1971 in Art 66 GO a.F. eingeführt, der später die Artikelnummer 78 erhielt. Nach dem Wegfall über die Bestimmungen des Ortschaftsvermögens wurde er nun systematisch korrekt bei den Vorschriften über bestimmte Gemeinden untergebracht (siehe *Hölz/Hien/Huber*, Gemeindeordnung für den Freistaat Bayern, Art. 60 a GO, Vorbemerkung).

869 *Hölz/Hien/Huber*, Gemeindeordnung für den Freistaat Bayern, Art. 60 a GO, Anm. 1

870 *Hölz/Hien/Huber*, Gemeindeordnung für den Freistaat Bayern, Art. 60 a GO, Anm. 1

871 Gem. Art. 18 Abs. I S. 1 GO muß der erste Bürgermeister mindestens einmal jährlich eine Bürgerversammlung zur Erörterung gemeindlicher Angelegenheiten einberufen. Deren Empfehlungen müssen innerhalb von drei Monaten vom Gemeinderat behandelt werden (Art. 18 Abs. IV S. 1 GO).

mutung, der Einfluß der Verwaltungsgemeinschaften dränge die kommunale Selbstverwaltung in den Mitgliedsgemeinden zu stark zurück und führe wegen der massiven Aufgabendelegation auf die Gemeinschaftsverwaltung und des erlahmenden Interesses für Probleme in den Mitgliedsgemeinden langfristig zu deren Absterben.[872]

Bis auf zwei Verwaltungsgemeinschaften gaben alle anderen an, daß ihrer Ansicht nach durch die Reform die kommunale Selbstverwaltung eher nicht bzw. gar nicht (Mittelwert: *4,43*)[873] in ihren Mitgliedsgemeinden eingeschränkt wurde (*Abb. 37*). Auf Nachfrage bei einigen Mitgliedsgemeinden hat sich dieser von den Gemeinschaftsverwaltungen gemachte Eindruck bestätigt. Sie finden ebenfalls nicht, daß die ihnen verbliebenen Entscheidungskompetenzen lediglich als Alibifunktion dienten. Vielmehr dürften sie frei und eigenständig über wichtige Angelegenheiten der Gemeinde bestimmen. Natürlich schmerzt es nicht wenige von ihnen, daß sie heute nicht mehr alle kommunalen Angelegenheiten selbst regeln können. Die meisten sind aber ehrlich genug zuzugeben, daß bei ihrer Gemeindegröße eine völlige Unabhängigkeit nicht möglich und der ihnen gebliebene Aufgabenbereich im eigenen Wirkungskreis und die Beibehaltung der Selbständigkeit allemal noch besser seien als eine Eingemeindung. Die für das Vorliegen kommunaler Selbstverwaltung notwendigen und essentiellen Angelegenheiten wie beispielsweise das Aufstellen eines Haushaltsplans und die Bauleitplanung verblieben schließlich auch bei ihnen.

Daß die Verwaltungsgemeinschaft nach Art. 4 Abs. II S. 2 bis 4 VGemO die laufenden Verwaltungsangelegenheiten für ihre Mitgliedsgemeinden wahrnimmt und als deren Behörde die Bürotätigkeiten übernimmt, entwerte nach Meinung der befragten Mitgliedsgemeinden ihre Entscheidungsbefugnis bei den Aufgaben im eigenen Wirkungskreis nicht in einem solchen Maße, daß von einer Aushöhlung der kommunalen Selbstverwaltung gesprochen werden könne.

---

[872] *Bocklet*, Gemeindeverfassung und Gemeindereform in Bayern, in: *Rausch/Stammen* (Hrsg.), Aspekte und Probleme der Kommunalpolitik, S. 99

[873] Auf einer 5-Punkte-Skala von 1 (*trifft voll zu*) bis 5 (*trifft gar nicht zu*).

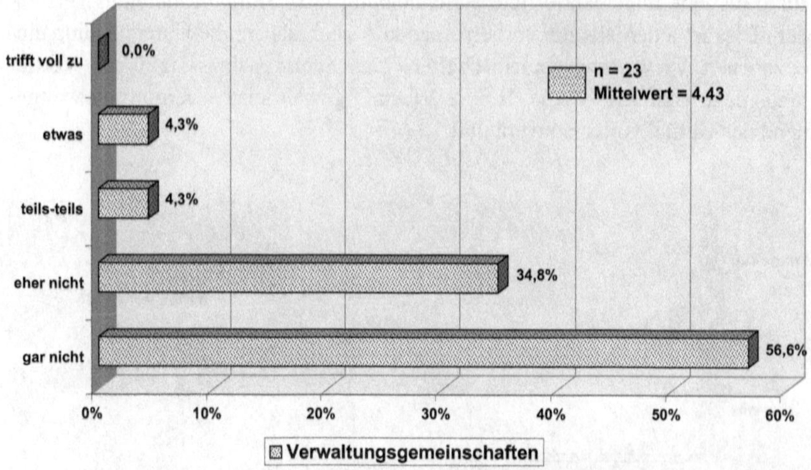

Abb. 37: Ist nach Ihrer Meinung, wie vielfach vor der Einführung des Instituts der Verwaltungsgemeinschaft befürchtet, die kommunale Selbstverwaltung in den Mitgliedsgemeinden zu stark zurückgedrängt worden?

Auch die von der Literatur[874] vielfach als problematisch angesehene Folge von Art. 4 Abs. II S. 2 bis 4 VGemO, nämlich die bei Bestehen einer Verwaltungsgemeinschaft gegebene Einschränkung des Tätigkeitsbereichs der Ersten Bürgermeister der Mitgliedsgemeinden, wird jedenfalls von ihnen selbst nicht als allzu gravierend empfunden. Die Vertreter der Verwaltungsgemeinschaften gaben auf die Frage:

„Beklagen sich die Bürgermeister in den Mitgliedsgemeinden, daß ihr Tätigkeitsbereich durch die Verwaltungsgemeinschaft zu sehr eingeschränkt wird?“

mit durchschnittlich *4,65* auf einer 5-Punkte-Skala zwischen 1 (*trifft voll zu*) bis 5 (*trifft gar nicht zu*) an, daß die Bürgermeister mit den ihnen verbliebenen Kompetenzen recht gut leben könnten (vgl. *Abb. 38*). Der Übergang von arbeitsintensiven Verwaltungsaufgaben, wie die Vorbereitung und der Vollzug von Gemeinderatsbeschlüssen auf und die Besorgung der laufenden Verwaltungsangelegenheiten durch die Verwaltungsgemeinschaft nach Art. 4 Abs. II S. 3 VGemO, werden von den betroffenen Bürgermeistern demnach eher als Entla-

[874] Vgl. z.B. *Lissack*, Bayerisches Kommunalrecht, § 9, Rdnr. 12

stung als eine ungerechtfertigte Beschneidung ihres Aufgabenbereichs verstanden. Dies ist jedenfalls die vorherrschende Ansicht der in die Untersuchung einbezogenen Verwaltungsgemeinschaften. Das Sachweisungs- und das Vertretungsrecht nach Art. 4 Abs. II S. 2 VGemO gewährleisten vermutlich weitgehend das Gefühl voller Souveränität.

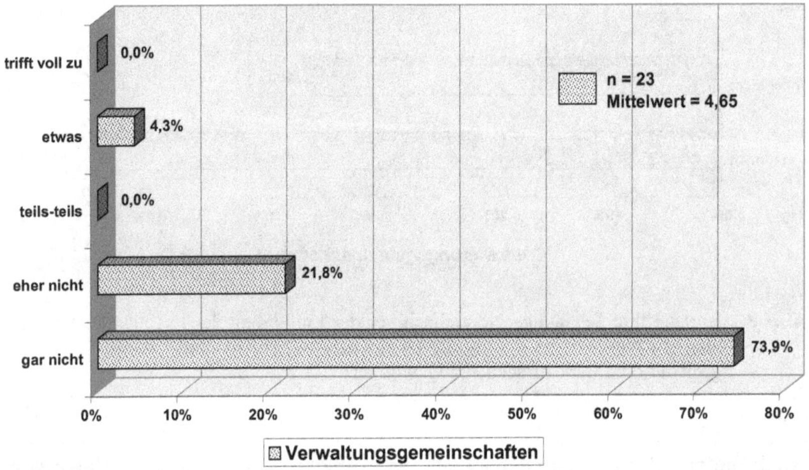

Abb. 38: Beklagen sich die Bürgermeister in den Mitgliedsgemeinden, daß ihr Tätigkeitsbereich durch die Verwaltungsgemeinschaft zu sehr eingeschränkt wird?

4.) Mehrbelastung der Gemeinderäte und Interesse der Bürger an der Gemeindepolitik

Nachgegangen werden muß schließlich noch der im Rahmen der Gemeindegebietsreform geäußerten Hypothese, durch den Verlust ihrer eigenen Rathäuser und ihres eigenen Gemeinderats werde zwangsläufig das Interesse der Bürger der Ortsteile, aber auch der Kerngemeinde an der Kommunalpolitik der Gesamtgemeinde sinken. Bei den Mitgliedsgemeinden von Verwaltungsgemeinschaften befürchtete man ebenfalls ein spürbares Nachlassen der Aufmerksamkeit für die Arbeit der Kommunalpolitik, da die Bewohner vielfach den Eindruck hätten, alle wichtigen, die Gemeinde betreffenden Angelegenheiten würden sowieso von der Verwaltungsgemeinschaft bestimmt.

Wichtigstes Organ in einer Gemeinde ist der Gemeinderat, der die Gemeinde verwaltet (Art. 29 GO). Die Gemeinderatsmitglieder tragen gerade nach der Gebietsreform eine hohe Verantwortung, denn durch die Zusammenschlüsse im Rahmen der Reform entstanden meist große Verwaltungseinheiten mit teilweise hohen Haushalten. Aber auch die großflächige Planung und der umfangreiche Aufgabenkatalog einer großen Gemeinde verlangen von den ehrenamtlichen Gemeinderatsmitgliedern heute neben einer sorgfältigen Vorbereitung und Einarbeitung auch ein gewisses Fachwissen. Gerade das Fehlen fachlicher Kompetenz ist ein Problem in der heutigen Kommunalpolitik. Kaum ein ehrenamtlicher Gemeindevertreter besitzt nämlich von vornherein genaue Sachkenntnis über alle im Gemeinderat behandelten Themen. Besonders verstehen nur wenige die Begriffe und Finessen von Bebauungs- und Haushaltsplänen.[875] Deswegen sind die Gemeinderatsmitglieder auf die Informationen und Vorlagen der Verwaltung und auch ihrer Parteien angewiesen. Wenn sie nicht Gefahr laufen wollen, deren erarbeitete Vorlagen lediglich abzunicken, müssen sie sich also auch selbst jeweils entsprechende Fachkenntnisse aneignen. Außerdem müssen die Gemeinderatsmitglieder die unterschiedlichen Gegebenheiten und Wünsche in der eigenen Ortschaft sowie der Gesamtgemeinde in Einklang bringen, was zu ständigem Taktieren zwingt.[876]
Aber auch die Anzahl der Tagesordnungs- bzw. Ausschußpunkte und die damit verbundene Vorbereitung steigen mit zunehmender Gemeindegröße deutlich an.

Der Tendenz zur Mehrbelastung der Gemeinderatsmitglieder stimmten auch die befragten Einheitsgemeinden zu (*Abb. 39*). Danach gefragt, ob die Kommunalpolitik die Mitglieder des Gemeinderats heute zeitlich und wissensmäßig stärker als vor der Reform beansprucht, gaben *64,9%* von ihnen an[877], daß dies voll und *27,0%*, daß dies etwas zutrifft (Mittelwert: *1,46*).
Die in die Untersuchung einbezogenen Verwaltungsgemeinschaften sehen grundsätzlich auch eine erhöhte Belastung für die Gemeinderäte in ihren Mitgliedsgemeinden. Jedoch fällt dort die Einschätzung aufgrund der unverändert gebliebenen – meist geringen – Größen ihrer Gemeinden nicht so stark aus wie bei den Einheitsgemeinden, weshalb das Mittel dort mit *2,30* erkennbar niedriger ist.

---

875 Vgl. *Süddeutsche Zeitung* vom 03.12.2004 (Nr. 281), S. 55

876 *Henkel/Tiggemann*, Eine Nachbetrachtung - Die kommunale Gebietsreform: Eine demokratiefeindliche Reform aus heutiger Sicht - unabänderlich für alle Zeiten?, in: *Henkel/ Tiggemann* (Hrsg.), Kommunale Gebietsreform, S. 108/109

877 Auf einer 5-Punkte Skala von 1 (*trifft voll zu*) bis 5 (*trifft gar nicht zu*).

Zur Folge hat diese Aufgabenflut bei den Gemeinden, daß Unterlagen, die der Vorbereitung der Sitzung dienen, oft kaum oder nicht hinreichend genau studiert werden. „Wenn ich alles ganz genau lesen würde, was mir für die Gemeinderatssitzung geschickt wird, dürfte ich keinen Beruf haben“, ist vielfach von Gemeinderatsmitgliedern zu hören.

Die fachliche und arbeitsmäßige Überbelastung der ehrenamtlichen Gemeinderatsmitglieder speziell in den Einheitsgemeinden ist ein noch nicht gelöstes Folgeproblem der Gemeindegebietsreform. Damit unter der nicht selten mangelnden Sitzungsvorbereitung der Gemeinderäte die einzelnen Ortsteile nicht zu leiden haben, sind die Gemeinderatsmitglieder und Ortssprecher der Gemeindeteile gefordert, wenigstens in den Gemeinderatssitzungen selbst die Kollegen genauestens über alle Besonderheiten und Probleme, ihre Ortschaften betreffend, detailliert in Kenntnis zu setzen.

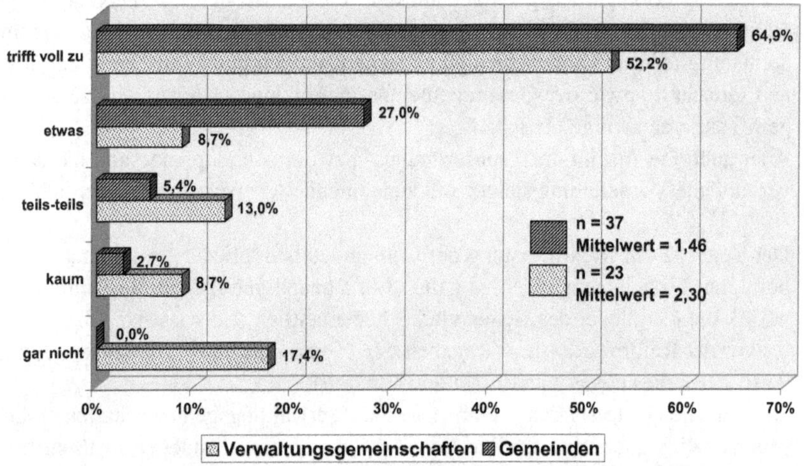

Abb. 39: Beansprucht die Kommunalpolitik die Gemeinderatsmitglieder heute zeitlich und wissensmäßig stärker als vorher?

Wie aber ist es aber um die Kontrolle der im Gemeinderat getroffenen Entscheidungen und Beschlüsse durch den Bürger bestellt?

Früher gab es die Kontrolle durch den Augenschein. Die Gemeindeverwaltung wirtschaftete sparsam, „da ihr jedermann im Dorf ständig auf die Finger schaute“.[878] Heute ist diese Art der Kontrolle wegen der Größe der Gemeinden nicht

[878] *H.G. und R. Wehling*, Nach der Gebietsreform, Der Bürger im Staat 1980, S. 21

mehr möglich. Durch die größeren Entfernungen ist für viele Bürger die Teilnahme an den Gemeinderatssitzungen sehr zeitaufwendig. Eine Vielzahl neuer Medien und Freizeitmöglichkeiten halten nicht wenige an der Kommunalpolitik interessierte Einwohner von einem Gemeinderatsbesuch ab. „Bei vielen Sitzungen bleiben die Zuhörerbänke leer, die Räte wähnen sich in einem privaten Debattier-Club".[879]

Gebeten, auf einer 5-Punkte-Skala von 1 (*sehr stark*) bis 5 (*fehlt*) einzuschätzen, wie stark das Interesse der Öffentlichkeit an den Gemeinderatssitzungen ist, gaben die Einheitsgemeinden im Rahmen der Umfrage mit einem Mittelwert von *3,57* und die Verwaltungsgemeinschaften mit einem Wert von *3,56* nahezu übereinstimmend an, daß die Bevölkerung sich eher wenig für die Arbeit ihres „Kommunalparlaments" interessiert (vgl. *Abb. 40*). Ein Grund hierfür mag sein, daß im Gemeinderat anders als vor der Reform heute ein breitgefächerter Themenkomplex aus allen Ortsteilen behandelt wird und nicht mehr nur Angelegenheiten einer einzelnen kleinen Gemeinde, die damals fast jeden Bürger persönlich betrafen. Zudem werden nahezu alle Ergebnisse und Beschlüsse des Gemeinderats in den Lokalzeitungen und in Rathausbriefen veröffentlicht, was vielen Bewohnern als Information und Kontrolle genügt.[880]

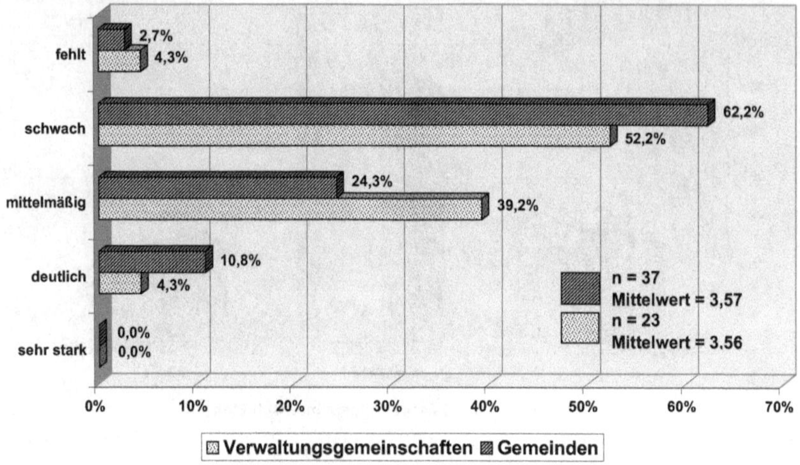

Abb. 40: Wie stark schätzen Sie das Interesse der Öffentlichkeit an den Gemeinderatssitzungen Ihrer Kerngemeinde / in Ihren Mitgliedsgemeinden ein?

---

879 *Süddeutsche Zeitung* vom 03.12.2004 (Nr. 281), S. 55

880 Siehe Kap. D V 2.)

Kann aber aufgrund des geringen Interesses der Bürger an den Gemeinderatssitzungen auch der Schluß auf eine allgemeine kommunale Politikverdrossenheit in den Gemeinden gezogen werden?

Zwar ist nach Aussagen sowohl der befragten Einheitsgemeinden als auch der Verwaltungsgemeinschaften die Teilnahme der Bürger an der Gemeindepolitik in den letzten Jahren gleichgeblieben, aber auf einem seit langem sehr niedrigen Niveau (vgl. *Abb. 41*). Trotz guten Informationsstands über die lokalen Angelegenheiten[881] nehmen immer weniger Einwohner die Chance wahr, die Gemeindepolitik aktiv mitzugestalten. Gerade in Gemeinden in der Nähe von Großstädten und Ballungszentren ist sogar ein gravierender Rückzug der Bürger aus der Kommunalpolitik zu verzeichnen. Hier sind die Menschen mobiler geworden, ziehen häufiger um, und gerade die Zugezogenen nehmen kaum mehr am Gemeindeleben teil. So drohen solche Kommunen langsam zu „Schlafgemeinden" zu verkommen.[882] Die Teilnahmslosigkeit der Mehrheit der Gemeindebürger ist verheerend, bestimmen doch so einige wenige Interessierte die gesamte Gemeindepolitik. Deshalb fordert der *Bayerische Gemeindetag* die Menschen auch eindringlich dazu auf, „die Demokratie wieder ernst zu nehmen".[883]

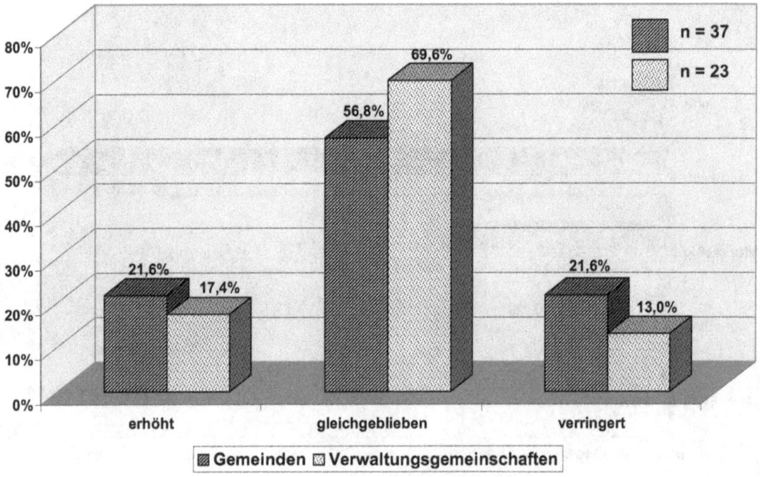

Abb. 41: Wie hat sich die Teilnahme der Bürger an der Gemeindepolitik insgesamt seit der Reform verändert?

---

881 Siehe Kap. D V 2.)

882 Vgl. z.B. den Leitartikel des Ersten Bürgermeisters der Marktgemeinde Ergolding über das fehlende Interesse seiner Gemeindebürger an kommunalen Veranstaltungen im *Ergoldinger Marktboten* 12/2004, S. 2

883 *Süddeutsche Zeitung* vom 03.12.2004 (Nr. 281), S. 55

Die These, daß durch die Bildung von Einheitsgemeinden und Verwaltungsgemeinschaften das Interesse der Bevölkerung an der Gemeindepolitik zurückgehen werde, hat sich bedauerlicherweise vielfach bestätigt. Der seit der Gebietsreform spürbar verbesserte Informationsstand der Bürger[884] ändert nichts daran, daß – außer bei der Wahrnehmung des Wahlrechts – eine „laufende“ Kontrolle der jeweiligen Gemeinderatsbeschlüsse und ein persönliches Engagement in kommunalpolitischen Angelegenheiten nur noch in geringerem Umfang stattfinden.

5.) Veränderung der kommunalen Machtstrukturen

Außerdem war noch zu untersuchen, ob sich durch die Gemeindegebietsreform die Macht- und Einflußverhältnisse bestimmter Personen und Gruppen verschoben haben. Aus diesem Grund wurden Einheitsgemeinden und Verwaltungsgemeinschaften befragt, welche Gruppen in den Gemeinden vor den Reformmaßnahmen am einflußreichsten waren und welche es heute sind. Die Befragten wurden gebeten, verschiedene vorgegebene Personen und Gruppen, die typisch für eine Gemeinde sind, nach der Rangfolge entsprechend ihrem kommunalen Einfluß zu bewerten, indem sie ihnen Zahlen von 1 (*am einflußreichsten*) bis 9 (*am wenigstens einflußreich*) zuordnen sollten.

Dabei wurde deutlich, daß innerhalb des letzten Vierteljahrhunderts ein spürbarer Wandel der lokalen Machtstrukturen in den bayerischen Gemeinden stattgefunden hat (vgl. *Abb. 42*).

Am auffälligsten ist der sichtbare Machtschwund der Landwirte. Die Sozialstruktur der herkömmlichen Gemeinden war auch lange nach dem Zweiten Weltkrieg noch geprägt von der bäuerlichen Führungsschicht.[885] Sie setzte sich insbesondere für einen besseren Wegebau, die Förderung der Viehzucht und den Schutz vor Naturgewalten ein. Da die Mehrheit der Bewohner direkt oder indirekt für die Landwirtschaft arbeitete, fielen die Interessen der Bauern meist mit denen der Gemeindemehrheit zusammen.[886]
Jedoch hat sich die Erwerbsstruktur auch in den ländlichen Gebieten Bayerns – gerade in den letzten Jahrzehnten – radikal verändert: weg von der Agrar- hin zu einer Industrie- und Dienstleistungsgesellschaft. Auf vielen Höfen wurde

---

[884] Siehe Kap. D V 2.)

[885] *Planck*, Bäuerliche Führungsschichten, in: *Franz* (Hrsg.), Bauernschaft und Bauernstand - Deutsche Führungsschichten in der Neuzeit, Bd. VIII, S. 331 ff.

[886] Vgl. *Jauch*, Auswirkungen der Verwaltungsreform in ländlichen Gebieten - dargestellt an 14 Gemeinden in Baden-Württemberg, S. 136

der Betrieb eingestellt. Deren Bewohner arbeiten nun meist in den Städten. Während früher die Landwirte sowohl von den Einheitsgemeinden als auch von den Verwaltungsgemeinschaften jeweils als die einflußreichsten Gruppen angesehen worden waren, ist ihre Bedeutung heute in der Machthierarchie deutlich vermindert.[887] Wohl deshalb waren es auch gerade die Landwirte, die von den Bevölkerungsgruppen die Gemeindegebietsreform seinerzeit am stärksten ablehnten (siehe *Abb. 43*). Sie ahnten wohl schon damals, daß ihr lokaler Einfluß – gerade bei Eingemeindungen in größere Orte mit Industrieansiedlung – stark sinken werde.

Das größte kommunalpolitische Gewicht schreiben die Befragten heute den Vereinen und Parteien zu (vgl. *Abb. 42*). Diese nehmen den Platz der Landwirte bei der kommunalpolitischen Willensbildung ein. Während aber die Vereine am Anfang der Gebietsreform mehrheitlich mit zu den absoluten Verweigerern jeglicher kommunaler Neugliederung gehört hatten, waren die Parteien größtenteils dafür gewesen.

Wie bereits dargelegt[888] kommt diese Verschiebung der Machtverteilung zugunsten der Vereine und politischen Parteien nicht überraschend. Gerade für letztere wurde ein kommunales Tätigwerden infolge der neuen Gemeindegrößen lohnenswert, und ohne ihren Rückhalt ist es heute sehr schwer, ein Mandat in den Kommunen bekleiden zu können.
Die Vereine waren auch schon vor der Reform der Gemeindepolitik sehr stark vertreten und konnten ihren Einfluß im Laufe der letzten Jahrzehnte sogar noch steigern. Da nahezu alle sozialen Schichten Mitglieder in Vereinen sind, und Vereine über eine hohe Integrationskraft verfügen, ist deren hohe Machtkonzentration daher nicht verwunderlich. Außerdem besteht zwischen dem lokalen Vereinswesen und der Kommunalpolitik vielfach eine sehr starke Verbindung: Kandidat für ein öffentliches Amt wird in der Partei meist eher, wer als Vereinsmitglied aktiv ist. Die Vereinsarbeit zählt zu den unumgänglichen Standardaktivitäten eines jeden Kommunalpolitikers.[889] Mitglieder von Vereinen sind

[887] In der Machthierachie der in die Untersuchung einbezogenen Einheitsgemeinden befinden sie sich sogar nur noch im unteren Mittelfeld. Vgl. aber z.B. *Jauch*, Auswirkungen der Verwaltungsreform in ländlichen Gebieten - dargestellt an 14 Gemeinden in Baden-Württemberg, S. 146, und *Derlien/Queis*, Kommunalpolitik im geplanten Wandel, S. 202, deren Untersuchungen in anderen Bundesländern zu dieser Frage kurz nach den dortigen Gebietsreformen die Landwirte noch als die wichtigste soziale Gruppe, die Einfluß hatte, sahen.

[888] Siehe Kap. D II 8.) und 9.) sowie Kap. D V 1.)

[889] *Simon*, Lokale Vereine - Schule der Demokratie?, in: *Gabriel* (Hrsg.), Bürgerbeteiligung und kommunale Demokratie, S. 261

zumeist an Politik interessiert, wählen häufiger als der Gemeindedurchschnitt und sind eher zu Einwirkungsversuchen auf Entscheidungen der Lokalpolitik und anderen Formen der politischen Beteiligung bereit.[890]

Ebenfalls sehr einflußreich sind nach wie vor auch die Vertreter des Handwerks. Obwohl auch die Handwerker seinerzeit eher ablehnend zu den Reformplänen der Politiker standen, ist ihre Position vor und seit der Gemeindegebietsreform nahezu unverändert.

Im Mittelfeld der wahrgenommenen Sozialhierarchie befinden sich weiterhin der Handel und die Industrie, während Angestellte, Arbeiter und insbesondere die Verbände immer noch als wenig mächtig in den Kommunen angesehen werden (vgl. *Abb. 42*).

Natürlich ist die Veränderung der lokalen Machtverteilung zugunsten der Vereine und Parteien und zu Lasten vor allem der Landwirte nicht allein auf die Auswirkungen der Gemeindegebietsreform zurückzuführen. Sie hängt auch mit anderen Faktoren wie der allgemeinen gesellschaftlichen Veränderung zusammen. Jedoch leisteten die Änderungen im Gemeindezuschnitt für diese Entwicklung sicherlich mit Vorschub.

[890] *Simon*, Lokale Vereine - Schule der Demokratie?, in: *Gabriel* (Hrsg.), Bürgerbeteiligung und kommunale Demokratie, S. 247

Im Rahmen der Untersuchung ergab sich für die befragten Gemeinden und Verwaltungsgemeinschaften folgendes Bild:

Gemeinden				Verwaltungsgemeinschaften			
früher		heute		früher		heute	
Landwirte	3,68	Vereine	3,12	Landwirte	2,59	Vereine	3,71
Vereine	3,75	Parteien	3,50	Handwerker	3,53	Parteien	3,88
Handwerker	4,00	Handwerker	4,50	Parteien	4,06	Handwerker	4,06
Parteien	4,20	Handel	4,60	Vereine	4,12	Landwirte	4,29
Handel	5,00	Industrielle	4,86	Handel	5,07	Angestellte	4,47
Industrielle	5,78	Landwirte	5,12	Angestellte	5,41	Handel	5,27
Angestellte	5,88	Angestellte	5,23	Industrielle	5,80	Arbeiter	5,35
Verbände	6,04	Verbände	5,76	Arbeiter	6,06	Industrielle	5,36
Arbeiter	6,32	Arbeiter	5,96	Verbände	6,07	Verbände	5,79

Abb. 42: Haben sich durch die Gemeindegebietsreform, wie es vielfach für möglich gehalten wird, die Machtverhältnisse in den Mitgliedsgemeinden verschoben? Konkret: Welche Gruppen oder Personen in den Mitgliedsgemeinden waren früher am einflußreichsten und welche sind es jetzt? Bitte bringen Sie auf nachfolgender Liste die genannten Gruppen in eine Reihenfolge nach ihrem Einfluß, in dem Sie ihnen Zahlen von 1 (= am einflußreichsten) bis 9 (= am wenigsten einflußreich) zuordnen!

Gemeinden		Verwaltungsgemeinschaften	
Landwirte	2,59	Landwirte	2,06
Vereine	2,77	Handwerker	2,59
Arbeiter	3,00	Vereine	2,73
Verbände	3,08	Arbeiter	2,94
Handwerker	3,15	Verbände	3,00
Angestellte	3,15	Industrielle	3,18
Handel	3,31	Angestellte	3,20
Parteien	3,59	Handel	3,29
Industrielle	4,73	Parteien	3,31

Abb. 43: Wie haben diese Personen / Gruppen seinerzeit zur Gemeindegebietsreform gestanden? (Ziffer 1 = strikt dagegen, Ziffer 2 = Unbehagen, Ziffer 3 = unentschieden, Ziffer 4 = eher dafür, Ziffer 5 = voll dafür).

VI: Zusammenfassung

Die Umfrage bei den Einheitsgemeinden und den Verwaltungsgemeinschaften zeigt, daß eine Vielzahl der damaligen Problem- und Konfliktpotentiale mittlerweile gelöst sind.

„Altlasten" sind inzwischen weitgehend abgebaut. Leerstehende ehemalige Verwaltungsgebäude konnten vielfach einer anderen Nutzung zugeführt und die den Haushalt einiger Gemeinden belastenden Schulden ehemaliger selbständiger Ortschaften größtenteils getilgt werden. Obwohl hier und da immer noch „Erbfeindschaften" zwischen einzelnen Ortsteilen bestehen, haben sich nahezu alle Einwohner mit den neuen Gegebenheiten abgefunden.
Entgegen zahlloser Befürchtungen hatte die Gemeindegebietsreform auch keine größeren negativen Auswirkungen auf das kulturelle Leben, die lokalen Traditionen und das Zusammengehörigkeitsgefühl der Bürger in den meisten Gemeindeteilen. Zahlreiche Bewohner fühlen sich sogar immer noch als Einwohner ihrer Ortschaft und nicht als Bürger der Gesamtgemeinde. Dies rührt zum großen Teil von dem nach wie vor – gerade auf dem Lande – ausgeprägten Vereinswesen her.
Zwar ist die Integration mancher Ortsteile in die Kerngemeinde noch nicht so vorangeschritten, wie sich das viele der Planer nach einem so langen Zeitraum erhofft hatten. Jedoch ist sie heute deutlich besser als nach dem unmittelbaren Abschluß der Reformen.

Das Hauptziel der Gemeindegebietsreform – die Stärkung der Verwaltungs- und Leistungskraft der Kommunen –, das zeigt die Untersuchung deutlich, wurde aber erreicht. Jedem Gemeindeteil stehen heute die elementarsten Einrichtungen der Daseinsvorsorge zur Verfügung, was vorher in vielen kleinen Gemeinden nicht immer selbstverständlich war. Wegen der Zusammenlegung von Kommunen hat sich der Gemeindezuschnitt deutlich vergrößert. Dies ermöglichte eine umfangreichere Ausstattung der Verwaltung mit Sach- und Personalmitteln und die Bereitstellung auch kostenintensiver kommunaler Einrichtungen. Der Einsatz von gut ausgebildetem Verwaltungspersonal in den Gemeinden und Verwaltungsgemeinschaften führte schließlich dazu, daß der ehemals sehr hohe Beratungsbedarf der Kommunen stark reduziert, und den Landratsämtern die Möglichkeit gegeben werden konnte, sich auf ihre ursprüngliche Aufsichtsfunktion zu konzentrieren.
Im Rahmen der Reformmaßnahmen kam es in den letzten Jahrzehnten auch zu einer deutlichen kommunalen Machtverschiebung in Bayern. Während insbesondere die Landwirte sehr stark an Einfluß verloren, wurde die Position der

Vereine und der politischen Parteien deutlich gestärkt. Gerade letztere besitzen in der Kommunalpolitik mittlerweile ein so starkes Gewicht, daß es ohne ihre Unterstützung äußerst schwierig ist, ein kommunales Ehrenamt bekleiden zu können.

Durch den Zusammenschluß zu größeren Verwaltungseinheiten sind aber auch neue Probleme aufgetreten. Hierbei sind besonders die Überlastung vieler Gemeinderatsmitglieder zu erwähnen, aber auch die zum Teil erheblichen Entfernungen zur Verwaltung und deren infolge unzureichender öffentlicher Verkehrsanbindung erschwerte Erreichbarkeit.
Negativ zu vermerken sind neben dem „Rückzug" vieler Bürger aus der Kommunalpolitik, auch das zunehmende Desinteresse sowohl an ihr als auch an gemeindlichen Veranstaltungen.

E: Das (Gegen-)Modell des Verbandsgemeindesystems in Rheinland-Pfalz zur Reform der kommunalen Selbstverwaltung im ländlichen Raum

Rheinland-Pfalz unternahm als erstes Bundesland[891] Mitte der sechziger Jahre zur Modernisierung seiner Verwaltungsstruktur umfangreiche Reformanstrengungen auf der Gemeindeebene[892], gekoppelt mit einem territorialen und funktionellen Neuzuschnitt seiner Kreise und Bezirke.

Wie auch in Bayern gab es aufgrund der topographischen Gegebenheiten und der damit zusammenhängenden Siedlungsstruktur in Rheinland-Pfalz viele ländliche Klein- und Kleinstgemeinden[893], die aufgrund ihrer geringen Verwaltungs- und Finanzkraft nicht mehr in der Lage waren, die notwendigen Einrichtungen der Daseinsvorsorge für ihre Bürger bereitzustellen und wichtige Planungen städtebaulicher Art durchzuführen. Hinzu kamen noch die aus der „Besatzungsgeometrie"[894] herrührenden unterschiedlichen Verwaltungsformen in den ehemals bayerischen, hessischen und preußischen Gebietsteilen des Landes.

In den Regierungsbezirken Trier und Koblenz galt die aus dem preußischen Recht übernommene Amtsverfassung, das sog. *„Rheinische Amt"*. Diese Ämter unterhielten eine gemeinsame Verwaltung mit einem hauptamtlichen Bürgermeister und übernahmen alle staatlichen Auftragsangelegenheiten einschließlich der Büro- und Kassengeschäfte der ihnen angehörenden Gemeinden. In den ehemals bayerischen Gebieten der Pfalz gab es dagegen die *gemeinschaftlichen Einnehmereien*, welche die Kassengeschäfte der Gemeinden verwalteten, und die – besonders in der Westpfalz weitverbreiteten – *gemeinsamen Bürgermeistereien*, in welchen die Verwaltungsgeschäfte der beteiligten Kommunen von nur noch einer *gemeinschaftlichen Bürgermeisterei* geführt wurden.[895] Hingegen kannten weder die Gemeinden im ehemaligen Regierungsbezirk Montabaur noch die im ehemaligen Regierungsbezirk Rheinhessen solche gemeinschaftli-

---

[891] *Dehe*, Gebiets- und Verwaltungsreform in Rheinland-Pfalz, Der Landkreis 1981, S. 44

[892] Zur funktionalen Verwaltungsreform siehe *Weber*, Funktionale Verwaltungsreform in Rheinland-Pfalz, Kommunalwirtschaft 1969, S. 267 ff.

[893] *Wurzel*, Kommunale Zusammenarbeit auf der Ebene der Gemeinden, das Beispiel Rheinland-Pfalz, in: *Oertzen* (Hrsg.), Rechtsstaatliche Verwaltung im Aufbau I, S. 97/98

[894] *Schäfer*, Gebietsreform-Verbandsgemeindeordnung-Funktionalreform, AfK 1969, S. 249

[895] Siehe *Wurzel*, Kommunale Zusammenarbeit auf der Ebene der Gemeinden, das Beispiel Rheinland-Pfalz, in: *Oertzen* (Hrsg.), Rechtsstaatliche Verwaltung im Aufbau I, S. 98/99

chen Verwaltungseinrichtungen. Dort war die Verwaltungsstruktur allein durch das ehrenamtliche Element geprägt.[896]

Zur Ausarbeitung konkreter Lösungsmodelle für ausgewogene Lebensverhältnisse in ganz Rheinland-Pfalz setzte die Landesregierung im Jahre 1965 die *Kommission* zur *„Stärkung der Verwaltungskraft der Gemeinden"* ein, bestehend aus Vertretern des Ministeriums des Inneren und der kommunalen Spitzenverbände. Ein Großteil der von dieser Kommission erarbeiteten Ergebnisse wurde in die 18 Landesgesetze über die Verwaltungsvereinfachung, welche im Laufe der acht Jahre dauernden Verwaltungsreform erlassen wurden, übernommen.[897]

Anders als in Bayern und den anderen Bundesländern wurden in Rheinland-Pfalz viel weniger Gemeinden aufgelöst oder eingemeindet. Lediglich Gemeinden – speziell solche in Stadtnähe –, die baulich bereits so zusammengewachsen waren, daß die dadurch eng verknüpften Leistungsaufgaben der Gemeinden eine gemeinsame Verwaltung erforderten, wurden zu neuen, großen Kommunen zusammengeschlossen.[898]
Von den mehr als 2.900 zu Beginn der Verwaltungsvereinfachung bestehenden Gemeinden blieben nach Beendigung der Reformen noch über 2.300 übrig[899], also ca. 80%.[900] Gut die Hälfte hiervon waren weiterhin „Zwerggemeinden" mit weniger als 500 Einwohnern[901], obwohl das Gutachten der *Kommission* zur *„Stärkung der Verwaltungskraft der Gemeinden"* diese Kleinstgemeinden als nicht mehr lebensfähig angesehen hatte. Deshalb wurde auch die Landesregierung in § 10 RhPfGO a.F. ermächtigt, Gemeinden, deren Einwohnerzahl während eines Zeitraums von fünf Jahren ohne Unterbrechung weniger als 300 betragen hat, gegen ihren Willen durch Rechtsverordnung aufzulösen. Jedoch wurde von dieser Ermächtigung in der Folgezeit nicht Gebrauch gemacht. Man hoffte, das Problem der weiterhin existierenden Kleingemeinden werde sich innerhalb der neuen Verbandsgemeinden ohne staatlichen Eingriff von selbst lö-

---

[896] *Klöckner* in: *Gabler/Höhlein/Klöckner/Lukas/Oster/Rheindorf/Schaaf/Stubenrauch/Tutschampsky/Nauheim-Skrobek*, Kommunalverfassungsrecht Rheinland-Pfalz, Vorbemerkung zu §§ 64 ff. GO, Ziff. 1, 3

[897] Siehe *Dehe*, Gebiets- und Verwaltungsreform in Rheinland-Pfalz, Der Landkreis 1981, S. 44

[898] *Stich*, Rheinland-Pfalz - Beispiel einer durchgreifenden Verwaltungsreform, DÖV 1969, S. 237

[899] Vgl. *Weber*, Selbstverwaltung und Demokratie in den Gemeinden nach der Gebietsreform, S. 262

[900] Zum Vergleich: In Bayern waren es weniger als 30%.

[901] Vgl. *Bogner*, Die Aufgaben der Verbandsgemeinden nach der neuen Gemeindeordnung, Gemeinde- und Städtebund Rheinland-Pfalz 4/1974, S. 41

sen.[902] Außerdem scheute die Landesregierung den Widerstand, der gerade von den kleinen Gemeinden zu erwarten war.[903]
Dagegen wurden aus den fünf bestehenden Regierungsbezirken drei neue gebildet. Die Zahl der Landratsämter und somit der Landkreise wurde von 39 auf 26 reduziert.[904]

Herzstück der Verwaltungsreform in Rheinland-Pfalz war aber zweifellos die flächendeckende Bildung von Verbandsgemeinden.[905] Ganz bewußt haben sich Gesetzgeber und Regierung schon frühzeitig gegen das Modell Nordrhein-Westfalens, welches ausschließlich die Bildung großer Einheitsgemeinden zuließ, und stattdessen für eine verbandsmäßige Lösung entschieden. Nur durch die Neuschöpfung der Rechtsfigur „Verbandsgemeinde" – einen Zusammenschluß aus benachbarten kreisangehörigen Gemeinden des gleichen Landkreises – war es nach Ansicht der damaligen Regierung möglich, das ehrenamtliche Element der Ortsgemeinden zu erhalten[906] und den verfassungsrechtlichen Bedenken gegen eine Schmälerung des gemeindlichen Selbstverwaltungsrechts Rechnung zu tragen.[907]
Die Verbandsgemeinde sollte auf dem Modell der Ämterverfassung[908] aufbauen. Berücksichtigung finden sollten aber auch die Vorzüge der *gemeinschaftlichen Einnehmereien* und der *gemeinschaftlichen Bürgermeistereien.*[909] Der entscheidende Unterschied des neuen Instituts zu den bisherigen Regelungen war aber, daß die Verbandsgemeinde auch Träger von Selbstverwaltungsaufgaben ist.[910] Sinn der Schaffung von Verbandsgemeinden sollte eine zweckmäßige Aufgabenverteilung zwischen Verbands- und Ortsgemeinde sein.[911]

---

902 *Rüschenschmidt*, Die Verwaltungsreform im Lande Rheinland-Pfalz unter besonderer Berücksichtigung der Territorialreform auf der Ebene der Kreise und Gemeinden, S. 352/353
903 *Rüschenschmidt*, Die Verwaltungsreform im Lande Rheinland-Pfalz unter besonderer Berücksichtigung der Territorialreform auf der Ebene der Kreise und Gemeinden, S. 355
904 *Bogner*, Die Verwaltungsreform in Rheinland-Pfalz, insbesondere im gemeindlichen Bereich, BayBgm. 1971, S. 5; *Holzmann*, Verfassungsrechtliche Schranken der kommunalen Neugliederung in Rheinland-Pfalz, S. 35 ff.
905 *Wurzel*, Kommunale Zusammenarbeit auf der Ebene der Gemeinden, das Beispiel Rheinland-Pfalz, in: *Oertzen* (Hrsg.), Rechtsstaatliche Verwaltung im Aufbau I, S. 100
906 *Böckmann*, 10 Jahre Verbandsgemeinde - Daten, Fakten, Analysen, Bewertung, Gemeinde- und Städtebund Rheinland-Pfalz 1982, S. 124
907 *Wagner*, Die Ortschaftsverfassung in der kommunalen Gebietsreform, S. 9
908 Siehe zum Amt: *Engel*, Das schleswig-holsteinische Amt bei Erledigung der Selbstverwaltungsangelegenheiten der amtsangehörigen Gemeinden, S. 1 ff.
909 *Bogner*, Die Verwaltungsreform in Rheinland-Pfalz, insbesondere im gemeindlichen Bereich, BayBgm. 1/1971, S. 6/7
910 *Böckmann*, 10 Jahre Verbandsgemeinde - Daten, Fakten, Analysen, Bewertung, Gemeinde- und Städtebund Rheinland-Pfalz 1982, S. 124
911 *Salzmann/Schunck/Hofmann/Schrick*, Verbandsgemeindeordnung, S. 30

Mit *Gesetz vom 16. Juli 1968*[912] wurde als Kernstück der Reformmaßnahmen die „Verbandsgemeindeordnung“ erlassen, durch welche die bisherige *Amtsordnung* ersetzt wurde. Während die *Amtsordnung* ehemals nur in den preußischen Regierungsbezirken Anwendung fand, wurden von nun an Verbandsgemeinden in ganz Rheinland-Pfalz aufgrund vorhergegangener Zielpläne und im Anschluß an eine Freiwilligkeitsphase gesetzlich gebildet. Die Richtzahl für die Entstehung einer Verbandsgemeinde betrug 7.500 Einwohner.[913] Im Jahre 1973 wurden die kommunalverfassungsrechtlichen Vorschriften der Verbandsgemeinde als §§ 64 bis 73 in die rheinland-pfälzische Gemeindeordnung eingefügt[914] und in den Folgejahren mehrfach novelliert.

In Rheinland-Pfalz existieren heute neben 38 verbandsfreien Gemeinden 163 Verbandsgemeinden[915] mit 2.324 Ortsgemeinden, wobei die Zahl der Ortsgemeinden je Verbandsgemeinde zwischen zwei und 45 schwankt. Die Verbandsgemeinden haben eine durchschnittliche Größe von 12.600 Einwohnern.[916]

Ursprünglich als bloße Übergangslösung für eine spätere Entwicklung in Richtung Einheitsgemeinde gedacht[917], wird eine Abschaffung der Verbandsgemeinden in Rheinland-Pfalz heute nicht mehr ernsthaft in Betracht gezogen.[918] Wie sehr im Gegenteil dieses Institut im rheinland-pfälzischen Kommunalrecht mittlerweile verwurzelt ist, zeigt die Tatsache, daß 97,8% aller Gemeinden einer Verbandsgemeinde angehören.[919] In Bayern beträgt dagegen die Anzahl der Kommunen, die Mitglied einer Verwaltungsgemeinschaft sind, „nur“ 48,8%.

Da die Gemeindereform in Rheinland-Pfalz somit hauptsächlich auf die Einführung der Rechtsfigur „Verbandsgemeinde“ abzielte, soll diese im folgenden näher dargestellt und ein Vergleich mit der bayerischen Verwaltungsgemeinschaft gezogen werden.

---

912 Rh.-Pf. GVBl. 1968, S. 132

913 *Gaentzsch*, Gebiets- und Verwaltungsreform - Entwicklung in den Bundesländern, Der Städtetag 1969, S. 121

914 *Dehe*, Gebiets- und Verwaltungsreform in Rheinland-Pfalz, Der Landkreis 1981, S. 46

915 *Nierhaus/Gebhardt*, Kommunale Selbstverwaltung zur gesamten Hand, S. 23

916 *Zuber*, Verbandsgemeinde - Bilanz und Ausblick, in: *Gemeinde- und Städtebund Rheinland-Pfalz* (Hrsg.), 20 Jahre Verbandsgemeinde in Rheinland-Pfalz, S. 26

917 *Kohl*, Verwaltungsreform in Rheinland-Pfalz - Ergebnisse, Fortführung und Abschluß, Der Landkreis 1973, S. 13

918 *Hill*, Verbandsgemeinde - Bilanz und Ausblick, in: *Gemeinde- und Städtebund Rheinland-Pfalz* (Hrsg.), 20 Jahre Verbandsgemeinde in Rheinland-Pfalz, S. 8

919 *Knemeyer*, Bayerisches Kommunalrecht, Rdnr. 465

I: Wesen und Rechtsnatur der Verbandsgemeinde

Gem. § 64 Abs. I RhPfGO sind Verbandsgemeinden aus Gründen des Gemeinwohls gebildete Gebietskörperschaften, die aus benachbarten Gemeinden des gleichen Landkreises bestehen. Sie erfüllen neben den Ortsgemeinden öffentliche Aufgaben der örtlichen Gemeinschaft im Rahmen der gesetzlichen Bestimmungen. Die Verbandsgemeinde sollte nach der Intention der Verwaltungsreformer dabei helfen, die Mängel überkommener kleinräumiger Verwaltungseinheiten zu beheben.
Die Auflösung und die Neubildung einer Verbandsgemeinde bedürfen nach § 65 Abs. II S. 2 RhPfGO eines Gesetzes. Für eine Eingliederung oder Ausgliederung einer Ortsgemeinde sowie die Eingliederung einer verbandsfreien Gemeinde in eine Verbandsgemeinde ist lediglich eine Rechtsverordnung des fachlich zuständigen Ministeriums nötig. Die Entscheidung über den Sitz der Verwaltung einer neugebildeten Verbandsgemeinde erfolgt durch staatlichen Akt (§ 66 Abs. I S. 1 RhPfGO). Gem. § 64 Abs. II RhPfGO wird die Verbandsgemeinde gesetzestechnisch als Sonderfall der verbandsfreien Gemeinde behandelt, weshalb die Bestimmungen über verbandsfreie Gemeinden auf sie Anwendung finden, soweit nicht die Sonderregelungen der §§ 64 ff. RhPfGO etwas anderes bestimmen.

Stark umstritten ist aber seit ihrer Einführung, ob die Verbandsgemeinden als Gemeinden i.S.v. Art. 28 Abs. II S. 1 GG (d.h. zusammen mit den Ortsgemeinden sog. „Föderalgemeinden" bzw. „Gemeinden zweiter Stufe" bilden) oder als Gemeindeverband nach Art. 28 Abs. II S. 2 GG einzuordnen sind. Bedeutung hat diese Frage insbesondere vor dem Hintergrund der in Art. 28 Abs. II GG bzw. in Art. 49 der rheinland-pfälzischen Landesverfassung verankerten Garantie der kommunalen Selbstverwaltung. Denn Art. 28 Abs. II S. 2 GG bzw. Art. 49 Abs. II Landesverfassung Rheinland-Pfalz gewährleisten Gemeindeverbänden eine Selbstverwaltungsgarantie lediglich im Rahmen ihres gesetzlichen Aufgabenbereichs; ein bestimmter Aufgabenbereich wird jedoch – anders als bei den Gemeinden – nicht festgelegt.

Während das BVerwG[920] diese Streitfrage ausdrücklich offengelassen hat, qualifiziert der VerfGH von Rheinland-Pfalz[921] die Verbandsgemeinde ohne nähere

---

920 BVerwG, Urteil vom 27.01.1984, DVBl. 1984, S. 679 ff.
921 Rh-Pf. VerfGH., AS 12, 246 (247)

Erläuterungen als Gemeindeverband. Diese Ansicht entspricht auch der überwiegenden Meinung in der Literatur.[922]
Grund für die Einordnung als Gemeindeverband sei, daß die Verbandsgemeinde keinen neuen Gemeindetyp (Stufen- oder Föderalgemeinde) schaffe, sondern nur die bisherigen Gemeindeverbindungen der *Ämter* und *gemeinschaftlichen Bürgermeistereien* fortsetze.[923] Außerdem fehle ihr die für die Einordnung als Gemeinde nötige Allzuständigkeit i.S.v. Art. 28 Abs. II S. 1 GG. Auch die Einordnung als Föderalgemeinde, in der die Verbandsgemeinde zusammen mit ihren Ortsgemeinden als zweistufig aufgebaute Gemeinde im Außenverhältnis eine funktionale Einheit bilde, welche die gleichen Leistungen wie eine verbandsfreie Gemeinde erbringe[924], wird als problematisch angesehen. Ein solcher Gemeindebegriff entspreche nicht dem historisch überkommenen Gemeindetyp, wie ihn Art. 28 Abs. II GG zugrunde lege.[925] Auch könne eine Stufengemeinde nur einheitlich vertreten werden und nicht, wie dies bei dem Verband und den Ortsgemeinden der Fall sei, selbständige Gemeindeorgane besitzen.[926] Der gemeindeverbandliche Charakter ergäbe sich ferner durch die Umlagefinanzierung der Verbandsgemeinde.[927] Auch die Begründung zur Regierungsvorlage des *„Entwurfs des Achten Landesgesetzes über die Verwaltungsvereinfachung"*[928] vom 09. Juni 1970 spreche für diese Rechtsnatur.[929]

---

922 Vgl. z.B. *Hofmann*, Die Verbandsgemeinden und die kommunale Neuordnung in Rheinland-Pfalz, DVBl. 1968, S. 935; *Bogner*, Die Verwaltungsreform in Rheinland-Pfalz, insbesondere im gemeindlichen Bereich, BayBgm. 1971, S. 7; *Lorenz*, Der Stand der Gebiets- und Verwaltungsreform in Rheinland-Pfalz, Der Städtebund 1969, S. 2; *Donhauser*, Formen und Möglichkeiten gemeindlicher Zusammenarbeit zur Stärkung der Verwaltungskraft, S. 154 ff.; *Kommunale Spitzenverbände Rheinland-Pfalz* (Hrsg.), Kommunalbrevier 1994, S. 294; *Nierhaus/Gebhardt*, Kommunale Selbstverwaltung zur gesamten Hand, S. 25 ff.; *Jarass/Pieroth*, Grundgesetz für die Bundesrepublik Deutschland, Art. 28 GG, Rdnr. 27; *Löwer*, in: *Münch/Kunig* (Hrsg.), Grundgesetzkommentar, Art. 28, Rdnr. 83; *Dahm*, Die Verbandsgemeinde und ihre Ortsgemeinden, S. 15; *Salzmann/Schunck/Hofmann/Schrick*, Verbandsgemeindeordnung, S. 40

923 *Hofmann*, Die Verbandsgemeinden und die kommunale Neuordnung in Rheinland-Pfalz, DVBl. 1968, S. 935

924 *Hill*, Verbandsgemeinde - Bilanz und Ausblick, in: *Gemeinde- und Städtebund Rheinland-Pfalz* (Hrsg.), 20 Jahre Verbandsgemeinde in Rheinland-Pfalz, S. 4

925 *Bröring*, Die Verwaltungsgemeinschaft, S. 41

926 *Donhauser*, Formen und Möglichkeiten gemeindlicher Zusammenarbeit zur Stärkung der Verwaltungskraft, S. 158

927 *Klöckner* in: *Gabler/Höhlein/Klöckner/Lukas/Oster/Rheindorf/Schaaf/Stubenrauch/Tutschampsky/Nauheim-Skrobek*, Kommunalverfassungsrecht Rheinland-Pfalz, § 64 GO, Ziff. 1.3; in diese Richtung argumentiert auch *Klüber*, Das Gemeinderecht in den Ländern der Bundesrepublik Deutschland, S. 291

928 Rh.-Pf. LT-Drs. VI/1998

929 Dort heißt es: „Diese neuen Verbandsgemeinden sind Gebietskörperschaften und Gemeindeverbände"; vgl. auch *Rittel*, Verbandsgemeinden in Rheinland-Pfalz, KommPolBl. 1968, S. 182

Dagegen kommt laut *Stich*[930] und anderen[931] nur die Einordnung der Verbandsgemeinde als Gemeinde i.S.v. Art. 28 Abs. II S. 1 GG in Betracht. Dies zeige auf der einen Seite der Wille des Gesetzgebers, mit Hilfe des Verbandsgemeindesystems eine zweite Gemeindeebene zu schaffen. Dieser Wille manifestiere sich insbesondere in den amtlichen Bezeichnungen (Verbands g e m e i n d e, Verbands g e m e i n d e rat, Verbands g e m e i n d e bürgermeister) und in der rechtlichen Gleichstellung von Verbandsgemeinden und verbandsfreien Einheitsgemeinden in § 64 Abs. II RhPfGO.[932] Weiter entspreche die Rechtsnatur der Gemeinde der Zweckbestimmung von Verbandsgemeinden. Falls nämlich Gemeinden aufgrund ihrer schwachen Leistungs- und Verwaltungskraft nicht in der Lage seien, die Aufgaben des eigenen und übertragenen Wirkungskreises verfassungsgemäß zu erfüllen, nehmen die Verbandsgemeinden diese über die Leistungskraft der Gemeinden hinausgehenden Aufgaben als Gebietskörperschaften unter eigener Verantwortung im Rahmen der Verfassung und der Gesetze wahr.[933]

Eine Einordnung der Verbandsgemeinden als Gemeindeverbände sei auch verfassungsrechtlich nicht gangbar. Der Wortlaut der Selbstverwaltungsgarantie in Art. 28 Abs. II S. 1 GG und in Art. 49 Abs. I S. 1 der rheinland-pfälzischen Landesverfassung zeige deutlich, daß allein den Gemeinden die Regelung der Angelegenheiten der „örtlichen Gemeinschaft" vorbehalten ist und nicht durch ein einfaches Gesetz auf eine „überörtliche Gemeinschaft" übertragen werden kann.[934] Als eine solche müßten die Verbandsgemeinden aber dann angesehen werden, wenn sie Gemeindeverbände und keine zweite Gemeindestufe wären.[935]

Auch *Bovenschulte*[936] wendet gegen die Qualifizierung als Gemeindeverbände ein, daß eine Subsumtion unter Art. 28 Abs. II S. 2 GG die verfassungsrechtliche Zulässigkeit der Verbandsgemeinden in Zweifel zöge. Gemeindeverbände dürfen nämlich nur dann Aufgaben der örtlichen Gemeinschaft erfüllen, wenn

---

[930] *Stich*, Rheinland-Pfalz - Beispiel einer durchgreifenden Verwaltungsreform, DÖV 1969, S. 238

[931] *Bovenschulte*, Gemeindeverbände als Organisationsformen kommunaler Selbstverwaltung, S. 442 ff.; *Hill*, Verbandsgemeinde - Bilanz und Ausblick, in: *Gemeinde- und Städtebund Rheinland-Pfalz* (Hrsg.), 20 Jahre Verbandsgemeinde in Rheinland-Pfalz, S. 4

[932] Vgl. *Bovenschulte*, Gemeindeverbände als Organisationsformen kommunaler Selbstverwaltung, S. 443

[933] *Stich*, Rheinland-Pfalz - Beispiel einer durchgreifenden Verwaltungsreform, DÖV 1969, S. 238

[934] *Stich*, Rheinland-Pflaz - Beispiel einer durchgreifenden Verwaltungsreform, DÖV 1969, S. 238

[935] *Stich*, Rheinland-Pfalz - Beispiel einer durchgreifenden Verwaltungsreform, DÖV 1969, S. 238, der die von den Verbandsgemeinden übernommenen Aufgaben damit zum Kernbereich der Aufgaben der örtlichen Gemeinschaft i.S.v. Art. 28 Abs. II S. 1 GG zählt.

[936] *Bovenschulte*, Gemeindeverbände als Organisationsformen kommunaler Selbstverwaltung, S. 446 ff.

die Gemeinden eine ordnungsgemäße Aufgabenerfüllung nicht mehr gewährleisten können. Die gegenwärtige Aufgabenverteilung zwischen den Ortsgemeinden einerseits und den Verbandsgemeinden andererseits – so die Ansicht *Bovenschultes* – wäre also nur dann mit Art. 28 Abs. II S. 1 GG vereinbar, wenn die Ortsgemeinden die von den Verbandsgemeinden wahrgenommenen Angelegenheiten der örtlichen Gemeinschaft nicht selbst ebenso vorschriftsgemäß erfüllen könnten. Dies sei aber zweifelhaft, denn angesichts der Existenz funktionsfähiger Alternativmodelle in anderen Bundesländern wird man nicht nachweisen können, „daß die starke Stellung der (...) Verbandsgemeinden in (...) Rheinland-Pfalz conditio sine qua non für eine ordnungsgemäße Aufgabenerfüllung ist".[937]

Jedoch bereitet die Einordnung der Verbandsgemeinde als Gemeinde i.S.v. Art. 28 Abs. II S. 1 GG rechtsdogmatische Probleme, denn ihr wird vom Gesetzgeber nicht, wie es der Gemeindebegriff des Grundgesetzes verlangt, eine Allzuständigkeit bezüglich der Angelegenheiten der örtlichen Gemeinschaft eingeräumt. Somit scheidet die Einordnung als selbständige Gemeindestufe aus. In Betracht kommt eine Einbeziehung in den Anwendungsbereich des Art. 28 Abs. II S. 1 GG daher nur über das bereits erläuterte Modell der *„Föderalgemeinde"*, bei dem in einem bestimmten Gebiet jeweils zwei verschiedene Gemeinden gleichzeitig existieren: die Föderation als Funktionseinheit und die betreffende Mitgliedsgemeinde.[938]

Obwohl also die von der herrschenden Ansicht befürwortete Zuordnung der Verbandsgemeinden zu den Gemeindeverbänden verfassungsrechtlich nicht völlig bedenkenfrei ist – gerade im Hinblick auf die Aufgabenabgrenzung zwischen Verbands- und Ortsgemeinden[939] – haben sowohl das BVerwG[940] als auch der VerfGH von Rheinland-Pfalz[941] das Verbandsgemeindesystem und dessen Aufgabenverteilung als verfassungsgemäß akzeptiert.[942] Die Bejahung der Verfassungsmäßigkeit der Rechtsfigur Verbandsgemeinde komme nämlich besonders

---

[937] *Bovenschulte*, Gemeindeverbände als Organisationsformen kommunaler Selbstverwaltung, S. 447

[938] *Bovenschulte*, Gemeindeverbände als Organisationsformen kommunaler Selbstverwaltung, S. 446

[939] *Hellermann/Görisch*, Zukunftsfähige Kommunalstrukturen für Rheinland-Pfalz, Gemeinde- und Stadt, Beilage 8/2003 zu Heft 9/2003, S. 14

[940] BVerwG, Urteil vom 27.01.1984, DVBl. 1984, S. 679 ff.

[941] Rh.-Pf. VerfGH, AS 12, 239 (250)

[942] Schwere verfassungsrechtliche Bedenken der Konstruktion der Verbandsgemeinden erhebt dagegen *Klüber*, Die Gemeinden im bundesdeutschen Verfassungsrecht, S. 86

den Ortsgemeinden zugute, denn eine etwaige Verfassungswidrigkeit müßte den Gesetzgeber zwangsläufig zum Übergang zur Einheitsgemeinde bewegen.[943] Da die Verbandsgemeinde gemeindliche Aufgaben erfüllt, gehört sie der gemeindlichen Ebene an und ist demnach keine neue Verwaltungsebene zwischen Ortsgemeinde und Landkreis.[944]

---

943 *Bovenschulte*, Gemeindeverbände als Organisationsformen kommunaler Selbstverwaltung, S. 448, Fn. 108

944 *Dahm*, Die Verbandsgemeinde und ihre Ortsgemeinden, S. 15

II: Aufgabenverteilung zwischen Verbandsgemeinde und Ortsgemeinde

Die Verbandsgemeinden besitzen, anders als die Ortsgemeinden, nicht die Universalität des Wirkungskreises. Nur letztere können gem. § 2 Abs. I RhPfGO in ihrem Gebiet jede öffentliche Aufgabe der örtlichen Gemeinschaft übernehmen, soweit diese nicht durch Gesetz ausdrücklich anderen Stellen im dringenden Interesse zugewiesen ist. Da aber auf gemeindlicher Ebene Verbandsgemeinde und Ortsgemeinden nebeneinander stehen, müssen aus Rechtssicherheitsgründen ihre Aufgaben klar voneinander abgrenzbar sein.

§§ 67 und 68 RhPfGO regeln deshalb deatailliert die Aufgaben der Verbandsgemeinde. § 67 RhPfGO bestimmt dabei die eigenen Aufgaben der Verbandsgemeinde, während § 68 RhPfGO diejenigen festlegt, welche die Verbandsgemeinde für die Ortsgemeinden und als Auftragsangelegenheiten für den Staat wahrnimmt.

1.) Eigene Aufgaben der Verbandsgemeinde

Die eigenen Aufgaben der Verbandsgemeinde gliedern sich nach § 67 RhPfGO in sog. *„geborene"* Aufgaben (§ 67 Abs. I und II RhPfGO) und *„gekorene"* Aufgaben. Letztere sind im Gesetz nicht einzeln bezeichnet und können einseitig im Wege der sog. *„Kompetenz-Kompetenz"* (§ 67 Abs. III RhPfGO) oder kraft Übertragung durch einzelne Ortsgemeinden (§ 67 Abs. IV RhPfGO) auf die Verbandsgemeinde übergehen.

a) „geborene" Selbstverwaltungsaufgaben

Durch Gesetz übertragen werden den Verbandsgemeinden spezielle Aufgaben der örtlichen Gemeinschaft, von denen man aufgrund gewonnener Erfahrungen ausgeht, daß sie nur auf der Ebene der Verbandsgemeinde sinnvoll wahrgenommen werden können. Diese Aufgaben sind in § 67 Abs. I RhPfGO aufgezählt. Das nach Art. 49 Abs. I S. 2 Landesverfassung von Rheinland-Pfalz erforderliche dringende öffentliche Interesse für die Übertragung von Aufgaben wird bei den im Katalog des § 67 Abs. I aufgeführten Aufgaben kraft Gesetzes vermutet.[945] Im einzelnen nimmt die Verbandsgemeinde nach § 67 Abs. I RhPfGO anstelle der Ortsgemeinden:

---

[945] *Klöckner* in: *Gabler/Höhlein/Klöckner/Lukas/Oster/Rheindorf/Schaaf/Stubenrauch/Tutschampsky/Nauheim-Skrobek*, Kommunalverfassungsrecht Rheinland-Pfalz, § 67 GO, Ziff. 2.1

1.) die ihr nach den Schulgesetzen übertragenen Aufgaben;
2.) den Brandschutz und die technische Hilfe;
3.) den Bau und die Unterhaltung von zentralen Sport-, Spiel- und Freizeitanlagen;
4.) den Bau und die Unterhaltung überörtlicher Sozialeinrichtungen, insbesondere Sozialstationen und Einrichtungen der Altenpflege, soweit nicht freie gemeinnützige Träger solche errichten;
5.) die Wasserversorgung;
6.) die Abwasserbeseitigung;
7.) den Ausbau und die Unterhaltung von Gewässern dritter Ordnung

wahr.

Eine weitere sehr bedeutsame Aufgabenregelung ist die unmittelbar ebenfalls kraft Gesetzes (§ 67 Abs. II RhPfGO) übertragene Zuständigkeit zur Aufstellung von Flächennutzungsplänen. Diese auf § 203 Abs. II BauGB basierende Kompetenzübertragung soll dazu beitragen, eine abgestimmte Planung für das ganze, die Verbandsgemeinde umfassende und meist mit ihr wirtschaftlich eng verflochtene Gebiet vornehmen und die Ziele der Raumordnung und der Landesplanung besser in einem vorbereitenden Bauleitplan umsetzen zu können.[946] Die umfassende Planungshoheit haben aber weiterhin die Ortsgemeinden. Ihnen allein steht insbesondere das Recht zum Erlaß eines Bebauungsplans (§ 2 Abs. I S. 1 BauGB) zu. Daß den Verbandsgemeinden die Flächennutzungsplanung übertragen wurde, bedeutet somit nicht, daß sie über die gemeindliche Planungshoheit in vollem Umfang verfügen. Vielmehr wurde ihnen nur die Befugnis zur Ausübung eines bestimmten Teils der Planungshoheit verliehen.[947]
Nach § 67 Abs. II S. 2 und S. 3 RhPfGO bedarf die endgültige Entscheidung des Verbandsgemeinderats über die Aufstellung, Änderung, Ergänzung oder Aufhebung des Flächennutzungsplans der Zustimmung der Ortsgemeinden. Die Zustimmung gilt als erteilt, wenn mehr als die Hälfte der Ortsgemeinden zugestimmt hat und in diesen mehr als zwei Drittel der Einwohner der Verbandsgemeinde wohnen. Sofern Änderungen oder Ergänzungen die Grundzüge der Gesamtplanung nicht berühren, bedürfen sie nach § 67 Abs. II S. 4 RhPfGO nur der Zustimmung derjenigen Ortsgemeinden, die selbst oder als Nachbargemeinden von den Änderungen oder Ergänzungen betroffen werden. Kommt eine Zu-

[946] *Bogner*, Die Aufgaben der Verbandsgemeinden nach der neuen Gemeindeordnung, Gemeinde- und Städtebund Rheinland-Pfalz 4/1974, S. 44
[947] *Klöckner* in: *Gabler/Höhlein/Klöckner/Lukas/Oster/Rheindorf/Schaaf/Stubenrauch/Tutschampsky/Nauheim-Skrobek*, Kommunalverfassungsrecht Rheinland-Pfalz, § 67 GO, Ziff. 3.3

stimmung nach den Sätzen 3 und 4 nicht zustande, so entscheidet der Verbandsgemeinderat mit einer Mehrheit von zwei Dritteln der gesetzlichen Zahl seiner Mitglieder.

b) „gekorene" Selbstverwaltungsaufgaben

Bei den *gekorenen* Selbstverwaltungsaufgaben muß differenziert werden zwischen solchen, welche die Verbandsgemeinde aufgrund der ihr gem. § 67 Abs. III RhPfGO eingeräumten *Kompetenz-Kompetenz* an sich ziehen kann, und solchen, die ihr von einzelnen Ortsgemeinden nach § 67 Abs. IV RhPfGO übertragen werden.

Die Verbandsgemeinde kann weitere – gesetzlich nicht ausdrücklich benannte – Selbstverwaltungsaufgaben im Rahmen ihrer *Kompetenz-Kompetenz* wahrnehmen, soweit deren gemeinsame Erfüllung im dringenden öffentlichen Interesse liegt (§ 67 Abs. III S. 1 RhPfGO). Diese materielle Voraussetzung ist gegeben, wenn bei der Mehrzahl der Ortsgemeinden nicht die Verwaltungskraft vorhanden ist, welche die Wahrnehmung einer kommunalen Aufgabe in personeller und sachlicher Hinsicht erfordert.[948]
Gem. § 67 Abs. III S. 2 RhPfGO setzt eine Übernahme mittels *Kompetenz-Kompetenz*[949] voraus, daß die Verbandsgemeinde und mehr als die Hälfte[950] der Ortsgemeinden zustimmen und in den zustimmenden Ortsgemeinden die Mehrzahl der Einwohner der Verbandsgemeinde wohnt. Dies stellt ein Regulativ gegen eine nicht mehr vertretbare Ausweitung der „Ansichziehung" von Aufgaben seitens der Verbandsgemeinde dar.[951] Obwohl verschiedentlich in der Literatur die Einführung einer *Kompetenz-Kompetenz* auf Gemeindeebene für verfassungsrechtlich äußerst problematisch gehalten wird[952], haben – wie bereits erläu-

---

[948] *Klöckner* in: *Gabler/Höhlein/Klöckner/Lukas/Oster/Rheindorf/Schaaf/Stubenrauch/Tutschampsky/Nauheim-Skrobek*, Kommunalverfassungsrecht Rheinland-Pfalz, § 67 GO, Ziff. 4.2

[949] Beispiele für die Ausübung der *Kompetenz-Kompetenz* sind der Bau und der Betrieb eines Altenheims, einer zentralen Sportanlage oder die Wasserver- und Abwasserentsorgung.

[950] In der ursprünglichen Fassung der Verbandsgemeindeordnung von 1968 war noch eine Zweidrittelmehrheit erforderlich, jedoch erwies es sich aufgrund der parteipolitischen Querschnitte der Vertretungen der Verbandsgemeinden als nahezu unmöglich, Zweidrittelmehrheiten zu erzielen (vgl. *Schwarz*, Reicht die für Rheinland-Pfalz vorgeschlagene Verbandsgemeinde aus?, KommPolBl. 1968, S. 257), weshalb die Regelung 1973 wieder gelockert wurde.

[951] *Lorenz*, Der Stand der Gebiets- und Verwaltungsreform in Rheinland-Pfalz, Der Städtebund 1969, S. 3

[952] Z.B. *Donhauser*, Formen und Möglichkeiten gemeindlicher Zusammenarbeit zur Stärkung der Verwaltungskraft, S. 162; *Klüber*, Die Gemeinden im bundesdeutschen Verfassungsrecht, S. 86

tert – weder das BVerwG[953] noch der VerfGH von Rheinland-Pfalz[954] dies beanstandet.[955] Gegen eine unberechtigte Ausübung der *Kompetenz-Kompetenz* steht den Ortsgemeinden nach dem OVG Rheinland-Pfalz[956] die Anfechtungsklage als Rechtsmittel zur Verfügung.

Die freiwillige Übertragung von Selbstverwaltungsaufgaben von einzelnen Ortsgemeinden auf die Verbandsgemeinde nach § 67 Abs. IV RhPfGO ist dagegen an weniger strenge Voraussetzungen geknüpft. Hierfür bedarf es lediglich der Zustimmung der Verbandsgemeinde und eines entsprechenden Beschlusses der Ortsgemeinde.

c) Rückübertragung von Aufgaben auf die Ortsgemeinde

Aus verfassungsrechtlichen Gründen[957] mußte der Gesetzgeber den Ortsgemeinden eine Rückübertragungsmöglichkeit von Aufgaben offenhalten.
Die *„geborenen"* Selbstverwaltungsaufgaben – mit Ausnahme der Flächennutzungsplanung (§ 67 Abs. II RhPfGO) – und die *„gekorenen"* Aufgaben können, soweit sie nicht durch besonderes Gesetz übertragen sind, auf eine Ortsgemeinde zurückübertragen werden (§ 67 Abs. V S. 1 RhPfGO). Voraussetzung hierfür sind ein Antrag seitens der Ortsgemeinde, die Zustimmung der Verbandsgemeinde und kein Entgegenstehen von Gründen des Gemeinwohls.[958] Der Antrag der Ortsgemeinde und die Zustimmung der Verbandsgemeinde bedürfen jeweils der Zustimmung der Mehrheit von zwei Dritteln der gesetzlichen Zahl der Mitglieder des Ortsgemeinderats und des Verbandsgemeinderats (§ 67 Abs. V S. 2 RhPfGO).

---

953 BVerwG, Urteil vom 27.01.1984, DVBl. 1984, S. 679 ff.

954 Rh.-Pf. VerfGH, AS 12, S. 239 ff.

955 In der Praxis wird von der Möglichkeit der *Kompetenz-Kompetenz* relativ wenig Gebrauch gemacht (vgl. *Hill*, Verbandsgemeinde - Bilanz und Ausblick, in: *Gemeinde- und Städtebund Rheinland-Pfalz* (Hrsg.), 20 Jahre Verbandsgemeinde in Rheinland-Pfalz, S. 3; *Nierhaus/Gebhardt*, Kommunale Selbstverwaltung zur gesamten Hand, S. 81, Fn. 241).

956 OVG Rh.-Pf., Urteil vom 20.01.1987 (Az.: 1 A 35/86)

957 *Dahm*, Die Verbandsgemeinde und ihre Ortsgemeinden, S. 23

958 „Nur dann, wenn die Verbandsgemeinde bei einer Aufgabenverlagerung auf eine oder mehrere Ortsgemeinden die Aufgabe in den anderen Ortsgemeinden nicht mehr oder nur mit unverhältnismäßigen Mehrkosten ordnungsgemäß erfüllen könnte, stehen Gründe des Gemeinwohls einer Rückübertragung entgegen. Ebensowenig ist von Bedeutung, daß die Aufgabenwahrnehmung durch die Ortsgemeinden teurer würde und damit weniger wirtschaftlich erschiene. Entscheidend ist grundsätzlich lediglich, ob die Ortsgemeinde zur ordnungsgemäßen Aufgabenwahrnehmung tatsächlich in der Lage ist" (*Klöckner* in: *Gabler/Höhlein/Klöckner/Lukas/Oster/Rheindorf/Schaaf/Stubenrauch/Tutschampsky/Nauheim-Skrobek*, Kommunalverfassungsrecht Rheinland-Pfalz, § 67 GO, Ziff. 6.3).

d) Unterstützungs- bzw. Ausgleichsfunktion der Verbandsgemeinde

Nach § 67 Abs. VI RhPfGO soll die Verbandsgemeinde im Rahmen ihrer finanziellen Leistungsfähigkeit diejenigen Ortsgemeinden, die ihre Aufgaben nicht in einem ausreichenden Maße erfüllen können, unterstützen und so zu einem wirtschaftlichen Gleichgewicht unter den Ortsgemeinden beitragen. In dieser Vorschrift zeigt sich die wirtschaftliche Ausgleichsfunktion der Verbandsgemeinde, daß nämlich Einnahmen von finanzstarken Ortsgemeinden auch zur Finanzierung von finanzschwachen Kommunen verwendet werden können.[959] Insbesondere dann, wenn einzelne Ortsgemeinden durch kommunale Einrichtungen, die von vielen Einwohnern der ganzen Verbandsgemeinde genutzt werden[960], besonders belastet werden, oder ihnen sonstige außergewöhnliche Aufwendungen entstehen, deren Kosten ihnen nicht zugemutet werden können, erscheint ein wirtschaftlicher Ausgleich zwischen den Ortsgemeinden geboten.[961] Um Zuweisungen nach dem „Gießkannenprinzip" ohne Rücksicht auf die Leistungsfähigkeit der einzelnen Ortsgemeinden zu verhindern, dürfen zweckgebundene Zuweisungen an Ortsgemeinden aber nur gewährt werden, wenn sich die Aufgabenwahrnehmung, die in den Zuständigkeitsbereich der Ortsgemeinde fällt, über den örtlichen Rahmen hinaus auswirkt, und eine besondere Bedürftigkeit der betreffenden Ortsgemeinde vorliegt.[962]

2.) Wahrnehmung gemeindlicher und staatlicher Aufgaben seitens der Verbandsgemeinde

§ 68 RhPfGO weist der Verbandsgemeinde solche Aufgaben zu, die sie für Dritte wahrzunehmen hat. Dies sind neben der Führung der Verwaltungsgeschäfte für die Ortsgemeinden insbesondere die Erfüllung der den Ortsgemeinden übertragenen staatlichen Aufgaben.

a) Wahrnehmung der Verwaltungskompetenz der Ortsgemeinden

Die Verbandsgemeinde führt gem. § 68 Abs. I S. 1 RhPfGO die Verwaltungsgeschäfte der Ortsgemeinden in deren Namen und Auftrag, wobei sie an die Beschlüsse und Entscheidungen der Ortsgemeinderäte und der Ortsbürgermeister gebunden ist.

---

[959] *Dahm*, Die Verbandsgemeinde und ihre Ortsgemeinden, S. 24

[960] Z.B. Altenheime, Krankenhäuser etc.

[961] *Dahm*, Die Verbandsgemeinde und ihre Ortsgemeinden, S. 25

[962] *Kommunale Spitzenverbände Rheinland-Pfalz* (Hrsg.), Kommunalbrevier 1994, S. 300

Nach § 68 Abs. I S. 3 RhPfGO gehören weder die Wahrnehmung der Aufgaben des Ortsbürgermeisters als Vertreter der Gemeinde nach außen und als Vorsitzender des Ortsgemeinderats noch die Ausfertigung von Satzungen noch die Unterzeichnung von Verpflichtungserklärungen zur Führung der Verwaltungsgeschäfte.

Zu den Verwaltungsgeschäften der Verbandsgemeinde zählen nach § 68 Abs. I S. 2 RhPfGO vielmehr insbesondere:

- die Verwaltung gemeindlicher Abgaben,
- die Kassen- und Rechnungsgeschäfte einschließlich der Kassenanordnungen
- die Vollstreckungsgeschäfte
- in bestimmten Fällen die Vertretung in gerichtlichen Verfahren.

Grund für die Wahrnehmung obiger Aufgaben durch die Verbandsgemeinde ist die Möglichkeit, finanzschwachen und kleinen Gemeinden die Ausstattung mit einer qualifizierten Verwaltung zu ermöglichen.[963]
Wie die Verwaltungsgemeinschaft in Bayern führt die Verbandsgemeinde in Rheinland-Pfalz die Bürogeschäfte der Ortsgemeinden in deren Namen und nach deren Weisung aus („offenes Organleihverhältnis"). Ihr steht mangels Aufsichtsfunktion keine generelle Befugnis zur Überprüfung der Recht- und Zweckmäßigkeit einer gemeindlichen Entscheidung zu. Hält sie eine Weisung für rechtswidrig, bleibt ihr daher lediglich die Möglichkeit der Information der zuständigen Behörde.[964] Davon unberührt bleibt aber die Pflicht des Bürgermeisters der Verbandsgemeinde, einen rechtswidrigen Gemeinderatsbeschluß nach §§ 69 Abs. II i.V.m. 42 Abs. I RhPfGO auszusetzen.[965]
Bei Erledigung der gemeindlichen Verwaltungsgeschäfte handelt die Verbandsgemeinde als Behörde der jeweiligen Ortsgemeinde. Letzterer ist daher auch ihr Verwaltungshandeln zuzurechnen. Partei im verwaltungsgerichtlichen Verfahren ist somit weiterhin die Ortsgemeinde, vertreten jedoch durch die Verbandsgemeinde (§ 68 Abs. I S. 2 Nr. 4 RhPfGO).
Wie bei dem Modell der bayerischen Verwaltungsgemeinschaft ist auch bei der Verbandsgemeinde strittig, wo der Bürger Widerspruch gegen Verwaltungsakte, welche die Verbandsgemeinde für ihre Ortsgemeinden in diesem Bereich erlas-

---

963 *Wurzel*, Kommunale Zusammenarbeit auf der Ebene der Gemeinden, das Beispiel Rheinland-Pfalz, in: *Oertzen* (Hrsg.), Rechtsstaatliche Verwaltung im Aufbau I, S. 103

964 *Klöckner* in: *Gabler/Höhlein/Klöckner/Lukas/Oster/Rheindorf/Schaaf/Stubenrauch/Tutschampsky/Nauheim-Skrobek*, Kommunalverfassungsrecht Rheinland-Pfalz, § 68 GO, Ziff. 4

965 *Kommunale Spitzenverbände Rheinland-Pfalz* (Hrsg.), Kommunalbrevier 1994, S. 301

sen hat, einlegen kann. Ebenso wie dort[966] wird man aus Rechtsschutzgründen diesem die Wahl zwischen der Ortsgemeinde und der Verbandsgemeinde lassen müssen.[967]

Aus der Erledigung der Verwaltungsgeschäfte durch die Verbandsgemeinde folgt, daß es den Ortsgemeinden ebenso wie den Mitgliedsgemeinden einer bayerischen Verwaltungsgemeinschaft grundsätzlich nicht erlaubt ist, eine eigene Verwaltung einzurichten oder eigenes Verwaltungspersonal einzustellen. Nach einem Urteil des BVerwG[968] verletzt dieser faktische Entzug der Personal- und Organisationshoheit aber nicht die gemeindliche Selbstverwaltungsgarantie. Das System der Verbandsgemeinde sei im Hinblick auf den Erhalt kleiner Ortsgemeinden und deren Selbstverwaltung geschaffen worden. Daher verstoßen die Übertragung der Verwaltungskompetenz auf die Verbandsgemeinde und die daraus folgende Einschränkung der Personal- und Organisationshoheit als gegenüber einer Auflösung der Ortsgemeinden mildere Mittel nicht gegen Art. 28 Abs. II S. 1 GG.[969]

Lediglich in größeren Ortsgemeinden kommt der Einsatz einer Schreibkraft zur Unterstützung der dem Ortsbürgermeister verbliebenen Aufgaben in Betracht, jedoch unter keinen Umständen die Anstellung eigenen Verwaltungspersonals.

Die Verbandsgemeindeverfassung untersagt den Ortsgemeinden zwar nicht die interkommunale Zusammenarbeit etwa in Zweckverbänden – § 68 Abs. V S. 1 RhPfGO setzt diese vielmehr sogar voraus –, jedoch kommt der Verbandsgemeinde, ebenso wie der Verwaltungsgemeinschaft in Bayern, eine Vorrangstellung bei den in Frage kommenden zu übertragenden Aufgaben zu.[970]

b) Wahrnehmung der den Ortsgemeinden übertragenen staatlichen Aufgaben

Der Verbandsgemeinde obliegt im eigenen Namen ferner gem. § 68 Abs. III RhPfGO neben dem Vollzug des *„Gesetzes über Ordnungswidrigkeiten"* insbesondere die Erfüllung der den Ortsgemeinden übertragenen staatlichen Aufga-

---

966 Siehe Kap. C I 3.) a)

967 A.A. *Dahm*, Die Verbandsgemeinde und ihre Ortsgemeinden, S. 35, da erlassende Behörde nach § 70 Abs. I S. 1 VwGO allein die Ortsgemeinde sei und aus diesem Grund nur dort Widerspruch erhoben werden könne. Dagegen sind Rechtsbehelfe nach *Salzmann/ Schunck/Hofmann/Schrick*, Verbandsgemeindeordnung, S. 67 ausschließlich bei der Verbandsgemeinde einzulegen.

968 BVerwG, Urteil vom 27.01.1984, DVBl. 1984, S. 679 ff.

969 Vgl. auch *Klöckner* in: *Gabler/Höhlein/Klöckner/Lukas/Oster/Rheindorf/Schaaf/Stubenrauch/Tutschampsky/Nauheim-Skrobek*, Kommunalverfassungsrecht Rheinland-Pfalz, § 68 GO, Ziff. 2.2

970 *Hellermann/Görisch*, Zukunftsfähige Kommunalstrukturen für Rheinland-Pfalz, Gemeinde- und Stadt, Beilage 8/2003 zu Heft 9/2003, S. 19 und S. 27

ben (§ 2 Abs. II RhPfGO), soweit nicht ausdrücklich durch Gesetz oder aufgrund eines Gesetzes durch Rechtsverordnung etwas anderes bestimmt ist.
Bei der Wahrnehmung dieser Aufgaben handelt es sich nicht um ein Verwaltungsgeschäft. "Im eigenen Namen" heißt vielmehr, daß die Verbandsgemeinde in diesem Bereich an Beschlüsse und Entscheidungen der Ortsgemeinden nicht gebunden ist. Insbesondere das *„11. Landesgesetz über die Verwaltungsvereinfachung im Lande Rheinland-Pfalz"*[971] regelt, welche Aufgaben im einzelnen von den Verbandsgemeinden wahrzunehmen sind. Zur Delegation von staatlichen Aufgaben eignen sich danach besonders solche, die sehr publikumsintensiv sind, bei denen die Entscheidung bereits weitgehend auf der unteren Ebene der Verwaltung vorbereitet wird und deren Erledigung besondere Ortskenntnisse erfordern.[972]

c) Wahrnehmung der Kassengeschäfte

Nach § 68 Abs. IV RhPfGO bildet die Kasse der Verbandsgemeinde mit den Kassen der Ortsgemeinden eine einheitliche Kasse im Sinne der §§ 107 und 108 RhPfGO, wobei Kassenkredite (§ 105 RhPfGO) nur durch die Verbandsgemeinde aufgenommen werden können.

3.) Den Ortsgemeinden verbleibende Selbstverwaltungsaufgaben

Aufgrund der Universalität des Wirkungskreises (§ 2 Abs. I RhPfGO) bleiben die Ortsgemeinden in ihrem Gebiet alleinige Träger der öffentlichen Verwaltung, jedoch nur im Rahmen der Gesetze. Somit läßt sich eine abschließende Aufzählung der ihnen verbleibenden Selbstverwaltungsaufgaben nicht durchführen; exemplarisch seien aber besonders der Erlaß von Bebauungsplänen, die Aufstellung des Haushaltsplans und der Betrieb von Kindergärten und Gemeindebüchereien hervorgehoben.

---

[971] Vom 24.02.1971 (Rh.-Pf. GVBl. 1971, S. 68)
[972] *Dahm*, Die Verbandsgemeinde und ihre Ortsgemeinden, S. 42

III: Organe der Verbandsgemeinde und ihrer Ortsgemeinden

Durch das Institut der Verbandsgemeinde kommt es zu einer Vermehrung der Organe auf kommunaler Ebene. Zu den Organen auf Ortsgemeindeebene treten der Verbandsgemeinderat und der Verbandsbürgermeister hinzu.[973]

1.) Der Verbandsgemeinderat

Die Ratsmitglieder werden nach den allgemeinen Wahlrechtsgrundsätzen der §§ 29 Abs. I S. 2 i.V.m. 64 Abs. II RhPfGO in allgemeiner, gleicher, geheimer, unmittelbarer und freier Wahl von den Bürgern der Verbandsgemeinde für die Dauer von fünf Jahren gewählt. Die unmittelbare Wahl wurde einer mittelbaren vorgezogen, da die Verbandsgemeinde für die Bevölkerung in einer Vielzahl von Fällen unmittelbar tätig wird, und somit unmittelbare rechtliche Beziehungen zwischen beiden entstehen.[974] Der Verbandsbürgermeister ist Mitglied des Verbandsgemeinderats, dessen Größe je nach Einwohnerzahl der Verbandsgemeinde divergiert.[975] Der Verbandsgemeinderat beschließt gem. § 32 Abs. I S. 2 RhPfGO über alle Selbstverwaltungsangelegenheiten der Verbandsgemeinde, soweit nicht der Verbandsbürgermeister kraft Gesetzes zuständig ist (§ 47 Abs. I RhPfGO) oder diesem der Verbandsgemeinderat bestimmte Angelegenheiten zur Entscheidung übertragen hat.

2.) Der Verbandsbürgermeister

Der Bürgermeister der Verbandsgemeinde ist hauptamtlich tätig (§§ 51 Abs. II S. 1 i.V.m. 64 Abs. II RhPfGO). Er wird von den Bürgern der Verbandsgemeinde für die Dauer von acht Jahren gewählt (vgl. §§ 52 Abs. I RhPfGO). In der Verbandsgemeinde nimmt der Verbandsbürgermeister die gleiche Stellung ein wie der Bürgermeister in einer Gemeinde. Er hat alle Rechte und Pflichten des Leiters der Verbandsgemeindeverwaltung. Daneben vertritt er insbesondere die Verbandsgemeinde nach außen, führt den Vorsitz im Verbandsgemeinderat und erledigt die Geschäfte der laufenden Verwaltung.[976]

---

973 Siehe Kap. E III 3.)

974 *Bogner*, Die Verwaltungsreform in Rheinland-Pfalz, insbesondere im gemeindlichen Bereich, BayBgm. 1971, S. 12

975 Nach § 29 Abs. II RhPfGO beträgt die Zahl der Ratsmitglieder bei einer Verbandsgemeinde zwischen 7.500 und 10.000 Einwohnern beispielsweise 24, bei einer Verbandsgemeinde zwischen 20.000 und 30.000 36.

976 Siehe zur Aufzählung der gesamten Aufgaben des Verbandsbürgermeisters: *Dahm*, Die Verbandsgemeinde und ihre Ortsgemeinden, S. 64

Obwohl seine Aufgaben als Leiter und Vorsitzender des Verbandsgemeinderats vielfach sehr schwierig und umfangreich sind, sieht das Gesetz die Notwendigkeit einer bestimmten fachlichen Qualifikation nicht vor.[977] Zur Unterstützung und insbesondere zur Vertretung stehen dem Verbandsbürgermeister vom Verbandsgemeinderat gewählte ehrenamtliche[978] Beigeordnete zur Seite (vgl. § 50 RhPfGO).

Der Verbandsbürgermeister oder ein von ihm beauftragter Bediensteter der Verbandsgemeindeverwaltung ist nach § 69 Abs. I S. 1 RhPfGO berechtigt, an den Sitzungen des Ortsgemeinderats mit beratender Stimme teilzunehmen und Anträge zu stellen. Nach S. 2 unterliegt er dabei nicht der Ordnungsbefugnis (§ 38 Abs. I RhPfGO) des Vorsitzenden des Ortsgemeinderats und ihm stehen gem. § 69 Abs. II RhPfGO neben dem Ortsbürgermeister die Rechte und Pflichten zur Aussetzung von Beschlüssen (§ 42 RhPfGO) zu.

3.) Die Organe der Ortsgemeinden

Organe der Ortsgemeinde sind der Ortsgemeinderat und der Ortsbürgermeister. Im Gegensatz zum hauptamtlichen Bürgermeister der Verbandsgemeinde ist ein Ortsbürgermeister ausnahmslos ehrenamtlich (§ 51 Abs. I S. 1 RhPfGO) tätig. Die Unterscheidung zwischen hauptamtlicher Verwaltungsleitung auf der Verbandsgemeindeebene einerseits und ehrenamtlichem Tätigwerden auf der Ebene der Mitgliedsgemeinden andererseits stellt ein Kernelement[979] des Verbandsgemeindesystems dar.[980] Die Einrichtung einer kompetentenVerbandsgemeinde-

---

977 *Dahm*, Die Verbandsgemeinde und ihre Ortsgemeinden, S. 58

978 Durch die Hauptsatzung kann gem. § 51 Abs. II RhPfGO bestimmt werden, daß in Verbandsgemeinden mit mehr als 15.000 Einwohner ein, in solchen mit mehr als 25.000 Einwohner zwei Beigeordnete hauptamtlich bestellt werden.

979 *Hellermann/Görisch*, Zukunftsfähige Kommunalstrukturen für Rheinland-Pfalz, Gemeinde- und Stadt, Beilage 8/2003 zu Heft 9/2003, S. 20

980 Jedoch gab es in den letzten Jahren von seiten der Ortsbürgermeister größerer Ortsgemeinden die zentrale Forderung (sog. *„Oppenheimer Erklärung"* vom 19.10.2001, die 36 Ortsbürgermeister unterschrieben haben), den Städten und größeren Ortsgemeinden mit mehr als 5.000 Einwohnern das Recht einzuräumen, die bislang ehrenamtlich gewählten Bürgermeister hauptamtlich bestellen zu können. Deshalb gab der *Gemeinde- und Städtebund Rheinland-Pfalz* ein Gutachten in Auftrag (vgl. *Hellermann/Görisch*, Zukunftsfähige Kommunalstrukturen für Rheinland-Pfalz, Gemeinde- und Stadt, Beilage 8/2003 zu Heft 9/2003), welches zu dieser Frage Stellung nehmen sollte. Dieses kam zu dem Ergebnis, daß bessere Gründe gegen die fakultative Hauptamtlichkeit für große Ortsgemeinden sprechen und an dem Grundsatz der Ehrenamtlichkeit festzuhalten sei. Hauptsorge bei Zulassung der Hauptamtlichkeit war eine Zunahme des Einflusses auf die Art der Amtsführung der Ortsbürgermeister, „der zentralen Zielsetzungen der Verbandsgemeindeverfassung zuwiderliefe, nämlich eine Verstärkung des Drangs zur verwaltungsmäßigen Aufgabenerledigung durch den Ortsbürgermeister selbst (und eine zunehmende) Rivalität zwischen Verbands- und Ortsgemeindeebene (zur Folge hätte)" (*Hellermann/Görisch*, Zu-

verwaltung und die damit verbundene Abnahme von alltäglichen Routineangelegenheiten soll es dem ehrenamtlichen Ortsbürgermeister ermöglichen, sein Augenmerk und seine ganze Arbeitskraft auf solche planerischen und gestalterischen Aufgaben zu verlegen, die für die Entwicklung seiner Ortsgemeinde und ihrer Bewohner besonders wichtig sind.[981]

Den Ortsbürgermeistern steht gem. § 69 Abs. III RhPfGO das Recht zu, an allen ihre Ortsgemeinden berührenden Sitzungen und Ausschüssen des Verbandsgemeinderats mit beratender Stimme teilzunehmen.

Durch die starke Stellung der Verbandsgemeinden und deren Aufgabenwahrnehmung nach §§ 67, 68 RhPfGO werden die Befugnisse beider Organe auf Ortsebene – insbesondere aber die des Ortsbürgermeisters – gemindert.

4.) Zusammenwirken von Verbands- und Ortsgemeinde

Da die Verbandsgemeinde in ihrer Funktion als Gemeindeverwaltung und durch ihre Aufgabenwahrnehmung nach §§ 67, 68 RhPfGO massiv in die Angelegenheiten der Ortsgemeinden eingreift, ist eine enge Zusammenarbeit zwischen der Verbandsgemeinde und den einzelnen verbandsangehörigen Gemeinden unerläßlich.[982] Deshalb fordert § 70 Abs. I RhPfGO auch von beiden Seiten bei der Erfüllung ihrer Aufgaben eine vertrauensvolle Zusammenarbeit. Die Verbandsgemeinde ist nach § 70 Abs. II S. 1 RhPfGO gehalten, die Ortsgemeinden bei der Erfüllung ihrer Aufgaben zu unterstützen und zu beraten.
Die Ortsgemeinden wiederum müssen die Verwaltung der Verbandsgemeinde nach § 70 Abs. II S. 2 RhPfGO über alle Beschlüsse des Ortsgemeinderats und alle wichtigen Entscheidungen des Ortsbürgermeisters unterrichten und insbesondere vor Entscheidungen mit hohen finanziellen Auswirkungen deren Rat einholen. Vor der Unterzeichnung von Verpflichtungserklärungen ist der Verbandsbürgermeister zu unterrichten (§ 70 Abs. II S. 3 RhPfGO). Der Ortsbürgermeister muß weiterhin die Verbandsgemeindeverwaltung bei der Durchführung ihrer Aufgaben unterstützen (§ 70 Abs. IV RhPfGO).

§ 70 Abs. III RhPfGO verpflichtet die Verbandsgemeinden zur Anhörung von Ortsgemeinden vor wichtigen Entscheidungen des Verbandsgemeinderats im Rahmen von Aufgaben des § 67 RhPfGO. Da es sich hierbei um eine zwingende

---

kunftsfähige Kommunalstrukturen für Rheinland-Pfalz, Gemeinde- und Stadt, Beilage 8/2003 zu Heft 9/2003, S. 29).

981 *Dahm*, Die Verbandsgemeinde und ihre Ortsgemeinden, S. 66

982 *Salzmann/Schunck/Hofmann/Schrick*, Verbandsgemeindeordnung, S. 88

Verfahrensvorschrift handelt, hat deren Nichtbeachtung die Unwirksamkeit eines Verbandsgemeinderatsbeschlusses zur Folge.[983]

Eine Verbandsgemeinde wäre jedoch unter Umständen überfordert, wenn sie ausnahmslos alle anfallenden Verwaltungsgeschäfte der Ortsgemeinden erledigen müßte. Deshalb sieht § 70 Abs. V RhPfGO vor, daß ein Verbandsbürgermeister seinen Ortsbürgermeistern mit deren Zustimmung die Befugnis zur Ausstellung von Bescheinigungen, die diese aufgrund ihrer Orts- und Personenkenntnis erstellen können[984], übertragen kann. Es dient sowohl dem Interesse der Bürger als auch dem der Verwaltung, wenn einfache Verwaltungsgeschäfte auch weiterhin, ohne die Inanspruchnahme besonderer Bürokräfte, ortsnah erledigt werden können.[985]

Eine weitere wichtige Vorschrift zur Zusammenarbeit zwischen Verbands- und Ortsgemeinde ist § 69 Abs. IV RhPfGO. Der Verbandsbürgermeister wird nach dessen S. 1 verpflichtet, mit den Ortsbürgermeistern in regelmäßigen Besprechungen wichtige Angelegenheiten ihrer Körperschaften[986] zu erörtern. Weiterhin hat er die Ortsbürgermeister über alle wichtigen, die Belange der Ortsgemeinden berührenden Angelegenheiten[987] rechtzeitig zu unterrichten (§ 69 Abs. IV S. 3 RhPfGO).

5.) Personalunion

§ 71 RhPfGO ermöglicht es einem Bürgermeister einer Verbandsgemeinde zugleich ehrenamtlicher Bürgermeister einer Ortsgemeinde zu sein, wenn die Verbandsgemeindeverwaltung ihren Sitz in dieser Ortsgemeinde hat. Die früher mögliche Personalunion zwischen einem Bürgermeister einer Verbandsgemeinde und einer verbandsfreien Gemeinde wurde von der Praxis nicht angenommen und daher gestrichen.[988]

---

[983] *Klöckner* in: *Gabler/Höhlein/Klöckner/Lukas/Oster/Rheindorf/Schaaf/Stubenrauch/Tutschampsky/Nauheim-Skrobek*, Kommunalverfassungsrecht Rheinland-Pfalz, § 70 GO, Ziff. 2.2

[984] Z.B. Wohnsitzbescheinigungen für spezielle Ermäßigungen, Bescheinigungen für die Sozialversicherung etc.

[985] *Salzmann/Schunck/Hofmann/Schrick*, Verbandsgemeindeordnung, S. 92

[986] Insbesondere Entwürfe zu Finanz-, Haushalts- und Flächennutzungsplänen.

[987] Z.B. die Ausführung des Haushaltsplans.

[988] *Klöckner* in: *Gabler/Höhlein/Klöckner/Lukas/Oster/Rheindorf/Schaaf/Stubenrauch/Tutschampsky/Nauheim-Skrobek*, Kommunalverfassungsrecht Rheinland-Pfalz, § 71 GO, Ziff. 1

IV: Deckung des Finanzbedarfs

Soweit die eigenen Einnahmen – insbesondere Gebühren, Beiträge und Entgelte – nicht zur Finanzierung ihrer Aufgaben ausreichen, ermächtigt § 72 RhPfGO die Verbandsgemeinden zur Erhebung einer Umlage[989] bei den Ortsgemeinden, wobei die Grundsätze das rheinland-pfälzische FAG regelt. Wird die Subsidiarität der Umlagefinanzierung aber nicht beachtet, ist die Umlageerhebung insoweit rechtswidrig.[990]

Da der Verbandsgemeinde anders als der Verwaltungsgemeinschaft in Bayern auch Unterstützungsaufgaben zugunsten finanzschwacher Ortsgemeinden zukommen (vgl. § 67 Abs. VI RhPfGO), zählen zu den benötigten Mitteln nicht nur jene Aufwendungen, die zur Erfüllung der von der Verbandsgemeinde anstelle der Ortsgemeinden wahrgenommenen Selbstverwaltungsaufgaben nötig sind. Bei der Höhe der Umlage kommt der Verbandsgemeinde daher ein gewisser Gestaltungsspielraum zu.[991] Die Umlagesätze sind in der Haushaltssatzung festzulegen. Sie müssen für alle Umlagepflichtigen gleich hoch sein, können aber für die einzelnen Umlagegrundlagen – hinsichtlich der Steuerkraftmeßzahl auch für die einzelnen Steuerkraftzahlen – verschieden hoch festgesetzt werden.[992] Letzteres sollte aber nur ausnahmsweise in Betracht gezogen werden, wenn es im Hinblick auf strukturelle Unterschiede innerhalb der Verbandsgemeinde geboten erscheint.[993]

---

[989] Das Prinzip einer bloßen Verbandsumlage zur Finanzierung der Verbandsgemeinden wird verschiedentlich kritisiert (z.B. *Donhauser*, Formen und Möglichkeiten gemeindlicher Zusammenarbeit zur Stärkung der Verwaltungskraft, S. 164 m.w.N.), denn „da die Verbandsgemeinde Träger der meisten und wichtigsten gemeindlichen Aufgaben ist, wäre es nur 'recht und billig`, daß sie auch Träger der gemeindlichen Finanzen sei", weil sich dies aus der Aufgabenverteilung von selbst ergebe. Jedoch verkennt diese Auffassung das Wesen der Verbandsgemeinde. Denn die Ortsgemeinden bleiben bei diesem Modell völlig selbständig, weshalb ihnen auch die Finanzhoheit zustehen muß. Ein diesbezüglicher Verlust wäre auch verfassungsrechtlich äußerst problematisch, da die Finanzhoheit zum Kernbereich des gemeindlichen Selbstverwaltungsrechts gehört (vgl. *Donhauser*, Formen und Möglichkeiten gemeindlicher Zusammenarbeit zur Stärkung der Verwaltungskraft, S. 164/165).

[990] *Klöckner* in: *Gabler/Höhlein/Klöckner/Lukas/Oster/Rheindorf/Schaaf/Stubenrauch/Tutschampsky/Nauheim-Skrobek*, Kommunalverfassungsrecht Rheinland-Pfalz, § 72 GO, Ziff. 1

[991] *Dahm*, Die Verbandsgemeinde und ihre Ortsgemeinden, S. 84

[992] *Klöckner* in: *Gabler/Höhlein/Klöckner/Lukas/Oster/Rheindorf/Schaaf/Stubenrauch/Tutschampsky/Nauheim-Skrobek*, Kommunalverfassungsrecht Rheinland-Pfalz, § 72 GO, Ziff. 3

[993] *Salzmann/Schunck/Hofmann/Schrick*, Verbandsgemeindeordnung, S. 105

Die Kosten für Aufgaben, welche die Verbandsgemeinde nicht für alle, sondern nur für einzelne Ortsgemeinden erfüllt – wie beispielsweise bei einer Aufgabenübertragung nach § 67 Abs. IV RhPfGO –, darf sie nicht aus der alle Gemeinden gleich treffenden Verbandsumlage bestreiten; vielmehr muß sie von den betreffenden Ortsgemeinden eine Sonderumlage (vgl. § 23 Abs. II RhPfFAG) erheben.

V: Das Konzept der Verbandsgemeinde – Ein Modell für Bayern?

Das System der Verbandsgemeinde wurde zur Stärkung der Verwaltungskraft der Kommunen in Rheinland-Pfalz während der Gebietsreform entwickelt. Im Gegensatz zum bayerischen Vorgehen, nämlich der Auflösung nahezu aller Kleinstgemeinden, ist der Ansatz dort gekennzeichnet durch die weitestgehende Vermeidung von Zwangseingemeindungen.
Interessant ist daher die Frage, ob das rheinland-pfälzische Modell, das den Verbandsgemeinden umfangreiche Einflußnahme auf alle Belange der Ortsgemeinden sichert, eine bessere Alternative zum „bayerischen Weg“ des Dualismus zwischen Einheitsgemeinde und Verwaltungsgemeinschaft hätte sein können.

Gemeinsam ist beiden Konzepten, daß man sowohl in Bayern als auch in Rheinland-Pfalz keinesfalls den Weg wie in Nordrhein-Westfalen einschlagen wollte, eine Lösung ausschließlich in Großgemeinden zu suchen. Dies wäre angesichts der geringen Bevölkerungsdichte in vielen ländlichen Gebieten der beiden Bundesländer auch sicherlich damals nicht sinnvoll gewesen.

Durch die Möglichkeit der Aufrechterhaltung fast aller Gemeinden mit Hilfe der Rechtsfigur "Verbandsgemeinde“ ist in Rheinland-Pfalz – noch mehr als in Bayern – eine wichtige Voraussetzung für die Beibehaltung einer bürger- und ortsnahen Verwaltung geschaffen worden.[994] Insbesondere die Ortsansässigkeit der Lokalpolitiker, die Ortsnähe der Entscheidungsfindung und der vielfache Zugang zu kommunalen Ämtern tragen zur Identifikation der Bürger mit seiner Gemeinde und zu seinem Wohlbefinden innerhalb des Gemeinwesens bei.[995] Zwar ist den Kritikern zuzugeben, daß angesichts der wenigen den Ortsgemeinden verbliebenen Aufgaben der Einfluß der ehrenamtlichen Kommunalpolitiker dort als äußerst gering zu werten ist. Jedoch bewirken die eigene politische Selbständigkeit der Ortsgemeinde und die dem Ortsgemeinderat verbliebenen Kompetenzen eher eine Identifikation mit der vertrauten Gemeinschaft und ihrer Probleme als die Alternative eines unselbständigen Ortsteils innerhalb einer Einheitsgemeinde.[996]

Ein besonderer Vorteil der Verbandsgemeinde ist ihre unmittelbare demokratische Legitimation. Im Gegensatz zur Wahl der Gemeinschaftsversammlung der

---

994 *Eichorn/Siedentopf*, Effizienzeffekte der Verwaltungsreform, S. 222

995 *Böckmann*, 10 Jahre Verbandsgemeinde - Daten, Fakten, Analysen, Bewertung, Gemeinde- und Städtebund Rheinland-Pfalz 1982, S. 125

996 *Hill*, Verbandsgemeinde - Bilanz und Ausblick, in: *Gemeinde- und Städtebund Rheinland-Pfalz* (Hrsg.), 20 Jahre Verbandsgemeinde in Rheinland-Pfalz, S. 7

Verwaltungsgemeinschaft in Bayern, wo die Gemeindebürger nur mittelbar bei der Gemeinderats- oder Bürgermeisterwahl über ihre Zusammensetzung entscheiden können, werden die Organe der rheinland-pfälzischen Verbandsgemeinde direkt von deren Bürgern gewählt. Obwohl zwar die Kompetenzen und der Einfluß der Verbandsgemeinde über die des bayerischen Gegenmodells hinausgehen[997], soll an dieser Stelle nochmals kurz für die Vorzüge des Prinzips einer direkten Wahl auch für die Verwaltungsgemeinschaft geworben werden: neben einem größeren Rückhalt in der Bevölkerung sind die Organe insbesondere unabhängiger gegenüber Partikularinteressen der einzelnen Gemeinden.[998]

Allerdings zeigt das rheinland-pfälzische Verbandsmodell auch sehr deutliche Schwächen. Die gravierendste ist sicherlich die – auch noch heute – durchschnittlich viel zu hohe Anzahl in einer Verbandsgemeinde zusammengefaßter Ortsgemeinden, darunter vielfach Klein- und Kleinstgemeinden mit weniger als 300 Einwohnern.[999] Die für jede Ortsgemeinde getrennt aufzustellenden Haushalte, die Vorbereitungen von zahlreichen Satzungen, die Wahrnehmung aller Sitzungsdienste in den Ortsgemeinden sowie Verbandsgemeinderatssitzungen mit meist nicht weniger als 28 stimmberechtigten Verbandsgemeinderäten und bis zu einigen Dutzend Gemeindebürgermeistern mit beratender Funktion[1000] machen das System schwer handhabbar.[1001]

Weiterhin bestehen erhebliche Unterschiede, was die flächenmäßige Ausdehnung der Verbandsgemeinden, die Größe ihrer Ortsgemeinden und ihre Aufgabenstruktur betrifft.[1002]

Nicht von der Hand zu weisen ist deshalb der vielfach geäußerte Einwand, in Rheinland-Pfalz fände eine wirksame Selbstverwaltung nur noch auf der Ebene der Verbandsgemeinde statt.[1003] Denn mangels relevanter Aufgabenfelder wer-

---

[997] Gem. Art. 4 Abs. I VGemO erfüllt die Verwaltungsgemeinschaft per Gesetz die Aufgaben des übertragenen Wirkungskreises ihrer Mitgliedsgemeinden, ausgenommen sind dabei aber der in der Praxis bedeutsame Erlaß von Satzungen und Verordnungen. Im eigenen Wirkungskreis ist sie nach Art. 4 Abs. II S. 2 bis 4 VGemO lediglich für die Besorgung der laufenden Verwaltungsangelegenheiten und die Vorbereitung und den Vollzug der Beschlüsse der Mitgliedsgemeinden zuständig.

[998] Siehe Kap. C I 4.) e)

[999] Verbandsgemeinden mit über 20 Ortsgemeinden sind durchaus die Regel.

[1000] *Lorenz*, Der Stand der Gebiets- und Verwaltungsreform in Rheinland-Pfalz, Der Städtebund 1969, S. 3/4

[1001] *Knemeyer*, Verwaltungsgemeinschaft - Bilanz und Ausblick, in: *Gemeinde- und Städtebund Rheinland-Pfalz* (Hrsg.), 20 Jahre Verbandsgemeinde in Rheinland-Pfalz, S. 20

[1002] *Höfer*, Kommunalstrukturen: Ist-Zustand und bisherige Entwicklung, Gemeinde und Stadt 2002, S. 136

[1003] *Hauschild*, Diskussionsbericht, in: *Oertzen* (Hrsg.), Rechtsstaatliche Verwaltung im Aufbau I, S. 109

den die Ortsgemeinden weithin ins Abseits gestellt[1004], und die „Umklammerung“ durch die Verbandsgemeinde führt zu einem allmählichen Austrocknen der verbandsangehörigen Gemeinden.[1005] Einige Stimmen[1006] zweifeln deshalb sogar daran, ob man bei den Ortsgemeinden überhaupt noch von Gemeinden im Vollsinne sprechen könne.

Ein weiteres in der Praxis zutage tretendes Problem des Verbandsgemeindesystems ist die zunehmende Konkurrenzsituation zwischen dem Verbandsbürgermeister und den Bürgermeistern der Ortsgemeinden im Bereich der Repräsentation und der Öffentlichkeitsarbeit. Insbesondere die Ortsbürgermeister beklagen vielfach eine Bevormundung durch den Bürgermeister der Verbandsgemeinde, der seinen Sachverstand oft allzu deutlich artikuliere.[1007] Wenn zu den systemimmanenten Konflikten dann auch noch persönliche Spannungen hinzukommen, „ist das Klima schnell vergiftet und gegenseitige Schuldzuweisungen an der Tagesordnung“.[1008] Aber auch dadurch, daß die Verbandsgemeinde bei ihrem Handeln immer das Wohl aller Ortsgemeinden berücksichtigen muß, werden oftmals spezifische Interessen einzelner Ortsgemeinden vernachlässigt.[1009]
Hinzu kommt, daß die Zuständigkeitsverteilung für die kommunalen Aufgabenfelder zwischen Verbands- und Ortsgemeinde für den Bürger vielfach irreführend ist, weshalb von diesem oftmals bei dem Bürgermeister Rat gesucht wird, der gerade nicht zuständig ist.[1010]
Konsensprobleme und Konfliktfelder treten im Verbandsgemeindesystem ebenfalls dann auf, wenn die Verbandsgemeinde aus Gründen der Wirtschaftlichkeits- und Effizienzsteigerung versucht, Einrichtungen oder gemeindliche Betriebe zu koordinieren oder zusammenzuführen. Vor allem der gemeindliche Bauhof ist vielerorts ein Zankapfel zwischen Orts- und Verbandsgemeinde. Die Einführung eines Verbandsgemeindebauhofs zur besseren Versorgung kleiner

[1004] *Knemeyer*, Hat sich die Verwaltungsgemeinschaft in Bayern bewährt?, Der Geschäftsstellenleiter 2/1986, S. 27

[1005] *Rüschenschmidt*, Die Verwaltungsreform im Lande Rheinland-Pfalz unter besonderer Berücksichtigung der Territorialreform auf der Ebene der Kreise und Gemeinden, S. 357

[1006] *Knemeyer*, Verwaltungsgemeinschaft - Bilanz und Ausblick, in: *Gemeinde- und Städtebund Rheinland-Pfalz* (Hrsg.), 20 Jahre Verbandsgemeinde in Rheinland-Pfalz, S. 19, Fn. 19 m.w.N.

[1007] *Hellermann/Görisch*, Zukunftsfähige Kommunalstrukturen für Rheinland-Pfalz, Gemeinde- und Stadt, Beilage 8/2003 zu Heft 9/2003, S. 24

[1008] *Höfer*, Kommunalstrukturen: Ist-Zustand und bisherige Entwicklung, Gemeinde und Stadt 2002, S. 136

[1009] *Hill*, Verbandsgemeinde - Bilanz und Ausblick, in: *Gemeinde- und Städtebund Rheinland-Pfalz* (Hrsg.), 20 Jahre Verbandsgemeinde in Rheinland-Pfalz, S. 7

[1010] *Brand*, Die Verbandsgemeinde in der Aufbau- und in der Bewährungsphase, in: *Gemeinde- und Städtebund Rheinland-Pfalz* (Hrsg.), 20 Jahre Verbandsgemeinde Rheinland-Pfalz, S. 59

Ortsgemeinden stößt immer wieder auf erbitterten Widerstand von Ortsbürgermeistern der größeren Gemeinden. Diese betrachten den gemeindlichen Bauhof als hervorragendes Mittel zum „Zugang“ zu ihren Einwohnern.[1011] Auf diese politisch sehr geschätzte Möglichkeit der Bürgernähe wollen viele der Ortsbürgermeister trotz möglicher Kosteneinsparungen nicht verzichten.

Aufgrund dieser Erwägungen ist *Brand*[1012] darin zuzustimmen, daß sich die Verbandsgemeinde „bei wichtigen Angelegenheiten oft selbst im Wege steht“. Trotz guter Ansätze ist es angesichts zunehmender Mittelknappheit und Aufgabenzunahme nicht mehr lange möglich, eine Aufsplittung der kommunalen Tätigkeit auf der Ortsstufe und zwei Funktionsebenen ohne einschneidende Reformmaßnahmen beizubehalten. Ansätze für eine Reform der derzeitigen Kommunalstrukturen in Rheinland-Pfalz sind jedenfalls vorhanden.[1013]

Obwohl selbst in einigen Punkten verbesserungswürdig, war das bayerische Modell der Verwaltungsgemeinschaft jedenfalls für den Freistaat geeigneter, Verwaltungskraft und kommunale Selbstverwaltung in Einklang zu bringen.
Es ist im Gegensatz zur Verbandsgemeinde die selbstverwaltungsfreundlichere Lösung.[1014] Denn einerseits verbleiben den Mitgliedsgemeinden hier nach dem klaren Katalog des Art. 4 VGemO mehr kommunale Aufgaben zur selbständigen Erledigung. Andererseits wurde durch die weitestgehende Auflösung von Kleinstgemeinden sichergestellt, daß die den Kommunen verbliebenen Aufgaben wirklich eigenverantwortlich von ihnen wahrgenommen werden können. Gerade in der oft sehr hohen Anzahl von Ortsgemeinden je Verbandsgemeinde und dem damit verbundenen Reibungsverlust liegt der entscheidende Schwachpunkt des rheinland-pfälzischen Systems im Gegensatz zur bayerischen Verwaltungsgemeinschaft, wo durch Eingemeindungen im Vorfeld die Anzahl der Mitgliedsgemeinden weitaus niedriger ist.
Ebenso als problematisch einzustufen ist die Möglichkeit der Verbandsgemeinde, mit Hilfe ihrer *Kompetenz-Kompetenz* nach § 67 Abs. III RhPfGO Selbstverwaltungsaufgaben an sich zu ziehen, ohne daß dies die betroffene Ortsgemeinde ohne die Hilfe von dritter Seite verhindern kann. Mag diese Regelung

---

1011 *Hellermann/Görisch*, Zukunftsfähige Kommunalstrukturen für Rheinland-Pfalz, Gemeinde- und Stadt, Beilage 8/2003 zu Heft 9/2003, S. 23 und S. 27

1012 *Brand*, Die Verbandsgemeinde in der Aufbau- und in der Bewährungsphase, in: *Gemeinde- und Städtebund Rheinland-Pfalz* (Hrsg.), 20 Jahre Verbandsgemeinde Rheinland-Pfalz, S. 59

1013 Z.B. *Hellermann/Görisch*, Zukunftsfähige Kommunalstrukturen für Rheinland-Pfalz, Gemeinde- und Stadt, Beilage 8/2003 zu Heft 9/2003

1014 *Knemeyer*, Hat sich die Verwaltungsgemeinschaft in Bayern bewährt?, Der Geschäftsstellenleiter 2/1986, S. 29

gerade wegen der zum Teil winzigen Ortsgemeinden notwendig sein, so ist doch die damit verbundene Intention des rheinland-pfälzischen Gesetzgebers fraglich, dadurch die (nur scheinbar) politische Selbständigkeit auch kleinster Kommunen zu erhalten, um vorgeblich eine möglichst breite ehrenamtliche Betätigung zu ermöglichen.
Da die Gemeindevertretungen in Rheinland-Pfalz wegen der starken Reduzierung ihres Aufgabenbereichs kaum noch wichtige Angelegenheiten ihrer Kommune beraten können, wird ihre Position gegenüber der Verbandsgemeinde immer schwächer. Dies fördert nicht, wie ursprünglich beabsichtigt, die kommunale Selbstverwaltung, sondern schadet im Gegenteil deren Ansehen erheblich.[1015]
Die Landesregierung von Rheinland-Pfalz hätte also gut daran getan, bereits zu Beginn der Gemeindegebietsreform Mut zu zeigen und entgegen allen zu erwartenden Widerständen von ihrer Ermächtigung Gebrauch zu machen, alle Kleinstgemeinden unter 300 Einwohnern aufzulösen. Zumindest heute sollte die Vorschrift der §§ 10 Nr. 1 i.V.m. 11 Abs. III RhPfGO stärker genutzt werden, die immer noch die Möglichkeit vorsieht, Gemeinden, die weniger als 300 Bewohner zählen, allein durch Rechtsverordnung (und nicht nur durch Gesetz) aufzulösen. Um kommunale Selbstverwaltung auch praktizieren zu können, ist nämlich eine gewisse Mindestgröße erforderlich. Das Interesse an kommunaler Selbstverwaltung bleibt langfristig nur erhalten, wenn etwas in der Gemeinde bewegt werden kann.[1016] Dies ist bei dem Großteil der rheinland-pfälzischen Gemeinden mit ihrer äußerst geringen Bevölkerungszahl nur selten der Fall.

Für Bayern übernehmenswert an dem Modell der Verbandsgemeinde ist neben der erwähnten unmittelbaren demokratischen Legitimation ihrer Organe auch die umfänglich geregelte Pflicht aller Beteiligten zur vertrauensvollen Zusammenarbeit.
Ansonsten stellt die bayerische Verwaltungsgemeinschaft den Mitgliedsgemeinden eine leistungsstarke Verwaltung zur Seite[1017], wobei dennoch alle wesentlichen Selbstverwaltungsaufgaben weiterhin eigenverantwortlich von den Mitgliedsgemeinden entschieden werden.[1018]

[1015] *Rüschenschmidt*, Die Verwaltungsreform im Lande Rheinland-Pfalz unter besonderer Berücksichtigung der Territorialreform auf der Ebene der Kreise und Gemeinden, S. 357

[1016] *Knemeyer*, Verwaltungsgemeinschaft - Bilanz und Ausblick, in: *Gemeinde- und Städtebund Rheinland-Pfalz* (Hrsg.), 20 Jahre Verbandsgemeinde in Rheinland-Pfalz, S. 20

[1017] *Fischer-Heidlberger*, Die Rechtsstellung der Mitgliedsgemeinden in der Verwaltungsgemeinschaft, S. 139

[1018] Der Erfolg des bayerischen Modells zeigt sich auch daran, daß zwei der fünf neuen Bundesländer – Thüringen und Sachsen-Anhalt – wesentliche Teile des Systems der bayerischen Verwaltungsgemeinschaft übernommen und weiterentwickelt haben (vgl. *Knemeyer*, Bayerisches Kommunalrecht, Rdnr. 465; *Petzold*, Gemeindegebietsreformen in den neuen Bundesländern, DNV 6/2002, S. 19 ff.).

F: Ausblick

Die Gemeindegebietsreform in Bayern war notwendig, da die kommunalen Strukturen nach dem Zweiten Weltkrieg nicht mehr mit den Veränderungen im Lande und den Bedürfnissen der Bevölkerung Schritt halten konnten. Durch die dabei erfolgte radikale Reduzierung der Anzahl der Gemeinden um mehr als zwei Drittel und vor allem durch die Einführung des Instituts der Verwaltungsgemeinschaft in das bayerische Kommunalrecht konnten die verbliebenen Kommunen mit leistungsstarken Verwaltungen ausgestattet werden und sich so zu modernen Dienstleistungsunternehmen entwickeln. Dem Hauptziel der Reform, die Lebensverhältnisse in den unterschiedlichen Regionen Bayerns anzugleichen, wurde so ein großes Stück näher gekommen. Natürlich haben der vielfache Selbständigkeitsverlust und der Wegfall Tausender kommunaler Mandate viele Wunden hinterlassen, „die noch immer nicht verheilt (sind)".[1019] Letztlich ist aber die Integration der Ortsteile in die Einheitsgemeinden bis auf wenige Ausnahmen gelungen.

Trotz der vielen Schwierigkeiten und enormen Widerstände, welche die Durchführung der Gemeindegebietsreform mit sich brachte, wird gegenwärtig aber bereits wieder über eine erneute Gebietsreform nachgedacht.[1020]
Im Gegensatz zu den Reformmaßnahmen der siebziger Jahre geht die Initiative hierzu aber diesmal von der kommunalen Ebene und nicht von der bayerischen Landesregierung aus. Aufgrund der in den letzten Jahren sinkenden Steuereinnahmen und der daraus resultierenden Finanznot vieler Städte und Gemeinden denken bereits einige dort über einen Zusammenschluß mit Nachbargemeinden nach, um so die Verwaltungskosten nachhaltig zu senken.[1021] Aber auch „verarmte Städte", so die Befürchtung des *Bayerischen Gemeindetags*, könnten eine Diskussion über „eine weitere Gemeindegebietsreform vom Zaune brechen, um (die) reicheren Umlandgemeinden des so genannten ´Speckgürtels` zu vereinnahmen".[1022]

Natürlich ist der Gedanke an einen großflächigen Zusammenschluß von immer noch relativ kleinen Gemeinden nicht völlig abwegig. Insbesondere ökonomi-

---

1019 Vgl. hierzu die Ausführungen des Gemeindetagspräsidenten *Brandl* in: *Süddeutsche Zeitung* vom 11.07.2003 (Nr. 157), S. 43

1020 Z.B. *Bayerischer Gemeindetag*, Wollen „arme Kommunen" eine zweite Gebietsreform durchsetzen?, BayGTzeitung vom 27.03.2003, S. 6; vgl. außerdem *Süddeutsche Zeitung* vom 01.10.2004 (Nr. 228), Seite R 2 / Starnberger SZ

1021 *Süddeutsche Zeitung* vom 01.10.2004 (Nr. 228), Seite R 2 / Starnberger SZ

1022 *Bayerischer Gemeindetag*, Wollen „arme Kommunen" eine zweite Gebietsreform durchsetzen?, BayGTzeitung vom 27.03.2003, S. 6

sche Gründe sprechen hierfür: nachdem aufgrund des Rückgangs der Bewohnerzahl einerseits ohnehin viele öffentliche Einrichtungen wie etwa Postämter, Bahnhöfe aber auch Kirchen in Kleingemeinden schließen, kann andererseits auch das sinnvolle Zusammenlegen kleiner Gemeinden zu einer Einsparung von Verwaltungskosten führen. Auch hat der ehemalige bayerische Innenminister *Dr. Bruno Merk* Recht, wenn er meint, daß keine Organisationsstruktur auf ewig angelegt sei.[1023]

Jedoch erscheint derzeit eine erneute Gebietsreform weder durchsetzbar noch wünschenswert, darüber hinaus aber auch nicht notwendig. Wie die Umfrageuntersuchung gezeigt hat, ist teilweise das Verhältnis der ehemals selbständigen Gemeindeteile zu ihren Kerngemeinden auch eine Generation später noch emotionsbelastet. Noch immer prägen in Einzelfällen Vorurteile und Antipathien das Miteinander. Eine weitere Reform nach so relativ kurzer Zeit könnte den mühsam erreichten Zusammenhalt zerbrechen lassen und erreichte Integrationserfolge zerstören. Aber auch der mit erneuten Zusammenschlüssen verbundene Wegfall weiterer zahlreicher kommunaler Mandate wäre im Hinblick auf die bürgerschaftliche Mitwirkung kaum mehr zu verantworten. Schließlich war es immer erklärtes Ziel in Bayern, keine Großgemeinden wie in anderen Bundesländern zu schaffen. Vielmehr sah man gerade in der Nähe zwischen Bürger und Verwaltung das Geheimnis erfolgreicher kommunaler Selbstverwaltung.

Falls vereinzelt von Gemeinden dennoch der Wunsch nach einem Zusammenschluß vorgetragen wird, bestehen aber gegen einzelne Zusammenlegungen nach Art. 11 ff. GO keine Bedenken. Einer Gemeindegebietsreform für ganz Bayern bedarf es jedoch zumindest vorerst nicht. Einsparungen lassen sich – gerade in wirtschaftlich schwierigen Zeiten – auch durch kommunale Zusammenarbeit erzielen. Man muß diese Instrumente nur konsequent nutzen, woran es aufgrund immer noch vorhandener Vorbehalte einzelner Gemeinden in der Praxis oft mangelt.[1024]

[1023] Siehe *Süddeutsche Zeitung* vom 11.07.2003 (Nr. 157), S. 43

[1024] Siehe Kap. C II 3.)

G: Zusammenfassung

1.) Die erste umfangreiche Gebietsreform in Bayern wurde im Jahre 1808 unter der Federführung des Grafen *Montgelas* durchgeführt. Ihm gelang durch eine umfassende Neugliederung der kommunalen Ebene eine Reduzierung der Anzahl der Städte, Gemeinden und Dörfer von ehemals über 40.000 auf rund 7.000. Er scheiterte allerdings mit seinem Vorhaben, die kommunale Selbstverwaltung der Gemeinden zugunsten einer zentralistischen Führung zu beseitigen.
Gegen Zentralismus und Staatskuratel wandten sich auch die zur gleichen Zeit vom Freiherrn vom *Stein* in Preußen durchgeführten Reformen auf kommunaler Ebene. Durch weitestgehende Autonomie der Städte und durch die Beteiligung der Bürger am Gemeinwesen gelang es ihm im Gegensatz zu *Montgelas*, den Grundstein für eine moderne Selbstverwaltung in Deutschland zu legen.

2.) Die Gebietsreform der siebziger Jahre (1971 – 1978) war getragen von dem Gedanken, die nach dem Zweiten Weltkrieg nicht mehr einheitlichen Lebensbedingungen in ganz Bayern anzugleichen. Anders als Graf *Montgelas*, der das Staatswesen von der Macht des Zunftwesens und einflußreicher Familien befreien wollte, ging es der Regierung damals vor allem um die Stärkung kleinerer Gemeinden, die ihre Selbstverwaltungsaufgaben nicht mehr in einem ausreichenden Maße selbst wahrnehmen konnten. Die acht Jahre andauernde Gebietsreform bewirkte einen Rückgang der Gemeinden von anfangs 7.073 auf letztendlich 2.053, wobei sich die allermeisten Kommunen *freiwillig* zusammenschlossen, um in den Genuß der relativ üppigen Fördermittel zu kommen. Lediglich 206 Kommunen mußten *zwangsweise* eingemeindet werden.
Auf die Reform auf Gemeindeebene, bei der außerdem noch die „Große Kreisstadt" und die Rechtsfigur der „Verwaltungsgemeinschaft" in das Gemeinderecht eingeführt wurden, folgten eine Kreis- und eine Funktionalreform. Die Stadt-Umland-Problematik wurde jedoch entgegen anderslautender Versprechungen nicht angegangen und ist bis heute nahezu ungelöst.

3.) Die Gemeinden konnten gegen die ihre Auflösung verfügende Rechtsverordnung ein Normenkontrollverfahren vor dem BayVGH nach § 47 Abs. I Nr. 2 VwGO i.V.m. Art. 5 AGVwGO oder Popularklage beim BayVerfGH nach Art. 98 S. 4 BV i.V.m. Art. 2 Nr. 7, 55 VfGHG einlegen. Umstritten war aber die Frage nach der Rechtsnatur von Neugliederungsakten. Während die Anhänger der Lehre von der *„Doppelnatur"* davon ausgingen, solche Organisationsakte hätten – obwohl als Rechtsverordnung erlassen – materiell auch den Charakter eines Verwaltungsakts, sahen andere in solchen Maßnahmen immer Normqualität. Der BayVGH qualifizierte die ergangenen Rechtsakte als Hoheitsakte „sui generis", die mit den klassischen Abgrenzungskriterien „abstrakt-generell" und „konkret-individuell" nicht zu erfassen seien. Deshalb sei allein die äußere Erscheinungsform des betreffenden Neugliederungsakts zur Bestimmung der zulässigen Rechtsschutzform entscheidend.

4.) Der Zulässigkeit von Klagen gegen Eingemeindungsentscheidungen stand es nicht entgegen, daß eine Kommune durch Zusammenschluß mit einer anderen aufgehört hatte zu existieren, denn sie galt in den Verfahren als fortbestehend.
Obwohl normalerweise von „jedermann" einzulegen, konnten nach der Rechtsprechung des BayVerfGH nur die Gemeinden selbst die Verletzung ihres gemeindlichen Selbstverwaltungsrechts im Popularklageverfahren geltend machen.
Die Einlegung einer Popularklage gegen die Reformmaßnahmen unterlag zwar keiner Frist, war aber nach den Grundsätzen der Verwirkung jedenfalls nach Ablauf einer großen Zeitspanne unzulässig.

5.) Dem Reformgeber stand ein weiter Gestaltungsspielraum für die Umsetzung der Gemeindegebietsreform zur Verfügung. Die in den *Richtlinien* der Staatsregierung festgelegten Reformziele und das Neugliederungskonzept waren rechtlich nicht zu beanstanden.
Es genügte auch, daß die Gebiets- und Bestandsänderungen lediglich aufgrund eines Gesetzes (vgl. Art. 11, 12 GO a.F.) erfolgten, das Inhalt, Zweck und Ausmaß des Eingriffs bestimmten.
Da Art. 11 Abs. II BV die Gemeinden nur institutionell gewährleistet, mußte nicht jede Gemeinde – und war sie noch so alt – in ihrem individuellen Bestand erhalten bleiben.

6.) Bei einer vollständigen Eingemeindung einer Gemeinde in eine andere gehen die öffentlich-rechtlichen und privatrechtlichen Rechtsverhältnisse der aufgelösten Gemeinde in der Regel kraft Gesamtrechtsnachfolge auf die aufnehmende Kommune über, wobei der Nachfolgetatbestand ausschließlich auf Gewohnheitsrecht beruht. Jedoch sind Rechtsverhältnisse höchstpersönlicher Art nicht nachfolgefähig.

7.) Zahlreiche Gemeinden regelten strittige Eingemeindungsfragen vor ihrem Zusammenschluß mittels „Eingemeindungsverträgen". Diese wurden, wenn sie nicht nach Art. 13 Abs. I S. 1 GO von den zuständigen Behörden für verbindlich erklärt wurden, als öffentlich-rechtliche Vereibarungen zwischen den Kommunen selbst geschlossen. Der Wegfall des einen Vertragspartners und die Rechtsnachfolge durch die neue Gemeinde führt aber nicht zu einem Verlust der getroffenen Zusagen infolge *Konfusion*.
Die alte Gemeinde ist in einem Prozeß um Zusagen aus einem Eingemeindungsvertrag als fortbestehend anzusehen. Die Prozeßvertretung für sie erfolgt mittels eines vom Prozeßgericht bestellten Pflegers nach § 62 Abs. IV VwGO i.V.m. § 57 ZPO analog. Die entsprechende Antragsberechtigung kann die Bevölkerung der aufgelösten Gemeinde im Rahmen eines Bürgerbegehrens oder durch ihren gewählten Ortssprecher ausüben. Jedoch bleibt trotz Fiktion des Fortbestands der Parteifähigkeit die Frage nach der Kostentragung im Prozeß.
Unter Umständen ist aber der Kerngemeinde jedenfalls nach etlichen Jahren ein Festhalten an den Verpflichtungen nicht mehr zumutbar und deshalb eine Loslösung von den Vertragsbedingungen nach dem Grundsatz der *„clausula rebus sic stantibus"* möglich.

8.) Das Institut der Verwaltungsgemeinschaft ist „ein Kind der Gemeindegebietsreform". Es dient dazu, Gemeinden von Verwaltungsaufgaben zu entlasten und gleichzeitig in ihrem Bestand und ihrer Eigenständigkeit zu sichern. Die Verwaltungsgemeinschaft übernimmt nahezu alle Angelegenheiten des übertragenen Wirkungskreises ihrer Mitgliedsgemeinden. Im eigenen Wirkungskreis bleiben die Gemeinden aber für alle wichtigen Entscheidungen verbands- und organkompetent. Allerdings obliegt der Verwaltungsgemeinschaft auch in diesem Bereich die Erledigung der laufenden Angelegenheiten und der Vollzug der Beschlüsse.
Die Bildung von Verwaltungsgemeinschaften verletzt nicht die in Art. 11 Abs. II BV verankerte Selbstverwaltungsgarantie der Mitgliedsgemeinden. Denn der übertragene Wirkungskreis einer Gemeinde wird vom Selbstverwaltungsrecht überhaupt nicht erfaßt. Die Aufgaben, welche die Verwaltungsgemeinschaften im eigenen Wirkungskreis der Mitgliedsgemeinden übernehmen, sind dagegen nur von untergeordneter Bedeutung.

9.) Unter Legitimationsgesichtspunkten ist eine unmittelbare Wahl der Verbandsversammlung einer Verwaltungsgemeinschaft der bisher gesetzlich festgelegten mittelbaren vorzuziehen, zumal die Mitglieder in der Gemeinschaftsversammlung umfassende Kompetenzen haben. Wünschenswert wäre weiterhin eine Stärkung der Befugnisse des Geschäftsstellenleiters, um eine unabhängigere Verwaltung zu garantieren, und eine gesetzlich verankerte Berücksichtigung des Sitzvorteils bei der Bestimmung der Umlagehöhe.

10.) Die umfassende Gemeindegebietsreform von 1971 – 1978 konnte nicht durch den Erlaß des *„Gesetzes zur kommunalen Zusammenarbeit“* (KommZG) ersetzt und damit verhindert werden. Dennoch haben die anderen Formen der kommunalen Zusammenarbeit (Arbeitsgemeinschaft, Zweckvereinbarung, Zweckverband, gemeinsame Kommunalunternehmen) heute nicht an Bedeutung verloren. Insbesondere die Bildung von Zweckverbänden ist ein weitverbreitetes Mittel zum Betrieb und Unterhalt großer und kostenintensiver kommunaler Einrichtungen.
Bürgerbegehren und Bürgerentscheide in den Gemeinden zur Herbeiführung von Weisungen an ihre Vertreter in der Verbandsversammlung sind zulässig, auf Zweckverbandsebene selbst aber nicht gestattet.
Eine unmittelbare Wahl der Verbandsversammlung ist nicht notwendig, da der Zweckverband im Gegensatz zur Verwaltungsgemeinschaft nur einzelne Aufgabenfelder wahrnimmt und deshalb nicht so stark in das kommunale Gefüge einer Gemeinde eingreift. Die vielfach bemängelte fehlende demokratische Kontrolle des Zweckverbands durch die Bürger resultiert daher auch weniger aus dem Wahlsystem, sondern beruht vor allem auf einer unzureichenden Öffentlichkeitsarbeit vieler Zweckverbände und der oft ungenügenden Berichterstattung der lokalen Medien über ihre Arbeit.

11.) Eine Erfolgskontrolle der Gemeindegebietsreform ist mit Schwierigkeiten verbunden, aber vor allem mit Hilfe von Bürgermeistern und Verwaltungsbeamten, die den vorreformatorischen Zustand und den Reformprozeß selbst aktiv miterlebt haben, möglich. Dabei hat eine schriftliche Befragung mittels standardisierter Fragebögen gegenüber einer mündlichen Erhebungsmethode erhebliche Vorteile hinsichtlich der Aussagegenauigkeit einer empirischen Untersuchung.

12.) Die Auswirkungen der Kommunalreform auf die bayerischen Gemeinden waren immens und zu Reformbeginn kaum abzusehen. Eine umfassende Befragung zahlreicher Einheitsgemeinden und Verwaltungsgemeinschaften ergab folgendes Bild:

a) Die Bevölkerung schenkte, obwohl regelmäßig wenig an verwaltungspolitischen Fragen interessiert, dem Thema „Gemeindegebietsreform" hohe Beachtung.

b) Über die Hälfte der befragten Körperschaften gab an, daß die Bürger ihrer eingemeindeten Teile und der Mitgliedsgemeinden aktiv Widerstand gegen die Gemeindegebietsreform leisteten. Neben legalen Mitteln wie Beschwerdebriefen und Bürgerveranstaltungen kam es vereinzelt auch zu Sachbeschädigungen. Einzelne Ortsteile und Mitgliedsgemeinden gingen auch gerichtlich gegen die drohenden Zwangsmaßnahmen vor.

c) Überraschend ist die Tatsache, daß auch heute in gut jeder sechsten befragten Gemeinde immer noch Abneigungen zwischen einzelnen Ortsteilen bestehen. Soweit diese Antipathien nicht bereits seit Generationen existieren, sind sie meist mit dem Verhalten einiger Gemeinden während der Gebietsreform zu erklären.

d) Fast drei Viertel aller befragten Einheitsgemeinden gaben an, mit einzelnen Ortsteilen Eingemeindungsverträge geschlossen zu haben. Jedoch waren einige von ihnen nicht vertragstreu und hielten solche Vereinbarungen nicht ein. Aufgrund der ungeklärten Rechtslage und vor allem der Probleme bei der Antragsberechtigung und Prozeßvertretung hatte aber keine der aufgelösten Gemeinden geklagt.

e) Die nicht mehr benötigten Verwaltungsgebäude und Rathäuser der eingemeindeten Ortsteile und der Mitgliedsgemeinden von Verwaltungsgemeinschaften werden heute vorwiegend weiter als gemeindliche Einrichtungen zum Wohle der Bürger genutzt. Einige wurden veräußert oder stehen sogar immer noch zum Verkauf.
Obwohl in ihrem Aufgabenbereich und ihrer Personalhoheit nicht unerheblich eingeschränkt, leisten sich allerdings noch immer drei Viertel der befragten Mitgliedsgemeinden von Verwaltungsgemeinschaften dieselben Verwaltungseinrichtungen wie vor der Reform.

f) Eine im Vorfeld der Gemeindegebietsreform immer wieder geäußerte Befürchtung, das kulturelle Leben in den eingemeindeten Gebieten werde stark nachlassen, konnte in dieser Untersuchung nicht bestätigt werden. Vielmehr wurde durch das – insbesondere in ländlichen Gebieten Bayerns ausgeprägte – Vereinswesen die lokale Identität bewahrt.

Indessen vermelden die Gemeinden ein spürbares Nachlassen von Eigenleistungen für das Gemeinwesen in den Gemeindeteilen.
Ebenfalls wurde von den Einheitsgemeinden und den Verwaltungsgemeinschaften den immer wieder von Kritikern der Reform vorgebrachten Bedenken entgegengetreten, daß in den eingemeindeten Teilen und den Mitgliedsgemeinden das Zusammengehörigkeitsgefühl geschwunden sei. Viele Einwohner fühlen sich sogar immer noch als Bürger ihrer ehemals selbständigen Gemeinde. Trotzdem können sich nahezu alle Ortsteilbewohner ungeachtet dieser großen Ortsbezogenheit mit der neuen Gemeinde identifizieren und wurden – trotz mancher Aversionen zwischen einigen Gemeindeteilen – in sie integriert.

g) Die kommunale Zusammenarbeit zur Bewältigung gemeindlicher Aufgaben erfreut sich auch nach den Reformmaßnahmen noch immer großer Beliebtheit. Die Hälfte der befragten Einheitsgemeinden hat seit der Gebietsreform mindestens eines der Instrumentarien des KommZG genutzt, wobei in der Praxis besonders häufig Zweckverbände gebildet wurden.

h) Die Landratsämter können sich heute voll auf ihre Aufsichtsfunktion konzentrieren. Der Beratungsbedarf der Gemeinden hat nach den Aussagen im Rahmen dieser Untersuchung dank einer leistungsfähigeren Verwaltung spürbar abgenommen. Auch die Zusammenarbeit zwischen beiden hat sich verbessert, zumal anders als früher heute zumeist „auf gleicher Augenhöhe" verhandelt wird.

i) Das mit der Gemeindegebietsreform verbundene Hauptanliegen, durch die Erhöhung der Leistungsfähigkeit der Kommunen eine Angleichung der Lebensbedingungen in allen Regionen Bayerns zu erzielen, wurde zu einem nicht unbeträchtlichen Teil erreicht. Im Gegensatz zu Zeiten vor der Gemeindegebietsreform besitzen nach dem Ergebnis der Befragung die Gemeindeteile und Mitgliedsgemeinden heute nahezu die gleiche kommunale Infrastruktur wie selbständige Gemeinden.
Allerdings ist es für viele Bewohner entfernt liegender Ortsteile und Mitgliedsgemeinden aufgrund schlechter Anbindung an das öffentliche Nahverkehrsnetz schwieriger als früher, die Verwaltung in zumutbarem Zeitaufwand persönlich zu erreichen.

j) Viele der in die Untersuchung einbezogenen Einheitsgemeinden stockten ihren Personalstamm aufgrund ihrer neuen Größe um das bis zu

Vierfache auf. Die naheliegende Vermutung, das Verwaltungspersonal der Kerngemeinde kenne wegen des Wegfalls der Ortsteilsverwaltungen heute die spezifischen Probleme der eingemeindeten Teile nicht mehr, trifft nach der Befragung mehrheitlich nicht zu. Auch zu einer Reduzierung der Kontakte der Ortsteilbevölkerung zur Verwaltung kam es trotz anderslautender Befürchtungen nicht. Zwar arbeitet die Verwaltung vielfach bürokratischer als es ehemals in den selbständigen Kleingemeinden der Fall war. Dies gewährleistet aber andererseits eher eine Gleichbehandlung aller Bürger, außerdem sind die getroffenen Entscheidungen nun größtenteils rechtlich fundierter.

k) Obwohl seit der Gebietsreform meist gemeindliche Steuern und Abgaben angehoben wurden, sieht die Mehrheit der Gemeinden ihre finanzielle Lage heute im Vergleich zu früher als schlechter an. Allerdings machen nur die wenigsten von ihnen für diesen Umstand unmittelbar die Gemeindegebietsreform verantwortlich.
In beinahe jeder fünften der an der Untersuchung teilnehmenden Gemeinden wurde der Haushalt durch im Rahmen von Projekten aufgenommene Schulden belastet, welche die aufgelösten Gemeinden noch kurz vor ihrer Eingemeindung in Angriff genommen hatten. Einige Kerngemeinden konnten diesen Schuldenberg erst kürzlich abtragen.

l) Die durch die Gemeindegebietsreform erzielten neuen Gemeindegrößen bewogen immer mehr Parteien zur Gründung von kommunalen Ortsverbänden. Ohne Unterstützung einer Partei ist es heute außerordentlich schwierig, ein kommunales Mandat zu erringen.

m) Das politische Blickfeld der Bürger hat sich durch die Zusammenlegung von Gemeinden und die Bildung von Verwaltungsgemeinschaften nach dem Ergebnis der Untersuchung spürbar erweitert. Den Informationsstand der Bürger über Angelegenheiten, die Gesamtgemeinde oder die Verwaltungsgemeinschaft betreffend, aber auch die Kenntnis über Dinge, die lediglich ortsteilbezogen sind, schätzen die Verantwortlichen durchschnittlich höher ein als vor der Reform. Neben dem in den letzten Jahren immer stärker werdenden Interesse der Presse an der Kommunalpolitik läßt sich diese Tendenz insbesondere durch die wachsende Zahl von Bürgerinitiativen und das stärkere Engagement der Parteien erklären.

n) Der Zusammenschluß zu größeren Einheitsgemeinden und die daraus resultierende Verringerung von gemeindlichen Ehrenämtern benachteiligt politisch Interessierte aus kleinen Ortsteilen gegenüber Bewohnern aus größeren Gemeindeteilen oder der Kerngemeinde bei der Erlangung eines Gemeinderatssitzes. Die Einführung einer *„unechten Teilortswahl"* nach baden-württembergischem Vorbild könnte diesen Mißstand beseitigen helfen. Den nicht im Gemeinderat vertretenen Ortsteilen bleibt derzeit nur die Entsendung eines Ortssprechers, um ihre lokalen Interessen zu Gehör zu bringen.
Trotz der Verringerung der Mandate auf Gemeindeebene haben nach Ansicht der befragten Einheitsgemeinden ihre Bewohner nicht das Gefühl, zu wenig Einfluß auf die Kommunalpolitik ausüben zu können. Während früher allein dem gewählten Gemeinderatsmitglied die Verpflichtung zufiel, die Interessen seiner Wähler so gut wie möglich durchzusetzen, übernehmen diese Aufgabe in den letzten Jahrzehnten immer mehr auch Vereine, Bürgerinitiativen oder die Bürger selbst.

o) Die mit Einführung der Rechtsfigur der Verwaltungsgemeinschaft zuweilen vorgetragene Sorge, die Übernahme zahlreicher Aufgaben durch die Verwaltungsgemeinschaft führe zu einem Absterben jeglichen Interesses für Probleme der Mitgliedsgemeinden, war nach dem Ergebnis der Befragung unbegründet. Die Mitgliedsgemeinden haben vielmehr das Gefühl, die für ihre Kommune besonders wichtigen Dinge weiterhin autonom regeln zu können. Die Mehrzahl ihrer Bürgermeister sehen daher auch die von der Verwaltungsgemeinschaft übernommenen Aufgaben mehr als Entlastung denn als Einschränkung ihres Tätigkeitsbereichs an.

p) Nahezu alle Einheitsgemeinden und ein großer Teil der Mitgliedsgemeinden von Verwaltungsgemeinschaften beklagten, daß ihre Gemeinderatsmitglieder nicht nur zeitlich, sondern auch vom Fachwissen her stark gefordert oder teilweise sogar überfordert seien. Denn die Gebietsreform hat die Verwaltungseinrichtungen erheblich vermehrt. Allein die räumliche Vergrößerung der Gebietskörperschaften führt schon als solche zu mehr Projekten, zu mehr Vorlagen und zu mehr benötigtem Wissen. So fehle den Gemeinderäten häufig neben dem nötigen Fachwissen schon die erforderliche Zeit, sich auch ausreichend auf die Sitzungen vorzubereiten.

q) Während vor der Reform in den Gemeindeverwaltungen eine Kontrolle des Gemeinderats oft durch Augenschein stattfand, hat das Interesse an den Gemeinderatssitzungen spürbar abgenommen. Die Bevölkerung informiert sich über die in diesem Gremium gefaßten Beschlüsse und Entscheidungen heute vorwiegend über die lokalen Medien.
Ebenfalls unbefriedigend ist auch die Beteiligung der Bürger an der Kommunalpolitik insgesamt und gelegentlich auch an manchen gemeindlichen Veranstaltungen. Gerade Gemeinden in der Nähe von Ballungszentren droht ein schleichender Verfall zu „Schlafgemeinden".

r) Seit dem Abschluß der Gemeindegebietsreform hat ein deutlicher Wandel der lokalen Machtstrukturen stattgefunden. Auffällig ist hierbei der Einflußverlust der Landwirte. Während diese früher die einflußreichste Schicht in den Gemeinden bildeten, sind sie durch den allgemeinen Strukturwandel in der örtlichen Sozialhierachie weit zurückgefallen. Dagegen konnten insbesondere die Vereine und die politischen Parteien ihren Machteinfluß – auch als Folge der Reformmaßnahmen – ausbauen.

13.) Rheinland-Pfalz, in Topographie und Bevölkerungsstruktur Bayern recht ähnlich, vermied weitgehend Eingemeindungen und gab stattdessen der flächendeckenden Bildung von „Verbandsgemeinden" den Vorzug. Von der bayerischen Verwaltungsgemeinschaft unterscheidet sich die Verbandsgemeinde insbesondere dadurch, daß sie gesetzlich nicht ausdrücklich benannte Selbstverwaltungsaufgaben der Gemeinden aufgrund einer ihr eingeräumten *Kompetenz-Kompetenz* an sich ziehen kann, falls deren gemeinsame Erfüllung infolge dringenden öffentlichen Interesses geboten ist. Weiterhin ist ihr unmittelbar durch Gesetz das Recht zur Aufstellung von Flächennutzungsplänen übertragen. Da die Verbandsgemeinde sehr viel stärker als die Verwaltungsgemeinschaft in Bayern in die Angelegenheiten ihrer Ortsgemeinden eingreift, verlangt der Gesetzgeber hier eine direkte Wahl der Organe durch die Bürger.
Trotz ihrer unmittelbaren Organwahl und der vorbildlich geregelten Zusammenarbeit zwischen Orts- und Verbandsgemeinde war das rheinland-pfälzische Modell eines Verbandsgemeindesystems für Bayern keine Alternative zum hier beschrittenen Weg des Dualismus von Einheitsgemeinden und Verwaltungsgemeinschaften.
Die zu hohe Anzahl von Ortsgemeinden je Verbandsgemeinde in Rheinland-Pfalz machen das System häufig unpraktikabel. In der Praxis herrscht außerdem dazu oftmals eine starke – meist kontraproduktive – Konkurrenzsituation zwischen dem Verbandsbürgermeister und den Bürgermeistern der

Ortsgemeinden. Das ist insbesondere der Fall, wenn die Verbandsgemeinde versucht, aus Effektivitäts- und Sparsamkeitsgründen kommunale Einrichtungen und Betriebe zu koordinieren und zusammenzuführen. Durch ihre starke Stellung drängt die Verbandsgemeinde vielfach die Ortsgemeinden ins Abseits. Außerdem kann nur schwerlich noch von kommunaler Selbstverwaltung gesprochen werden, wenn man den verbliebenen Aufgabenbereich der Ortsgemeinden in Rheinland-Pfalz betrachtet.

Obwohl mittlerweile in einigen Punkten ebenfalls reformbedürftig, ist das Institut der Verwaltungsgemeinschaft in Bayern weitaus selbstverwaltungsfreundlicher als das der Verbandsgemeinde. Durch die weitestgehende Auflösung von Kleinstgemeinden und durch die Zusammenlegung von Kommunen konnten in Bayern immerhin Mindestgrößen erreicht werden, die es den Gemeinden ermöglichen, alle wichtigen Angelegenheiten ihrer örtlichen Gemeinschaft eigenverantwortlich zu regeln.

14.) In letzter Zeit wird in Bayern vermehrt über die Notwendigkeit einer erneuten Gemeindegebietsreform diskutiert. Allerdings kommt der Anstoß hierzu nicht von der Landesregierung, sondern von Kommunen, die sich von weiteren Zusammenschlüssen eine Senkung ihrer Verwaltungskosten und eine Entlastung ihrer angespannten Haushalte erhoffen.

Dagegen spricht aber, daß zum momentanen Zeitpunkt eine erneute Gebietsreform nur alte Wunden unnötig aufreißen würde. Mit einer weiteren Reform auf kommunaler Ebene sollte man deshalb – wenn überhaupt – noch geraume Zeit warten, um nicht die mühsam erreichten Integrationserfolge durch zu eilige, die Bürger derzeit noch überfordernde neue Maßnahmen zunichte zu machen. Einsparungen lassen sich meist genauso gut durch die Instrumente der kommunalen Zusammenarbeit erzielen.

Literaturverzeichnis

Albertin, Lothar/Keim, Eris/Werle, Raymund, Die Zukunft der Gemeinden in der Hand ihrer Reformer - Geplante Erfolge und politische Kosten der kommunalen Neugliederung - Fallstudien in Ostwestfalen-Lippe, Opladen 1982

Altenmüller, Reinhard, Verbindlichkeit von Zusagen in Gebietsänderungsverträgen, DÖV 1977, S. 34 ff.

Amira, Karl von, Montgelas über seine innere Politik, Süddeutsche Monatshefte 7/1910, S. 108 ff.

Atteslander, Peter, Methoden der empirischen Sozialforschung, Berlin 1995

Badura, Peter, Staatsrecht - Systematische Erläuterung des Grundgesetzes, 3. Auflage, München 2003

Bauer, Martin/Böhle, Thomas/Masson, Christoph/Samper, Rudolf, Bayerische Kommunalgesetze, Loseblatt-Kommentar, Stand: 01. September 2004 (Stand VGemO: 01. März 1995)

Bauer, Martin/Hauth, Rudolf/Nitsche, Gerhard/Schulz, Norbert/Stanglmayr, Helmut/Wachsmuth, Hans-Joachim/Winkler, Carmen/Zwick, Wolfram, Gemeindeordnung für den Freistaat Bayern, in: Praxis der Kommunalverwaltung, Landesausgabe Bayern B 1, Loseblatt-Kommentar, Stand: 01. Januar 2004

Bayerischer Gemeindetag, Änderung des Ersten Gesetzes zur Stärkung der kommunalen Selbstverwaltung (EStärkG), Bayerischer Gemeindetag 1979, S. 37 ff.

Bayerischer Gemeindetag, Bayerns Gemeinden sind elektronisch „auf Draht“, BayBgm. 2003, S. 348 ff.

Bayerisches Landesamt für Statistik und Datenverarbeitung (Hrsg.), Bayern - Daten von 1950 bis 1982, München 1983

Bayerisches Staatsministerium des Inneren (Hrsg.), Die Verwaltungsgemeinschaft - Ein Leitfaden, München 1991

Bayerisches Staatsministerium des Inneren (Hrsg.), Leistungen des Freistaates Bayern zur Förderung der Gemeindegebietsreform, München 1979 (unveröffentlicht)

Bayerisches Staatsministerium des Inneren (Hrsg.), Stadt-Umland-Gutachten Bayern, München 1974

Bayerisches Staatsministerium des Inneren (Hrsg.), Zur kommunalen Gebiets- und Verwaltungsreform in Bayern - Bestandsaufnahme und Vorschläge, München 1968

Becker, Bernd, Zusammenhänge zwischen den Ideen zu den Verwaltungsreformen von Montgelas, Stein und Hardenberg, BayVBl. 1986, S. 705 ff.

Becker, Ulrich/Heckmann, Dirk/Kempen, Bernhard/Manssen, Gerrit, Öffentliches Recht in Bayern, 2. Auflage, München 2001

Behrndt, Nils, Anhörungspflichten des Gesetzgebers bei kommunalen Gebietsreformen, JA 2000, S. 217 ff.

Berg, Wilfried, Selbstverwaltung im ländlichen Raum und die Grundlagen des demokratischen Lebens, BayVBl. 1982, S. 552 ff.

Berger, Horst/Wolf, Herbert, Handbuch der soziologischen Forschung, Berlin 1989

Bethge, Herbert, Vermögensauseinandersetzung nach der Gebietsreform, BayVBl. 1978, S. 659 ff.

Birkl, Rudolf, Ein Jahrhundertwerk, KommPolBl. 1976, S. 425 ff.

Birkl, Rudolf, Keine „Reform der Reform", KommPolBl. 1979, S. 344

Birkl, Rudolf, Merk am Ziel, KommPolBl. 1976, S. 426

Bischoff, Karl/Langhammer, Rolf, Auswirkungen der Gebietsreform auf die Deutsche Bundespost, Baden-Baden 1979

Bocklet, Reinhold, Gemeindeverfassung und Gemeindereform in Bayern, in: *Rausch, Heinz/Stammen, Theo* (Hrsg.), Aspekte und Probleme der Kommunalpolitik, München 1972, S. 81 ff.

Bocklet, Reinhold, Kommunale Selbstverwaltung und Gebietsreform - Verstärkung oder Minderung der politischen Anteilnahme?, in: *Roth, Rainer* (Hrsg.), Freistaat Bayern - Die politische Wirklichkeit eines Landes der Bundesrepublik Deutschland, Donauwörth 1975

Böckmann, Kurt, 10 Jahre Verbandsgemeinde - Daten, Fakten, Analysen, Bewertung, Gemeinde- und Städtebund Rheinland-Pfalz 1982, S. 123 ff.

Bogner, Walter, Die Aufgaben der Verbandsgemeinden nach der neuen Gemeindeordnung, Gemeinde- und Städtebund Rheinland-Pfalz 4/1974, S. 41 ff.

Bogner, Walter, Die Verwaltungsreform in Rheinland-Pfalz, insbesondere im gemeindlichen Bereich, BayBgm. 1971, S. 4 ff.

Bosl, Karl, Bayerische Geschichte, 7. Auflage, München 1990

Bott, Wolfgang, Rechtsprechung und Gebietsreform - Eine Analyse der verfassungsgerichtlichen Entscheidungen, Diss. rer. publ., Speyer 1977

Bovenschulte, Andreas, Gemeindeverbände als Organisationsformen kommunaler Selbstverwaltung, Baden-Baden 2000

Brand, Dietmar, Die Verbandsgemeinde in der Aufbau- und in der Bewährungsphase, in: *Gemeinde- und Städtebund Rheinland-Pfalz* (Hrsg.), 20 Jahre Verbandsgemeinde in Rheinland-Pfalz - Bilanz und Ausblick, Mainz 1992, S. 58 ff.

Bretschneider, Michael, DEMOS - Eine Datenbank zum Nachweis kommunaler Umfragen auf dem Weg zum Analyseinstrument, ZA-Information 1996, S. 59 ff.

Bröring, Dierk, Die Verwaltungsgemeinschaft - Dienen Verwaltungsgemeinschaften der Stärkung der kommunalen Selbstverwaltung?, Würzburg 1973

Burg, Peter, Steins „Nassauer Denkschrift" und die preussische Kommunalverfassung, in: *Duchhardt, Heinz/Teppe, Karl* (Hrsg.), Karl vom und zum Stein: der Akteur, der Autor, seine Wirkungs- und Rezeptionsgeschichte, Mainz 2003

Burmeister, Joachim, Rechtsprobleme bei der Durchführung von Verwaltungsreformen, insbesondere bei der Gebietsreform, DÖV 1979, S. 385 ff.

Busse, Jürgen, 25 Jahre Gemeindegebietsreform, BayGT 2003, S. 222 ff.

Clément, Horst, Das bayerische Gemeindeedikt vom 17. Mai 1818 - Ein Beitrag zur Entstehungsgeschichte der kommunalen Selbstverwaltung in Deutschland, Diss. phil., Kassel 1934

Conrad, Hermann, Freiherr vom Stein als Staatsmann im Übergang vom Absolutismus zum Verfassungsstaat, Köln 1958

Conrads, Walter/Dillmeier, Fritz/Grasser, Walter/Glaser, Erhard, Gemeindeordnung für den Freistaat Bayern, Loseblatt-Kommentar: Stand: 01. Mai 1993

Conrady, Hans-Walter, Das Interesse des Bürgers an der kommunalen Gebiets- und Verwaltungsreform, Der Landkreis 1973, S. 76 ff.

Dahm, Wolfgang, Die Verbandsgemeinde und ihre Ortsgemeinden, Herford 1986

Dehe, Hans Günther, Gebiets- und Verwaltungsreform in Rheinland-Pfalz, Der Landkreis 1981, S. 44 ff.

Demel, Walter/Puschner, Uwe, Deutsche Geschichte in Quellen und Darstellung: Von der Französischen Revolution bis zum Wiener Kongreß 1789 – 1815, Band VI, Stuttgart 1995

Derlien, Hans-Ulrich/Quais, Dyprand von, Kommunalpolitik im geplanten Wandel - Auswirkungen der Gebietsreform auf das kommunale Entscheidungssystem, Baden-Baden 1986

Deubert, Michael, Gebietsreform - Korrekturen?, Köln 1989

Deutscher Gemeindetag, Stärkung der Verwaltungskraft der Gemeinden, Der Landkreis 1967, S. 66 ff.

Dietlein, Johannes, Nachfolge im Öffentlichen Recht - Staats- und verwaltungsrechtliche Grundfragen, Berlin 1999

Dillmann, Lothar, Die Rechtsstellung der Verwaltungsgemeinschaft - unter besonderer Berücksichtigung der im Jahr 1979 eingetretenen Rechtsänderungen, Kommunalpraxis 1979, S. 6 ff.

Dillmann, Lothar, Übertragung von Aufgaben auf die Verwaltungsgemeinschaft, BayVBl. 1980, S. 138 ff.

Dirnberger, Franz, Interkommunale Kooperation aus Sicht des Bayerischen Gemeindetags, BayGT 2003, S. 86 ff.

Diverse, Staatsvereinfachung in Bayern - Gutachten der Arbeitsgemeinschaft für Staatsvereinfachung, Erster und Zweiter Teil, München 1955 und 1957

Doeberl, Ludwig, Maximilian von Montgelas und das Prinzip der Staatssouveränität, München 1925

Doeberl, Michael, Denkwürdigkeiten des Grafen Maximilian Joseph v. Montgelas über die innere Staatsverwaltung Bayerns, München 1908

Donhauser, Peter, Formen und Möglichkeiten gemeindlicher Zusammenarbeit zur Stärkung der Verwaltungskraft, Diss. jur., Regensburg 1970

Doose, Ulrich, Interkommunale Zusammenarbeit, Der Städtetag 1966, S. 493 ff.

Eichhorn, Peter/Siedentopf, Heinrich, Effizienzeffekte der Verwaltungsreform, Baden-Baden 1976

Eisenhardt, Ulrich, Deutsche Rechtsgeschichte, 4. Auflage, München 2004

Emmerig, Ernst, 25 Jahre Gebietsreform in der Oberpfalz, BayVBl. 1998, S. 673 ff.

Endrös, Josef, Die kommunale Zusammenarbeit in Bayern, München 1968

Engel, Peter, Das schleswig-holsteinische Amt bei Erledigung der Selbstverwaltungsangelegenheiten der amtsangehörigen Gemeinden, Frankfurt am Main 1990

Engeli, Christian/Haus, Wolfgang, Quellen zum modernen Gemeindeverfassungsrecht in Deutschland, Stuttgart 1975

Erichsen, Hans-Uwe/Ehlers, Dirk, Allgemeines Verwaltungsrecht, 12. Auflage, Berlin 2002

Fink, Hugo, Verwaltungsreform in Bayern, DÖV 1969, S. 241 ff.

Fischer-Heidlberger, Heinz, Die Rechtsstellung der Mitgliedsgemeinden in der Verwaltungsgemeinschaft, Köln 1983

Friedrich, Walter/Hennig, Werner, Der sozialwissenschaftliche Forschungsprozeß, Berlin 1975

Gabler, Manfred/Höhlein, Burkhard/Klöckner, Werner/Lukas, Helmut/Oster, Rudolf/Rheindorf, Beate/Schaaf, Edmund/Stubenrauch, Hubert/Tutschampsky, Uwe/Nauheim-Skrobek, Ulrike, Kommunalverfassungsrecht Rheinland Pfalz, Loseblatt-Kommentar, Stand: 01. Juli 2004

Gabriel, Oscar W., Bürgerinitiativen in der Kommunalpolitik - Entstehungsbedingungen und Aktionsformen, in: *Guggenberger, Bernd/Kempf, Udo* (Hrsg.), Bürgerinitiativen und repräsentatives System, 2. Auflage, Opladen 1984

Gaentzsch, Günter, Gebiets- und Verwaltungsreform - Entwicklung in den Bundesländern, Der Städtetag 1969, S. 119 ff.

Gallwas, Hans-Ullrich, Verwaltungsgemeinschaft von Amts wegen, BayVBl. 1973, S. 393 ff.

Gauger, Jörg-Dieter, Heimat - Tradition - Geschichtsbewußtsein - Bemerkungen zu einem vermuteten Zusammenhang, in: *Weigelt, Klaus* (Hrsg.), Heimat - Tradition - Geschichtsbewußtsein, Mainz 1986, S. 9 ff.

Geiger, Harald, Die Rechtsprechung des Bayerischen Verwaltungsgerichtshofs zum Kommunalrecht, BayVBl. 1995, S. 33 ff.

Gericke, Christine, Durchsetzung im Anhörungsverfahren: Spannungsfeld zwischen Vorgabe der Regierung und Stellungnahmen der Gemeinden, in: *Stammen, Theo/Mühleisen, Hans-Otto* (Hrsg.), Gemeinde- und Gebietsreform in Bayern, Augsburg 1986, S. 147 ff.

Giepner, Friedrich, Rechtsfolgeprobleme kommunaler Gebietsreform - Eine Darstellung der Rechtsfolgen für die beteiligten Gemeinden unter besonderer Berücksichtigung der Rechtslage im Lande Nordrhein-Westfalen, Diss. jur., Münster 1974

Gilbert, Josef, Das Gesetz über die kommunale Zusammenarbeit, BayVBl. 1967, S. 37 ff.

Gilbert, Josef, Gesetz über die kommunale Zusammenarbeit, München 1966

Gönnenwein, Otto, Gemeinderecht, Tübingen 1963

Görg, Hubert, Nochmals: Der Rechtsschutz im Eingemeindungsverfahren, DVBl. 1969, S. 772 ff.

Granderath, Reinhard, Die kommunale Gebietsreform in der Praxis des Bundesverfassungsgerichts, DÖV 1973, S. 332 ff.

Gröbner, Peter, Die Verwaltungsgemeinschaft nach dem Entwurf eines Gesetzes zur Stärkung der kommunalen Selbstverwaltung, BayBgm. 1970, S. 34 ff.

Gröbner, Peter, Der Entwurf eines Zweiten Gesetzes zur Stärkung der kommunalen Selbstverwaltung, BayBgm. 1971, S. 204 ff.

Gröbner, Peter, Erstes Gesetz zur Stärkung der kommunalen Selbstverwaltung verabschiedet, BayBgm. 1971, S. 201 ff.

Gunst, Dietrich, Gebietsreform, Bürgerwille und Demokratie - Entsprach die kommunale Gebietsreform tatsächlich und rechtlich dem Gemeinwohl?, AfK 1990, S. 189 ff.

Hafermalz, Otto, Schriftliche Befragung - Möglichkeiten und Grenzen, Wiesbaden 1976

Hänsel, Tobias, Zweckverbände während ihrer Gründungsphase und fehlerhaft gegründete Zweckverbände, Herdecke 1998

Häring, Hans, Rechtliche und steuerrechtliche Fragen bei Eingemeindungen, BayBgm. 1974, S. 151 ff.

Hassel, Volker, Rechtsfolgen kommunaler Gebietsreform, Siegburg 1975

Haus, Ulrike, Zur Entwicklung lokaler Identität nach der Gemeindegebietsreform in Bayern - Fallstudien aus Oberfranken, Passau 1989

Haus, Wolfgang, Die unmittelbare Wahl der Vertretungskörperschaft und das demokratische Element in der Verwaltungsregion, in: *Verein für Kommunalwissenschaften Berlin* (Hrsg.), Die Verwaltungsregion, Aufgaben und Verfassung einer neuen Verwaltungseinheit, Stuttgart 1967, S. 105 ff.

Hauschild, Christoph, Diskussionsbericht, in: *Oertzen, Hans Joachim* (Hrsg.), Rechtsstaatliche Verwaltung im Aufbau I, Baden-Baden 1992, S. 109 ff.

Hauth, Rudolf/Hillermeier, Heinz/Bonengel, Werner, Verwaltungsgemeinschaft und Zweckverbände - Kommentar für die Praxis der kommunalen Zusammenarbeit in Bayern, Loseblatt-Kommentar, Stand: 15. Juli 2004

Heinrichs, Friedrich-Wilhelm, Willkür und Stückwerk in der letzten Phase, Städte- und Gemeinderat 9/1999, S. 10 ff.

Hellermann, Johannes/Görisch, Christoph, Zukunftsfähige Kommunalstrukturen für Rheinland-Pfalz, Gemeinde und Stadt, Beilage 8/2003 zu Heft 9/2003, S. 1 ff.

Helmke, Werner/Naßmacher, Karl-Heinz, Organisierte und nicht-organisierte Öffentlichkeit in der Kommunalpolitik, in: *Frey, Rainer* (Hrsg.), Kommunale Demokratie, Bonn 1976, S. 182 ff.

Henkel, Gerhard/Tiggemann, Rolf, Eine Nachbetrachtung - Die kommunale Gebietsreform: Eine demokratiefeindliche Reform aus heutiger Sicht - unabänderlich für alle Zeiten?, in: *Henkel, Gerhard/Tiggemann, Rolf* (Hrsg.), Kommunale Gebietsreformen, Paderborn 1990

Henneke, Hans-Günter, Verwaltungseffizienz und Betroffenenakzeptanz, Leitbildgerechtigkeit und politische Durchsetzbarkeit - Bestimmungsfaktoren für die Gebiets- und Funktionalreform in den ostdeutschen Bundesländern, NVwZ 1994, S. 555 ff.

Hesse, Wolfgang, Zum Problem der städtischen Verdichtungsräume, in: *Verein für Kommunalwissenschaften Berlin* (Hrsg.) Die Verwaltungsregion - Aufgaben und Verfassung einer neuen Verwaltungseinheit, Stuttgart 1967,
S. 91 ff.

Heusler, Andreas, Der Einfluss von Gemeindevereinigung auf Gemeindeschulden, ZSR 1891, S. 353 ff.

Heydt, Volker, Können die Länder in ihren Gemeindeordnungen die Wirkungen einer Auseinandersetzung auf privatrechtlichem Gebiet regeln?, DVBl. 1965, S. 509 ff.

Hien, Eckart, Die gerichtliche Interpretation der kommunalen Selbstverwaltung, BayVBl. 1993, S. 33 ff.

Hill, Hermann, Verbandsgemeinde - Bilanz und Ausblick, in: *Gemeinde- und Städtebund Rheinland-Pfalz* (Hrsg.), 20 Jahre Verbandsgemeinde in Rheinland-Pfalz - Bilanz und Ausblick, Mainz 1992, S. 1 ff.

Hillermeier, Heinz, Zur Problematik von Eingemeindungsverträgen, BayBgm. 12/1975, S. 23 ff.

Hinkel, Reinhard, Zur Erfolgskontrolle der Gebietsreform, DÖV 1983, S. 180 ff.

Hlépas, Nikolaos-Komnenos, Unterschiedliche rechtliche Behandlung von Großgemeinden und Kleingemeinden, Frankfurt am Main 1990

Höfer, Heinz-Joachim, Kommunalstrukturen: Ist-Zustand und bisherige Entwicklung, Gemeinde und Stadt 2002, S. 136 ff.

Hofmann, Walter, Die Verbandsgemeinden und die kommunale Neuordnung in Rheinland-Pfalz, DVBl. 1968, S. 932 ff.

Hofmann-Hoeppel, Jochen/Weible, Marcus, Bürgerbegehren und Bürgerentscheid, BayVBl. 2000, S. 617 ff.

Holtmann, Everhard/Killisch, Winfried, Lokale Identität und Gemeindegebietsreform - Der Streitfall Ermershausen, Erlangen 1991

Hölz, Josef/Hien, Eckart/Huber, Thomas, Gemeindeordnung (mit Verwaltungsgemeinschaftsordnung, Landkreisordnung und Bezirksordnung) für den Freistaat Bayern, Loseblatt-Kommentar, Stand: 01. Oktober 2004

Holzinger, Ivo, Zur Struktur des kommunalen Nachbarschaftsverbandes, BayBgm. 1973, S. 404 ff.

Holzmann, Gabriele, Verfassungsrechtliche Schranken der kommunalen Neugliederung in Rheinland-Pfalz, Diss. jur., Mainz 1972

Hoppe, Werner/Rengeling, Hans-Werner, Rechtsschutz bei der kommunalen Gebietsreform, Frankfurt am Main 1973

Huber, Ernst-Rudolf, Deutsche Verfassungsgeschichte seit 1789, Bd. I, Stuttgart 1957

Huber, Erwin, Kurskorrektur in der Gebietsreform, KommPolBl. 1979, S. 142

Hümmer, Philipp, Der Verlust des Dorfwirtshauses und die Auswirkungen auf Kommunikation und Freizeitverhalten der Dorfbevölkerung - Eine Fallstudie über Dörfer der nördlichen Frankenalb, in: *Institut für Geowissenschaften der Universität Bayreuth* (Hrsg.), Bayreuther Geowissenschaftliche Arbeiten, Bd. I, Bayreuth 1980, S. 115 ff.

Hurst, Karl, Probleme der Zustandshaftung nach dem Polizei- und Ordnungsrecht im Falle der Rechtsnachfolge, DVBl. 1963, S. 804 ff.

Isenburg, Wilhelm, Das Staatsdenken des Freiherrn vom Stein, Diss. jur. Köln 1967

Jarass, Hans/Pieroth, Bodo, Grundgesetz für die Bundesrepublik Deutschland, 7. Auflage, München 2004

Jauch, Dieter, Auswirkungen der Verwaltungsreform in ländlichen Gebieten - dargestellt an 14 Gemeinden in Baden-Württemberg, Stuttgart 1975

Jauch, Dieter, Verlauf und Ergebnisse der kommunalen Gebietsreform in den alten Bundesländern, in: *Schneider, Herbert/Voigt, Rüdiger* (Hrsg.), Gebietsreform in ländlichen Räumen - Eine Zwischenbilanz der kommunalen Gebiets- und Verwaltungsreform in den neuen Bundesländern, Erfurt 1994

Junker, Heinrich, Zur kommunalen Verwaltungsreform, BayBgm. 1966, S. 262 ff.

Kahl, Wolfgang, Das Innenverhältnis von Verwaltungsgemeinschaft und Mitgliedsgemeinde, BayVBl. 1997, S. 298 ff.

Kaja, Helmut, Die Funktionsnachfolge, Bonn 1963

Kappe, Horst, Wirtschaftlichkeitsanalysen zur Gebiets- und Funktionalreform, Köln 1978

Kastner, Erich, Gebiets- und Verwaltungsreformen in Bayern - eine Zusammenfassung, Kommunalpraxis 2002, S. 364 ff.

Kimminich, Otto, Deutsche Verfassungsgeschichte, 2. Auflage, Baden-Baden 1970

Kirchof, Ferdinand, Die Einrichtung von Bürgerämtern in Gemeinden und Kreisen - Rechtsfragen einer neuen Binnenstruktur kommunaler Verwaltung, Berlin 1998

Kirschbaum-Gollin, Rita/Zilke, Beate, Kommunale Gebietsreform - Ein Erfahrungsbericht über die bisherige Gebietsreform mit Blick auf die fünf neuen Bundesländer, Köln 1991

Kitzling, Ingrid von, Die Verwaltungsgemeinschaft - System - Probleme - Entscheidungen, BayBgm. 3/1981, S. 22 ff.

Klein, Martin/Felten, Daniela, Zwischenbilanz der kommunalen Gebietsreform in den neuen Bundesländern, Verwaltungsrundschau 1996, S. 409 ff.

Kleinheyer, Gerd/Schröder, Jahn, Deutsche und Europäische Juristen aus neun Jahrhunderten, 4. Auflage, Stuttgart 1996

Klenner, Klaus, Öffentlichkeit der Sitzungen der Verbandsversammlung eines Zweckverbandes, Kommunalpraxis 1983, S. 152 ff.

Klingshirn, Heinrich, Begriff und Wesen der Zweckvereinbarung nach dem Gesetz über die kommunale Zusammenarbeit, BayVBl. 1967, S. 299 ff.

Klingshirn, Heinrich, Kommunale Zusammenarbeit auf öffentlich-rechtlicher Grundlage in Bayern, Diss. jur., München 1964

Klüber, Hans, Das Gemeinderecht in den Ländern der Bundesrepublik Deutschland, Berlin 1972

Klüber, Hans, Die Gemeinden im bundesdeutschen Verfassungsrecht, Göttingen 1974

Klüber, Hans, Eingemeindungsverträge, DÖV 1973, S. 325 ff.

Knemeyer, Franz-Ludwig, Das Anhörungsverfahren im Rahmen der bayerischen Gebietsreform, BayVBl. 1971, S. 371 ff.

Knemeyer, Franz-Ludwig, Bayerisches Kommunalrecht, 11. Auflage, Stuttgart 2000

Knemeyer, Franz-Ludwig, Hat sich die Verwaltungsgemeinschaft in Bayern bewährt?, Der Geschäftsstellenleiter 2/1986, S. 26 ff.

Knemeyer, Franz-Ludwig, Gebietsreform in Bayern, DÖV 1972, S. 346 ff.

Knemeyer, Franz-Ludwig, Kreisgebietsreform und Beginn der Gemeindereform in Bayern, AfK 1972, S. 44 ff.

Knemeyer, Franz-Ludwig, Regierungs- und Verwaltungsreformen in Deutschland zu Beginn des 19. Jahrhunderts, Köln 1970

Knemeyer, Franz-Ludwig, Stärkung der kommunalen Selbstverwaltung durch Verwaltungsreformen?, in: *Hablitzel, Hans/Wollenschläger, Michael* (Hrsg.), Recht und Staat, Festschrift für Günther Küchenhoff zum 65. Geburtstag, Zweiter Halbband, Berlin 1982

Knemeyer, Franz-Ludwig, Verwaltungsgemeinschaft - Bilanz und Ausblick, in: *Gemeinde- und Städtebund Rheinland-Pfalz* (Hrsg.), 20 Jahre Verbandsgemeinde in Rheinland-Pfalz - Bilanz und Ausblick, Mainz 1992, S. 13 ff.

Knemeyer, Franz-Ludwig, Zur Rechtsnatur von Gebiets- und Bestandsänderungsakten gemäß Art. 9 Abs. 2 BV, BayVBl. 1972, S. 180 ff.

Knöpfle, Franz, Die Nachfolge in verwaltungsrechtliche Rechts- und Pflichtstellungen, in: *Spanner, Hans* (Hrsg.), Festgabe für Theodor Maunz zum 70. Geburtstag, München 1971

Koch, Hans von, Gebiets- und Verwaltungsreform in Bayern, Der Landkreis 1972, S. 75 ff.

Koch, Hans von, Vereinbarte Verwaltungsgemeinschaft, BayVBl. 1973, S. 638 ff.

Kohl, Helmut, Verwaltungsreform in Rheinland-Pfalz - Ergebnisse, Fortführung und Abschluß, Der Landkreis 1973, S. 12 ff.

Köhler, Christiane, Ablauf der Territorialreform und ihre Auswirkungen auf Politik und Verwaltung am Beispiel des Schwalm-Eder-Kreises, Frankfurt am Main 1981

Köhler, Christiane, Territorialreform auf Kreis- und Gemeindeebene - Fallanalyse in einem ländlich geprägten Raum, in: *Zielinski, Heinz* (Hrsg.), Lokale Politik zwischen Eigenständigkeit und staatlicher Abhängigkeit, Königstein/Ts. 1980

Kommunale Spitzenverbände Rheinland-Pfalz (Hrsg.), Kommunalbrevier 1994, 10. Auflage, Mainz 1994

Kopp, Ferdinand /Schenke Wolf-Rüdiger, Verwaltungsgerichtsordnung, 13. Auflage, München 2003

Kraus, Andreas, Grundzüge der Geschichte Bayerns, Darmstadt 1984

Kretschmann, Rolf, Leben in kleinen Dörfern, Der Landkreis 1981, S. 171 ff.

Kübler, Hartmut/Fuchs, Klaus, Personalwesen und Gebietsreform - Untersuchung ausgewählter Gemeinden in Baden-Württemberg, Baden-Baden 1979

Kuhn, Herbert, Personelle Auswirkungen der Gemeindegbietsreform, BayBgm. 4/1978, S. 25

Kunze, Richard/Bronner, Otto/Katz, Alfred, Gemeindeordnung für Baden-Württemberg, Bd. I, Loseblatt-Kommentar, Stand: 01. Januar 2004

Larenz, Karl, Methodenlehre der Rechtswissenschaft, 6. Auflage, Berlin 1991

Laux, Eberhard, Die kommunale Gebietsreform, AfK 1973, S. 231 ff.

Laux, Eberhard, Erfahrungen und Perspektiven der kommunalen Gebiets- und Funktionalreformen, in: *Wollmann, Hellmut/Roth, Roland* (Hrsg.), Kommunalpolitik - Politisches Handeln in den Gemeinden, 2. Auflage, Bonn 1998

Lecheler, Helmut, Anmerkungen zum Urteil des BayVerfGH vom 02.03.1978, BayVBl. 1978, S. 433 ff.

Leclaire, Alfred, Probleme der kleinen Gemeinde, in: *Rausch, Heinz/Stammen, Theo* (Hrsg.), Aspekte und Probleme der Kommunalpolitik, München 1972, S. 271 ff.

Lintz, Gerd, Die politischen Parteien im Bereich der kommunalen Selbstverwaltung, Baden-Baden 1973

Lissack, Gernot, Bayerisches Kommunalrecht, 2. Auflage, München 2001

Lissack, Gernot, Das kommunale Selbstverwaltungsrecht nach bayerischem Verfassungs- und Verfassungsprozeßrecht - Ein Beitrag zur Rechtsprechung des Bayerischen Verfassungsgerichtshofs unter vergleichender Berücksichtigung der Rechtsprechung des Bundesverfassungsgerichts, Berlin 2000

Lorenz, Bernd, Der Stand der Gebiets- und Verwaltungsreform in Rheinland-Pfalz, Der Städtebund 1969, S. 1 ff.

Lorenz, Dieter, Anfechtbarkeit der Bildung kommunaler Pflichtverbände, BayVBl. 1968, S. 263 ff.

Loschelder, Wilhelm, Die Kommunalverfassung in ihrer Bewährung, DÖV 1969, S. 801 ff.

Loschelder, Wolfgang, Kommunale Selbstverwaltungsgarantie und gemeindliche Gebietsgestaltung, Berlin 1976

Luppert, Jürgen, Der kommunale Zweckverband - Eine Form interkommunaler Zusammenarbeit, Diss. jur., Heidelberg 2000

Lypold, Horst, Die Gemeindegebietsreform Bayern im Landkreis Lichtenfels - Eine Studie zur Implementation der Gebietsreform im ländlichen Raum, Magisterarbeit, Erlangen 1984

Mäding, Heinrich, Verwaltungskraft, DÖV 1967, S. 325 ff.

Maksvit, Jürgen, Finanzierung weisungsgebundener Aufgaben auf der Kommunalebene, DVBl. 1984, S. 1044 ff.

Mattar, Michael, Die Verwaltungsreform als Instrument zur Leistungssteigerung und Demokratisierung kommunaler Politik?, in: *Gabriel, Oscar* (Hrsg.), Kommunalpolitik im Wandel der Gesellschaft, Königstein/Ts. 1979, S. 141 ff.

Mattenklodt, Herbert-Fritz, Gebiets- und Verwaltungsreform in der Bundesrepublik Deutschland - Ein Sachstandsbericht unter besonderer Berücksichtigung der Verhältnisse im Lande Nordrhein-Westfalen, Münster 1972

Maurer, Hartmut, Allgemeines Verwaltungsrecht, 14. Auflage, München 2002

Maurer, Hartmut, Verfassungsrechtliche Grundlagen der kommunalen Selbstverwaltung, DVBl. 1995, S. 1037 ff.

Meder, Theodor, Die Verfassung des Freistaates Bayern, Handkommentar, 4. Auflage, Stuttgart 1992

Memminger, Gerd, Übersicht über die Gemeindegebietsreform, BayBgm. 1973, S. 105 ff.

Meister, Herbert, Zweckverbandsvereinbarung und Rechtsnachfolge, BayBgm. 1974, S. 519 ff.

Merk, Bruno, Die größte kommunalpolitische Anstrengung seit 1945, KomPolBl. 1976, S. 494 ff.

Merk, Bruno, Gebiets- und Verwaltungsreform in Bayern, BayVBl. 1971, S. 165 ff.

Merk, Bruno, Klarstellungen, Günzburg 1996

Merk, Bruno, Sinn und Ziel der Gebietsreform in Bayern, BayVBl. 1992, S. 385 ff.

Merk, Bruno, Verbesserung der Kommunalstruktur, KommPolBl. 1968, S. 483

Michale, Walter, Motive und Schritte zur Rückgewinnung dörflicher Autonomie - Erfahrungen der Gemeinde Horgau, in: *Henkel, Gerhard* (Hrsg.), Kommunale Gebietsreform und Autonomie im ländlichen Raum, Paderborn 1986, S. 77 ff.

Möller, Horst, Fürstenstaat und Bürgernation - Deutschland 1763 – 1815, Berlin 1994

Monz, Heinz, Die kommunale Neuordnung städtischer Ballungsräume - Lösungsmöglichkeiten - dargestellt am Beispiel des Raumes Saarbrücken, Saarbrücken 1962

Mosch, Heinrich von, Das Gesetz über kommunale Zusammenarbeit in Bayern, KommPolBl. 1966, S. 622 ff.

Münch , Ingo von/ Kunig, Philip, Grundgesetz-Kommentar, Bd. II, 5. Auflage, München 2001

Münzenrieder, Heinz, Als die „wilden" Siebziger zu Ende gingen - Vor 20 Jahren verloren 5046 bayerische Gemeinden ihre Selbständigkeit, BayVBl. 1998, S. 271 ff.

Münzenrieder, Heinz, Der Rothemund-Plan: 18 Verwaltungsregionen für Bayern - Ein kurzer Blick zurück auf eine bewegte Zeit, BayVBl. 1996, S. 432 ff.

Münzenrieder, Heinz, Stadt-Umland-Verbände als kommunale Regelinstitution?, BayVBl. 1995, S. 42 ff.

Münzenrieder, Heinz, Vor 25 Jahren: 72 Landkreise, 23 kreisfreie Städte und über 70 Gemeinden verschwinden von der kommunalen Landkarte, BayVBl. 1997, S. 401 ff.

Münzenrieder, Heinz, Vor 25 Jahren: Stadt-Umland-Verbände abgelehnt, BayVBl. 1993, S. 641 ff.

Münzenrieder, Heinz, Zwanzig Jahre Landkreisreform, BayVBl. 1993, S. 481 ff.

Mutius, Albert von, Sind weitere rechtliche Maßnahmen zu empfehlen, um den notwendigen Handlungs- und Entfaltungsspielraum der kommunalen Selbstverwaltung zu gewährleisten?, Gutachten zum 53. Deutschen Juristentag, München 1980

Naßmacher, Hiltrud und Karl-Heinz, Kommunalpolitik in Deutschland, Opladen 1999

Nawiasky, Hans/Schweiger, Karl/Knöpfle, Franz, Die Verfassung des Freistaates Bayern, Loseblatt-Kommentar, Stand: 01. Juni 2003

Nierhaus, Michael/Gebhardt, Ihno, Kommunale Selbstverwaltung zur gesamten Hand - Von der Samt- und Verbandsgemeinde zur Orts- und Amtsgemeinde?, Berlin 2000

Nolte, Martin/Niestedt, Marian, Grundfälle zur Rechtsnachfolge im Öffentlichen Recht, JuS 2000, S. 1071 ff.

Obermayer, Klaus, Über die Rechtsnatur und Anfechtbarkeit kommunaler Gebiets- und Statusänderungen, BayVBl. 1958, S. 69 ff.

Oebbecke, Janbernd, Zweckverbandsbildung und Selbstverwaltungsgarantie, Köln 1982

Otto, Klaus, Die Nachfolge in öffentlich-rechtliche Positionen des Bürgers, Berlin 1971

Pagenkopf, Hans, Kommunalrecht, Bd. I, Verfassungsrecht, 2. Auflage, Köln 1975

Palandt, Otto, Bürgerliches Gesetzbuch, 64. Auflage, München 2005

Peine, Franz-Joseph, Die Rechtsnachfolge in öffentlich-rechtliche Rechte und Pflichten, DVBl. 1980, S. 941 ff.

Peine, Franz-Joseph, Die Rechtsnachfolge in öffentlich-rechtliche Rechte und Pflichten, JuS 1997, S. 984 ff.

Peters, Hans, Freiherr vom Stein und unsere Zeit, DÖV 1957, S. 744 ff.

Petz, Helmut, Die Übertragung von Staatsaufgaben als Kreisverwaltungsaufgaben auf die kreisfreien Städte, BayVBl. 1989, S. 353 ff.

Petzold, Siegfried, Gemeindegebietsreformen in den neuen Bundesländern, DNV 6/2002, S. 19 ff.

Pieper, Goswin, Zulässigkeit und Funktion des öffentlichen Vertrages, DVBl. 1967, S. 11 ff.

Planck, Ulrich, Bäuerliche Führungsschichten heute, in: *Franz, Günther* (Hrsg.), Bauernschaft und Bauernstand - Deutsche Führungsschichten in der Neuzeit, Bd. VIII, Limburg/Lahn 1975

Pletzer, Uta, Kommunale Personalentwicklung und Gebietsreform, Bayern in Zahlen 1982, S. 285 ff.

Poschen, Elmar, Die ökonomischen Folgen der kommunalen Gebietsreform für die betroffenen Bürger und Unternehmen, Baden-Baden 1983

Prandl, Josef, Das Gesetz über die kommunale Zusammenarbeit - Ziele und Schranken des Gesetzentwurfs, BayBgm. 1965, S. 151 ff.

Prandl, Josef/Gillessen, Joachim, Gesetz über die kommunale Zusammenarbeit, 5. Auflage, München 1985

Prandl, Josef/Gillessen, Joachim, Verwaltungsgemeinschaft und kommunale Zusammenarbeit in Bayern, 5. Auflage, München 1986

Prandl, Josef/Zimmermann, Hans/Büchner, Hermann, Kommunalrecht in Bayern, Loseblatt-Kommentar, Stand: 01. November 2004

Probst, Ulrich, Die Entwicklung der gemeindlichen Selbstverwaltung in Bayern, Diss. jur., Würzburg 1975

Pürner, Reinhard, Aspekte der Gebietsreform in Bayern im Licht der Bayerischen Verfassung, Diss. jur., München 1975

Püttner, Günter, Kommunalrecht Baden-Württemberg, 2. Auflage, Stuttgart 1999

Rambeck, Hans, Die Vermögensauseinandersetzung bei Gemeindegrenzänderungen, BayBgm. 1957, S. 79 ff.

Ramsauer, Peter, Wirtschaftliche Ziele und Effekte der Gebietsreform in Bayern, Zirndorf 1986

Reigl, Otto, Die Verwaltungsgemeinschaft - rechtliche Grundlagen, BayGT 1977, S. 41 ff.

Reigl, Otto/Schober, Josef/Skoruppa, Gerhard, Kommunale Gliederung in Bayern nach der Gebietsreform - Handbuch für Verwaltung und Wissenschaft, München 1978

Reiniger, Wolfgang, Rechtskontrolle der Änderung von Gemeindegrenzen, Diss. jur., Bonn 1971

Reisach-Steinberg, Carl-August (Graf von), Baiern unter der Regierung des Ministers Montgelas, Landshut 1813

Renck, Ludwig, Verwaltungsgerichtliche Normenkontrolle: Rechtsschutz- oder Rechtsbeanstandungsverfahren?, BayVBl. 1985, S. 263 ff.

Riescher, Gisela, Gemeinde als Heimat - Die politisch-anthropologische Dimension lokaler Politik, München 1988

Riescher, Gisela, Kurzberichte zu den Problemfällen Horgau (LK Augsburg) und Ermershausen (LK Hassberge/Unterfranken), in: *Stammen, Theo/ Mühleisen, Hans-Otto* (Hrsg.), Gemeinde- und Gebietsreform in Bayern, Augsburg 1986, S. 229 ff.

Riescher, Gisela, Literaturbericht: 10 Jahre nach der Kommunalreform, in: *Stammen, Theo/Mühleisen, Hans-Otto* (Hrsg.), Gemeinde- und Gebietsreform in Bayern, Augsburg 1986, S. 11 ff.

Rimann, Waldemar, Zur Rechtsnachfolge im öffentlichen Recht, DVBl. 1962, S. 553 ff.

Rittel, Karl, Verbandsgemeinden in Rheinland-Pfalz, KommPolBl. 1968, S. 182 ff.

Ritter, Gerhard, Stein - Eine politische Biographie, 3. Auflage, Stuttgart 1958

Roski, Günther, Methodik kommunaler Bürgerumfragen - Eine Arbeitshilfe zur Vorbereitung, Durchführung und Auswertung, Köln 1997

Rothe, Karl-Heinz, Neues Zweckverbandsrecht in Nordrhein-Westfalen, DVBl. 1962, S. 385 ff.

Rothe, Karl-Heinz, Selbsthilfe der Gemeinden durch interkommunale Zusammenarbeit, Stadt und Gemeinde 1991, S. 420 ff.

Rothemund, Helmut, Vorschläge zur Frage der territorialen Verwaltungsreform, BayBgm. 1968, S. 165 ff.

Ruder, Karl-Heinz, Bindung auf ewig? - Eingemeindungsverträge auf dem Prüfstand, Kommunalpraxis SW 1999, S. 374 ff.

Ruppert, Karl/Paesler, Reinhard, Raumorganisation in Bayern - Neue Strukturen durch Verwaltungsgebietsreform und Regionalgliederung, in: *Institut für Wirtschaftsgeographie der Universität München* (Hrsg.), WGI-Berichte zur Regionalforschung, Bd. XVI, München 1984

Rüschenschmidt, Heinz, Die Verwaltungsreform im Lande Rheinland-Pfalz unter besonderer Berücksichtigung der Territorialreform auf der Ebene der Kreise und Gemeinden, Diss. jur., Trier 1975

Sachs, Michael, Die kommunale Verfassungsbeschwerde im System der verfassungsgerichtlichen Verfahrensarten, BayVBl. 1982, S. 37 ff.

Salzmann, Heinrich/Schunck, Egon/Hofmann, Walter/Schrick, Alfred, Verbandsgemeindeordnung - Teil B des Selbstverwaltungsgesetzes für Rheinland-Pfalz, Siegburg 1969

Schäfer, Hans, Gebietsreform - Verbandsgemeindeordnung - Funktionalreform: Zum Stand der Verwaltungsreform in Rheinland-Pfalz, AfK 1969, S. 249 ff.

Schefold, Dian, Bewahrung der Demokratie und wirtschaftlich-technische Entwicklung, ZSR 1974 I, S. 1 ff.

Scheuner, Ulrich, Die Verwaltungsreform und die bürgerschaftliche Mitwirkung in der Selbstverwaltung, Der Gemeinderat 1966, S. 82 ff.

Scheuner, Ulrich, Voraussetzungen der kommunalen Gebietsreform, in: *Unruh, Georg-Christoph von/Thieme, Werner/Scheuner, Ulrich* (Hrsg.), Die Grundlagen der kommunalen Gebietsreform, Baden-Baden 1981

Schieder, Hans/Simmon, Norbert, Vermögensauseinandersetzung zwischen juristischen Personen, BayVBl. 1978, S. 14 ff.

Schimanke, Dieter, Folgen und Folgeprobleme der kommunalen Gebietsreform, AfK 1982, S. 307 ff.

Schimanke, Dieter, Prozess und Auswirkungen der kommunalen Gebietsreform und Funktionalreform für die Kommunen im ländlichen Raum, in: *Henkel, Gerhard* (Hrsg.), Kommunale Gebietsreform und Autonomie im ländlichen Raum, Paderborn 1986, S. 41 ff.

Schlabach, Erhard/Simon, Alexander, Die Rechtsnachfolge beim Verhaltensstörer, NVwZ 1992, S. 143 ff.

Schmidt, Johann, Die Rechtsprechung des Bayerischen Verwaltungsgerichtshofs zur Gebietsreform, BayVBl. 1979, S. 129 ff.

Schmidt-Eichstaedt, Gerd, Gemeindeverwaltungsreform und Kreisgebietsreform in den neuen Bundesländern, AfK 1992, S. 1 ff.

Schmidt-Eichstaedt, Gerd, Übergemeindliche Kooperation und innergemeindliche Gliederung nach den Gemeindeordnungen in der Bundesrepublik Deutschland, in: *Henkel, Gerhard* (Hrsg.), Kommunale Gebietsreform und Autonomie im ländlichen Raum, Paderborn 1986, S. 15 ff.

Schmidt-Jortzig, Edzard, Gemeinde- und Kreisaufgaben - Funktionsordnung des Kommunalbereiches nach „Rastede, DÖV 1993, S. 973 ff.

Schmieg, Hermann, Anstellung eines gemeinschaftlichen Gemeindebeamten durch mehrere Gemeinden, BayBgm. 1956, S. 91 ff.

Schnall, Michael, Die Gebietsreform in Bayern - Teil II, in *Stammen, Theo/ Mühleisen, Hans-Otto* (Hrsg.), Gemeinde- und Gebietsreform in Bayern, Augsburg 1986, S. 133 ff.

Schnall, Michael, Kurzbericht zu den Lösungsmodellen im Raum Augsburg, in: *Stammen, Theo/Mühleisen, Hans-Otto* (Hrsg.), Gemeinde- und Gebietsreform in Bayern, Augsburg 1986, S. 213 ff.

Schneider, Herbert, Heimat: Wohnort - Gemeinde - Landkreis: Einige empirische Befunde, in: *Weigelt, Klaus* (Hrsg.), Heimat - Tradition - Geschichtsbewußtsein, Mainz 1986, S. 57 ff.

Schneider, Herbert, Kommunalpolitik auf dem Lande, München 1991

Scholler, Heinrich, Die bayerische Gemindegebietsreform als Konflikt zwischen grundrechtlich verstandener Selbstverwaltung und staatlicher Reformpolitik, München 1980

Scholler, Heinrich, Entwicklungstendenzen und geistesgeschichtliche Lage der Selbstverwaltungskonzeption der Kommunen in Bayern, in: *Esterbauer, Fried/Kalkbrenner, Helmut/Mattmüller, Markus/Roenheld, Lutz* (Hrsg.), Von der freien Gemeinde zum föderalistischen Europa, Festschrift für Adolf Gasser zum 80. Geburtstag, Berlin 1983, S. 405 ff.

Scholler, Heinrich/Broß, Sigfried, Die Rechtsstellung von Minoritäten in den Gemeindevertretungen, Verwaltungsrundschau 1979, S. 228 ff.

Schreyegg, Hans, Zweite Verwaltungsgemeinschaft in Bayern arbeitet, BayBgm. 1973, S. 372

Schulz, Norbert, Gesetz über die kommunale Zusammenarbeit, in: Praxis der Kommunalverwaltung, Landesausgabe Bayern B 2, Loseblatt-Kommentar, Stand: 01. September 2004

Schulz, Norbert/Stadlöder, Anton, Gesetz über die kommunale Zusammenarbeit und Verwaltungsgemeinschaftsordnung für den Freistaat Bayern, München 1994

Schwab, Dieter, Die „Selbstverwaltungsidee" des Freiherrn vom Stein und ihre geistigen Grundlagen, Frankfurt am Main 1971

Schwanitz, Joachim, Erfolg und Mißerfolg der kommunalen Gebietsreform - dargestellt am Umlandbereich Celle, Frankfurt am Main 1988

Schwarz, Heinz, Reicht die für Rheinland-Pfalz vorgeschlagene Verbandsgemeinde aus?, KommPolBl. 1968, S. 257 ff.

Schwedt, Herbert, Kulturleben und Kulturträger im Dorf, in: *Henkel, Gerhard* (Hrsg.), Kultur auf dem Lande, Paderborn 1988, S. 31 ff.

Schweiger, Karl, Rechtsverordnung im formellen Sinn?, DÖV 1955, S. 360 ff.

Seeburger, Horst, Typische Rechtsprobleme im Zusammenhang mit Eingemeindungsverträgen, insbesondere bei der Gemeindereform Baden-Würtemberg, Tübingen 1983

Seele, Günther, Aktuelle Abgrenzungsprobleme zwischen Kreisaufgaben und Gemeindeaufgaben, Der Landkreis 1976, S. 369 ff.

Seele, Günter, Das Ergebnis der Verwaltungs- und Gebietsreform im Überblick, Der Landkreis 1981, S. 63 ff.

Seewald, Otfried/Rassow, Reinhardt, Bürgerbegehren und Bürgerentscheid im Zweckverband, BayVBl. 1997, S. 609 ff.

Seibert, Gerhard, Selbstverwaltungsgarantie und kommunale Gebietsreform - Eine kritische Zwischenbilanz der jüngsten Rechtsprechung zum Recht kommunaler Gebietsänderungen, Frankfurt am Main 1971

Seidl, Alfred, Der Abschluß der kommunalen Gebietsreform in Bayern, BayBgm. 4/1978, S. 11 ff.

Seydel, Peter, Die kommunalen Zweckverbände, Göttingen 1955

Siedentopf, Heinrich, Die Reformen der kommunalen Gebietskörperschaften und Regionen in der Bundesrepublik Deutschland, in Österreich und in der Schweiz, in: *Zehethner, Franz* (Hrsg.), Reformen der Kommunen und Regionen in Europa, Linz 1982

Siegel, Hans, Horgau treu zur Heimat - Sechs Jahre Bürgerprotest gegen Reformfehler, Augsburg 1984

Siewert, Hans-Jörg, Der Verein - Zur lokalpolitischen und sozialen Funktion der Vereine in der Gemeinde, in: *Wehling, Hans-Georg* (Hrsg.), Dorfpolitik, Opladen 1978, S. 65 ff.

Simon, Klaus, Lokale Vereine - Schule der Demokratie? - Zum Einfluss lokaler Freizeitvereinigungen auf die politische Beteiligung der Bürger in der Gemeinde, in: *Gabriel, Oscar W.* (Hrsg.), Bürgerbeteiligung und kommunale Demokratie, München 1983

Soell, Hermann, Gebietsreform im Stadtumland und Verfassungsrecht - Überlegungen zur verfassungskonformen Auslegung des Art. 11 Abs. 2 Ziff. 2 der Bayerischen Gemeindeordnung, BayVBl. 1977, S. 1 ff.

Spannowsky, Willy, Abfindungsanspruch eines Verbandsmitglieds beim Ausscheiden aus einem Zweckverband?, DÖV 1993, S. 600 ff.

SPD-Landesverband Bayern (Hrsg.), Gebietsreform SPD - Verwaltungs- und Gebietsreform in Bayern, München 1971

Spindler, Max, Handbuch der bayerischen Geschichte, Vierter Band, Erster Teilband, München 1979

Stammen, Theo, Geborgenheit als anthropologisches Bedürfnis - Die politischen und kulturellen „Kosten“ der Kommunal- und Gebietsreform, in: *Weigelt, Klaus* (Hrsg.), Heimat - Tradition - Geschichtsbewußtsein, Mainz 1986, S. 78 ff.

Stang, Christine, Die Gemeindegebietsreform - Ein Rückschlag für die Demokratie?, München 1978

Steinbömer, Feuke, Die Funktionsnachfolge, Heidelberg 1957

Stich, Rudolf, Rheinland-Pfalz - Beispiel einer durchgreifenden Verwaltungsreform, DÖV 1969, S. 236 ff.

Stober, Rolf, Kommunalrecht der Bundesrepublik Deutschland, 3. Auflage, Stuttgart 1996

Stoffel, Olaf, Die Effekte der Gemeindegebietsreform in Baden-Württemberg, Diss. phil, Heidelberg 1991

Stuible-Treder, Jutta, Vorverband oder -körperschaft im öffentlichen Recht, DÖV 1987, S. 58 ff.

Summer, Rudolf, Rechtsnachfolge in die Arbeitsverhältnisse bei einer Gebietsreform, BayVBl. 1972, S. 91 ff.

Süß, Siegwin, Der Stand der Funktionalreform in Bayern, BayVBl. 1976, S. 449 ff.

Süß, Siegwin, Die Verwaltungsgemeinschaft, in: *Maunz, Theodor* (Hrsg.), Verwaltung und Rechtsbindung, Festschrift zum hundertjährigen Bestehen des Bayerischen Verwaltungsgerichtshofes, München 1979

Süß, Siegwin, Funktionalreform in Bayern, BayVBl. 1975, S. 1 ff.

Thallmaier, Heribert, Das Stadt/Umlandverhältnis - eine Symbiose?, BayGT 1999, S. 199 ff.

Thiel, Markus, Die preußische Städteordnung von 1808, Speyer 1999

Thieme, Werner, Vom Nutzen kleinerer Gemeinden, AfK 1972, S. 358 ff.

Thieme, Werner/Prillwitz, Günther, Durchführung und Ergebnisse der kommunalen Gebietsreform, Baden-Baden 1981

Thomas, Ernst-Günter, Die Verwaltungskraft kleinerer Gemeinden, BayBgm. 1956, S. 230 ff.

Thränhardt, Dietrich, Funktionalreform - Zielperspektiven und Probleme einer Verwaltungsreform, Meisenheim 1978

Tilch, Horst/ Molodovsky, Paul, Irlbach und Straßkirchen - zwei niederbayerische Gemeinden im Spannungsfeld zwischen Verwaltungs- und Verfassungsgerichtsbarkeit, BayVBl. 1984, S. 427 ff. bzw. S. 430 ff.

Treinen, Heiner, Symbolische Ortsbezogenheit - Eine soziologische Untersuchung zum Heimatproblem, Kölner Zeitschrift für Soziologie und Sozialpsychologie 1965, S. 73 ff.

Treml, Manfred, Geschichte des modernen Bayerns, München 1994

Trute, Hans-Heinrich, Stadt-Umland-Probleme und Gemeindegebietsreform, Leipzig 1997

Tschira, Oskar, Das neue Gesetz über kommunale Zusammenarbeit in Bayern, Der Landkreis 1966, S. 411 ff.

Tschira, Oskar, Stand der Gebiets- und Verwaltungsreformen in den Bundesländern - Bayern, Der Landkreis 1971, S. 44 ff.

Ule, Carl-Hermann, Zwangseingemeindungen und Verfassungsgerichtsbarkeit, VerwArch. 1969, S. 101 ff.

Ule, Carl-Hermann/Laubinger, Hans-Werner, Rechtliches Gehör bei Gebietsänderungen und gerichtlicher Rechtsschutz, DVBl. 1970, S. 760 ff.

Unruh, Georg-Christoph von, Die Reformen des Freiherrn vom Stein, in: *Jeserich, Kurt* (Hrsg.), Deutsche Verwaltungsgeschichte, Bd. II, Vom Reichsdeputationshauptschluß bis zur Auflösung des Deutschen Bundes, Stuttgart 1983

Unruh, Georg-Christoph von, Heinrich Friedrich Karl Reichsfreiherr von und zum Stein, in: *Jeserich, Kurt/Neuhaus, Helmut* (Hrsg.), Persönlichkeiten der Verwaltung - Biographien zur deutschen Verwaltungsgeschichte 1648 – 1945, Stuttgart 1991, S. 65 ff.

Voigt, Fritz, Die Selbstverwaltung als Rechtsbegriff und juristische Erscheinung, Leipzig 1938

Volkert, Wilhelm, Handbuch der bayerischen Ämter, Gemeinden und Gerichte 1799 – 1980, München 1983

Wachsmuth, Hans-Joachim, Errichtung und Betrieb von zentralen Einrichtungen durch die Verwaltungsgemeinschaft, BayBgm. 1992, S. 10 ff.

Wachsmuth, Hans-Joachim/Oehler, Gerhard, Aktuelle Probleme der Verwaltungsgemeinschaft, BayGT 1982, S. 1 ff.

Wachsmuth, Hans-Joachim/Oehler, Gerhard, Die Verwaltungsgemeinschaft in Bayern - Handbuch für Praxis und Studium, München 1978

Wachsmuth, Hans-Joachim/Oehler, Gerhard, Neuerungen im Recht der Verwaltungsgemeinschaft, BayVBl. 1979, S. 705 ff.

Wachsmuth, Hans-Joachim/Oehler, Gerhard, Übertragung von Aufgaben auf die Verwaltungsgemeinschaft, BayVBl. 1979, S. 554 ff.

Wachsmuth, Hans-Joachim/Oehler, Gerhard/Reif, Wolfgang, Kommunale Zusammenarbeit in Bayern, München 1985

Wagener, Frido, Gebietsreform und kommunale Selbstverwaltung, DÖV 1983, S. 745 ff.

Wagener, Frido, Gemeindeverwaltung und Kreisverwaltung, AfK 1964, S. 237 ff.

Wagener, Frido, Neubau der Verwaltung - Gliederung der öffentlichen Aufgaben und ihrer Träger nach Effektivität und Integrationswert, Berlin 1969

Wagner, Karl-Wilhelm, Die Ortschaftsverfassung in der kommunalen Gebietsreform, Diss. jur., Göttingen 1974

Walchshöfer, Jürgen, Gebietsreform und bürgerschaftliche Partizipation, Diss. rer. pol., Nürnberg 1974

Wallerath, Max, Die Rechtsnachfolge im Verwaltungs- und Verwaltungsprozeßrecht, JuS 1971, S. 460 ff.

Weber, Franz, Funktionale Verwaltungsreform in Rheinland-Pfalz, Kommunalwirtschaft 1969, S. 267 ff.

Weber, Klaus, Ein Denkmal für Graf Montgelas, BayVBl. 1984, S. 523 ff.

Weber, Wolf, Selbstverwaltung und Demokratie in den Gemeinden nach der Gebietsreform, Siegburg 1982

Wehling, Hans-Georg und Rosemarie, Nach der Gemeindereform - Versuch einer Bilanz, Der Bürger im Staat 1980, S. 17 ff.

Weidinger, Wilhelm, Rechtsstaat und Zentralstaat - Zur Grundlegung des bayerischen Staats- und Verwaltungsaufbaus in der Montgelas-Zeit, BayVBl. 1986, S. 65 ff.

Weininger, Erich, Vorteile der gemeinsamen Anstellung eines Gemeindebeamten, BayBgm. 1956, S. 159 ff.

Weis, Eberhard, Der Umbruch von 1799 - Die Regierung Max Josephs und ihre Bedeutung für die Geschichte Bayerns, ZSR 1999, S. 467 ff.

Weiss, Josef, Die Integration der Gemeinden in den modernen bayerischen Staat - Zur Entstehung der kommunalen Selbstverwaltung in Bayern, München 1986

Werner, Otto, Aspekte des Rechtsschutzes bei der kommunalen Neugliederung in Bayern, BayVBl. 1976, S. 705 ff.

Widtmann, Julius/Grasser, Walter, Bayerische Gemeindeordnung, Loseblatt-Kommentar, Stand: 01. November 2004

Widtmann, Julius/Zimmermann, Hans/Stadlöder, Anton, Verwaltungsgemeinschaftsordnung für den Freistaat Bayern, in: Praxis der Kommunalverwaltung, Landesausgabe B 2, Loseblatt-Kommentar, Stand: 01. September 2004

Wiebel, Emil, Die kommunale Gebietsreform im Rückblick, BayVBl. 1987, S. 677 ff.

Wiebel, Emil, Die Reform der Kreisebene, BayVBl. 1972, S. 378 ff.

Wipfelder, Hans-Jürgen, Die Verwaltungskraft der Gemeinden, BayVBl. 1975, S. 93 ff.

Wolff, Hans/Bachof, Otto/Stober, Rolf, Verwaltungsrecht, Bd. I, 11. Auflage, München 1999

Wolter, Udo, Freiherr vom Stein und Graf Montgelas - Zwei Modelle der gemeindlichen Verwaltungsreform am Beginn des 19. Jahrhunderts, BayVBl. 1993, S. 641 ff.

Wurzel, Gabriele, Kommunale Zusammenarbeit auf der Ebene der Gemeinden, das Beispiel Rheinland-Pfalz, in: *Oertzen, Hans Joachim* (Hrsg.), Rechtsstaatliche Verwaltung im Aufbau I, Baden-Baden 1992, S. 97 ff.

Zahn, Hans-Hermann, Die Einstellung der Bürger zu ihrer Gemeinde, Baden-Baden 1982

Zimniok, Klaus, Die Stärkung der Verwaltungskraft kleinerer Gemeinden, BayBgm. 1956, S. 208 ff.

Zorn, Wolfgang, Gesellschaft und Staat in Bayern des Vormärz, in: *Conze, Werner* (Hrsg.), Staat und Gesellschaft im deutschen Vormärz 1815 – 1848, Stuttgart 1978

Zuber, Walter, Verbandsgemeinde - Bilanz und Ausblick, in: *Gemeinde- und Städtebund Rheinland-Pfalz* (Hrsg.), 20 Jahre Verbandsgemeinde in Rheinland-Pfalz - Bilanz und Ausblick, Mainz 1992, S. 23 ff.

Münchner Juristische Beiträge

Herausgegeben von

Dr. Thomas Küffner
Dr. Küffner & Partner, Landshut, München

Band 56: Georgios Dionysopoulos: **Werbung mittels elektronischer Post, Cookies und Location Based Services: Der neue Rechtsrahmen** · Eine komparative Betrachtung der elektronischen Werbung in der EU und eine Analyse der Umsetzung der Datenschutzrichtlinie für elektronische Kommunikation (RL 2002/58/EG) am Beispiel Deutschland
ISBN 3-8316-0529-7

Band 55: Philipp Hamann: **Gemeindegebietsreform in Bayern** · Entwicklungsgeschichte, Bilanz und Perspektiven
ISBN 3-8316-0528-9

Band 54: Lijun Zhu: **Die Börsenprospekthaftung der börsennotierten Aktiengesellschaft** · Eine vergleichende Untersuchung zum Recht des Kapitalmarktes unter Berücksichtigung des deutschen Rechts, des US-amerikanischen Rechts und des chinesischen Rechts
ISBN 3-8316-0491-6

Band 53: Alexander Dietrich: **Mobilfunk-Sendeanlagen und ihre öffentlich-rechtlichen Grundlagen**
ISBN 3-8316-0494-0

Band 52: Florian Baur: **Gemeinnützigkeitsrecht im Sinne der 6. EG-Richtlinie**
ISBN 3-8316-0480-0

Band 51: Vasileios Petropoulos: **Die Berücksichtigung des Opferverhaltens beim Betrugstatbestand**
ISBN 3-8316-0473-8

Band 50: Gudrun Koch: **Persönlichkeitsrechtsschutz bei der postmortalen Organentnahme zu Transplantationszwecken in Deutschland und Frankreich**
ISBN 3-8316-0438-X

Band 49: Stefanie Mahl: **Der strafrechtliche Absichtsbegriff** · Versuch einer Inhaltsbestimmung mit Hilfe psychologischer Erkenntnisse
ISBN 3-8316-0436-3

Band 48: Raimund Lange: **Dezentralisierte Produktion** · Räumliche, rechtliche und hierarchische Dezentralisierung und die Reform der Betriebsverfassung von 2001
ISBN 3-8316-0418-5

Band 47: Martin Schraufl: **Körperschaftsteuersysteme im internationalen Rahmen unter Effizienzkriterien**
ISBN 3-8316-0388-X

Band 46: Christoph Knapp: **Die Treuepflicht der Aufsichtsratsmitglieder von Aktiengesellschaften und Directors von Corporations** · Ein vergleichender Beitrag zur Begründung und Konkretisierung der Treuepflicht von Verwaltungsmitgliedern im deutschen und US-amerikanischen Aktienrecht
ISBN 3-8316-0373-1

Band 45: Gabriele Haas: **Die energiewirtschaftsrechtliche und kartellrechtliche Aufsicht über die Elektrizitätswirtschaft** · am Beispiel der Durchleitungsaufsicht
ISBN 3-8316-0322-7

Band 44: Tilmann M. Gütt: **Die Gemeinsame Außen- und Sicherheitspolitik und ihre Bedeutung für die Europäische Union** · Rechtspersönlichkeit und Rechtsnatur der EU
ISBN 3-8316-0286-7

Band 43: Susanna Thielecke: **Möglichkeiten kollektiver Wahrnehmung des Urheberpersönlichkeitsrechts** · Ansätze zu einer europäischen Lösung unter besonderer Berücksichtigung der Rechtslage in Deutschland und Großbritannien
ISBN 3-8316-0284-0

Band 42: Surasit Sangviroatjanapat: **Einschränkungen des Notwehrrechts im Rahmen ehelicher Beziehungen und anderer enger Lebensgemeinschaften nach dem deutschen und thailändischen Recht** · Eine rechtsvergleichende Untersuchung
ISBN 3-8316-0280-8

Band 41: Jörg Andreas Hader: **Extremistische Demonstrationen als Herausforderung des Versammlungsrechts**
ISBN 3-8316-0279-4

Band 40: Evdoxia Fasoula: **Rückfall nach Diversionsentscheidungen im Jugendstrafrecht und im allgemeinen Strafrecht**
ISBN 3-8316-0268-9

Band 39: Siegfried Haddenbrock: **Schuldig! Schuldfähig?** · Vier Beiträge zur anthropologischen Aspektdifferenzierung von kriminogenem Schicksal und kriminalrechtlicher Tatschuld(fähigkeit)
ISBN 3-8316-0266-2

Band 38: Tim Schommer: **Die »essential facility«-Doktrin im Europäischen Wettbewerbsrecht**
ISBN 3-8316-0252-2

Band 37: Norbert Windeln: **Die Reform des Betriebsverfassungsgesetzes im organisatorischen Bereich**
ISBN 3-8316-0245-X

Band 36: Thomas Schmitz: **Straßen- und polizeirechtliches Vorgehen gegen Randgruppen (Bettler, Land- und Stadtstreicher)**
ISBN 3-8316-0239-5

Band 35: Arne Pautsch: **Privatisierung des öffentlichen Bankensektors** · Eine Untersuchung zur Rolle des Staates in der Kreditwirtschaft unter Berücksichtigung aktueller Entwicklungen im nationalen und europäischen Recht
ISBN 3-8316-0229-8

Band 34: Nicole Arndt: **Die Geschichte und Entwicklung des familienrechtlichen Namensrechts in Deutschland unter Berücksichtigung des Vornamensrechts**
ISBN 3-8316-0228-X

Band 33: Gregor von Rintelen: **Dienstleistungen von allgemeinem wirtschaftlichem Interesse und europäisches Beihilfeverbot**
ISBN 3-8316-0218-2

Band 32: Daniel Schlößer: **Delisting auf Initiative des Emittenten**
ISBN 3-8316-0204-2

Erhältlich im Buchhandel oder direkt beim Verlag:
Herbert Utz Verlag GmbH, München
089-277791-00 · info@utzverlag.de

Gesamtverzeichnis mit mehr als 2500 lieferbaren Titeln: www.utzverlag.de

FSC
www.fsc.org
MIX
Papier | Fördert gute Waldnutzung
FSC® C083411

Kolibri 360 GmbH
Ferdinand-Jühlke-Straße 7
99095 Erfurt, Deutschland
produktsicherheit@kolibri360.de